Otto Ribbeck

Geschichte der römischen dichtung

Otto Ribbeck

Geschichte der römischen dichtung

ISBN/EAN: 9783743683112

Hergestellt in Europa, USA, Kanada, Australien, Japan

Cover: Foto ©Thomas Meinert / pixelio.de

Weitere Bücher finden Sie auf **www.hansebooks.com**

Geschichte

der

Römischen Dichtung

von

Otto Ribbeck.

III.

Dichtung der Kaiserherrschaft.

Stuttgart 1892.

Verlag der J. G. Cotta'schen Buchhandlung
Nachfolger.

Inhaltsübersicht zum dritten Buch.

Die in Aussicht gestellten „gelehrten Zugaben" sind, um die Eigenart des Werkes selbst nicht zu stören, einem besonderen Bändchen vorbehalten.

Drittes Buch.

Dichtung der Kaiserherrschaft.

Erstes Kapitel.

Von Tiberius bis Claudius.

Die litterarischen Größen, welche der augusteischen Zeit Glanz
verliehen, waren zwar nicht eigentlich durch die Monarchie
hervorgebracht, denn ihre Geburt und Jugend fällt größtenteils noch in die letzten Zeiten der Republik: aber in der geistigen
Luft des neuen Hofes und eines Kreises hochgebildeter und angesehener Litteraturfreunde, in dem Behagen des wiederhergestellten bürgerlichen Friedens hatte sich ihr Talent entfaltet. Nun waren sie abge-
schieden, ohne einen kräftigen Nachwuchs zu hinterlassen. Ein herbst-
licher Frost scheint den bereits abwelkenden Musenhain auf einmal
fast zu entblättern.

Von Tiberius ging keine Anregung zu künstlerischem Schaffen
aus. Er selbst hatte sich in seiner Jugend wie andere hohe Herren
mit einem Gefolge von jungen Leuten umgeben, die dereinst als
Dichter etwas zu leisten versprachen (II 161), hatte auch mit Horaz
(Briefe I 9) auf freundlichem Fuße gestanden. Während seines sieben-
jährigen Aufenthaltes auf Rhodus (748—755) hatte er die Hör-
säle griechischer Rhetoren und Philosophen fleißig besucht und seine
Schulbildung in dichterischen Versuchen erwiesen. Aber die Auswahl
seiner Lieblingsdichter verrät einen Geschmack, der auf Ungesundes,
Gesuchtes, auf gelehrten Stoff mehr gerichtet war, als auf die reinen
Quellen klassischer Poesie. Von der Eigenart und dem Einfluß des
Euphorion und des Parthenios auf die römische Dichtung ist früher
die Rede gewesen (II 184). Die weitläufigen poetischen Geschichts-
bücher des Rhianos boten historisches, ethnographisches, mythographi-

sches Material in reicher Fülle, vollgepfropft mit Genealogien, verschollenen Namen und seltener Gelehrsamkeit. Tiberius ließ nicht nur die Werke und die Büsten dieser drei Dichter in den öffentlichen Bibliotheken unter den Klassikern aufstellen und nahm die Widmung zahlreicher gelehrter Schriften über sie gern entgegen: er nahm seine Lieblinge auch für griechische Gedichte (vermutlich Epigramme), die er selbst verfaßte, zum Vorbilde. Es machte ihm Vergnügen, die Gelehrten an seiner Tafel durch spitze Fragen, z. B. nach der Mutter der Hekuba, nach dem Namen, den Achill in seiner Mädchenverkleidung getragen habe, nach dem Inhalt der Sirenenlieder, in Verlegenheit zu setzen; und wehe dem, der, um sich vorzubereiten, etwa durch Hinterthüren vorher zu erfahren suchte, mit welchem Schriftsteller der Kaiser grade beschäftigt sei. Auch in lateinischer Sprache hat er gedichtet. In Massilia war einer der Enkel des Augustus, L. Cäsar, nach kurzer Krankheit gestorben (im August 755). Tiberius, eben erst von Rhodus zurückberufen, verfaßte, wohl um dem Herrscher zu gefallen, eine lyrische „Klage" über dieses betrübende Familienereignis.

In seiner Jugend liebte er ausgiebige Trinkgelage: seine Kameraden im Lager tauften den Prinzen Tiberius Claudius Nero in Biberius Caldius Mero um. Bei solchen Gelegenheiten mag er denn auch leichtfertige Epigramme gemacht haben, wie sie ihm zugeschrieben wurden. Sein Biograph weiß von litterarischen Erträgen dieser Bacchanalien nichts zu rühmen als einen Dialog des Witzboldes Asellius (oder Asilius) Sabinus, in welchem Pilz und Schnepfe, Auster und Drossel um den Preis stritten. Von einem Fürsten, der einen Scherz dieser Art mit 100 000 Sesterzen (mehr als 20 000 Mark) belohnte, läßt sich nicht erwarten, daß ihm die Förderung edler Litteratur ernstlich am Herzen lag. Wenn der Bewunderer Euphorions etwa die Sammlung der Priapuslieder (II 366) begünstigte oder veranlaßte, würden wir uns am wenigsten wundern. Außerdem erfahren wir, daß er ein Trauergedicht des gesinnungslosen Ritters Clutorius Priscus auf den Tod des Cäsar Germanicus mit einer Geldspende belohnt habe.

Uebrigens mußte das herbe und verschlossene Wesen des Tiberius, das nüchtern Geschäftsmäßige seiner Regierung die Musen mehr abstoßen als anziehen. Für poetische Huldigungen war er nicht zugänglich, so entschädigte man sich mit dem Gegenteil. Anonyme Epigramme klagten über den rauhen, ungnädigen Mann, den die eigene Mutter nicht lieben könne, über das eiserne Zeitalter, das er eingeführt habe; der ehemalige Zechbruder verschmähe jetzt den Wein, weil er nach Blut dürste; wer aus der Verbannung (wie er von Rhodus) zurückgekehrt und zur Herrschaft gelangt sei (ein Sulla, ein Marius) habe noch stets blutig regiert.

Zwar trug Tiberius dergleichen Ausfälle mit Gleichmut als unvermeidliche Folgen der Redefreiheit und verwarf den Antrag des Senats, dagegen einzuschreiten. Noch im Jahre 24 n. Chr. begnadigte er den Ritter C. Cominius, Verfasser eines Spottgedichtes auf den Kaiser, da der Bruder, ein Senator, für ihn bat. Aber allmählich wurde er verbittert und befahl den bestehenden Gesetzen gegen Majestätsverletzung ihren Lauf zu lassen, die nun Sejan mit tyrannischer Strenge handhabte. Argwöhnisch verfolgte dieser versteckte Angriffe der Dichter auf die Regierung, und die Angeber (eine seit dem Jahre 15 aufgekommene Berufsklasse) fanden geneigtes Gehör. Hinter den Scherzen der Tierfabel, ja selbst hinter der Maske des Tragikers witterte man Hochverrat.

Der Consular Mamercus Aemilius Scaurus, einer der vorzüglichsten Redner, über dem schon seit dem Jahre 32 eine Majestätsanklage hing, ließ im Jahre 34 seine Tragödie „Atreus" aufführen. In ihr wurde einem unwilligen Unterthanen des Tyrannen mit dem euripideischen Verse („der Machthaber Thorheiten muß man ertragen" Phoen. 396) Ergebung empfohlen. Dies soll auf Tiberius bezogen worden sein und den Anlaß zu seinem Verderben gegeben haben. Der Verfasser wurde der Buhlerei mit Livilla, der Schwiegertochter des Kaisers, bezichtigt und genötigt, sich selbst das Leben zu nehmen. Einem andern wurde der Prozeß gemacht, weil er in einer schon unter Augustus aufgeführten Tragödie „Agamemnon", die jetzt wiederholt wurde, den argivischen König mit anzüglichen Vorwürfen angegriffen hätte. Unverblümter wagte Haß und Bosheit sich in der privilegierten oskischen Posse Luft zu machen. So wurde eine schnöde Anspielung auf den „Bock von Capri" in einer Atellane lebhaft beklatscht. Dergleichen, zum Teil thörichte Geschichten haben als Ausflüsse der herrschenden Stimmung immerhin einen gewissen Wert.

Nach dem Tode des Tiberius scheint die Poesie einstweilen fast verstummt. Der wahnsinnige Caligula begünstigte zwar das Theater, besonders aber schwärmte er für Musik und Ballet, und war kaum zurückzuhalten, daß er nicht selbst auf der Bühne auftrat. Auch für die Pflege der Beredsamkeit in Gallien sorgte er durch Stiftung eines jährlichen Wettkampfes in Lugdunum. Aber er haßte die Klassiker, weil er keine Größen als die seinige oder die von ihm geschaffenen anerkennen mochte. So hatte er Lust, die homerischen Gedichte zu vertilgen, und die Schriften und Büsten des Vergil und Livius aus den Bibliotheken zu entfernen. Uebrigens soll sein Urteil in Fragen des Stils nicht ohne treffende Schärfe gewesen sein. Claudius' litterarische Neigungen gehörten überwiegend der Geschichte und der Philologie, doch war er ein fleißiger Besucher von Recitationen, wie er auch seine eigenen Schriften öffentlich vorlesen ließ, und ein Liebhaber der griechischen Komödie. Für junge Dichter scheint er sich interessiert zu haben.

Astronomische Dichtung.

Was von der poetischen Litteratur der 40 Jahre von Tiberius bis zum Tode des Claudius vorliegt, ist der Masse nach dürftig und dem Leben zum Teil abgekehrt. Das eitle Verlangen, den Schleier der Zukunft zu lüften, welches namentlich die Hochstehenden und Strebenden erfüllte, gab den Wahrsagern jedes Ranges, den Mathematikern, Astrologen, Magiern, eine verhängnisvolle Macht in die Hand. Man glaubte an die unheimliche Kunst, Schatten Verstorbener aus der Unterwelt durch Zaubersprüche heraufzubeschwören, um eigenes und fremdes Geschick zu erkunden, an die Kraft von Verwünschungen, die auf Bleitafeln eingegraben den gehaßten Widersacher dem Verderben weihten, — lauter Segnungen orientalischer Aberweisheit. Der Glaube an das unabänderliche Schicksal jedes Menschen, welches von seiner Geburt an in den Sternen verzeichnet, durch die Constellation gegeben sei, beherrschte die Gemüter, auch das des Tiberius. So erschien dem Sänger als die höchste und dringendste Aufgabe, den Sterblichen den Blick in die Bahnen der Sterne zu eröffnen.

Unter den Prinzen des claudischen Hauses ragte Claudius Cäsar Germanicus, der Sohn des Drusus und der Antonia hervor. Geboren im Jahre 739 15 am 24. Mai, seit 5 n. Chr. mit Agrippina, der Tochter des Agrippa und der Julia, glücklich vermählt, vereinigte er in seiner gewinnenden Persönlichkeit alle Vorzüge des Geistes und des Körpers. Augustus schätzte ihn so hoch,

daß er lange geschwankt haben soll, ob er ihn nicht zum Erben seines
Thrones einsetzen sollte; wenigstens veranlaßte er Tiberius, den Neffen
als designirten Nachfolger zu adoptiren (4 n. Chr.). Sein wohl-
wollender und leutseliger Charakter eroberte ihm die Herzen der
Menschen, wo er auftrat, selbst der Feinde. Er war hochgebildet,
ein trefflicher Redner und der poetischen Form in beiden Sprachen
mächtig. Erhalten sind einige harmlose Epigramme, welche versuchen, dasselbe Thema in griechischer wie in lateinischer oder zweimal
verschieden in griechischer Sprache auszudrücken. Eins derselben wird
durch den Besuch angeregt sein, welchen der Feldherr auf seinem verhängnisvollen Zuge nach dem Orient im letzten Jahre seines Lebens
(19 n. Chr.) der alten Wiege des römischen Volkes, Troja, abgestattet hat. Am Grabhügel Hektors ruft er dem Helden den stolzen
Trost zu, Ilios sei neu erstanden, von wackeren Männern bewohnt,
Achills Myrmidonen seien alle untergegangen, während dessen Heimat
Thessalien unter der Herrschaft der Aeneassöhne stehe. Die kürzere
und witzigere Fassung eines griechischen Doppelepigramms verrät den
Sternkundigen. Ein Hase, vor einem Hunde fliehend, ist ins Wasser
gesprungen und da von einem Seehunde gepackt worden: und nicht
einmal in der Luft wäre er sicher, denn auch der Himmel trägt ja
einen Hund als Stern. Noch bei Lebzeiten des Augustus hat Germanicus dem Lieblingspferde des Kaisers, dem ein Grabmal errichtet
war, ein Gedicht gewidmet. Griechische Komödien fanden sich in
seinem Nachlaß. Wie ihn Ovid in seiner letzten Zeit als Dichter-
genosse umschmeichelt, um Erlösung aus seinem Elend zu gewinnen,
ist früher berührt worden (II 336). Er versichert (im Winter 14):
„wenn dein Name dich nicht zu größeren Dingen beriefe, wärst du der
höchste Ruhm der Musen geworden. Bald führst du Kriege, bald
machst du Verse; was andern Arbeit, ist dir ein Spiel, wie Apollo
bald den Bogen spannt, bald die Saiten seiner Cither rührt" (Pont. Br.
IV 8, 67 ff., Fasten I 23 ff.). So sehr Ovid dem hohen Herrn
huldigt, ist doch der Ausdruck seines Lobes vorsichtig gewählt: nicht
von dichterischer Erfindung, nur von Ausübung formaler Kunstfertigkeit ist die Rede, ganz angemessen der größeren Aufgabe, welche sich
Germanicus gestellt hatte (und vielleicht eben beendigte), der Uebersetzung der „Himmelserscheinungen" (Phänomena) des Aratos. Schon
Cicero hatte, wie wir sahen (I 301), in seiner Jugend zur Uebung
den Versuch gemacht. In kurzem Auszuge hatte auch Ovid, vermutlich

ebenfalls in jungen Jahren, die Sternbilder beschrieben. Noch Lactanz citiert den Schluß dieses kleinen, gleichfalls Phänomena betitelten Buches. Dem feingebildeten Sohn des augusteischen Zeitalters, dem große Dichter die poetische Sprache bereitet und die Gesetze des Verses gezeigt hatten, war solche Arbeit bedeutend erleichtert. So klingen vergilische Töne deutlich an. Auch Germanicus ist, und in noch höherem Grade als sein Vorgänger, frei, und je weiter er kam immer freier mit dem Original umgegangen, hat es bald durch Zusammen= ziehung, bald durch kleine Zusätze wärmerer Färbung, kurze Hinweise auf Sagen, gelegentlich mit skeptischem Vorbehalt, auch durch Um= gestaltung und Umordnung der Satzglieder genießbarer und verständ= licher zu machen gesucht. Er hat sich sogar sachliche Aenderungen, Verbesserungen erlaubt, die er gelehrten Erklärern des Arat oder einer verbesserten Sternkarte entnommen haben muß. Also eine auch wissenschaftlich selbständige, neue Bearbeitung des griechischen Gedichtes in nationalem Gewande war sein Zweck.

Germanicus hat sein Werk dem Adoptivvater Tiberius bald nach dessen Regierungsantritt, vielleicht nach seiner Rückkehr aus Germanien, gewidmet. Er rühmt im Eingange die Ruhe und den Frieden, welcher unter dem Schutz des Herrschers den Schiffen auf dem Meere wie dem Landbauer gesichert sei, so daß es sich nunmehr lohne, die Zeichen des Himmels zu studieren, nach welchen Seefahrer und Bauern sich zu richten haben. Er durfte von der „Erstlingsfrucht" seiner „ge= lehrten Arbeit" reden, wenn er auch vorher schon manches kleinere Gedicht gemacht hatte, welches eben auf Gelehrsamkeit im hellenistisch= römischen Sinn keinen Anspruch erheben konnte. Sonst tritt in dem nicht immer glatt fließenden Lehrgedicht seine Persönlichkeit fast gar nicht hervor, so gern man auch einen stärkeren Hauch seines Wesens hier und da verspüren möchte. In der Episode von den Zeitaltern, welche Arat an das Sternbild der Jungfrau geknüpft hat, hebt sich das Ethos des Bearbeiters ein wenig: seine Sehnsucht nach der von der Erde entrückten Gerechtigkeit drängt sich in einer innigen Ansprache von wenigen Zeilen hervor (V. 98 ff.), aber es ist doch nur ein stehender Gemeinplatz. Die lebhafte Schilderung des See= sturms und seiner geängsteten Opfer (V. 293 ff.) ist vielleicht ein Nachklang jener unglücklichen Oceanfahrt vom Sommer des Jahres 16, welche die Flotte des Germanicus so hart mitnahm und ihn selbst so aufregte.

Die Bahnen der fünf Planeten verspricht der Verfasser später einmal zu beschreiben (R. 444 f.) In der That finden sich verschiedenen Handschriften der Phänomena teils am Schluß angefügt, teils in der Mitte eingesprengt mehrere Bruchstücke größeren Umfangs, welche man einem zweiten Werk unter dem unbezeugten Titel der Prognostica zuweist. Sie handeln von den Bewegungen der Planeten Venus Mars Merkur Juppiter Saturn, von den Wettererscheinungen, welche diese und die zwölf Zeichen des Tierkreises mit sich bringen. Eine Aufzählung der letzteren, mit mythologischem Apparat verbrämt, richtet einen kurzen Nachruf an den Himmelsbewohner Augustus (B. 558 ff.).

Daß diese astronomische Poesie damals Mode war, zeigen auch vier Hexameter des Sextius Paconianus von den vier Himmelsgegenden, eine Probe gesuchten Wohlklanges. Der Verfasser ist Prätor, ein Werkzeug des Sejanus gewesen, aber nach dessen Tode wurde ihm selbst der Prozeß gemacht, weil er gegen Caius Cäsar Caligula intriguiert hatte (32 n. Chr.). Er wurde im Gefängnis erdrosselt, nachdem er daselbst Schmähverse auf Tiberius gemacht hatte.

Eine sympathische Erscheinung, dem Germanicus an die Seite zu setzen, ist Cn. Lentulus Gätulicus, Sohn des Cn. Cornelius Lentulus Cossus, der die Gätuler besiegt hat, Consul im Jahre 26 n. Chr. Er stand dem Sejanus nahe, und behielt auch nach dessen Tode sein Kommando in Obergermanien, welches er zehn Jahre hindurch bis zu seinem gewaltsamen Tode (39) geführt hat. Die außerordentliche Beliebtheit bei seinen Truppen zog ihm den Verdacht des Kaisers Caius zu, infolge dessen er sterben mußte. Es half ihm also nichts, daß er in einem früheren Gedichte, welches vielleicht die Kriegszüge des Germanicus feierte, auch dessen Sohn als einem Sprößling der Herkulesstadt Tibur (dies noch dazu fälschlich) gehuldigt hatte. Selbst in dem dürftigen Rest dieses Werkes, wo von dem Wohnsitz der Britanner im Norden die Rede ist, finden wir den Zug der Zeit zu den Sternen, denn dem Gestirn des Nordens, dem großen Bären, sind jene drei Hexameter gewidmet. Seiner leichtlebigen Natur gab er auch in heiteren erotischen Liedern nach der Art des Catull, Marsus und Pedo Ausdruck; Martial und der jüngere Plinius kannten sie, ja sogar noch im fünften Jahrhundert der Bischof Apollinaris Sidonius, denn dieser weiß den Namen der Geliebten des Dichters, Cäsennia, anzugeben. Dagegen können die griechischen Epigramme eines Gätulicus, welche in der palatinischen

Anthologie stehen, nicht von dem Consular stammen, schon weil der Verfasser sich als armen Schlucker bekennt.

Die Sternenkunde des Aratus konnte doch das phantastische Verlangen, die ewigen Gesetze des Weltlaufs und den Einfluß der Gestirne auf das Schicksal des einzelnen Menschen zu erfahren, nicht befriedigen. Diese Begier, durch den Fatalismus der Stoiker begünstigt, beherrschte alle Kreise, auch die vornehme Gesellschaft und den Hof. Tiberius selbst, den sogenannten Mathematikern ergeben, legte großen Wert darauf, Tag und Stunde der Geburt seiner Untergebenen festzustellen, um daraus über Charakter und Zukunft derselben Schlüsse zu ziehen und verdächtige Persönlichkeiten bei Zeiten unschädlich zu machen.

Es war also ein zeitgemäßer Gedanke, die erhabene Wissenschaft der Chaldäer, welche den schwankenden Entschlüssen der Menschen, ihren Befürchtungen wie ihren Hoffnungen einen sicheren Leitstern verhieß, in einem Lehrgedicht allen zugänglich zu machen. Wie einst Lucrez sein Volk von der Todesfurcht hatte erlösen wollen, so gaben die ewigen Gesetze des Himmels der irrenden Menschheit eine Leuchte für das Leben. Es war ein unbekannter, so gut wie namenloser Mann, welcher unter der Regierung des Tiberius ein Werk dieser Art, in den Handschriften Astronomica betitelt, geschrieben hat. Grade die älteren und zuverlässigeren unter ihnen geben über den Namen des Verfassers keine Auskunft: erst seit der zweiten Hälfte des fünfzehnten Jahrhunderts tritt in jüngeren als solcher ein M. Manilius (Manlius, Mallius) auf. Aber diese Angabe ist verdächtig. Berichtet doch der ältere Plinius, daß gleichzeitig mit dem Meister des Mimus, Publilius Syrus, auf demselben Schiff auch Manilius von Antiochia, der Begründer der Astrologie für die Römer, an der italischen Küste gelandet sei. So ist zu fürchten, daß diese Stelle von irgend einem vorschnellen Halbgelehrten zu einem verwegenen, aus chronologischen Gründen ganz verwerflichen Schluß auf den Verfasser des astrologischen Gedichtes gemißbraucht ist.

Ueber die Zeit, in welcher dasselbe geschrieben ist, geben die zum Teil unklaren Andeutungen des Verfassers keineswegs unzweideutigen Aufschluß. Die Varusschlacht ist geschlagen (I 898 ff.). Der Friede (I 13) gestattet dem Verfasser (wie dem Germanicus) die Beschäftigung mit der ätherischen Welt. Gelegentlich (IV 764 ff.) wird in höfischem Ton an die Zeit erinnert, wo Rhodus der Aufenthalt des künftigen Weltherrschers (Tiberius) war, wo es in ihm das Licht der Welt besaß und darum in Wahrheit Haus der Sonne genannt werden durfte. Das ängstliche Bedenken, daß dem Herrscher die Erinnerung an jene Zeit, wo er im Schatten saß, unangenehm sein müsse, braucht dem Dichter nicht gekommen zu sein: dem noch nicht zur Herrschaft gelangten konnte sie noch viel eher mißfallen. Augustus, die Reihe großer Abgeschiedener beschließend, ist im Himmel (I 800 f.); Tiberius, der für den Adoptivvater göttliche Ehren angeordnet hat (IV 934 f.), herrscht: er muß der „Cäsar" sein, welchem das Werk gewidmet ist (I 7 ff.). Wenn sich derselbe den offiziellen Titel „Vater des Vater= landes" auch verbeten hat, so konnte doch wohl ein Dichter unge= straft rühmen oder wünschen, daß er es sei (I 925). Die Wieder= herstellung des abgebrannten Pompejustheaters, welche im Jahre 22 n. Chr. bewilligt worden ist, scheint im fünften Buch (513) erwähnt zu werden. Der Verfasser wünscht sich am Beginn seines Werkes ein behagliches Greisenalter, um dasselbe würdig zu vollenden (I 115): er steht also noch in kräftigen Jahren.

Wie Lucrez rühmt er sich den Helicon mit neuen Gesängen zu bewegen und der erste zu sein, welcher seine göttliche Lehre in Versen zur Erde herabbringe. Keinem der älteren Sänger will er verpflichtet sein, nur Eigenes vortragen, auf eigenem Fahrzeug die Wellen durchschneiden. Von Gott will er singen, der die Natur in stillem Geiste beherrscht, der das ungeheure Weltgebäude im Gleichgewicht hält und von ewigen Sternen aus die Geschöpfe der Erde lenkt (II 83). Den menschlichen Geist, in den allein Gott herniedersteige, um in ihm zu wohnen, hält er für berufen, Gott zu erkennen, da er ein Teil desselben sei. Aber nicht für die Menge, sondern für die kleine Zahl der Auserwählten, denen die Erkenntnis nicht versagt ist, sind seine Verse bestimmt: auch dazu gehört Schicksalsbeschluß, das Gesetz des Schicksals zu lernen (II 149). „Wer vermöchte den Himmel zu erkennen, als durch des Himmels Geschenk? und Gott finden, wer nicht selbst an den Göttern Teil hat?" (II 115 f.) Verse, die Goethe in das Brockenbuch geschrieben hat.

Mit stolzer Zuversicht redet der Dichter am Schluß des vierten Buches (866 ff.) den Kleingläubigen Mut ein. Könne man auch freilich das Schicksal nicht mit Augen sehen, so sei doch den Augen des Geistes der Himmel erschlossen: nirgends ist die Natur mehr verborgen, wir begreifen das Weltsystem, erkennen unsern Schöpfer, von dem wir ein Teil sind, und bringen als seine Söhne zu den

Sternen. Kein Zweifel, daß Gott in unsrer Brust wohnt, daß unsre
Seelen zum Himmel zurückkehren, wie wir von dort kommen. Jeder
Mensch ist ein Bild Gottes im Kleinen. Der Mensch allein, unterschieden von allen Tieren, hat Intelligenz, Sprache und Kultur; er
allein steht aufgerichteten Hauptes, die Augen siegreich zu den Sternen
erhoben, und Gott verbirgt sich dem Forschenden nicht, sondern offenbart sich in ewiger Bewegung und zwingt, auf seine Gesetze zu
achten. Wie sollte es also verboten sein zu erkennen, was man erblicken darf? Nur soll man seine Kräfte nicht verachten, weil sie in
kleinen Körpern sind: sieht doch die kleine Pupille den ganzen Himmel.
Nicht nach dem Maß des Stoffes soll man fragen, sondern die Kräfte
des Geistes erwägen, der alles besiegt.

Seine methodisch Schritt für Schritt weiterführende Lehre vergleicht der Verfasser (II 755 ff.) mit dem Schulunterricht, der auch
erst die Elemente fest einpräge und dann Stufe um Stufe höher
steige. Und in einem zweiten, noch breiter ausgeführten Gleichnis
(772 ff.) schildert er, welcher Vorarbeiten es bedürfe, um eine Stadt
zu gründen: da werden erst die Mauern auf den leeren Hügeln gezogen, der Wald stürzt, die Vögel und die übrigen Tiere verlassen
ihre alten Wohnungen, Steine werden gebrochen und Werkzeuge bereitet, damit dann der Bau ohne Unterbrechung in die Höhe steigen
kann. Im Vorschreiten zu schwierigeren Lehren versäumt er nicht,
die Aufmerksamkeit von neuem anzuregen und Begeisterung für die
lohnende Arbeit zu wecken (IV 387). Was du suchst, ist Gott; den Himmel
willst du erklimmen. Nur wer Berge durchbohrt, findet Gott. Wie
viel Mühe geben wir uns für vergängliche Güter! Den ganzen Menschen müssen wir aufwenden, um Gott in uns aufzunehmen.

Nach berühmten Mustern schickt der Dichter jedem Buch eine
allgemeine Einleitung in schwungvollem Tone voraus: nur das fünfte
ist hierin zu kurz gekommen. Die Bezeichnung der Aufgabe, Belehrung über die schicksalskundigen Sterne, von welchen das mannigfache
Leben der Menschen abhängt, eröffnet natürlich das Ganze. Es wird
in großen Zügen erzählt, wie der menschliche Geist allmählich hinter
das tiefe Geheimnis gekommen sei. Mercur zuerst hat den Sterblichen den Einblick in die Bahnen der Sterne eröffnet (vielleicht dachte
der Verfasser hier an Hermes, das astronomische Gedicht des Eratosthenes). Könige des Orients sind vor andren dieser Kunde ge-
würdigt worden, Priester haben den Einfluß der Sterne auf das

Schicksal, die Bedeutung der Geburtsstunde erkannt, und durch lange
Erfahrung gelangte man endlich zur Wissenschaft. Denn erst durch
Arbeit und den Drang des Lebens ist der Geist der Menschen im
Laufe langer Zeit allmählich geweckt worden. Anfangs, da sie sich
den Wechsel der Tages= und Jahreszeiten nicht zu erklären wußten,
gab es weder Ackerbau noch Schiffahrt. Durch Versuche wurden sie
erfinderisch: die Sprache nahm Gesetze an, Früchte wurden gewonnen,
man wagte sich auf das Meer, trieb Handel mit fremden Ländern,
Künste des Krieges und Friedens kamen auf. Man lernte die Sprache
der Vögel, Eingeweideschau, Besprechung von Schlangen, Beschwö=
rung der Schatten aus der Unterwelt, und ruhte nicht, bis man auch
den Himmel erstiegen, die Ursachen von Donner und Blitz, von Schnee
und Regen, von Erdbeben und Winden erkannt hatte; endlich
studierte man die Sterne und ihren Einfluß auf die Geschicke der
Menschen.

Mit kernigen Worten wendet sich die Einleitung zum vierten
Buch (welche an die zum zweiten des Lucrez erinnert) gegen die
leeren Sorgen der Menschen, womit sie ihr Lebensglück, während sie
es suchen, verderben, über den Anstalten zum Leben niemals zum
wirklichen Leben kommen. Der Verfasser spricht seine Ueberzeugung
aus, daß alles durch festes Gesetz vorherbestimmt sei („mit der Ge=
burt sterben wir"), daß jeder sein Schicksalslos zu tragen habe. Zur
Erhärtung seines Glaubens beruft er sich in mehr reicher als schlagen=
der Ausführung auf die wunderbare Geschichte Roms und seiner
Helden von Aeneas bis Cäsar, auf die tägliche Erfahrung von un=
erwarteten Wechselfällen des Lebens, und endlich naiv genug auf die
Weissagung. Gute und böse Menschen sind für ihn Naturerschei=
nungen, denn auch für Tugend oder Laster wird jeder geboren. Wie
man giftige Pflanzen meidet und süße Speisen liebt, so schätzt er
Tugend als eine Himmelsgabe und haßt das Verbrechen als eine
üble Schickung. Damit wird dann wenigstens die Achtung vor be=
vorzugten Naturen, ein geistiger Aristokratismus gerettet.

Ein Motiv aus der Einleitung zum dritten Buch des vergilischen
Gedichtes vom Landbau verwendet der Astrolog für den Eingang zu
seinem zweiten Buche, aber statt der knappen Verse, womit dort
triviale Stoffe abgewiesen werden, liest man hier eine breite Muste=
rung von Dichtern, deren Pfade er vermeiden will. Nach Vater
Homer kommt an der Spitze derer, welche die Schöpfung besungen

haben, Hesiod, dann ungenannt die Beschreiber der Sternbilder mit
ihren Fabeleien, wobei in erster Linie an die Katasterismen des Erato=
sthenes zu denken sein wird. In wunderlicher Auswahl reihen sich
an Theokrit als Dichter der ländlichen Natur, vielleicht Aemilius
Macer, der Vögel, Schlangen und Kräuter besungen hat, zuletzt
Schilderer der Unterwelt (Vergil?). Und es ist ein Zeichen von
Armut oder mangelnder Vollendung, daß die Einleitung zum dritten
Buch abermals denselben Gemeinplatz bringt, nur daß hier eine lange
Reihe epischer Stoffe aus der Sage wie aus der Geschichte abge=
wiesen und ihnen gegenüber nicht nur die Neuheit, sondern besonders
(wie im Eingang des vierten Buches bei Lucrez) die Schwierigkeit
des eigenen Werkes hervorgehoben und die Trockenheit des Tons ge=
rechtfertigt wird: „Schmuck verweigert der Stoff, zufrieden, daß er
gelehrt wird" (vgl. auch IV 431 ff.). Es gebührt sich nicht, daß das
Weltall in Worten erglänze, dafür ist es zu gewaltig (IV 440).
Auch den Gebrauch griechischer Fremdwörter entschuldigt er wie Lucrez.

Wie am Ende des ersten Buches der Georgica die Sonne als
Prophet verherrlicht war, so schließt der Verfasser dieses Gedichtes
sein erstes Buch mit einer Ausführung über die Bedeutung der Ko=
meten, die Mißwachs, Pest und Kriegsnot weissagen (I 874 ff.). Und
hieran knüpft sich wirkungsvoll die Erinnerung an die endlich über=
standenen Bürgerkriege, ihren Verlauf von Philippi bis zu den letzten
Kämpfen mit Sex. Pompejus: möge die Zwietracht nunmehr mit
ehernen Banden gefesselt in ewigem Kerker verharren! So ist auch
am Ausgang des dritten Buches (618 ff.) die ansprechende Schilde=
rung der vier Jahreszeiten in den meisten Zügen wie in der ganzen
Haltung von Vergil entlehnt.

So sehr der Fleiß, die Energie und Kunstfertigkeit anzuerkennen
ist, welche sich bemüht hat, die schwierige Darstellung des Weltsystems
in Versen und einer für diese Dinge noch nicht geschmeidigten Sprache
verständlich und genießbar zu machen, so ist doch für den heutigen
Leser dieser Lehrgang ein mühseliger und dornenvoller, um so mehr,
als der überlieferte Text stellenweise schwer verdorben ist. Nachdem
man sich durch die grundlegenden Konstruktionen des Weltgebäudes
in den beiden ersten Büchern durchgeschlagen hat, beginnen sich im
dritten die Geheimnisse des Menschenlebens zu eröffnen, denn nun
werden die Einwirkungen der Gestirne auf die irdischen Bestrebungen
und Schicksale dargelegt. Diese phantastische Lehre bietet dem Dichter

wenigstens reiche Gelegenheit, menschliches Thun und Treiben an=
schaulich zu schildern. Zwölf Lebenskreise zunächst sind es, welche auf
die zwölf Zeichen des Tierkreises verteilt sind, so daß jeder unter der
Einwirkung eines derselben steht, aber auch von den Nachbargestirnen
mit beeinflußt wird. Voran geht die allgemeine Glücksstellung als
die Grundlage der Existenz, es folgen Waffen und Kriegsdienst,
städtische Geschäfte und persönliche Beziehungen, Gerichte und Bered=
samkeit, Ehe und Genossenschaften aller Art, Reichtum und dessen
Erhaltung, Gefahren, Adel und Ehre, Kinder und Erziehung, Charakter
und Sklavenzucht, Gesundheit und Heilkunst, endlich die Erfolge jed=
weder menschlichen Bemühung.

Im vierten Buche (122 ff.) beginnt die Lehre von der Bedeutung
der Himmelszeichen für das Schicksal der Menschen. In spielender
Weise wird ihr Beruf und Charakter aus der Natur des Sternbildes
geschlossen, unter dem sie geboren sind. Jedem derselben ist eine be=
stimmende Gottheit beigegeben. Das reiche, nach der Schur immer
von neuem wachsende Wollenvließ des Widders deutet auf steigende
und sinkende Hoffnung, auf Wechsel von Gewinn und Verlust, Ver=
arbeitung von Wolle (nach Minerva's Vorbild), Kleiderhandel, schwan=
kenden und eitlen Charakter. Der Stier ist für arbeitsame Land=
wirte. Steht die Sonne im Zeichen des Stieres, dann gibt es tapfre
Feldherren, Diktatoren, die vom Pfluge gerufen werden, Menschen,
die den Ruhm lieben, schweigsam, schwerfälligen Körpers, und Cupido
wohnt unter ihrer Stirn, wie Venus dem Stier beigegeben ist. Unter
den Zwillingen (den Schützlingen Apollo's) werden musikalische, ge=
mütliche Leute geboren von unverwüstlicher Jugendfrische, auch Astro=
nomen. Der Krebs (von Mercur regiert) erzeugt Großhändler,
Spekulanten, Kapitalisten, die auf Gewinnst, auf hohe Zinsen aus
sind. Der Löwe (das Zeichen des Juppiter und der Göttermutter)
liebt immer neue Kämpfe, lebt von Beute. Wer unter ihm geboren
ist, liebt die Pfosten seines Hauses mit Fellen und andrer Jagdbeute
zu schmücken, oder er wird Metzger und behängt seinen Laden mit
lockenden Braten. Es sind treuherzige Naturen, rasch erzürnt und
ebenso leicht zu versöhnen. Die Jungfrau verleiht wissenschaftliches
Streben, anmutige Rede, Scharfsinn, erzeugt Tachygraphen; aber die
guten Anlagen werden durch Blödigkeit gehemmt, auch Kindersegen
bleibt aus. Die Wage lehrt Maß und Gewicht, Rechnen, Gesetz und
Recht. Große Juristen, wie Servius Sulpicius, der Freund Cicero's,

werden unter ihr geboren. Der Skorpion mit seinem Stachelschwanz befördert Kriegslust und Blutgier, denn Mars ist ihm zugethan. Tyrannen wie Sulla, auch wilde Jäger, Gladiatoren und Fechter gehören unter dieses Zeichen. Wem der Centaur, Diana's Schützling, zugefallen ist, der zügelt Pferde, zähmt Tiger und Löwen, dressiert Elephanten, ist sehnig und schneidig wie der Bogen des Schützen, schnell und unermüdlich. Der Steinbock gehört der Vesta. Also steht unter seiner Einwirkung alles, was des Feuers bedarf: Bergwerke und Verarbeitung von Metallen, auch Bäckerei. Die Kälte des Winters bringt auch das Kleidergeschäft in höheren Schwung, weil aber der untere Teil in das Zeichen des Fisches übergeht, bedeutet er nach stürmischer Jugend ein kühles Alter. Der Wassermann bringt Quellenfinder und Wassertechniker, die geschickt sind in der Anlage von Leitungen, Springbrunnen, Teichen, Kanälen, auch Kalendermacher, sanfte Naturen, freigebig, die weder zu wenig noch zu viel haben, wie die Urne gleichmäßig fließt. Endlich den Fischen ist eigen Neigung zum Meere, zur Schiffahrt, Sternen- und Erdkunde; ferner zur Fischerei, zum Seekrieg. Wer unter diesem Zeichen geboren ist, erfreut sich einer reichen Nachkommenschaft, liebt den Genuß, ist beweglicher und veränderlicher Natur.

Wie aber auf der Erde das Gute mit Bösem gemischt ist, wie lachende Fluren vom Rost verheert werden, wie der Lauf der Flüsse wechselt, so enthält auch jedes Gestirn in sich ungleiche Teile, teils zu kalte, teils zu feurige, und je nachdem dieser oder jener zur Geltung kommt, ist die Wirkung heilsam oder schädlich. Manche üben einen besonderen Einfluß beim Aufgang aus. So deutet z. B. der vorgebeugte Nacken des Widders auf ungenügsame, gewaltsam vorwärts drängende Naturen, auf den Trieb zu weiten Forschungsreisen, wie ja auch Phrixus von seinem Widder weit bis zu den Kolchiern getragen ist (IV 503 ff.). Wessen Geburtsstunde in die Zeit fällt, wo der Skorpion sich mit der Spitze seines Schwanzes erhebt, der wird Gründer oder auch Zerstörer von Städten (554 ff.). Der erste Aufgang des Schützen bringt große Feldherrn hervor, die aber ihrem Glück zu sehr vertrauen wie Hannibal, und schließlich unterliegen (561 ff.). Wehe über den, der beim Aufgang der Fische geboren ist! Er wird ein unangenehmer Schwätzer, ein Ohrenbläser, zweizüngig, intriguant und wollüstig. Hat sich doch Venus, als sie vor Typhon floh, in einen Fisch verwandelt (574 ff.).

Wie die einzelnen Glieder des menschlichen Körpers unter dem
Schutz eines der zwölf Himmelszeichen stehen (der Kopf unter des
Widders, der Nacken unter des Stiers Herrschaft u. s. w. 701 ff.),
so wird auch jedes Land durch ein besonderes Gestirn beherrscht,
welches die Rasse und deren gesamte Kultur bestimmt. So steht Italia,
die Herrscherin und Schiedsrichterin des Erdkreises, unter dem Zeichen
der entscheidenden und ausgleichenden Wage (769 ff.).

Im fünften Buch werden die Einwirkungen der übrigen Stern=
bilder, wenn sie mit einem Teil eines der zwölf Himmelszeichen zu=
gleich aufsteigen, durchgenommen. So ergibt die Kombination des
Widders mit der Argo Schiffskapitäne und Seekriege, mit Orion ge=
schickte Geschäftsmänner und Allerweltsfreunde, mit dem Fuhrmann
gewandte Kutscher, Circusrenner und Kunstreiter, einen Salmoneus,
der sich vermaß, als Juppiter einherzufahren und ihn „durch den Tod
kennen lernte", oder einen Bellerophon, den sein Pegasus zum Himmel
emportrug. Die Böcke in Gemeinschaft mit dem Widder erzeugen
leichtfertige Naturen, Verliebte, auch Schäfer, die auf der Hirtenflöte
blasen; die Hyaden ruhelose, zu Umwälzungen geneigte Volksredner
und Wühler wie die Gracchen, oder auch (ihrem Namen entsprechend)
ehrbare Schweinehirten; endlich die Ziege furchtsame Gemüter, die
bei jedem Geräusch erschrecken, aber begierig neues zu sehen, wie die
Ziegen beim Grasen immer über die Grenze hinausstreben. In
Verbindung mit dem Stier bringen die Pleiaden Freunde des Bacchus
und der Venus zur Welt, gute Gesellschafter, Witzbolde, Stutzer mit
feiner Frisur, weibische Zieraffen. Aus Kombination der Zwillinge
mit dem Hasen gehen Schnelläufer hervor, gewandte Faustkämpfer,
Ball= und Schlauchspieler, Jongleurs und Leute, die wenig Schlaf
bedürfen. So geht es weiter. Der Reiz dieser wunderlichen Offen=
barungen besteht in der anschaulichen, bisweilen schalkhaften, oft
markigen Schilderung mannigfacher Figuren und Charaktere vom
bunten Markt des Lebens: man blättert wie in einem Bilderbuche,
einer Art von Orbis pictus. Menschenkinder aller möglichen Anlagen
und Richtungen werden durch das kaleidoskopartige Spiel der Gestirne
geschaffen. Dem Leser des fünften Buches wird vorgestellt der Blumen=
gärtner und der Parfümeur; der Goldschmied, der Gold= und der
Silberproduzent, der Händler mit Gold und Silber, der Künstler in
Mosaik, in Edelsteinen, in getäfelten Zimmerdecken. Man lernt das
Weidwerk kennen samt Gerät und Hunden; die Fischerei in süßem

und salzigem Wasser, den Fang von Robben und Thunfischen, Zu=
bereitung der kostbaren Salzbrühe, auch Muschelfischer und =händler.
Die Künste des Schwimmers und Tauchers, des Ballspielers und
Jongleurs, des Kunstreiters, Seiltänzers und Equilibristen aller Art
werden beschrieben. Da kommt ferner der Vogelzüchter, der Schlangen=
gaukler, der Tierbändiger, auch der Straßenräuber, der Botenläufer,
der Reiteroffizier. Sie alle leben und üben ihr Geschäft vor den
Augen des Lesers. Wie drastisch ist die Schilderung des Jähzornigen,
der in der Konstellation des sengenden Hundssternes mit dem Löwen
geboren wird (206 ff.)! Die Worte laufen der Sprache voraus, der
aufgeregte Sinn ist vor dem Munde. Ohne großen Anlaß gerät er
in Aufregung, die Zunge wütet, er bellt im Sprechen, läßt unter
häufigen Bissen die Zähne in der Stimme stecken. Durch Wein gerät
er vollends in Flammen.

Besonders lebhaft und mit Laune werden die Schützlinge des
Cepheus geschildert (449 ff.), wenn derselbe mit dem Wassermann
verbunden ist. Das sind ernste Leute mit gedankenvoller Miene.
Immer von neuem studieren sie die Beispiele der Alten, citieren
Worte des Cato Censorius: der finstre Vormund mit aufgezogenen
Augenbrauen, der gestrenge Oheim ist nach ihrem Geschmack. Das
gibt gravitätische Pädagogen, die sich auf ihre Würde Wunder was
einbilden; oder Tragödienschreiber mit blutigem Griffel, die in Ver=
brechen und Umsturz schwelgen, von der grausen Mahlzeit des Thyestes,
den thebanischen Greueln, Medea's Rache dichten, vielleicht Cepheus
selbst dramatisch verarbeiten; auch nachdenkliche Verfasser von Ko=
mödien, Bildern des Lebens, wie sie Menander so meisterlich zu zeichnen
verstand; oder endlich Schauspieler und Pantomimen, die in einer
Person alle möglichen Rollen zu spielen, die den Sturz von Troja
und Priamus' Ende allein darzustellen wissen.

Nach der schönen Erzählung von Andromeda's Befreiung wird
gleichsam als Gegenbild zu Perseus der unerbittliche Kerkermeister
und Henker gezeichnet (denn Wütriche solches Schlages werden unter
dem Zeichen der aufgehenden Andromeda geboren): es rührt ihn nicht,
wenn Mütter seiner unglücklichen Opfer auf seiner Schwelle hinge=
streckt liegen, wenn Väter Nächte hindurch nach dem letzten Kuß ihrer
Söhne verlangen. Und der Henker, der von angezündeten Scheiter=
haufen und blutgetränkten Beilen lebt: er würde sich weiden am
Anblick der Jungfrau, die am Felsen hing (619 ff.).

Wenn der Dichter auch über die Sternfabelei spottet (II 25 ff.), wonach es scheine, als ob die Erde den Himmel gemacht habe, so ist doch seine Phantasie von der Sagenwelt erfüllt, so daß er sie durchweg in belebenden Anspielungen und selbst in hier und da eingeflochtenen Ausführungen anerkennt. Hierbei verrät er bisweilen eine feine Gabe (Gestalten der Dichtung zu zeichnen, und lebendig zu erzählen. Eine wahre Perle ist die eben erwähnte Episode von der Befreiung der Andromeda, die auch nach Ovids glänzendem Vorgang (Met. IV 663 ff.) durch eigentümliche Schönheiten fesselt (V 538 ff.). Wieviel davon etwa auf Rechnung des Euripides oder Späterer kommen mag, läßt sich freilich nicht sagen. Dem Maler scheint das rührende Bild der schuldlosen Jungfrau abgelauscht zu sein, die an den Felsen gefesselt ist. Wie beliebt dieser Stoff war, zeigen ja noch zahlreiche pompejanische Wandbilder. Mit dem schneeweißen Nacken sanft zurückgebeugt, bewahrt sie doch in tödlicher Not ihre jungfräuliche Anmut. Die Falten des Gewandes sind von den Schultern geglitten,. die Arme entblößt, und über den Rücken fließen die aufgelösten Haare. Die Eisvögel umkreisen sie mit klagendem Liede und geben ihr atten mit ihren Flügeln. Die Brandung des Meeres hält inne bei ihrem Anblick, die Nereide hebt ihr Antlitz mitleidig aus der Flut, die Luft selbst, die schwebenden Glieder mit sanftem Hauch streichelnd, läßt weit durch die Felsen Klagetöne wiederhallen (das Echo des Euripides). Perseus aber, wie er das Mädchen erblickt, beneidet den Fels, an dem sie hängt, und preist die Ketten glücklich, die sie umfangen. Medusa's Sieger ist besiegt im Anschauen der Andromeda. Er ist entschlossen sie heimzuführen, selbst wenn eine zweite Gorgo ihm entgegenträte, und verständigt sich mit den Eltern. Das Heranbrausen des Ungetüms, das angstvolle Erbleichen seiner Beute, der gewaltige Kampf zwischen dem geflügelten Helden und dem grimmigen Untier, endlich Sieg und Befreiung: über der hinreißenden Geschichte scheint der Dichter selbst seine wunderliche Wissenschaft vergessen zu haben.

Ueber seine Person gibt er auch nicht die leiseste Andeutung. Jede Vermutung über seine Herkunft und seine Verhältnisse schwebt in der Luft. Soviel lassen seine Schilderungen erraten, daß er römisches Staatsbewußtsein besaß, römisches Leben recht wohl und aus eigener Anschauung kannte, daß er sich in mannigfachen Berufsund Gesellschaftskreisen, in den Stätten der Handwerker, auf Plätzen

der Volkslustbarkeit, in Wald und Feld, an Flußufern und Meeres-
küsten umgesehen, und sich lebendige Anschauungen von dort geholt
hat. Aber sein Blick reicht über den ganzen bewohnten Erdkreis seiner
Zeit. Er umschreibt in großen, aber festen Zügen das Becken des
mittelländischen Meeres, seine Küsten und Inseln, geht Völker und
Städte der drei Erdteile durch und weiß von der Verschiedenheit der
Völkertypen, der Sprachen, Sitten, Produkte, Tiere Charakteristisches
in knappem Ausdruck zu sagen (IV 585 ff.).

An gelegentlichen Seitenblicken auf die Sitten der Gegenwart
fehlt es nicht. Nachdem der Dichter ausgeführt hat, daß gewisse
Gestirne miteinander in freundlicher oder feindlicher Wechselbeziehung
stehen, was denn auch für die unter solchem Zeichen Geborenen die
entsprechenden Folgen habe (II 466 ff.), flicht er eine schmerzliche
Betrachtung ein über die Seltenheit wahrer Freundschaft und Treue.
Er klagt über die Herrschaft von Tücke und Verrat: den Gesetzen
zum Trotz wütet die Niedertracht und die Strafen können ihrer nicht
Herr werden; Friede und Eintracht ist auf der Erde so wenig wie
im Himmel (581 ff.). Auch an den üblichen Ausfällen auf Schwelgerei und Prunksucht der Zeit ist kein Mangel (IV 404 V 195 f.
276 f. 290 ff. 374 ff. 519 ff.).

Gern schließt sich der Verfasser dem pythagoreischen Glauben an,
welchen auch Cicero seinem Scipio in der Erzählung des Traumes
unterlegt, daß die Milchstraße bewohnt sei von den Seelen großer
Männer, nachdem sie aus den Banden des Körpers gelöst seien, und
schwelgt in langer Aufzählung solcher Nachbarn der Götter, von den
Helden der Troerzeit bis Agrippa (I 758 ff.).

Nicht nur in dem unbedingten Glauben an die Vorherbestimmung
durch Schicksal und dessen Abhängigkeit von den Sternen trifft er
mit den Stoikern zusammen. Er teilt mit ihnen, außer dem schon
erwähnten Sinn für Freundschaft, auch den Aberglauben an Weissagungen und Zauberei aller Art. Dagegen wendet er sich (I 483 ff.)
mit großem Nachdruck gegen die Lehre des Demokrit, wonach die
Welt aus Atomen entstanden ist und wieder in sie aufgelöst wird. Daß
nicht die Willkür der Fortuna, sondern die Gottheit nach ewigen Gesetzen
regiere, schließt er aus dem unwandelbaren Auf- und Niedergang
der Gestirne und ihren unveränderten Bahnen. Alles, was nach sterb-
lichem Gesetz geschaffen ist, verändert sich. Wie viele Umwälzungen
in Ländern und Völkern seit Troja's Zerstörung! Man kennt sie

nicht wieder. Nur das Weltsystem ist dasselbe geblieben: es wird immer dasselbe sein, weil es immer dasselbe war.

Ueber die unmittelbaren Quellen seiner Weisheit schweigt sich der Dichter übrigens aus. Nur daß es griechische sind, bekennt er wiederholt, und der Gebrauch griechischer Kunstausdrücke, die er für unübersetzbar erklärt, bestätigt es. Im astronomischen Teil wird man an Eratosthenes als letzten Gewährsmann denken dürfen. Die Stelle über die Milchstraße scheint nach Poseidonios gearbeitet zu sein.

Der Verfasser brachte zur Bewältigung seiner spröden Aufgabe tüchtige Schulbildung und ausdauernden Fleiß mit, aber mäßige Begabung. Mit dem Sprachvermögen des Lucrez kann sich das seinige nicht messen. Doch hat er ihn studiert und verdankt ihm, wie auch vor andern Vergil und Ovid, zahlreiche Wendungen und Schmuck der Rede. Die mannigfachen Mittel der poetischen Rhetorik weiß er wohl anzuwenden. Wenn sein Stil ungleich ist, bald dürr, hart und dunkel, bald überströmend, so hat das zum großen Teil die Natur seines Stoffs zu verantworten. Auf der dürren Heide astronomischer Demonstration, wo er ohne Vorbilder mit der Schwierigkeit der Sachen und der Wiedergabe griechischer Kunstausdrücke ringt, keucht er natürlich mühsam einher: dieselben Worte, die einmal für bestimmte Begriffe von ihm geprägt sind, kehren immer wieder, und über dem Bemühen, der trockenen Lehre einen poetischen Anstrich zu geben, wird der Sprache Gewalt angethan und das Verständnis verdunkelt. Wenn sich ihm nun die grünen Fluren des Lebens und menschlicher Verhältnisse öffnen, da will er sich und den Leser schadlos halten. Um zu zeigen, daß er beredt ist und zu schildern versteht, läßt er sich gehen: er grast und schwelgt, baut weite Perioden und kann sich bisweilen schwer entschließen, aufzuhören. Auch der Versuchung geistreich zu sein unterliegt er bisweilen, besonders in Einleitungen und Exkursen: da zollt er der Rhetorschule durch überscharfes Zuspitzen des Gedankens seinen Tribut. Manche gewagte Wendung und Verbindung, manche Figur ist ihm mißraten. Einzelnes Altertümliche und ziemlich häufige Anwendung von Allitteration soll die Feierlichkeit des Lehrgedichtes unterstützen. Der Versbau ist, wo der Text unverdorben vorliegt, regelmäßig und mit Sorgfalt behandelt.

Einen weiten Leserkreis hat der Verfasser selbst nicht erwartet: sein Werk wird in der That von keinem alten Schriftsteller erwähnt. Dagegen hat um die Mitte des vierten Jahrhunderts nach Chr.

der Heide Firmicus Maternus aus Sicilien im ersten Buch seines weitläufigen Profawerkes (Mathesis) über den Sternglauben das fünfte des astrologischen Gedichtes, ohne es zu nennen, von Anfang bis zu Ende dermaßen ausgebeutet, daß sich Schritt für Schritt Uebereinstimmung nicht nur der Einzelnheiten des Inhaltes, sondern, soweit es die veränderte Form zuließ, auch des Ausdruckes nach= weisen läßt. Auch die in unserm Gedicht vermißten Partien des astrologischen Systems sind hier ausgeführt. Denn vollendet ist das= selbe, wie es vorliegt, keineswegs. Es bricht ohne Schluß ab, und außer einer Anzahl aufgehender Gestirne fehlt der (V 28) in Aussicht gestellte Abschnitt über den Einfluß der untergehenden, sowie die (II 965, vgl. III 156 ff. 587 ff.) verheißene Belehrung über die Wirkung der Planeten. Daß aber Firmicus noch ein sechstes Buch gekannt und benutzt habe, läßt sich nicht erweisen. Wer kann sagen, ob der Dichter sein weitangelegtes, schwieriges Werk wirklich zu Ende geführt, ob nicht Tod oder Ueberdruß, oder welch andrer Grund dem= selben schon vorher ein Ziel gesetzt habe? Wenn sich seine Arbeit durch eine lange Reihe von Jahren hinzog, so können auch die Be= ziehungen auf die Gegenwart sich zum Teil verschoben haben.

Fabeldichtung.

Waren diese sublimen Offenbarungen für die Höhen der Gesell= schaft und die Aristokratie des Geistes bestimmt, so sprudelte für den kleinen Mann, da die Schöpfungskraft im Drama versiegte, eine bescheidene Quelle praktischer, volkstümlicher Lebensweisheit in der Fabel, welche erst jetzt als selbständige Gattung zu dem Schatz römischer Dichtung hinzutritt.

Seit uralten Zeiten hat sich bei den Griechen ein Erbe volks= mäßiger kleiner Geschichten angesammelt, welche Beobachtungen über den Gang der Welt und die Verhältnisse des täglichen Lebens einen witzigen Ausdruck verleihen. Ein herber Realismus liegt ihnen zu Grunde, sie sind das Ergebnis oft schmerzlicher Erfahrung, haben aber einen unvergänglichen Wert durch die Wahrheit, welcher sie eine plastische, allgemein verständliche Gestalt geben. Der persönliche

Stachel iſt ihnen genommen durch die Maskierung der auftretenden Figuren. Nicht Menſchen, ſondern Tiere, wilde und zahme, auch Bäume und andre Geſchöpfe der Natur werden handelnd und redend eingeführt. Menſchliche Triebe und Gedanken werden ihnen wie ſymboliſchen Abbildern derſelben beigelegt. Was ſie thun und leiden, was ſie ſprechen, muß aber ihrem eigenen Weſen, den Vorraus= ſetzungen ihres Daſeins genau angepaßt ſein, denn auf der zutreffenden Schärfe in der Beobachtung des wirklichen Lebens, in der Charak= teriſtik der Gattung beruht die innere Glaubwürdigkeit der Erzäh= lung, welche oberſtes Geſetz iſt. Dem naiven Naturzuſtande dieſer Geſchöpfe entſprechend muß ihre Redeweiſe einfach und dem täglichen Leben gemäß ſein: Rhetorik und Farbenpracht iſt auch vom Ton der Erzählung ausgeſchloſſen, denn grade durch ihre Schlichtheit wird ſie allgemein verſtändlich und glaubhaft. Die Form vorſichtiger und ſchalkhafter Verkleidung ziemt ſich beſonders für den, der in unter= geordneter oder gefährdeter Stellung dem Mächtigeren eine Lehre, Gleichgeſtellten eine Warnung geben will, daher als Schöpfer und Meiſter der Fabel in der Legende der bucklige Sklav Aiſopos gilt und nach ihm die ganze Gattung benannt iſt. Von jeher, bei Heſiod, Archilochos u. a. gelegentlich auch in Verſe gekleidet tritt ſie be= ſonders in der Komödie, in der doriſchen Epicharms wie in der atti= ſchen des Ariſtophanes, als anerkanntes Gemeingut volkstümlicher Weisheit auf. Auch Kallimachos hat in ſeinen Jamben hier und da von der Tierfabel (Fr. 87), von der lydiſchen Novellette (αἶνος: Fr. 93, vgl. Phädr. III 17), von Anekdoten aus dem Leben be= rühmter Männer wie Thales, Solon (Fr. 89. 94 ff.) Gebrauch ge= macht. Aber erſt in der Zeit, als der litterariſch=antiquariſche Sammel= eifer erwacht war, hat Demetrios von Phaleron, Schüler des Theophraſt, eine Sammlung äſopiſcher Fabeln in Proſa redigiert. Am nächſten verwandt mit dieſen Fabeln im engeren Sinne, denen der zu Grunde liegende Erfahrungsſatz in gnomiſcher Faſſung voraus= oder nach= geſchickt zu werden pflegte, waren die zahlreichen Geſchichten, welche den Anlaß zu einem witzigen Ausſpruch eines berühmten klugen Mannes, oft des Aeſop ſelbſt, in Kürze berichteten. Daran aber ſchließt ſich eine bunte Menge von Anekdoten und Schwänken, wie ſie beſonders in übermütiger Geſellſchaft, in Großſtädten mit buntem, ungebundenem Leben entſtehen, von möglichſt pikantem, derbem, am liebſten erotiſchem und ſchlüpfrigem Inhalt. Beſonders in Milet,

Sybaris, auch Athen gedieh diese Gattung: die beiden erstgenannten
Orte wurden das klassische Lokal für Erfindungen der bezeichneten
Art. Wer als guter Gesellschafter gelten wollte, mußte einen Vorrat
davon im Gedächtnis haben; auch davon gab es Sammlungen zum
Handgebrauch, aus dem sich z. B. Parasiten, ehe sie zu einem Essen
gingen, vorbereiteten. Mit einem umfangreichen Prosawerk „Mile=
sische Geschichten", Liebesnovellen sehr anrüchiger Art, hatte ein ge=
wisser Aristides solchen Erfolg, daß L. Cornelius Sisenna, Prätor
des Jahres 676/78 und Verfasser eines farbenreichen Geschichtswerkes
über den Marsischen Krieg, es mit entschiedenem Behagen übersetzte
und damit seinen Standesgenossen eine ebenso beliebte als ausgiebige
Unterhaltung (in wenigstens 13 Büchern) bot: im Lager des Crassus
fanden die Parther nach ihrem Siege vom Jahre 701/53 eine ganze
Anzahl von Exemplaren unter dem Gepäck der Offiziere.

Auch von römischen Dichtern war die Tierfabel schon seit früher
Zeit in gelegentlichen Proben verwendet worden und hatte bei der
Neigung des Volkes für praktische Lebensweisheit gewiß Beifall ge=
funden. Es ist oben erwähnt worden, wie schon Ennius in seinen
Satiren, dann Lucilius und Horaz ihre Plaudereien mit solchen Bei=
spielen würzten; und wie populär die ganze Gattung auch in Rom
gewesen sein muß, ergibt sich aus der Thatsache, daß einzelne äso=
pische Fabeln, z. B. der Krieg zwischen Wieseln und Mäusen (Phädr.
IV 6, 2) an den Wänden von Tabernen gemalt zu sehen waren.

Nach solchen Vorläufern und aus Quellen solcher Art schöpfend
machte ein Freigelassener des Augustus, Phädrus, den ersten Ver=
such, die römische Dichtung durch eine eigene Fabelsammlung und
zwar in Versen zu bereichern. Er war ein Ausländer: auf pierischem
Bergrücken, an der altheiligen Musenstätte rühmt er sich geboren zu
sein (III Prol. 17 ff. 51 ff.). Als Kind eines Sklaven kam er aus
seiner makedonischen Heimat nach Rom in den Haushalt des Herrschers
und genoß hier die höhere Schulbildung. Erst unter Tiberius ist er
zunächst mit zwei Büchern hervorgetreten: jedes derselben wird mit
einem Prolog eröffnet und das Ganze durch einen Epilog abgeschlossen,
aber in der jetzigen Gestalt können sie nicht vollständig sein, da
redende Bäume zwar angekündigt werden (I Prol. 6), aber nicht auf=
treten. Den Stoff, welchen Aesop erfunden hat, will der Dichter in
iambischen Senaren kunstmäßig geglättet wiedergeben: er bezweckt
nach seiner Versicherung nichts weiter als heitere Unterhaltung und

kluge Winke fürs Leben. In selbstverkleinerndem Tone nennt er sie
gelegentlich „Ammenmärchen" (nenias: III Prol. 10 IV 2, 3),
betont aber, daß mehr dahinter stecke, als sie auf den ersten Blick
zeigen. Er war sich des satirischen Stachels, welchen die Scherze
Aesops bargen, sehr wohl bewußt, und was er später einmal (III
Prol. 33 ff.) als Beweggrund des phrygischen Sklaven angibt, der=
selbe habe seinem Herzen in dieser Form Luft gemacht, weil er es
in seiner abhängigen Stellung offen zu thun nicht wagte, das ist ihm
selbst von Zeitgenossen zugetraut worden. Der mächtige Sejanus,
sei es, daß er sich selbst durch eine und die andre Fabel getroffen
fühlte, sei es, daß er den Beschwerden andrer nachgab, trat als
Ankläger gegen ihn auf, Zeuge und Richter waren dem Schutzlosen
ungünstig: so ist der arme Schelm wegen Abfassung von Spottversen,
die schon durch das Zwölftafelgesetz verboten war, zu einer Strafe
(Gefängnis oder Verweisung) verurteilt, welche sein Leben für einige
Zeit sehr verbitterte. In jener argwöhnischen, verfolgungssüchtigen
Zeit, welche obendrein dem Satiriker so reichen Stoff bot, war es
leicht, Geschichten, deren Reiz ja grade in ihrer Anwendbarkeit be=
stand, bewußte Beziehungen auf lebende Persönlichkeiten oder politische
Anspielungen unterzuschieben: sie hielten der Gegenwart einen Spiegel
vor, in dem gar mancher sein eigenes Antlitz erkennen mochte. Das
unschuldige Lamm, an welchem der Wolf unter frivolen Anklagen
seine Mordlust befriedigt (I 1); die Tauben, die den Falken zum König
machen (31); der Löwe, der mit Schwächeren die Beute teilt (5);
der Spott des Fuchses über die tragische Maske, die kein Gehirn hat
(7), passend auf einen Hohlkopf, der Carrière gemacht hat; der
Schiedsspruch des Affen zwischen Wolf und Fuchs (10); die trächtige
Hündin, die das Gastrecht so schnöde mißbraucht (19) u. s. w., lauter
anzügliche Bilder. Bei der Geschichte von den Fröschen, die durchaus
einen König haben wollen und ihren kindischen Mutwillen endlich
unter dem Zahn der Schlange büßen (2), ist die politische Beziehung
durch die Anwendung auf Pisistratus noch besonders nahe gelegt.
Die Bedenken der Frösche gegen eine beabsichtigte Heirat des Sonnen=
gottes, der schon allein, ohne Kinder, alle Wasserlachen aufsauge (6),
haben Neuere ziemlich willkürlich auf die Besorgnis der Bürger aus
Anlaß der beabsichtigten Vermählung des Sejanus mit Livia, der
Schwiegertochter des Tiberius, bezogen. Möglich, sogar wahrscheinlich,
daß die bedenklichsten Stücke durch Censur beseitigt sind.

Uebrigens hält sich schon das erste Buch nicht ganz in den Grenzen der Tierfabel, im Prolog zum zweiten (V. 9) nimmt der Verfasser ausdrücklich die Erlaubnis zu eigenen Zuthaten in Anspruch. Lustige Schwänke nach Art der sybaritischen sind eingemischt: der Schuster als Kurpfuscher, vom König überführt (I 14); die Wöchnerin, welche sich weigert zu Bett zu gehen (I 18); die beiden Weiber, welche ihren gemeinsamen Liebhaber zum Kahlkopf machen, indem die junge ihm die grauen, die ältliche die schwarzen Haare ausrupft (II 2). Als wahre Geschichte aus der Gegenwart wird eingeführt die Abfertigung des dienstbeflissenen und zudringlichen Strebers (ardelio) durch Tiberius in der Villa von Misenum (II 5), ein Sittenbild mit epigrammatischer Spitze, farbiger ausgeführt als die meisten anderen Geschichten. Die Ueberschrift verrät, daß in dem vollständigen Exemplar eine andere vorangegangen sein muß, in welcher Tiberius gleichfalls eine Rolle spielte.

Der schlimme Erfolg dieser ersten Gabe hat den Verfasser von der Fortsetzung doch nicht abgeschreckt, aber er sah sich jetzt nach Gönnern um, die er freilich nur im Stande der Freigelassenen fand. So widmete er sein drittes Buch dem Eutychus, einem vielbeschäftigten und einflußreichen, litterarisch aber gleichgültigen Geschäftsmann. Man hat in ihm den bekannten Circuskutscher und Günstling des Caligula gesehen und demnach die Uebergabe des Buches um das Jahr 40 n. Chr. angenommen, aber beweisen läßt es sich nicht. Ihm klagt Phädrus die erlittene Verfolgung und versichert, es liege ihm fern, Einzelne anzugreifen, er wolle nur den Charakter der Menschen und das Leben im allgemeinen darstellen (III Prol. 41 ff.). Im Epilog aber nimmt er in noch dringenderen Worten als versprochenen Lohn seiner Arbeit das Mitleid und die schleunige Hilfe des Gönners in Anspruch, da= mit er sich noch ehe die Schwäche des Greisenalters ihn beschleiche ein Weilchen der Wohlthat freuen könne. Eutychus soll sich von seiner Unschuld überzeugen und ihn nach Pflicht und Gewissen durch sein Urteil freisprechen. Er deutet auf Feinde, deren Uebermut ihn unterdrücke, wagt aber nicht sie zu nennen, sondern überläßt es der Zeit, sie zu offenbaren (V. 31 ff. 63). Auch die Kollegen von der Dichterzunft wollen ihn nicht gelten lassen, aus Brotneid, wie er meint, obwohl er versichert (V. 21), jedes Streben nach Erwerb aus seinem Herzen getilgt zu haben, nur dem Ruhme zu leben, auf den er selbstbewußt Anspruch erhebt. Ihn zu erstreben, glaubt er als geborener Nachbar der Griechen ein näheres Anrecht zu haben als der Phryger Aesopus, der Skythe Anacharsis, ja als die Thrakier Linus und Orpheus (V. 51 ff.). Als er dieses dritte Buch schrieb, stand er an der Schwelle des Alters. Wenn er gleich am Eingang (1) von dem noch köstlichen Duft eines ausgetrunkenen Weinkruges spricht, der ehemals edlen Falerner faßte, und dann hinzufügt: „wohin dies zielt, wird sagen wer mich kennt", so ist kein Zweifel, daß er mit diesem wehmütigen Vergleich sich selber meint. Aber der Krug war noch keineswegs geleert: der Stoff wuchs ihm unter der Hand. So hat er einem seiner teilnehmenden Leser, einem gewissen Particulo, sein viertes, und einem Philetus sein fünftes Buch gewidmet. Es sind dunkle Ehrenmänner geblieben, wenn auch die Verheißung an den erstgenannten in Erfüllung gegangen ist, daß sein Name dauern solle, solange man lateinische Litteratur zu schätzen wissen werde (IV Epil. 6 f.). Als er das fünfte Buch abschloß, war der Dichter wirklich alt und fühlte, daß seine Kräfte abnähmen: er erzählt zuletzt (10) von einem bewährten Jagdhunde, dem die Zähne morsch geworden seien, und fügt hinzu: „warum ich dies geschrieben, siehst du, Philetus, wohl."

Nach und nach hat sich Phädrus immer mehr auf eigene Füße gestellt. Wenn er anfangs sich begnügen wollte, den von Aesop erfundenen Stoff in Verse zu kleiden (I Prol. 1), nur hier und da der Abwechslung halber sich erlaubte, etwas andres einzufügen (II Prol. 9), nimmt er doch schon im Epilog des zweiten Buches (V. 12) das Lob kunstmäßiger Erfindung für seine Fabeln in Anspruch. Im Prolog des dritten (V. 38 ff.) rühmt er sich, noch mehr ersonnen zu haben, als jener hinterlassen hatte; in der Widmung des vierten (V. 12 ff.) erklärt er offen, daß er nur wenige Fabeln von Aesop entlehnt, die Mehrzahl neu hinzugefügt, nur in der Art des alten Fabulisten erzählt habe (vgl. III Prol. 29). In diesem Sinne ist es zu verstehen, wenn er ein andresmal dem mißgünstigen Beurteiler, welcher das Gute dem Aesop, das minder Ansprechende ihm anrechne, erwidert, die Erfindung des Ganzen, d. h. der Gattung gehöre jenem, er selbst habe das Werk nur ausgeführt (IV 22). Endlich im Prolog des fünften Buches bekennt er gradezu, wenn er den Namen des Aesop einschiebe, so geschehe das nur, um seinen Geschichten durch den berühmten Namen Ansehen zu geben, ganz wie gewisse Künstler ihren Werken den Namen eines Praxiteles, Myro, Zeuxis beifügen, um sie teurer zu verkaufen.

Uebrigens hat ihn bittere Erfahrung belehrt, wie wahr das Wort des Ennius sei, welches er in der Schule gelesen, daß es dem ge= meinen Manne schlecht bekomme, öffentlich den Mund aufzuthun. Und dieses Spruches eingedenk zu sein, gelobt er am Schluß des Epilogs zum britten Buch. In der That läßt keine von den Tierfabeln dieses Buches, deren Zahl überhaupt unter der Hälfte bleibt, eine politische Deutung zu: manche sind grabezu von kindlicher Harmlosigkeit. Wenn er erzählt, wie der magere Wolf durch den abgeriebenen Hals des wohlgenährten Hundes an den Wert der Freiheit erinnert wird (III 7), so hat er vielleicht seine eigene Lage im Sinn. Mit seinen lit= terarischen Widersachern setzt er sich hier und da auseinander. Der Fabel von dem Streit zwischen Bienen und Drohnen, wobei die Wespe den Schiedsrichter macht (13), fügt er ein Nachwort an, er würde sie nicht erzählt haben, wenn die Drohnen sich nicht geweigert hätten, sich der vorgeschlagenen Probe zu unterziehen (vgl. IV Prol. 17). Gewiß spielt er auf Plagiatoren an, welche seine Arbeiten für die ihrigen ausgaben und dem Beweise der Echtheit aus dem Wege gingen. Denen, welche ihn nicht verstehen, erzählt er von dem Huhn, welches eine Perle auf dem Misthaufen fand und nichts damit anzu= fangen wußte (12).

Einem Kritiker, der über die unbedeutende Dichtungsart die Nase gerümpft hatte, suchte der empfindliche Verfasser durch eine Probe zu beweisen, daß er auch auf dem Kothurn einherzustolzieren gelernt habe (IV 7): er liefert zehn Verse vom Anfang eines tragischen Medeaprologes, frei nach Euripides und Ennius, und erinnert den Pedanten, der sich als weiland Dichtervater Valerius Cato aufspiele, daß er auch in jenen klassischen Worten einen historischen Schnitzer rügen müsse, da ja die Seeherrschaft und die Flotte des Minos viel älter als die Argo gewesen sei. Er gibt ihm demnach den Rat, sich mit Litteratur lieber gar nicht zu befassen. Vielleicht war der so grob abgefertigte selbst tragischer Dichter. Man könnte an den jungen P. Pomponius Secundus (Consul vom Jahre 44) denken. Ebenso ist die gleich folgende Fabel (8) von der Schlange, welche die Eisen= feile anbeißt, gegen Kritiker gerichtet, die ihren Meister finden. Viel= leicht hat auch der Mythus von Hercules, der im Olymp beim Empfange alle Götter begrüßt, nur von Plutos die Augen abwendet (IV 12), eine persönliche Spitze (vgl. III Prol. 21). Wenigstens ist des Verfassers Abneigung gegen diese Macht so stark, daß er einmal bei Gelegenheit des schatzhütenden Drachen (IV 21) ausnahmsweise in eine satirische Mahnrede gegen den Geizigen ausbricht.

Denen, welche sich über die allzugroße Kürze seiner Geschichten beklagt haben, sucht er durch eine Art Abhandlung über Glauben und Nichtglauben (III 10) zu genügen. Den Kern derselben bildet ein mit epischer Anschaulichkeit vorgetragener Kriminalfall, welcher in mannigfachen Wendungen seinen Gang durch die Welt gemacht hat. Phädrus gibt der tragischen Geschichte ein aktuelles Interesse dadurch, daß er sie als eine selbst erlebte darstellt, die Verhandlung gegen die unschuldige Frau des eifersüchtigen Ehemannes vor dem römischen Centumviralgericht führen und den Urteilsspruch durch keinen geringeren als den weisen Augustus selbst fällen läßt.

Die Kürze, welche er wiederholt (II Prol. 12 IV Epil. 5 ff.) als ein Hauptverdienst seiner Kunst in Anspruch nimmt, beschränkt er allmählich mehr auf die einfache Fabel und die Apophthegmen. Das Beispiel im engeren Sinne soll nicht mehr als das zum Verständnis Unentbehrliche in gedrungenen Zügen geben, und je knapper hier die Reden gehalten sind, desto schlagender wirken sie. In dem erhöhten Maß von Aufmerksamkeit und Nachdenken, welches diese Kürze beansprucht (vgl. III Prol. 1 ff.), besteht ihr Reiz. Geschichten, wie die vom kreisenden Berg, der eine Maus gebiert (IV 24), vom Kahlkopf, der einen Kamm findet (V 6), sind mit wenigen Zeilen abgethan. Witzige oder sinnige Aussprüche und Antworten vollends, wie des Sokrates über die Enge seines Hauses (III 9), des Eunuchen (11), des Aesop an den vorwitzigen Spötter (19), an die Schiffsgefährten (IV 18), des Fuchses über die sauren Trauben (IV 3) würden alles Salz verlieren, wenn sie breit ausgesponnen würden. Dagegen forderte die Gesandtschaft der Hunde vor Zeus und der bemütigende Bescheid, den sie erhalten (IV 19), den Humor des Dichters zu saftiger Pinselführung heraus: man möchte glauben, daß er irgend ein diplomatisches Fiasko seiner Zeit im Sinne gehabt habe. Je mehr nun aber die Geschichten aus dem Menschenleben hervortreten, welche eine farbigere Ausführung ertragen, ja erheischen, desto mehr gibt sich der Dichter, und mit Recht, einem behaglicheren Erzählertone hin. Aus dem Schatz litterarischer Anekdoten, welchen die griechischen Biographen hinterlassen haben, greift er zwei Erlebnisse des Simonides (IV 23. 26) heraus, um den unvergänglichen Wert des dichterischen Genius und den göttlichen Schutz, dessen er sich erfreut, zu zeigen. Hübsch nach dem Leben ist geschildert, wie die charakterlosen Athener ihrem neuen Herrn Demetrius von Phaleron huldigen, und die stutzerhafte Erscheinung Menanders (V 1). Mit besonderer Liebe, wie aus un= mittelbarer Anschauung sind zwei römische Theatergeschichten aus= gemalt, die von dem Possenreißer, der die Stimme des Ferkels so täuschend nachzuahmen weiß (V 5), und die andre aus der Zeit des Augustus von dem eitlen Flötenspieler Princeps (V 7), demselben, wie es scheint, dessen Grabschrift, von seiner Tochter selbst gestiftet, noch erhalten ist. Ein reines Verstandesproblem ist die wunderliche Testamentsklausel, welche Aesops Scharfsinn enträtselt (IV 5).

Diese reichhaltige Sammlung heiterer Geschichten erhält aber noch einen erheblichen Zuwachs. Um die Mitte des fünfzehnten Jahr= hunderts hat nämlich Nikolaus Perotti in eine handschriftlich erhal= tene Blumenlese von Fabeln des Phädrus außer einer großen Anzahl bekannter noch 32 anderweitig nicht überlieferte aufgenommen, welche im Geist und Stil wie in der Verstechnik sich unmittelbar neben die übrigen stellen. Da aber ein zuverlässiger Zeuge aus der Zeit des Theodosius, Avianus, welcher äsopische Fabeln in elegische Distichen übertrug, nicht mehr als fünf Bücher des Phädrus gekannt hat, so ist die Annahme am wahrscheinlichsten, daß jene Nachlese wenigstens zum Teil aus der ehemals vollständigeren, jetzt offenbar lückenhaft überlieferten Sammlung, namentlich aus dem zweiten und fünften Buch genommen sind. Daß sie ganz und gar von einem Verfasser und von Phädrus herrühren, läßt sich freilich nicht beweisen. Einiges scheint sogar weniger für diesen zu passen. So erkennt man den, der sich sonst seiner Verwandtschaft mit den Griechen rühmt und griechische Litteratur hoch hält, kaum wieder in dem schwachen Scherz über die Armut einer Sprache, welche den Biber mit dem Namen des Dioskuren Kastor benenne (Nachtr. 28, 2 ff.).

Unter den Tierfabeln, welche den kleineren Teil dieses Nach= trages bilden, haben manche eine satirische Tendenz, andre schildern nur Züge aus dem Tierleben: wie der Bär Krebse fängt (20), wie sich der Biber vor dem Jäger rettet (28). Eigentümlich ist die bittere Betrachtung des Schmetterlings über Seelenwanderung (29). Wie es bei der Menschenbildung durch Prometheus zugegangen und wie diese oder jene Spielart, z. B. der Hermaphrodit, entstanden sei, hat Aesop mit manchem schalkhaften Mythus zu erklären gewußt (IV 15 f.). Aus derselben Werkstatt bringt auch der Nachtrag (4) eine

hübsche Geschichte, wie durch Vorwitz des Lehrlings in Abwesenheit
des Meisters die Mißgestalt der Lüge entstanden sei. Ein lustiges
Märchen berichtet, wie boshaft Mercur zwei Weibern, die ihn schlecht
aufgenommen haben, ihre Wünsche erfüllte (3). Die überwiegende
Mehrzahl spielt auf dem Boden des wirklichen Menschenlebens, witzige
oder weise Aussprüche des Aesopus, des Sokrates, Schwänke, zum
Teil derber Art; ein römischer Lagerscherz aus der Zeit des Pompejus
(8). Im Decamerone könnte die heitere Geschichte von dem Esel
stehen, welcher dem ärmeren Bewerber in letzter Stunde unverhofft die
Braut zuführt (14). Endlich die berühmte Witwe, die in der Gruft
ihres Mannes trauert und vom Wachsoldaten erobert wird (13). Man
sieht, wie aus dem Keim des einfachen Beispiels sich die Novelle
entwickelt.

Nicht wenigen Stücken in dem Fabelschatz des Phädrus stehen
Versionen in griechischer Sprache zur Seite, welche erkennen lassen,
wie der römische Nachdichter sich zu seinen Quellen verhalten hat.
Schon Lessing hat an treffenden Beispielen gezeigt, daß er bisweilen
unglückliche Aenderungen von Personen oder Umständen willkürlich
vorgenommen, bisweilen seine Vorlage nicht richtig verstanden hat.
Er läßt den Hund mit dem Fleisch einen Fluß durchschwimmen statt
auf einem Steg überschreiten (I 4), ohne zu bedenken, daß das Wasser
spiegelblank sein muß. Dem Löwen gibt er statt des wilden Esels
ungeeignete Jagdgenossen, Kuh, Ziege und Schaf (I 5), und ist da=
durch auch genötigt, die Gründe des Löwen bei der Teilung zu ver=
wässern. Ohne rechten Grund bläht sich bei Phädrus die Froschmutter
angesichts des Ochsen auf, bis sie platzt (I 24). Bei Babrios (28)
dagegen kommt sie erst hinzu, nachdem eins ihrer Jungen von dem
dicken Vierfüßler zertreten ist, und bemüht sich nun vergeblich, Größe
und Art des unbekannten Ungetüms, von dem die Kinder berichten,
annähernd festzustellen. Die äsopische Fabel von der Ameise und dem
Mistkäfer (295) ist in ein ziemlich breites Gespräch zwischen Ameise
und Fliege (IV 25) umgewandelt. Der berühmten Fabel des Stesi=
chorus (Aef. 175) ist die politische Spitze abgebrochen und an die
Stelle des Hirsches der Eber gesetzt (IV 4). Auch die beigefügten
Lehren verkennen bisweilen den Sinn der Geschichte, passen wie die
Faust aufs Auge (z. B. I 11), oder sind nichtssagend (IV 5).

Zu rühmen ist die Sauberkeit des Versbaues, welcher im An=
schluß an die Regeln des republikanischen Drama's mit Zulassung des

Spondeus auch im zweiten und vierten Fuß, aber ohne die Freiheiten der Aussprache, der Weise des Publilius Syrus am nächsten steht. Ein glänzender Stilist ist Phädrus nicht. Die Widmung an Eutychus leidet sogar an Schwerfälligkeit: die Fugen schließen ungeschickt an= einander. Sonst, besonders wo er erzählt, ist der Ausdruck klar und anschaulich, wenn auch oft trocken; er klingt mannigfach an Komödie und Satire, auch an Vergil und Ovid an. Einmal (III Prol. 27 ff.) verrät ein übrigens sehr weit hergeholtes, nicht sonderlich bedeutungs= volles Citat aus der Aeneis (II 77), daß dem schulmäßig gebildeten Verfasser wohl auch gelehrte Erörterungen über einzelne Stellen nicht entgangen sind. Griechische Wörter einzuflechten scheut er sich nicht. Er hat eine aus der Rhetorschule stammende Neigung, Eigenschaften durch Substantiva auszudrücken, z. B. „die Länge des Halses" zu sagen statt „der lange Hals", „des Raben betrogenes Staunen" statt „der über den Betrug staunende Rabe" (I 13, 12). Gewisse altmodische, nicht mehr elegante Formen und Verbindungen zeigen, daß er nicht in der höheren Gesellschaft lebte und auch nicht für sie schrieb.

Er hat auch kein rechtes Glück gemacht, wie schon seine wieder= holten Klagen über Mißgunst, Geringschätzung, abfällige Kritik, bos= hafte Widersacher beweisen. Als Seneca, freilich in Corsica, seine Trostschrift an Polybius, den Günstling des Claudius, richtete, kannte er die Fabeln des Phädrus nicht, oder wollte sie nicht kennen, denn er nennt (8, 3) die Komposition äsopischer Fabeln, wozu er anregt, ein „von römischen Talenten noch nicht versuchtes Werk". Sonst gedenken seiner nur Martial und Avian, die ihm nahestehen. Die Grammatiker übersehen ihn, weil seine Sprache nicht als mustergültig erkannt und sein litterarisches Verdienst eben nicht hoch geschätzt war. Da= gegen spricht die inschriftliche Verwendung eines Senars (III 17, 12) immerhin für eine gewisse Popularität, wenn auch in ungelehrten Kreisen.

Zweites Kapitel.

Neronisches Zeitalter.

Die Fabeln des Phädrus sind fast die einzigen Gaben volks=
tümlicher Poesie, welche die Kaiserzeit aufzuweisen hat. Die
große Mehrzahl namhafter Dichter wendete sich an geschlossene
Kreise hochgebildeter Feinschmecker, trachtete nach dem rauschenden Bei=
fall einer auserlesenen Zuhörerschar und huldigte auch dem un=
würdigsten Herrscher als der Gottheit, deren gnädiger Schutz die Welt
beglücke und die Sänger begeistere. Es ist beschämend, daß die beiden
fruchtbarsten Perioden der Dichtung des ersten Jahrhunderts unter die
Regierung der beiden verworfensten Kaiser, Nero und Domitian, fallen.

Frisches Blut strömte dem geistigen Leben Roms wieder einmal
aus der Provinz zu. Längst hatte römische Sitte und Bildung in
Spanien Wurzel gefaßt. Schon der geniale Demokrat Sertorius
(in den 70er Jahren vor Chr.) hatte in der ansehnlichen Stadt
Oska eine hohe Schule für die vornehme Jugend des Landes ge=
stiftet, in welcher Lehrer griechischer und römischer Sprache künftige
Staatsmänner heranbilden sollten. Damals bereits war Corduba die
Geburtsstätte lateinischer Dichter, welche die Thaten des eitlen Pro=
consuls Q. Metellus Pius besangen und demselben die Eingebungen
ihrer Muse vortragen durften, aber nach Cicero's Ausspruch klangen
ihre Verse unfein und fremdländisch; und dieses Urteil wird durch
das Beispiel eines Sextilius Ena (II 342) merkwürdig bestätigt.
Auch von dem dramatischen Versuch des Gaditaners Balbus ist oben
(I 194) berichtet worden. Aber Horaz (Od. II 20, 19) zeichnet
doch unter den Nationen, welche dereinst seine lyrischen Gedichte

studiren werden, die Iberer durch das Lob geübten Verständnisses aus. Damals waren die Spanier völlig romanisirt. Litterarische Talente begannen, wie einst aus dem diesseitigen Gallien (I 307), von dort nach Rom überzusiedeln. So kamen von Corduba der Rhetor Porcius Latro (II 226) und dessen Freund Annäus Seneca, der älteste aus jener angesehenen Schriftstellerfamilie, welche mit großer Formbegabung und Geistesgewandtheit vielseitiges Interesse für Philosophie, Geschichte und Naturwissenschaft verband.

Unter den drei Söhnen jenes Seneca, der in den letzten Regierungsjahren des Tiberius seine reichen Erinnerungen aus der Rhetorschule niederschrieb, war der zweite der bedeutendste, Lucius. Als kleiner Knabe mit den Seinigen nach Rom gekommen, durchlebte er daselbst noch unter der Regierung des Augustus seine Kindheit. In seiner Jugend war er lange schwer leidend. Aus häufigen Katarrhen und Fieberanfällen entwickelte sich ein chronischer Zustand, so daß er aufs äußerste abmagerte und oft in Versuchung war, seinem Leben ein Ende zu machen. Die Rücksicht auf den greisen Vater hielt ihn davon ab, seine treffliche Tante, Schwester seiner Mutter, pflegte ihn auf das liebevollste, der Zuspruch der Freunde und die Philosophie hoben seinen Mut. Die beredten und geistvollen Vorträge des Stoikers Attalus, der Einfachheit der Lebensweise empfahl, begeisterten ihn. Sotion von der neupythagoreischen Schule der Sextier überzeugte ihn von der Unsittlichkeit des Fleischgenusses, so daß er sich ein Jahr lang desselben enthielt. Er fühlte sich wohl und geistig frischer bei dieser Diät. Da erging (19 n. Chr.) ein Senatsbeschluß, welcher ägyptische und jüdische Religionsgebräuche verbot und scharfe Maßregeln gegen ihre Anhänger zur Folge hatte. Das gab dem besorgten Vater, der alle Philosophie haßte, Anlaß, den Sohn von jener Sekte abzubringen. Er begann als Anwalt thätig zu sein, gab es aber wieder auf und wurde durch Helvia's Einfluß Quästor. Unter Caligula (39) hätte er eine schöne Senatsrede, welche die Eifersucht des Kaisers erweckte, beinahe mit dem Tode büßen müssen, wenn nicht eine der Damen vom Hofe dem Wüterich vorgestellt hätte, der junge Mann leide an der Schwindsucht und werde ohnehin bald sterben. Schlimmer ging es ihm unter Claudius (41). Messalina, welche die Nichte ihres Gemahls, Julia, die Tochter des Germanicus und der Agrippina, mit eifersüchtigem Haß verfolgte, mußte es durchzusetzen, daß diese wegen unehrbaren

Lebenswandels verwiesen und auch Seneca als einer ihrer Galane nach Corsica verbannt wurde. Acht Jahre hat derselbe auf der öden Insel zubringen müssen. Sie gewährten ihm überreiche Muße zu litterarischen Beschäftigungen. Neben geographischen, physikalischen, astronomischen, philosophischen Studien versuchte er sich hier auch in poetischen Arbeiten.

In elegischen Epigrammen machte er seiner Stimmung Luft. Er klagt über die verzehrende Glut des corsischen Sommers (2), über die trostlose Unfruchtbarkeit der barbarischen Felseninsel, die kein Brot, keinen Schluck Wasser, kein Holz für den Scheiterhaufen biete (3): denn er sieht sich für tot und begraben an. Corduba soll Trauer anlegen und das Geschick seines Dichters, seines berühmten Bürgers, beweinen, der an der Klippe angeschmiedet ist: nie habe es mehr Grund zur Betrübnis gehabt (19). Liebevoll gedenkt er seiner beiden Brüder und des kleinen Neffen Marcus, des künftigen Dichters Lucanus (51). Den Triumph des Claudius über Britannien vom Jahre 44 feiert in Variationen eine ganze Reihe wohlgefügter Glückwünsche (29—36), die freilich nicht alle von demselben Verfasser herzurühren brauchen. In demütig schmeichelndem Tone sucht der Verlassene die Hilfe seines Gönners, des Passienus Crispus zu gewinnen, der im Jahre 44 zum zweitenmal das Consulat bekleidet hat (15), mit Caligula's Schwester Agrippina vermählt war und von ihr vergiftet ist. Seinem Tode sind Elfsilbler in catullischem Stil gewidmet (55), die aber von der Todesursache vorsichtig schweigen.

Ausdrücklich unter Seneca's Namen ist auch eine kleine Betrachtung in Distichen (1) überliefert, welche die Vergänglichkeit alles Irdischen und den einstigen Untergang der Welt durch Feuer (nach stoischem Dogma) zum Gegenstande hat. Ob sie in Corsica, ob früher oder später entstanden ist, wissen wir nicht. Daß der Verfasser schon vor seiner Verbannung Verse gemacht hat, beweist das Gebet an Apollo (5): er begehrt nicht nach der Prätur (Quästor war er bereits), nicht nach Feldherrnglanz und Reichtümern. Sorgenlos bei bescheidener Habe möchte er sich seinen Versen widmen, keinen Tag ohne einen Bruder verleben, und beide Brüder mögen bereinst, wenn er in friedlich behaglichem Alter gestorben, seine Asche sammeln. Er muß also damals im Dichten seine eigentliche Lebensfreude gefunden haben, und auf Corsica konnte er sich nicht als geweihten Dichter (vates) bezeichnen

(19, 3), wenn nicht größere und ernstere Beweise seiner Kunst bereits vorlagen. Zunächst ist die Möglichkeit zuzugeben, daß unter den namenlosen poetischen Kleinigkeiten, welche die Handschriften in Verbindung mit den oben ausgehobenen bieten, noch viele oder wenige Jugendversuche desselben Verfassers sich befinden. Mutwillige Distichen und Elfsilbler erotischen oder spöttischen Inhaltes ahmen catullischen Ton nach. Wie Ovid in Tomi, so beschwert sich auch hier ein Unglücklicher, der am Boden liegt und sich zu den Toten zählt, über die Verfolgung von Seiten eines Mißgünstigen und droht mit Rache (6. 20: vgl. 26). Anderes erinnert an Wendungen und Gedanken Lucans. Sehr denkbar, daß grade aus den Epigrammen des Neffen eine Auswahl zu solchen des Oheims gestellt ist. An jenen wetteifernden Uebungen, den Tod Cato's zu rühmen (7—9), den unsterblichen Namen des Pompejus zu feiern (16. 23), seinem oder Alexanders oder den über drei Weltteile verstreuten Gräbern der drei Pompeji, Vater und Söhne, eine Inschrift zu widmen (42. 84. 10—14. 64—66; vgl. Martial V 74), kann sich der junge Lucan beteiligt haben, noch ehe er von solchen Schulaufgaben zu dem großen Werk überging, aus dem jene Accorde wiederklingen. Dasselbe gilt von der Anekdote aus dem attischen Kriege, daß einer unwissend seinen Bruder von der gegnerischen Partei erlegt hat und sich dann mit dem Schwert des Gefallenen durchbohrt, um an seiner Seite zu sterben (72. 73). Auch die Betrachtungen über die Ruinen von Athen und Mykenä (21), über die gesunkene Größe Griechenlands (57), über den einstigen Einsturz der Pyramiden und des Mausoleums und dagegen die Unvergänglichkeit der homerischen Gedichte (27. 28) gehören in den Gedankenkreis Lucans.

Seiner Familie war Seneca mit Wärme zugethan. So macht die Trostschrift an seine Mutter Helvia einen wohlthuenden Eindruck, wenn ihn auch weniger das Bedürfnis seines Herzens als die schriftstellerische Aufgabe dazu bewogen haben mag. Denn es war eine eigentümliche Spielart jener vielgepflegten Gattung, über eigenes Unglück einen Nahestehenden, der nur Teil daran nimmt, zu trösten (1, 3). Kein Wunder, daß ihm dieser Zuspruch, wo ihm die persönlichen Beziehungen zuströmten, wo er sich und die Seinigen in vorteilhaftestem Lichte zeigen konnte, viel besser geriet, als die gezwungene, vermutlich bestellte Trostschrift an den kaiserlichen Studienrat, den Freigelassenen Polybius, der seinen Bruder durch den Tod verloren hatte. Er entschuldigt sich am Schlusse selbst: die lange Verbannung habe seinen Geist stumpf gemacht. Der Wunsch, durch den Einfluß des mächtigen Günstlings endlich aus der Verbannung erlöst zu werden, hat ihm die unwürdigsten Huldigungen auch gegen den Kaiser (12. 13) eingegeben. Man kannte eine ähnliche, gleichfalls in Corsica von Seneca verfaßte Schrift, voller Lobsprüche auf Messalina und die Freigelassenen am Hofe, die er selbst später vernichtet hat, weil er sich ihrer schämte.

Erst nach Messalina's Tode, in den ersten Monaten des Jahres 49 ging sein Stern auf. Agrippina, die Neuvermählte des Claudius, machte sich ein Verdienst daraus, die Rückberufung des glänzenden Schriftstellers und zugleich die Erteilung der Prätur an ihn zu erwirken. In Hoffnung auf seine Dankbarkeit ersah sie sich den geistreichen und vielseitig gebildeten Mann, den ersten Stilisten seiner Zeit, zum Erzieher ihres zwölfjährigen Sohnes Domitius Nero, des Thronfolgers.

Es war ein verwöhnter und gründlich verzogener, unter Weibern aufgewachsener Knabe, welcher ihm zur Ausbildung überwiesen wurde. Als Kind von drei Jahren hatte er seinen Vater verloren, seine Mutter Agrippina war verbannt: er kam in das Haus seiner Tante Domitia Lepida. Ein Tänzer und ein Barbier waren seine Pädagogen. Erst bei Claudius' Regierungsantritt (41) wurde ihm die Mutter wiedergegeben. Nun hatte der junge Mensch die Schulbildung bereits hinter sich; in allen möglichen Künsten, in Malen Plastik Musik Poesie, auch im Kutschieren war er bereits geübt: nur der Charakter sollte noch gebildet werden. Strengere philosophische Studien verwarf Agrippina, weil sie den künftigen Herrscherberuf beeinträchtigen könnten; dem Studium der alten Redner war der Geschmack Seneca's entgegen. So erhielt der Geist seines Zöglings eine ganz einseitig ästhetische Richtung: ein eitler Dilettantismus wurde in ihm gepflegt, ein kindisches Verlangen nach dem flüchtigen Ruhm eines Virtuosen und Theaterhelden.

Er war siebzehnjährig, als er durch die Vergiftung des Claudius (13. Oktober 54) zur Herrschaft gelangte. Seine ehrgeizige Mutter hatte dem Gemahl den leckeren Pilz bereiten lassen, der ihm den Garaus machte, und der würdige Hofmeister ergriff die Gelegenheit, mit einem Schlage seinem alten Groll gegen den, der ihn in die Verbannung geschickt hatte, Luft zu machen und der aufgehenden

Sonne des neuen Herrschers seine Huldigung darzubringen. Zwar in der von ihm verfaßten Lobrede, welche sein Zögling und Herr am Tage der Bestattung auf dem Forum vor den Rostren vortrug, hatte er von dem Gewohnheitsrecht der Schönfärberei so reichlichen Gebrauch gemacht, daß von den Zuhörern keiner sich des Lachens erwehren konnte. Aber kurz darauf ließ er gegen den eben Verstorbenen, welchem der Senat göttliche Ehren verliehen hatte, ein boshaftes Pamphlet fliegen, dessen Titel aus der Apotheose, der Vergötterung, eine „Verkürbisung" (Apocolocyntosis) machte. Die kleine Schrift ist ein Meisterstück kalten Hohnes und raffinirten Witzes: jedes Wort beinahe ein giftiger Stich, das Ganze sehr geistreich, scheinbar leicht hingeworfen und doch bis ins Einzelnste fein berechnet. Einen unschätzbaren Wert hat sie für uns als beinahe vollständig erhaltene Probe einer menippeischen Satire. Zum erstenmal seit Varro begegnen wir dieser Gattung aufs neue.

Mit der trockenen Miene eines exakten Historikers, der keinem zu Leid und keinem zu Gunsten schreiben will, dem nichts über die Genauigkeit der Daten geht, wird die mutwillige Erzählung eingeleitet. Aber alsbald, da nach den Quellen gefragt wird, schlägt der Ton ins Scurrile um. Als Wahrheitszeuge muß einer der kriechenden Senatoren dienen, welcher seine Bereitschaft, Himmelfahrten fürstlicher Personen mit eigenen Augen gesehen zu haben und zu beschwören, schon einmal unter Caligula bewährt hat. Die Todesstunde des Verewigten wird mit parodirendem Pathos und cynischem Spott beschrieben. Natürlich wird die Thatsache der Vergiftung unterschlagen: 63 Jahre lang hat der Jammermensch weder leben noch sterben können, endlich hat Mercur ein Erbarmen und beredet Klotho, der Qual ein Ende zu machen. Was dann auf Erden erfolgte, ist durch den allgemeinen Jubel der Erinnerung zu fest eingeprägt, um des Berichtes zu bedürfen: von den Vorgängen im Himmel will der Verfasser erzählen, freilich ohne persönlich die Bürgschaft für die Wahrheit zu übernehmen.

Zunächst die Meldung des wunderlichen Ankömmlings bei Juppiter, sein Gespräch mit Hercules, der als weitgereister Kenner aller Ungeheuer der Welt beauftragt ist, Herkunft und Wesen des seltsamen Geschöpfes festzustellen. Es gelingt dem Tropf, durch Hercules den Eintritt in den Saal der Götter zu erringen. Aber das Ergebnis einer erregten Debatte über seine Aufnahme ist vielmehr seine Aus-

weisung. Mercur schleppt ihn wie einen Verbrecher hinab über die
heilige Straße, wo der Unglückliche seinem eigenen Leichenzuge be=
gegnet, in die Unterwelt. Dort wird er von der Schar seiner Schlacht=
opfer empfangen, vor dem Richterstuhl des Aeacus als vielfacher
Mörder angeklagt und verurteilt. Aber kaum hat er die über ihn
verhängte possenhafte Strafe angetreten, so nimmt Caligula den im
Leben so oft von ihm Geschlagenen als seinen Sklaven in Anspruch,
schenkt ihn jedoch dem Aeacus, worauf dieser ihn seinem Freigelassenen
Menander, zweifellos dem berühmten Komödiendichter, als Gehilfen
für Untersuchungssachen übergibt, eine Anspielung auf die Häufigkeit
der Rechtsfälle in den menandrischen Stücken und die Liebhaberei des
Claudius für Gerichtsverhandlungen, sowie für die griechische Komödie.

Hiermit bricht die Geschichte jählings ab, ohne daß die Ver=
heißung des neugeprägten Titels im geringsten zur Sprache kommt,
und doch schreit grade dieser nach Verwirklichung, wie der verunglückte
Versuch einer Apotheose sein burleskes Gegenstück fordert. Nimmer
mochte auch der Rachedurst des höhnischen Verfassers sich mit einem
so zahmen Ausgang wie jene Anstellung beim Unterweltsgericht be=
gnügen. Der Schluß des Werkens, etwa ein letztes Blatt der Ur=
handschrift muß verloren gegangen sein. Nach mancherlei Versuchen,
dem Sünder seine gebührende Stelle bei den Unteren anzuweisen,
muß es zuguterletzt zu einer Verwandlung des Wasserkopfes in
einen Kürbis gekommen sein, denn diese weit aufgeblähte, wässerige
Frucht von fadem Geschmack als Gleichnis eines hohlen Schädels zu
fassen lag den Römern wie den Griechen gleich nahe.

Von dem defekten Zustande des Exemplars, aus welchem die er=
haltenen Abschriften geflossen sind, zeugt auch in der Mitte der Verlust
wenigstens eines Blattes: denn das Gespräch zwischen Claudius und
Hercules ist nicht zu Ende geführt. Man erfährt nicht, wodurch es
jenem gelungen ist, den gutmütigen Recken für sich zu gewinnen, daß
er ihn sogar gewaltsam in den Götterrat hineingedrängt und seine
Aufnahme in denselben nicht nur beantragt hat, sondern in eifriger
Stimmwerbung bei den einzelnen wie seine eigene Sache betreibt (9).
Sein Candidat muß ihm ein sehr lockendes Versprechen gemacht haben,
dessen Erfüllung von dem Ausfall seiner Bemühung abhängt. Auch
ein gutes Stück vom Anfang der Verhandlung in der Göttersitzung
ist verloren gegangen: Juppiter hatte sie eröffnet und zunächst eine
Prüfung des Bittstellers anheimgestellt, aber die Aufregung über den

Eindringling ist so groß gewesen, daß, wie es zu gehen pflegt, mehr
als einer gleich in heftige Bekämpfung des Antrages selbst hineingesprungen ist, bis „endlich" Juppiter die erhitzten Gemüter zur Ordnung ruft und die Geschäftsordnung herstellt (9). Der erhaltene
Text (8) gibt nur den Schluß dieser Partie, ein Stück von dem
letzten jener Angriffe, aber vorher schon müssen die Wogen hoch gegangen sein.

Der Charakter der menippeischen Satire zeigt sich wie in dem
phantastischen Titel, so in der märchenhaften Erzählung, der aus
Prosa und Versen gemischten Form, auch in den früher (I 247) beschriebenen stilistischen Eigentümlichkeiten. Neben parodischen Citaten
aus Homer Euripides Ennius Catull Vergil unterbrechen größere
metrische Partien von der Hand des Verfassers den ruhigen Gang
der Darstellung. Zum Teil mögen sie ebenfalls eine parodische Färbung tragen. Gleich zu Anfang wird in spöttischem Sinne die Angabe
des Monates Oktober und dann der Abendstunde, in welcher Claudius
verschied, durch eine Schilderung der Jahres- und Tageszeit in Hexametern nach der Schablone epischer Dichterlinge umschrieben. An
eine Vorlage scheinen sich auch die Hexameter anzuschließen (c. 15),
welche die vergebliche Bemühung des kaiserlichen Schattens mit dem
durchbohrten Würfelbecher schildern. Auch die Strafen berühmter
Sünder in der Unterwelt waren ein beliebter Gemeinplatz: hier wird
man durch die Sache an die Arbeit der Danaiden und ausdrücklich
an Sisyphus erinnert. Hercules erhebt sich zum tragischen Kothurn
(7), um dem furchtsamen Kaiser zu imponieren. In regelrechten
iambischen Trimetern herrscht er ihn an: er bedroht ihn mit seiner
wuchtigen Keule, wenn er nicht klar mit der Sprache herausgehe,
was der lahmen Zunge des armen Tropfes doch nicht möglich ist,
und beschreibt die Lage Lugudunums, um zu erfahren, ob das wirklich
der Geburtsort des Fremblings sei. In die Beschreibung des Leichen-
begängnisses ist eine Parodie des feierlichen Klageliedes (naenia) eingelegt (12), welches Knaben und Mädchen aus vornehmen Familien
bei solchem Anlaß zu singen pflegten, im langsamen Marschrhythmus
anapästischer Doppeltakte, deren eintönige Reihen nur selten durch
eine kurze Pause unterbrochen werden. Der Inhalt ist wie bei Litaneien dieser Art ein Gemisch von Wahrheit und Lüge, hier durchweg
mit boshafter Ironie gewürzt.

Sehr ernsthaft dagegen sind die 32 Hexameter gemeint, in

welchen beschrieben wird, wie die Parzen Nero's Lebensfaden spinnen
(4), eine Begrüßung des jugendlichen Herrschers bei der Thron=
besteigung, wie sie höfischer nicht sein konnte. Lachesis hat sich zu
dem erhabenen Werke festlich geschmückt, unter ihren Händen werden
ihr die weißen Wollfäden zu Gold, denn die goldene Zeit bricht
ja an. Mühelos und reichlich gleiten sie vom Rocken. Die Arbeit
geht von selbst, sie ist ein Genuß, denn Phöbus begleitet sie mit Ge=
sang und dem Spiel der Cither. Er fordert die Schwestern auf,
den Faden über die Grenzen des Menschenschicksals hinauszuspinnen,
denn es gelte einem, der ihm gleiche an Schönheit wie in der Kunst
des Gesanges. Er verkündet eine glückliche Zukunft. Wie Lucifer
oder Hesperus oder wie der Sonnengott, wenn er leuchtend seinen
Wagen am Morgen besteigt, so erscheine Nero über Rom. Diese
huldigenden Verse geben den Ton an, in welchem der eitle Cäsar
zeitlebens gefeiert zu werden liebte. Sie sind in dem süßlichen Stil
gehalten, der sich für solche Schmeicheleien ziemt; auf gediegene künst=
lerische Durcharbeitung des Zuckerwerkes kam es weiter nicht an.

In einem unterscheidet sich der boshafte Scherz des Seneca von
den in der Form gleichartigen Schöpfungen des alten Varro, wodurch
er zugleich den Satiren des Lucilius näher tritt. Während die ker=
nige, gutmütige Laune des Reatiners auf allgemeine Fragen und Zu=
stände der Gegenwart gerichtet war, zielt hier alles auf grausame
Verspottung und Verfolgung einer einzelnen Person, und zwar in
ganz ähnlicher Einkleidung wie in der früher (I 236 f.) skizzierten
Satire des Lucilius gegen den eben verstorbenen Lupus. Die Ver=
wandtschaft mit der altattischen Komödie, welche die Alten in dieser
Gattung erkannten, schlägt hier, bei Seneca in die Augen: das Ueber=
wiegen des Dialogs, eingeflochtene Reden, ja das Chorlied geben der
Komposition etwas Dramatisches. Mit wenigen Strichen ließe sich
der Abriß eines aristophanischen Stückes herstellen.

Mit derselben Meisterschaft, jedenfalls nach derselben Methode
wie dort sind hier die charakteristischen Züge der Persönlichkeit zu
einer vernichtenden Karikatur vereinigt und mit sicherer Berechnung
an geeigneter Stelle in die Handlung eingetragen. Der ganze un=
flätige Mensch, seine cretinhafte Imbecillität tritt dem Leser leib=
haftig vor die Augen, aber nach und nach: jeder Strich ist ausge=
spart. Seine Vorliebe für philologische Studien, seine Gewohnheit
den Homer zu citiren, sein Schacher mit dem römischen Bürgerrecht

und dessen Verschleuderung an barbarische Nationen, seine gallische
Herkunft, seine kindische Liebhaberei für Gerichtssitzungen, seine Zer-
streutheit und Gedankenflucht, seine Würdelosigkeit, und die Mißachtung
von Seiten seiner Umgebung, die Familiengreuel, seine Mordlust,
seine Spielwut und Vergnügungssucht, seine lächerlichen Kriegsthaten,
alles kommt am geeigneten Ort zu wirksamer Verwendung.

Auch sein mächtiger Freigelassener Narcissus, der das Schicksal
des Herrn teilen mußte, wird mit einer Rolle in dem Possenspiel
bedacht. Auf kürzerem Wege (da er kein feierliches Leichenbegängnis
abzuwarten hatte) ist er vorausgeeilt. Frischgewaschen wie einer, der
eben aus dem Bade kommt (unter dem Vorwande, er brauche eine
Badekur gegen sein Podagra, war er nach Campanien geschickt), läuft
er am Eingange in die Unterwelt dem Ankommenden entgegen mit
dem echten Hofschranzengruße: „was wollen Götter bei den Menschen?"
und stürzt dann auf Befehl Mercur's in fliegender Eile (trotz seines
Podagra's) den jähen Weg hinunter, um den hohen Gast mit lauter
Stimme zu melden. Der Anblick des Cerberus macht ihn stutzen,
denn er ist nur sein weißes Schoßhündchen gewohnt. Schadenfroh
jubelt dem lange erwarteten Schicksalsgenossen der gesamte Chor seiner
vorangegangenen Schlachtopfer, alle mit Namen aufgezählt, entgegen,
und der vergeßliche Kaiser begrüßt sie huldvoll: „ei, lauter gute
Freunde! wie seid ihr hierher gekommen?"

Daneben fallen allerhand Seitenhiebe und Lichter auf Schwächen
der Zeit, auf Dichter, lügenhafte Hofhistoriker, Philosophen und
Astrologen; auf die Scheinwirtschaft mit Vergebung von Titeln und
Aemtern, auf den Apotheosenschwindel, die Corruption der Gerichte,
das Treiben der Ankläger, die Entartung der Sachwalter und allerhand andere verächtliche Zeitgenossen. Die Verhandlungen im Götterrat sind nach dem Modell einer römischen Senatssitzung geschildert
und geben ein Bild wie es darin zugeht, wie gelegentlich in persönlichem Interesse um Stimmen geworben wird und eine Hand die
andre wäscht. Würdevoll, wie aus besseren Zeiten, erhebt sich die
Gestalt des göttlichen Augustus, der mit Entrüstung darauf hinweist,
was aus seinem Reiche geworden sei, und eine förmliche Anklagerede
gegen den Wüterich im eigenen Hause mit dem Antrag auf seine
Verbannung vorträgt.

Also Vergangenheit und Zukunft sind der Mißregierung des
verachteten Scheusals gegenübergestellt. Die ganze Schrift gibt sich

gleich im Anfang als die Auslassung eines durch den Tod des
Tyrannen Freigewordenen, und so auch bei der Schilderung des
Leichenzuges: alle waren froh und heiter, das römische Volk wandelte
dahin, als wäre es frei.

Daß dieses kleine Kunstwerk rachsüchtiger Bosheit mit Wissen
und Zustimmung der nächsten Angehörigen verfaßt und veröffentlicht
ist, läßt sich nicht bezweifeln. Es war dazu bestimmt, den offiziellen
Akt der Vergötterung gleichsam auszulöschen, und auf diese Auffassung
durfte der jüngere Plinius sogar in seiner feierlichen Lobrede auf
Trajan (11) als die anerkannte hinweisen.

Dem unreifen Imperator lieh der Meister des Stils seine Kunst
gleich zur Abfassung der ersten Staatsschriften, der Ansprachen an
Heer und Senat. Im Verein mit dem Gardepräfekten Burrus stand
er ihm, so lange er noch lenksam war, anfangs als vertrautester
Führer und Ratgeber zur Seite. Es gelang ihnen die Regierung im
Sinne des Senats auch gegen die Macht= und Rachegelüste Agrip=
pina's einstweilen mit vernünftiger Mäßigung zu führen. Nach der
Ermordung des Britannicus (55) ließen sie die Zügel schon lockerer.
Zu den tollen Burschenstreichen, welche der ausgelassene Jüngling
nachts in den Straßen und Kneipen Roms ausführte, mußten sie ein
Auge zudrücken. In den Büchern „von der Gnade" (im Jahre 55)
preist der weise Mentor noch die Huld des jungen Monarchen, welche
das goldene Zeitalter wiedergebracht habe, doch liest man zwischen
den Zeilen die Besorgnis, daß die Bestie nur zu bald hervorbrechen
werde. Es ist ein Versuch, dem gefährlichen Zögling durch ein
strahlendes Bild seiner Majestät und seines edleren Selbst schmeichelnd
das Gewissen zu schärfen. Mit Reichtümern überschüttet gelangte er
im Jahre 56 zum Consulat. Aber der Neid begann allmählich seine
Stellung zu untergraben. Handhabe genug bot die allzuweltliche
Lebensführung des Sittenpredigers. Schon im Jahre 58 gab ihm
ein rachsüchtiger Ankläger aus der Zeit des Claudius, P. Suillius,
vor Gericht gelegentlich bittre Dinge zu hören. Der Redner erinnerte
an die alten Sünden, welche dem jungen Buhler mit Recht die Ver=
bannung zugezogen hätten, spottete des gestrengen Philosophen, der
in den vier Jahren seiner Freundschaft mit dem Kaiser 30 Millionen
Sest. zusammengebracht habe, der nach Erbschaften jage, Italien und

die Provinzen (namentlich Britannien) mit wucherischen Geldgeschäften aussauge, sprach verächtlich von dem pedantischen Schulmeister, der lebendige und praktische Beredsamkeit mißgünstig verfolge (gegen die Bezahlung der Gerichtsredner war ein Senatsbeschluß erlassen worden).

Mit seiner Wohlthäterin Agrippina war Seneca zerfallen: von Anfang an darauf bedacht ihren Einfluß auf die Führung der Ge= schäfte bei Seite zu schieben hielt er es bei Konflikten zwischen Mutter und Sohn mit dem letzteren. Daß er sogar ihre Ermordung unter= stützt und sich dazu hergegeben hat, diese Unthat in einer von ihm verfaßten kaiserlichen Zuschrift an den Senat sophistisch zu recht= fertigen (59), bleibt ein unauslöschlicher Schandfleck auf seinem Namen.

Nun von den Furien seines Gewissens gepeitscht verfiel der Muttermörder dem ausschweifendsten Künstlerwahnsinn. Aus Anlaß der ersten Abnahme seines Bartes im Jahre 59 gab er unter dem Namen des „Jugendfestes" (Iuvenalia) öffentliche Bühnenspiele, bei denen ohne Rücksicht auf Stellung, Alter und Geschlecht vornehme Männer und Frauen mitwirken mußten, denn er selbst trat in Kitha= rödenkleidung auf und trug nomosartig komponierte Gesänge (von Attis, von den Bacchen) vor. Seneca und Burrus mußten ihm souf= flieren und das Zeichen zum Beifall geben. Unter dem Vorwande, daß Agrippina seinem Leben nachgestellt habe, stiftete er zur Feier seiner Errettung im Jahre 60 nach dem Muster griechischer Agone die Neronia, einen dreifachen Wettkampf in musischen, gymnischen, equestrischen Künsten, der alle fünf Jahre periodisch wiederkehren sollte. Der musische Agon, der sich auf Instrumentalmusik Gesang Poesie Beredsamkeit erstreckte, wurde im Theater des Pompejus vor auserlesenen Zuhörern abgehalten: Nero selbst empfing für den Vor= trag einer Rede und eines Gedichtes ohne weiteres den Ehrenkranz aus der Hand der Richter.

Von unwiderstehlichem Verlangen getrieben, sich von neuem in Rom hören zu lassen, erneuerte er die Neronia noch vor Ablauf der bestimmten Frist. Bei dieser Gelegenheit sang er, natürlich in ent= sprechender Maske, die Partie der Niobe, bei andrer Canace in Ge= burtswehen, Orestes und Alkmäon, die Muttermörder, Thyestes, den geblendeten Oedipus, den rasenden Hercules, Antigone, Conzertstücke (Monodien und Reden), die er sich aus griechischen Tragödien zurecht= geflickt hatte. Nach dem Tode des Burrus (62) und Seneca's (65) fröhnte er seiner Leidenschaft ohne allen Rückhalt. Er unternahm Kunstreisen nach Neapel, wo er als Kitharöde im Theater einen griechischen Nomos vortrug, nach Achaja, Olympia, und hielt bei seiner Rückkehr einen Triumpheinzug in Rom, wobei die errungenen Kränze vorangetragen wurden.

Auch im Verseschmieden war er fleißig. Tacitus erzählt, er habe angehende begabte Dichter, die noch keinen hervorragenden Namen besaßen, bei sich versammelt. Diese hätten in gemeinsamen Sitzungen aus Versen, die sie teils mitgebracht, teils vorgefunden hätten, ein Ganzes zusammengefügt und das vom Kaiser gebotene Rohmaterial geformt. Dagegen versichert Sueton, demselben habe das Dichten gar keine besondere Mühe gemacht. Um die Meinung, er habe fremde Arbeit als eigene ausgegeben, zu widerlegen, bezeugt er, daß er das eigenhändige, mit zahlreichen Aenderungen versehene Conzept eines unter Nero's Namen bekannten Gedichtes selbst in Händen gehabt habe. Jedoch schließt ja das eine das andre nicht aus; und auf jeden Fall bleibt das Urteil des Tacitus bestehen, daß Nero's Gedichte nicht aus einem Gusse, in natürlichem Schwung eingegeben erscheinen. Zu jenen Genossen, deren Hilfe oder Urteil er in Anspruch nahm, gehörte auch der spätere Kaiser Nerva.

Damals, in seinen jungen Jahren, zollte dieser der Muse seinen Tribut durch Elegien, welche ihm den Ehrentitel eines Tibull seiner Zeit sogar in einem der neronischen Gedichte eintrugen.

Ein troisches Epos des fürstlichen Rhapsoden (Troica) begann mit der Gründung: eine mißverstandene Stelle Vergil's (G. III 36) hat den Verfasser verführt, einen König Cynthius als Gründer zu erdichten. Ausführlich war die Vorgeschichte des Paris erzählt. Kein Zweifel, daß das Gedicht bis zur Einnahme und Zerstörung der Stadt ging. Diesen Abschnitt (halosis Troiae) soll Nero, als er von der Höhe des Mäcenaspalastes das großartige Schauspiel des brennenden Roms bewunderte, in seiner Kitharödentracht deklamirt haben (64 n. Chr.).

Aus dem oben erwähnten Gedicht von den Bacchen wird Persius (I 99 ff.) jene Verse entnommen haben, welche das Auftreten, die gellende Musik und den Jubelruf einer Bacchenschar schildern: durch ein Uebermaß griechischer Lehnworte hat der Verfasser einen gewissen Schellenklang erzielt, welcher durch Gesang noch gehoben sein wird. Aus dem ersten Buch eines Gedichtes, dessen

Stoff wir nicht kennen, sind drei gute Hexameter über den Lauf des Tigris erhalten; ein einzelner schildert hübsch den schillernden Glanz eines bewegten Taubenhalses. Für Olympia mögen die Verse bestimmt gewesen sein, welche Mithradates tadelten, weil er in der dortigen Rennbahn zehnspännig gefahren sei, ein Wagnis, welches freilich dem Verfasser selbst bei einem Versuch ebenda nicht geglückt ist. An vornehmen Zeitgenossen ließ er in Schmähgedichten gerne seinen knabenhaften Mutwillen aus. Luscio (Schieler) hieß das eine und war gegen den späteren Prätor Clodius Pollio gerichtet. Ein andres stellte den Senator Afranius Quintianus wegen heimlicher Sünden an den Pranger: dieser hat die ihm angethane Schmach durch Beteiligung an der Verschwörung des Piso zu rächen gesucht. Auch als der Aufstand in den Provinzen bereits ausgebrochen war, machte der Wicht auf die Führer Spottgedichte und sang sie bei Tisch nach eigener Komposition. Selbstverständlich hat er auch lascive Tändelverse gemacht. So hat er seine zweite Gemahlin Poppäa besungen und ihre Haare wegen der Farbe mit Bernstein verglichen.

Schlimmer als die Würdelosigkeit dieser fürstlichen Künstlerlaufbahn mit der gedenhaft sklavischen Nachahmung aller hergebrachten Virtuosenmanieren und Gebräuche war der Terrorismus, mit welchem der eitle Narr sich die Aufmerksamkeit und den Beifall seiner Würdenträger durch aufgestellte Spione erzwang. Damals bildete sich eine studierte Kunst des Beifallklatschens mit subtilen, besonders benannten Abstufungen der Geräusche aus. Eine Bande von 5000 Bewaffneten, die sogenannten Augustiani, welche das Theater, wo er auftrat, besetzt hielt, gab den Ton an mit stürmischen Ausrufungen über den herrlichen „Apollo", den unübertrefflichen, und seine himmlische Stimme, die in der That mißtönend war. Dazu seine kindische Eifersucht, welche keinen Nebenbuhler duldete, sondern alle Kränze für sich allein in Anspruch nahm und wirkliches Talent, wo es gewahrte, gewaltsam unterdrückte. Und doch wollte dieser impotente Dilettant durch sein Genie allein den litterarischen Glanz der augusteischen Zeit verdunkeln.

Das Hirtengedicht.

Schon seit dem Regierungsantritt Nero's war ja in höfischen Kreisen die Parole vom goldenen Zeitalter ausgegeben, welche das augusteische überstrahlen werde (S. 41). In unmittelbarem Anschluß an Vergil's Hirtengedichte, welche in der Einkleidung des naiven Schäferspiels die neue Aera gepriesen hatten, wurde auch jetzt die Pastorale dazu er= sehen, Glanz und Glück der Gegenwart gleichsam durch den Mund des Volkes in kriechenden Tiraden auszuposaunen. Den Text lieferte ein gewisser Calpurnius, und gewiß sind auch seine Idyllen wie einst die vergilischen in lebendiger Aktion öffentlich oder im engeren Hof= kreise zum Vortrag gebracht worden.

Gleich das erste dieser Gedichte ist eine rauschende Prophezeiung der neuen Aera. Es ist Frühherbst, seit 20 Nächten leuchtet ein Komet am Himmel: in der That ist ein solcher um die Zeit der Ermordung des Claudius und in den ersten Monaten der neronischen Herrschaft sichtbar gewesen. Zwei Hirten finden die Weissagung in die Rinde eines Feigen= baumes eingeritzt: kein geringerer als Faunus ist der Verfasser. Sicherheit und Friede wird auf Erden wiederkehren unter der Regie= rung des göttlichen Jünglings, der bereits (als 13jähriger Knabe) durch eine Rede für die Bewohner von Ilion, die Wiege seines Geschlechtes, seine siegreiche Beredsamkeit bewährt hat. Auch im Innern wird Eintracht walten unter dem Einfluß der Clementia, welche ja Seneca in Nero verkörpert gefunden hat. Nicht mehr (wie unter Claudius) wird der gefesselte Senat zum Tode geführt werden, die Henker können von ihrer Ermüdung ausruhen, die Curie wird nicht mehr leer stehen und der Kerker nicht mehr von den Vätern gefüllt sein. Das Consulat wird wieder zu Ehren gelangen und die Gesetze werden gelten. Das alles verheißt übereinstimmend mit dem von Seneca verfaßten kaiserlichen Antrittsprogramm der leuchtende Komet, anders als jener, der nach Cäsars Tode Bürgerkrieg ver= kündigte. Damit wird der abweichenden Erklärung derer begegnet, welche Unglück vorhersagten. Am Schluß spricht einer der beiden jugendlichen Hirten die Hoffnung aus, Meliböus werde die von ihm in Verse gebrachte Weissagung zu den Ohren des Kaisers tragen.

Die Weissagung ist eingetroffen. Etwas später, in der vierten Ekloge, tragen zwei Brüder einen Wechselgesang in Doppelstrophen zum Lobe der gegenwärtigen Zeit vor. Abermals wird der allge=

meine Friede gepriesen, die neu belebte Fruchtbarkeit der Natur, der sichere Ertrag der Arbeit, die ungestörte Heiterkeit der ländlichen Feste und Spiele, und ein Gebet um langes, wo möglich ewiges Leben des geliebten Herrschers macht den Beschluß. Von den beiden Sängern führt Corydon die erste Stimme, Zuhörer ist sein Gönner Meliböus: ihm verdankt er, daß er ohne Nahrungssorgen in Italien leben darf, nicht nötig gehabt hat, sich nach Spanien zu verdingen. Bisher hat er ländliche Lieder niederen Stiles gesungen, aber die Zeiten haben sich geändert, jetzt erhebt er sich höher. Er hat die Rohrpfeife des Tityrus, d. h. des Vergil, von dem „Renner Jollas" zum Geschenk erhalten. Meliböus hat erst gezweifelt, ob es Corydon gelingen werde, Vergil's Ton, wie er in dessen vierter Ekloge er= klungen ist, zu treffen, aber er belobt den glatten Wechselgesang, dessen Süßigkeit dem pelignischen Honig, d. h. ovidischen Versen, nichts nachgebe. Corydon aber verspricht noch schönere Lieder, wenn er erst einen eigenen Besitz haben werde, und bittet Meliböus, der Zutritt im kaiserlichen Palast hat, dem Kaiser seine Lieder zu bringen. Dann wirst du, fügt er hinzu, mein Mäcenas sein. Es liegt nahe, in Meliböus den vornehmen Piso zu erkennen. Auch von jenem wird (V. 53 ff.) wie in dem Lobgedicht auf diesen (163 ff.), gerühmt, daß er Dichter sei, bald in bacchischem, bald in apollinischem Stil: über Wetterzeichen muß er ebenfalls geschrieben haben. Wenn nun Corydon dankbar bekennt, daß Meliböus sich seiner Armut erbarmt, seine gelehrige Jugend ermutigt habe, so wird man geneigt zu ver= muten, daß der junge Verfasser jenes Panegyricus und dieser Eklogen dieselbe Person war. Seine Bewerbung um die Gunst Piso's hat Erfolg gehabt: er ist in die Familie aufgenommen, hat von ihr auch den Namen Calpurnius erhalten. Gewiß stecken auch unter den übrigen Masken wirkliche Persönlichkeiten aus dem Dichterkreise jener Zeit. Der Renner Jollas wird der Lehrer des Corydon=Calpurnius in der Dichtkunst gewesen sein; dem jüngeren Bruder Amyntas hat Corydon früher (unter Claudius) von der Kunst abgeredet, weil sie nichts ein= bringe (23 ff.); jener beruft sich selbst auf ein früheres Lied zum Lobe der Gegenwart (105 f.).

Etwas später vielleicht ist das zweite der beiden anonymen Hirten= gedichte entstanden, welche eine Handschrift von Einsiedeln zufällig er= halten hat. Seine Verwandtschaft verrät es schon durch die Ueber= einstimmung mit den Anfangsworten der vierten Ekloge des Calpurnius.

Gewiß wollte der Verfasser an sie erinnern. Auch hier wird die Wiederkehr der Saturnischen Zeit und der Asträa gepriesen, die Schilderung enthält die gewohnten Züge, nur knapper gehalten. Auffallend ist, daß der Abstand gegen die Zeiten des Sulla und des Triumvirates betont wird, als ob grade der Gedanke an Schreckensherrschaft abzulehnen wäre. Der Schlußvers, mit der Weissagung der Sibylle in Vergil's vierter Ekloge (V. 10) wörtlich übereinstimmend, versichert noch ausdrücklich, daß Apollo jetzt wirklich herrsche, denn dafür wollte Nero ja gelten. Am interessantesten ist die Andeutung einer Gegenströmung. Die beiden Landwirte, welche dieses Gespräch führen, sind zwei Hofleute. Eben sind sie von der Tafel aufgestanden; der eine, welcher nachher die Lobrede vorträgt, ist gedankenvoll und wirft einen entrüsteten Seitenblick auf das „dumme Vieh", welches leugne, daß man jetzt im goldenen Zeitalter stehe.

Die harmlosen Hirten im Hofidyll staunen den Kaiser und seine Werke unbeirrt an. Einmal (Calp. 7) kehrt Corydon von Rom zurück, wo er ein neues glänzendes Schauspiel gesehen hat, welches der junge Kaiser in der Arena gab. Er erzählt dem älteren Gefährten mit naiver Bewunderung von der Anlage und Pracht des Amphitheaters, von dessen merkwürdiger Zurüstung, von den seltenen Tieren (weiße Hasen, gehörnte Eber, Elch, Bison und Auerochse, Seehunde im Kampf mit Bären, Nilpferde), welche bei der Hetze in der Arena zu sehen gewesen sind, endlich von der kaiserlichen Majestät selbst, in deren Antlitz Mars und Apollo vereinigt seien. Das gerühmte hölzerne Amphitheater ist im Jahre 57 n. Chr. am Marsfeld erbaut worden, und das beschriebene Schauspiel wird bald nach seiner Vollendung, etwa zur Einweihung gegeben sein. Wenn die Voraussetzung zutrifft, daß Corydon, welcher auch hier als hervorragender Sänger bezeichnet wird, dieselbe Person wie in der vierten Ekloge, also der Dichter Calpurnius selbst ist, so mag die bescheidene Klage, daß seine bäurische Kleidung ihn gehindert habe, sich den jungen Kaiser in der Nähe anzusehen, leise den Wunsch einer größeren Annäherung verraten.

Als Kitharöden und Dichter aber feiert den Kaiser die erste der Einsiedler Eklogen. Vor einem Schiedsrichter schildern zwei junge Hirten wetteifernd jeder in besonderem Liede den empfangenen Eindruck. Ladas hat den jungen Gott zur Cither singen hören, und meint begeistert, so denke er sich den Weltschöpfer, wie er die Himmelssphären ordnete, so Phöbus, wie er nach dem Siege über Pytho den

Päan anstimmte. Thamyra war zugegen im Theater, als Nero sein Gedicht von der Einnahme Troja's vortrug. Er träumt sich auf den Helicon und will gesehen haben, wie der greise Homer seine Siegerbinde von den Schläfen gelöst und das kaiserliche Haupt damit umwunden habe; Vergil aber, der in der Nähe stand, habe sein Werk vernichtet. Vielleicht ist der Akt wirklich so vollzogen worden. In der That hat Nero im Jahre 65 (vermutlich an den zweiten Neronien) eine Partie seines troischen Epos öffentlich im Theater vorgetragen; die halosis Troiae war bereits im Jahre 64 vollendet.

Die übrigen Eklogen des Calpurnius verdienen keine weitere Besprechung. Es sind leiblich elegante, aber unselbständige Nachbildungen älterer Muster, vielleicht jene in der vierten Ekloge erwähnten Jugendversuche: gegenseitige Neckerei und Herausforderung zum Wettgesang, ohne daß es dazu kommt (6); ein Wechselgesang in vierzeiligen Strophen, Bewerbung um eine gemeinsame Geliebte (2), eine reumütig eifersüchtige Liebesklage zur Versöhnung eines beleidigten Mädchens (3). Ganz lehrhaft im Stil der Georgica sind die praktischen Anweisungen für Schaf- und Ziegenzucht, welche ein alter Hirt seinem jungen Schüler erteilt (5).

Die bekannten Motive und Redeblumen der bukolischen Poesie sind gleichsam aufgefrischt durch neue Auswahl, Anordnung, zierliche Variationen, wie ein erfindungsarmer Musiker sich ein Conzertstück aus berühmten Originalen zusammenborgt und sich mit ein paar Harmonien eigener Mache begnügt.

Aus demselben Kreise, vielleicht gar aus derselben Feder stammt ein Seitenstück zu dem oben (II 198 ff.) besprochenen Panegyricus auf Messalla, das hexametrische Lobgedicht auf Piso, ebenfalls ein poetischer Bettelbrief eines unbemittelten Jünglings unter 20 Jahren (B. 72. 261) von niederer Herkunft (254 f.), aber doch nicht so ganz talentlos und läppisch wie jener. Der Verfasser wünscht unter die Freunde des leutseligen und freigebigen Calpurnius Piso aufgenommen zu werden. Aller Wahrscheinlichkeit nach meint er den bekannten Verschwörer gegen Nero, der im Jahre 65 sterben mußte, denn seine Persönlichkeit, wie sie von Tacitus geschildert wird, stimmt völlig zu dem Bilde des Lobgedichtes: ein altadeliger Herr von stattlichem Aussehen, populär durch seine Liebenswürdigkeit und seine erfolgreiche

Beredsamkeit als Verteidiger vor Gericht, gutmütig und begabt, aber leichtfertig. Verwiesen unter Caligula ist er von Claudius zurück= berufen und zum Ersatz=Consul auf kurze Zeit ernannt worden.

Der Verfasser jenes Gedichtes hat seine Arbeit recht nach der Schablone der Schulrhetorik angelegt. Erst wird der alte Adel des Herrn und seine vornehme Gesinnung gefeiert. Die Kriegsthaten der Ahnen, von denen wohl nicht viel zu rühmen war, werden mit all= gemeinen Redensarten schnell erledigt, um ihnen die frieblichen Ver= dienste des Nachkommen als nicht minder preiswürdig an die Seite zu setzen. Cicero's berühmter Spruch cedant arma togae. concedat laurea laudi wird citiert und auf Piso angewendet. Freilich nehmen sich die rednerischen Erfolge im Centumviralgericht und Senat, und die häuslichen Deklamationen neben den Redeschlachten zur Zeit der Re= publik recht bescheiden aus: desto voller nimmt der Verfasser den Mund, um die unwiderstehliche Gewalt, welche die Beredsamkeit Piso's über die Hörer übe (etwa wie Aper im Gespräch über die Redner), und seine sympathische Erscheinung zu schildern. In der That tritt die höhere Gesellschaft jener Zeit, welche kleine Triumphe der Eitelkeit so wichtig nahm, und die billige Galanteriewaare des täglichen Marktes mit hochklingenden Worten vergoldete, uns lebendig genug vor Augen. Gepriesen wird ferner als eine Seltenheit in der Gegenwart die edle Gastlichkeit und der gute Ton im Hause des Gönners. Mit einer Ueberfülle von Beispielen zum Belege der nicht ganz neuen Behaup= tung, daß Abwechslung angenehm sei, offenbar um die Frivolität Piso's zu beschönigen, geht der Verfasser über zu den künstlerischen Talenten seines Herrn, seinen Versen und seiner Kunst im Cither= schlagen: mit Apollo und Achill wird er verglichen. Wirklich ist Piso, wie man weiß, als Tragöde aufgetreten. Es folgt seine Ge= schicklichkeit in allerhand palästrischen Künsten, auch im Schachspiel: das beste ist, daß wir bei der Gelegenheit interessante Einzelheiten über letz= teres erfahren. Der Sänger ist am Ende der Verdienste seines Helden angelangt, darum verzweifelt er, die Menge derselben herzählen zu können, und geht alsbald zu seiner Bitte über. Er strebe nicht nach Gold, sondern nach Ruhm, wünsche ihm sein Leben zu widmen; seine Verse, die ihn besingen, sollen mit den Verdiensten des Gönners wett= eifern. Er verspricht ihm, wenn er sein Mäcenas werden wolle (vgl. Calp. IV 160 ff.), Unsterblichkeit des Namens: er möge dem Schwim= menden die Hand reichen, ihn aus der Dunkelheit hervorziehen.

Die Persönlichkeit dieses Piso führt uns zu Seneca zurück, welcher in freundlichen Beziehungen zu ihm stand. Seit dem Tode des Burrus (62) wurde die Stellung des geschmeidigen Philosophen immer unhaltbarer. Tigellinus und Poppäa haßten ihn, gegen ihren allmächtigen Einfluß vermochte er nichts. Lauter erhoben seine Gegner die Stimme, und ihre Beschuldigungen waren auf die empfindlichsten Seiten des Despoten berechnet. Immer von neuem wiesen sie auf die ungeheuren, das Maß eines Privatmannes weit übersteigenden Reichtümer (jetzt 300 Mill.) des Weltweisen hin, auf die mehr als fürstliche Pracht seiner Gärten und Villen.

Sie fanden, daß er die Aufmerksamkeit seiner Mitbürger unge= bührlich auf sich ziehe, warfen ihm vor, daß er in unerträglicher Eitelkeit der einzige Stilist der Welt sein wolle, daß er sogar als Dichter mit Nero in die Schranken zu treten wage. Alles, was diesem Freude mache, sehe er mit scheelen Augen an und spotte öffentlich darüber, wenn der Kaiser Rosse lenke, wenn er als Sänger auftrete. Nichts lasse er gelten, was nicht auf seine Anregung zurückgeführt werden könne. Nachgerade habe der Kaiser die Kinderschuhe aus= getreten: es sei Zeit, sich des alten Schulmeisters zu entledigen. Seneca reichte ein Entlassungsgesuch ein und bot die Rückgabe seiner Güter an: beides wurde mit freundlichen Worten zurückgewiesen. Auf alle Fälle hielt er es für geraten, den üblichen Huldigungen seiner Verehrer mehr aus dem Wege zu gehen. Daß er die Stimmung der Opposition im Herzen teilte, ist selbstverständlich, ob auch ihre Ziele, ist eine andre Frage. Unter dem Vorwand seiner Gesundheit und gelehrter Arbeiten hielt er sich von persönlichem Verkehr fern, so daß er im Jahre 62 eine Verdächtigung mit Erfolg zurückweisen konnte. Aber die Ent= fremdung gegen Nero nahm zu. Die Brandschatzungen und Tempelplün= derungen, welche nach dem römischen Brande zum Zweck der Neubauten über Asien und Achaja verhängt wurden (65), mißbilligte er so, daß er um die Erlaubnis bat, sich auf ein entlegenes Gut zurückzuziehen, als diese aber verweigert wurde, sich krank meldete und auf sein Zimmer beschränkte. Bald lieferte die Entdeckung der Verschwörung, welche Ermordung des verhaßten Despoten bei den Circusspielen des Ceresfestes (19. April) vor den Augen des Volkes und Erhebung des populären Piso zur Herrschaft plante, den willkommenen Anlaß, den unbequemen Mahner zu beseitigen. Eine vielleicht künstlich zurechtgemachte

Aeußerung Seneca's, welche der Verräter Antonius Navalis im Verhör angab, mußte genügen, um sein Schicksal zu besiegeln.

Man erzählte sich, eine Gruppe der Verschworenen habe im Geheimen, aber nicht ohne Wissen des Seneca, beabsichtigt, nach Ermordung Nero's auch Piso zu töten und die Herrschaft auf Seneca zu übertragen. Es ist schwer glaublich, daß ein kränklicher Greis, der die Sechzig überschritten, die Ränke und Gefahren der Politik lange Jahre an der Quelle beobachtet hatte, wie eitel und ehrgeizig er auch auf litterarischem Felde sein mochte, Lust verspürt haben sollte, seine Ruhe und Sicherheit einem solchen Abenteuer zu opfern.

Er starb auf Befehl seines kaiserlichen Zöglings eines Philosophen würdig in einem Kreise anhänglicher Verehrer. Paulina, seine zweite Gemahlin, wollte mit ihm aus dem Leben scheiden, doch ließ Nero in letzter Stunde seine Soldaten einschreiten, so daß sie noch einige Jahre als todbleiches Schattenbild auf Erden verweilte. Da ihm nicht vergönnt wurde, ein Testament zu machen, erklärte der Scheidende, daß er als schönstes und einziges Vermächtnis seinen Freunden das Bild seines Lebens hinterlasse: es scheinen also keine Gefühle der Reue die Ruhe seines Gewissens gestört zu haben. Er war ein Mann von universaler Bildung und ausgebreiteten, auch streng wissenschaftlichen Interessen, voller Gedanken, wenn auch nicht schöpferischer und selbständig einbringender, aber ausgerüstet mit glänzenden Gaben des Witzes, geistreicher, anregender und gefälliger Plauderei. Scheinbar im Ton ungezwungener, ja nachlässiger Konversation, den feierlichen Periodenbau eines Cicero verschmähend, den altertümlichen Rost des Sallust ebenso verspottend wie die geckenhaft weichliche Zizererei eines Mäcenas, ohne Pedanterei und pathetische Rhetorik, Worte des Tages und der Menge, wenn sie treffend scheinen, ohne Bedenken verwendend, wirkt er durch die Kunst, dem Gedanken überraschende Wendungen von epigrammatischer Schärfe abzugewinnen, ihn wie einen Krystall in immer neuen Fassetten leuchten zu lassen. Sein erbitterter Widersacher Fronto vergleicht ihn deshalb mit einem Jongleur, der immer dieselben Bälle in der Luft spielen läßt und wieder auffängt. Wie Ovid weiß er in diesem Spiel des Witzes und der Einbildungskraft kein Maß zu halten, er läßt sich gehen und drängt keinen Einfall, kein Bild zurück. Pikante Anekdoten und farbenreiche Schilderungen unterhalten den Leser. Man wird nicht warm oder aufgeregt, auch nicht überspannt. Denn der Moralist

deſſen Vortrag wir hören, iſt zwar der ſtoiſchen Lehre theoretiſch zu=
gethan, aber weder mit exkluſiver Konſequenz noch mit ſtarrem Ri=
gorismus. Es genügt ihm, das Sittenideal aufgeſtellt und empfohlen
zu haben. Wie ein weltmänniſcher Hofprediger macht er an ſeine
Gemeinde wie an ſich ſelbſt nur den Anſpruch eines mäßigen Strebens
nach jenem Ziele, gleich mit dem Zugeſtändnis, daß man es nicht zu
erreichen brauche. Verſchmäht er doch weder Reichtum noch Lebens=
genuß. In allem ein Mann der Konzeſſionen an gegebene Verhält=
niſſe verband er die Geſchmeidigkeit des Fürſtendieners, der auf ſchiefer
Ebene ſich ſanft hinabgleiten läßt, mit der Würde des Philoſophen.
Als Kronanwalt und Staatsſchreiber war ihm keine Sache zu ſchlecht,
daß er ihr nicht ſeine bezaubernde Feder geliehen hätte: je bedenklicher
die Aufgabe, deſto mehr reizte ſie ſein Talent.

Seine litterariſche Bedeutung beruht weſentlich auf dem prickeln=
den Reiz ſeiner proſaiſchen Schriften. Nur nebenher iſt der geiſt=
reiche Eſſayiſt auch als Dichter aufgetreten, und von ſeinen Erfolgen
in dieſer Richtung erfahren wir nichts. Daß auch größere poetiſche
Arbeiten von ihm bekannt waren, darf man aus Quintilians Angabe
ſchließen, welcher poemata in der Reihe ſeiner Schriften verzeichnet;
und grade noch in den letzten Jahren ſeines Lebens wurde ihm vor=
geworfen, daß er fleißiger Verſe mache, um ſeinen kaiſerlichen Schüler
auszuſtechen. Er ſelbſt ſpricht von ſeinen Gedichten nirgends: daß
die unter dem Namen Seneca's erhaltenen Tragödien Werke des
Philoſophen ſind, iſt ohne weiteres nicht ausgemacht. Ehe wir zu
ihrer Betrachtung übergehen, haben wir erſt die kärglichen Nachrichten,
welche über das Drama dieſer Zeit überliefert ſind, zuſammenzuſtellen.

Das Drama.

Schon in der auguſteiſchen Zeit hatte, wie wir ſahen (II 171 ff.),
das Bühnendrama nur noch vereinzelte hervorragende Schöpfungen
aufzuweiſen. Auch fernerhin behauptet es zwar in der Reihe öffent=
licher Luſtbarkeiten immer noch einen Platz, muß aber hinter den
Spielen des Circus und den grauſamen Schauſtellungen des Amphi=
theaters doch ſehr zurückſtehen. Am populärſten natürlich waren die
gemeinen Poſſen der Atellana und des Mimus. Einem gewiſſen
Mummius wird in einer Quelle des fünften Jahrhunderts nach=

gerühmt, er habe die seit lange daniederliegende Kunst des Novius und Pomponius wieder auferweckt. Wann aber dies geschehen sei, wissen wir nicht. Zuhörer und Schauspieler liebten gewissen Stellen in beliebten Gesangspartien politische und persönliche Beziehungen auf Gegenwart und Zeitgenossen unterzulegen (vgl. S. 5). Da Galba bei seinem Regierungsantritt wegen Knauserei verrufen war, fielen bei einem bekannten Canticum, welches begann „Dorsennus" (der Dorfschul= meister) „ist vom Lande hereingekommen", alle Zuschauer einstimmig bei und wiederholten den Vers mehrmals. Unter Caligula freilich ist einem Atellanendichter ein zweideutiger Scherz schlecht bekommen: der Wüterich ließ ihn in der Arena verbrennen. Gelinder, mit Verweisung aus Rom und Italien, ist unter Nero der Schauspieler Datus weggekommen, der in einem Canticum die griechischen Worte „auf dein Wohl, Vater; auf dein Wohl, Mutter!" die Ermordung des Claudius und der Agrippina andeutete, indem er bei dem Vater den Gestus des Trinkens, bei der Mutter den des Schwimmens machte, und bei den lateinischen Worten am Schluß „der Orcus zieht euch hinab" auf den Senat wies. Wiederholt, schon seit Tiberius hat daher die Frechheit der Schauspieler polizeiliche Maßregeln gegen sie hervorgerufen.

Am längsten, bis in die letzten Zeiten des Reiches, hat sich der Mimus gehalten (vgl. I 217 ff.). Am Todestage des Caligula wurde der Laureolus eines gewissen Catullus aufgeführt, über dessen Lebenszeit und Person sonst nichts bekannt ist. Die Haupt= figur war ein Räuberhauptmann jenes Namens, der ans Kreuz ge= schlagen wurde. Dieses und andre Stücke desselben Verfassers waren noch in Juvenals Zeit vorzugsweise beliebt. Eins derselben, „das Gespenst" (Phasma), erinnert an die neuere Komödie. Es gab viel Lärmen, und ein Ausrufer spielte darin eine Hauptrolle. Aus der Zeit des Claudius hat sich ein Wort eines Mimus noch bis in das vierte Jahrhundert erhalten: die Namen der guten Fürsten könne man auf einem einzigen Ring verzeichnen. Zwei sententiöse Trimeter seines Freundes Lucilius lobt Seneca. Daß auch der Togaten= dichter Afranius noch nicht vergessen war, ist schon früher (I 207) bemerkt worden.

Bei der immer mehr wachsenden Lust an sinnlichen Erregungen drängten sich Musik und Tanz in den Vordergrund. So wurde der rhapsodische Vortrag einzelner Glanzpartien Mode. Virtuose Solisten trugen zur Cither mit der Maske und im Kostüm der Rolle Mono=

loge und Monodien aus griechischen und lateinischen Tragödien vor, und ihnen zur Seite machte, wie schon in alter Zeit (I 194), ein Tänzer die entsprechenden Bewegungen. Es wurde aber auch die stumme Aktion zur Hauptsache gemacht: so entstand der Pantomimus. Ein einzelner Tänzer stellte eine volle Handlung in einer Reihe von Scenen balletmäßig dar, mit allen Rollen, männlichen wie weiblichen hintereinander, immer auch das Kostüm wechselnd, während ein Chor daneben und in Zwischenpausen den begleitenden und erläuternden Text dazu sang. Das war eine Neuerung des Tänzers Pylades (732.22). Dichter wie Lucan und Statius, zuerst vielleicht Silo, ein Zeitgenosse des älteren Seneca, verschmähten nicht die Textbücher (fabulae salticae) dafür zu liefern, leichte Ware, wenn auch immer noch besser als die meisten unserer Operntexte, die aber gut und besser als ernste Arbeiten bezahlt wurde. Den Chorgesang unterstützte ein aus Flöten, Syringen, Cymbeln, Cither und Lyra zusammengesetztes Orchester. Nicht nur Tragödienstoffe wie Atreus und Thyest, der rasende Ajax, der rasende Hercules, Niobe, Agave und dergleichen wurden hierzu verarbeitet, auch das Epos, z. B. die Aeneis, lieferte Rollen wie Turnus, Dido u. s. w. Liebesgeschichten waren besonders beliebt und wirksam. Für das Verständnis solcher Darstellungen war natürlich eine fein ausgeprägte Geberdensprache und Uebung der Zuschauer erforderlich. Alle hervorragenden Meister des Schauspiels und des Pantomimus waren Griechen, aber die Lust am Pikanten, dann der um sich greifende Dilettantenschwindel bewog auch die vornehmsten Römer gelegentlich auf der Bühne und in der Orchestra, wie andre in der Arena, aufzutreten. Schon Laberius (I 219 f.) hatte sich ja der sanften Gewalt Julius Cäsars gefügt. Dann hat Domitius Nero, der Vater des Kaisers, als Aedil seinen Spielen dadurch Glanz verliehen, daß er, gleichfalls im Mimus, Prätoren und Consuln aus dem Ritterstande und sogar Matronen auf öffentlicher Bühne spielen ließ. Der Ritter Fabius Valens, der zuerst an Nero's Juvenalia auf Befehl im Mimus auftrat, hat an dem Possenspiel solchen Geschmack gefunden, daß er es auch ferner freiwillig mit Virtuosität weitertrieb. Selbst der würdige Thrasea Paetus hat sich einmal herbeigelassen in einer Tragödie mitzusingen, allerdings in seiner Vaterstadt Patavium bei einem uralten, nur alle 30 Jahre wiederkehrenden patriotischen Feste. Caligula, ein leidenschaftlicher Sänger und Tänzer, hatte grade zu seinem Todestage ein nächtliches Fest angesagt, um

bei dieser außerordentlichen Gelegenheit sein Debut auf der Bühne
zu begehen. Es war also nur ein weiterer Schritt auf der betretenen
Bahn, wenn Nero aus der Schauspielerei seinen Beruf machte, wenn
er Senatoren wie Ritter, Frauen wie Männer, alte wie junge bewog
an seinen Festen ebenfalls öffentlich als Schauspieler Sänger Musiker
Tänzer aufzutreten, und sich einen Spaß daraus machte, den Nach=
kommen eines Paulus, Mummius, Appius u. s. w. die Maske, welche
sie aus Scham angelegt hatten, vor allem Volk vom Gesicht zu reißen.
Ein frappantes Seitenstück zu diesen Zuständen bildet die Theater=
spielerei der Franzosen im 17. und besonders im 18. Jahrhundert.

Uebrigens haben sich der Tragödiendichtung schon seit
republikanischer Zeit (1 187 ff., vgl. II 171) vornehme Männer ge=
widmet: stand sie doch der Beredsamkeit hohen Stils, welche ihnen ge=
läufig war, am nächsten. Auch jetzt fand sie in denselben Kreisen noch
einige Pflege. Schon oben (S. 5) ist des Consulars Aemilius Scaurus
unter Tiberius gedacht worden. In dieselbe Reihe gehört P. Pom=
ponius Secundus, ein Freund des älteren Plinius, der als Denk=
mal seiner innigen Verehrung eine zwei Bücher umfassende, leider
nicht erhaltene Biographie des trefflichen Mannes geschrieben hat.
Mit Paetus Thrasea stand Pomponius in Briefwechsel: Grammatikern
wie Priscian im 6. Jahrhundert oder doch dessen Gewährsmann
dienten die Briefe als Quelle für Beobachtung sprachlicher Eigen=
heiten. Unter Tiberius nach dem Sturze Sejans hatte er als poli-
tisch verdächtig gegolten. Wegen freundschaftlicher Beziehungen zu
dem Bruder des Verurteilten war er sieben Jahre lang (seit 31) in
seinem Hause gefangen gehalten worden. Erst beim Regierungsantritt
des Caius (37) wurde er der Freiheit und dem öffentlichen Leben
zurückgegeben. Er war im Jahre 44 consul suffectus, bekriegte als
Legat die Chatten in Obergermanien mit Erfolg (50), und zur Be=
lohnung wurden ihm die Triumphalinsignien zuerkannt, eine Ehre,
die doch nur ein geringer Teil seines Ruhmes bei den Nachkommen
war, wie Tacitus anerkennend bemerkt. Anfangs freilich hatte er
als Dichter nicht den gewünschten Erfolg: Kaiser Claudius sah sich
im Jahre 47 bewogen ein strenges censorisches Edikt zu erlassen,
welches das Publikum wegen grober Schmähungen des Consulars
tadelte. Man konnte, wie es scheint, an seiner feineren Art nicht den
rechten Geschmack finden. Die Greise, welche noch die kernige Tragödie
der republikanischen Zeit im Gedächtnis trugen, fanden seine Dramen

nicht tragiſch genug, geſtanden aber, daß er an gelehrter Bildung
und Glätte der Form alle andren überrage. In der That nahm er
es mit dem ſprachlichen Ausdruck äußerſt genau, bis auf die Wahl
der Flexionsformen. In Vorreden ſeiner Werke, die Quintilian als
ganz junger Mann geleſen hat, verſtändigte er ſich mit ſeinem Kunſt=
genoſſen Seneca über die ſtiliſtiſche Angemeſſenheit einer einzelnen
Wendung. Konnte er ſich mit einem Freunde nicht darüber einigen,
ob er etwas entfernen oder behalten ſolle, ſo pflegte er zu ſagen:
„ich appelliere an das Volk“. Quintilian, der ſich ſeit dem Jahre
68 dauernd in Rom niedergelaſſen hat, erklärt ihn für den allererſten
Tragödiendichter unter denen, die er ſelbſt erlebt habe. Auch Tacitus
ſpricht mit hoher Achtung von ſeinem Talent wie von ſeinem Charakter.
Die Rhythmen ſeiner Chorlieder galten den Theoretikern der Metrik
als muſtergültig: ſie führen einige elegante Proben von gemiſchten
daktyliſchen und anapäſtiſchen Reihen an. Gefangene Troerinnen
ſcheinen zu ſingen: ihre Stadt iſt erobert, Priamus gefallen, ſie ſollen
fern aus der Heimat fortgeführt werden und beten zu Neptun, ſie
mit den Danaern zugleich im Meer zu verſenken. Wenn die Verſe, wie
leicht zu vermuten, aus dem Aeneas geſchöpft ſind, ſo haben wir
kein Recht, dieſes Drama für eine Prätexta zu erklären, denn es
ſpielte dann in Troja, nicht in Rom. Von andern Stoffen iſt nur
noch ein Atreus bekannt. Einem ungenannten Stück hat das Chor=
lied angehört, welches zu feſtlichem Citherſpiel auffordert, ſehr wohl=
klingende Daktylen (Tetrapodien), wie ſie ſchon Ennius ver=
wendet hatte.

So dürftig dieſe Reſte und Nachrichten von der Kunſt des Pom=
ponius ſind, ſo genügen ſie, um ihn uns als einen feinſinnigen, ſorg=
fältig das Einzelne abwägenden, beſonders die lyriſchen Versmaße
auch der älteren Tragödie mit Eleganz behandelnden Dichter vor=
zuſtellen.

Gewiß war ſeine ganze Art und Richtung grundverſchieden von
den tragiſchen Deklamationen, welche unter dem Namen des Seneca
erhalten ſind. Zunächſt haben wir ſie im Einzelnen nach ihren Stoffen
und Motiven zu betrachten. Jene ſind ſämtlich der klaſſiſchen Tra=
gödie der Athener, vorzugsweiſe des Euripides, entlehnt. Die Mehr=
zahl derſelben war bereits von den römiſchen Dichtern der republi=
kaniſchen Zeit auf die Bühne gebracht worden.

Die Phädra ist aus den beiden Hippolytos des Euripides und
der vierten Heroide des Ovid zusammengebraut (vgl. II 244 ff.);
auch an eigenen Zuthaten fehlt es ihr nicht. Dem Nachdichter war
besonders daran gelegen die Rolle der Heldin herauszuarbeiten:
darum griff er zu der ersten Fassung des euripideischen Drama's zurück.
Das Stück wird lebhaft eröffnet durch ein Jagdlied des Hippolytus,
der seinen Gefährten ihre Reviere in weitem Umfange Attica's an=
weist. Das in dem erhaltenen Werke des Griechen (V. 58 ff.)
kurz angedeutete Motiv ist breit ausgeführt, während jede weitere
Unterredung aufgegeben ist. Ein Monolog der Phädra eröffnet den
Blick in ihr von Leidenschaft aufgewühltes Gemüt: Sehnsucht nach
Wald und Gebirge, die Lust zu jagen erfüllt sie wie dort. Die
Schuld ihrer unseligen Verirrung wälzt sie wie in jenem Brief
auf Theseus ab, der sie verlassen habe (91 ff.). Auch der dort
(53 ff.) ausgesprochene Gedanke findet sich wieder, daß der Fluch un=
seliger Liebe als verhängnisvolles Erbteil auf dem ganzen Geschlecht
des Phöbus laste (124 ff.). Die Amme ist bereits unterrichtet, sie
redet dem verirrten Pflegekinde zunächst scharf ins Gewissen. Ihr
hohes Alter gibt ihr den Freimut, sie hat strenge Grundsätze und
leitet die überwältigende Macht ungesunder Liebe aus Genußsucht
her, welcher sich die Reichen hingeben (ein zeitgemäßer Wink). Erst
als Phädra erklärt, wenn sie verzichten solle, wolle sie lieber sterben,
entschließt sich die treue Pflegerin, einen Versuch auf das Herz des
Hippolytus zu machen. Vergebens hofft sie noch vorher eine Besse=
rung im Zustande der Königin, und verschiebt die Ausführung ihres
Versprechens. Ihre dem euripideischen Vorbilde entsprechende Schilde=
rung wird durch die folgenden Reden der Phädra selbst bestätigt.
Dem ersten Hippolyt entlehnt und mit den Zügen des ovidischen
Briefes bis in viele Einzelheiten übereinstimmend ist die große Scene
mit dem Geliebten. In äußerster Entrüstung zieht er das Schwert,
um sich aus der ungestümen Umklammerung seiner Kniee zu befreien,
ganz wie es — natürlich nach griechischer Quelle — ein pompejanisches
Wandgemälde zeigt, und stürzt dann von Scham und Entsetzen be=
täubt davon, die Waffe zurücklassend, welche von der Amme aufge=
hoben und zum Beleg ihrer Verleumdung benutzt wird. Er tritt
nicht wieder auf. Theseus, der mit Pirithous in die Unterwelt ge=
stiegen war (dieses Motiv scheint aus der Phädra des Sophokles
entnommen), findet die Gattin noch lebend, düster und stumm, das

Schwert in der Hand, entschlossen zu sterben: endlich gibt sie den
Stiefsohn als den Frevler an, der sie entehrt habe. Als aber später
die zerrissenen Ueberreste des Unschuldigen auf die Bühne gebracht
werden, bekennt sie angesichts derselben dem Gatten ihre Schuld,
gibt sich mit jenem Schwerte den Tod, und überläßt den unglücklichen Vater der Reue.

Auch in der Medea ist die Absicht durchgreifend, eine rachsüchtige
Megäre zu schildern. Die weicheren Gefühle der Gattin und Mutter
sind zurückgedrängt, schneidende Härte, Töne höhnischen Ingrimms
und Wutausbrüche herrschen vor. Von Anfang an (der vorbereitende
Prolog der Amme und deren Gespräch mit dem Pädagogen ist aufgegeben) tritt die bereits Verstoßene, in größter Leidenschaft rasend, zum
Aeußersten entschlossen, auf. Keine stufenweise Motivierung, auch keine
Steigerung ihres Seelenzustandes. Gleich ihr erster Monolog, womit das Stück beginnt, greift aller Entwickelung vor. Dagegen wird
die Liebe Jasons zu seinen Kindern stark hervorgehoben: er nennt
sie seinen einzigen Trost; um sie zu retten, hat er Medea preisgegeben.
Mit scharfem Auge erkennt die lauernde, daß dies seine verwund-
barste Seite ist, und gründet hierauf ihren Racheplan. In eine
einzige, aber rhetorisch sehr wirksame Scene ist zusammengedrängt
was sie dem untreuen Gatten zu sagen, was sie von ihm zu erbitten
und was er zu erwidern hat. Die euripideischen Motive sind frei
verarbeitet, die Anordnung verändert, manches zusammengezogen, geschärft. Auch ovidische Gedanken und Wendungen kehren hier und
noch sonst wieder. Breit, ganz im Geschmack der Zeit, ist in dem
Bericht der Amme die Schilderung der Hexenkünste Medea's ausgeführt (670 ff.), und die Zauberin selbst füllt gleich darauf ein langes
Canticum (740 ff.) mit Beschwörungen, Gebeten und Vorbereitungen
zu der verhängnisvollen Sendung an die verhaßte Braut. Dafür ist
die glänzende Erzählung des Dieners von der Wirkung des Giftes
(Eur. 1121 ff.) weggefallen und durch eine ganz kurze trockene Meldung (879 ff.) ersetzt. Jetzt erst faßt Medea den Entschluß, vor der
Flucht ihr Rachewerk durch den Mord der Kinder zu krönen. In
langer Deklamation (893 ff.) begründet sie denselben, aber während
Euripides besonders in der berühmten Rede (1019 ff.) die Tiefen ihres
Mutterherzens erschließt, stachelt sie sich bei Seneca zu furienhafter
Wut, bekämpft die schwachen Regungen der Milde und Liebe mit
kalter Dialektik und rhetorischen Spitzen: sie redet sich ein, dem

Schatten des von ihr dem Jason zuliebe hingeschlachteten Bruders
schulde sie als Sühne das Blut der Kinder. Schon hat sie den einen
der Knaben auf der Bühne getötet, da wird sie durch das Geräusch
nahender Menschen in ihrem blutigen Werk unterbrochen: sie nimmt
sowohl die Leiche als auch den lebendigen Sohn mit auf ihren Drachen=
wagen, der sie in die Höhe führt. Von oben herab höhnt sie den
jammernden Vater; trotz seiner Bitten tötet sie vor seinen Augen
den andern Knaben, und wirft ihm, ehe sie durch die Luft davon
fährt, beide Leichen zu.

Auch die Troerinnen geben in der Hauptsache (Hinrichtung
der Polyxena und des Astyanax) den Stoff der gleichnamigen Tragödie
des Euripides wieder. Aber wie schon Accius die Polyxene des
Sophokles herangezogen hatte, so entlehnte auch Seneca von hier
einige Motive; hier und da diente die erste Hälfte der Hekabe als
Vorlage. Die greise Mutter steht freilich in der kalten Nachbildung
des Römers äußerlich im Hintergrunde, denn außer dem Prolog tritt
sie erst auf, nachdem das Todesurteil über ihre beiden Enkelkinder
unwiderruflich gefällt ist. Aber in ihr verkörpert sich das Schicksal
Troja's, sie ist der geistige Mittelpunkt der lockeren Scenenfolge.
Unter den zusammenstürzenden Trümmern alter Herrlichkeit steht sie
wie ein vergessener Stumpf einsam, gebrochen, von keinem begehrt.
Selbst der Tod geht achtlos an ihr vorüber, ohne ihr Flehen zu
hören. Nur zur Klage ist sie da. Wie in der euripideischen Hekabe
ist in der vergangenen Nacht Achill's Schatten über seinem Grabe
erschienen, um Polyxena zu fordern, und wie dort vom Chor erwähnt
wird (116 ff.), entspinnt sich ein Streit zwischen den Heerführern über
die Ausführung dieses Verlangens. Auch hier erklärt sich Agamemnon
gegen das Menschenopfer, während Pyrrus auf dem Recht seines
Vaters besteht. Nach Art einer Controverse wird der Streit zwischen
beiden durchgefochten, endlich die Entscheidung Calchas anheimgestellt,
welcher nicht nur Achills Verlangen bestätigt, sondern auch den Tod
des kleinen Astyanax als Schicksalsbeschluß offenbart. Hieraus er=
geben sich zwei große Scenen oder Akte. Zunächst Andromacha's
Sorge um ihr Kind, der Versuch es durch Versteck in der Gruft des
Vaters zu retten, welcher durch Scharfsinn und List des Ulixes ver=
eitelt wird. Vergeblich fleht sie um Gnade, nur eine rührende Ab=
schiedsrede wird ihr vergönnt. Eigentlich hat sie nun nichts mehr
im Drama zu thun, dennoch bleibt sie auf der Bühne, um noch im

folgenden Akt der Helena ihre Sünden vorzuhalten und die Haltung
der Polyrena zu bewundern, als dieser ihre Bestimmung eröffnet wird.
Ob der Gedanke, Helena als Brautführerin der Polyrena einzuführen,
im Kopf des Verfassers entsprungen sei, ist fraglich. Es liegt etwas
Raffiniertes darin, was dem Geist des Sophokles jedenfalls fern lag.
Aufgetreten und gescholten scheint sie auch im Astyanax des Accius
zu sein (Fr. VII). Uebrigens bröckelt bei Seneca diese ganze Partie
wirkungslos auseinander. Erst der Botenbericht zum Schluß gibt
wieder zu glänzenden Schilderungen erwünschte Gelegenheit: wesentliche Züge hat des Euripides herrliche Erzählung vom Tode der
Polyrena (Hek. 518 ff.) geliefert. Sonst erkennt man im einzelnen
nur wenige Spuren der griechischen Vorlage. Die mächtigen Linien
sind zusammengeschrumpft, der Ton klingt hohl: was war dem Rhetor
Hecuba?

Ein Stoff recht nach dem Herzen der Römer war die gräßliche
Rache des Atreus an seinem Bruder Thyestes: Ennius Accius Varius,
um nur die bedeutendsten hervorzuheben, haben ihn behandelt.
Unter den griechischen Vorgängern war es wiederum besonders
Euripides gewesen, der ihm sein dramatisches Gepräge verlieh.
Aber auch Sophokles scheint ihn in den Mykenäerinnen (=Atreus)
bearbeitet zu haben. Die neronische Zeit war wenigstens ebenso
empfänglich für solche Greuel als wie die sullanische: man sieht
es der Dichtung Seneca's an, daß sie mit Liebe gemacht ist. Da
sie uns allein eine vollständig erhaltene Ausführung der entsetzlichen
Fabel bietet und uns für alle verlorenen entschädigen muß, so darf
sie ein erhöhtes Interesse beanspruchen. Er hat die sophokleische wie
die euripideische Tragödie und gewiß auch die des Accius (vgl. I
181) gekannt, denn noch jetzt läßt sich bei einzelnen Bruchstücken der
letzteren Uebereinstimmung mit gewissen Stellen nachweisen.

Die Handlung des Thyestes spielt in Mykenä. Gleich im
Prolog steigt der böse Geist des Hauses, der Schatten des Tantalus,
aus der Unterwelt empor, nicht freiwillig, sondern von der Furie
getrieben, damit er die feindlichen Brüder mit Wut erfülle. Aber
seine bloße Erscheinung hat alsbald in der Natur so verheerend gewirkt, daß er ohne weiteres wieder in seine unterirdische Höhle ent-
lassen wird.

Atreus, ein wahnsinniger Tyrann, schnaubt von Anfang an vor
Gier nach unerhörter Rache am Bruder, der seine Gattin verführt,

den goldenen Widder gestohlen und ihn dadurch um die Herrschaft
betrogen hat. Er setzt voraus, daß auch Thyestes Böses gegen ihn
brüte: er muß ihm zuvorkommen und eine Unthat aussinnen, um
die jener ihn beneiden soll. Vergeblich sucht ein vertrauter Diener
ihn auf bessere Gedanken zu bringen. Seine Phantasie verfällt auf
die That der Philomela: er beschließt, den Bruder mit den Kindern
aus der Verbannung durch eine Botschaft seiner Söhne heranzulocken.
Nur zögernd, mißtrauisch, voll banger Sorge für die Kinder kommt
Thyestes, begleitet von seinen drei Söhnen. Mit Mühe hält der
älteste von ihnen, der arglose Tantalus, dem die Aussicht auf die
Krone winkt, den Vater ab, wieder umzukehren. Kaum vermag sich
Atreus zu halten, da er sieht, wie sein Opfer ins Netz gegangen ist,
doch begrüßt er den Verstoßenen mit erheuchelter Zärtlichkeit, so daß
derselbe reuig seine Kniee umfaßt und seine Kinder als Geißel der
Treue anbietet. Trotz seines Sträubens besteht Atreus darauf, die
Herrschaft mit ihm teilen zu wollen, legt ihm die Binde um das
struppige Haar und entfernt sich mit der zweideutigen Verheißung,
den Göttern Opfer darzubringen. Der Botenbericht über die Opferung der unschuldigen Söhne und die Zubereitung des grausen
Mahles schwelgt in der Kleinmalerei des Gräßlichen. Der Chor bemerkt, daß es auf einmal, vor der Zeit, Nacht wird: geht die Welt
unter? Da kommt stolz erhobenen Hauptes Atreus. Er ist befriedigt,
nur eins fehlt noch: daß dem unglücklichen Vater die Augen geöffnet
werden und er selbst sich am Anblick seines Schmerzes weide. Er
läßt die Thüren öffnen. Drinnen im festlich erleuchteten Saale liegt
noch Thyestes bei Tisch, satt auf das Polster hingestreckt, das wein-
schwere Haupt stützend, und in halbberauschter, angeheiterter Stimmung beginnt er während des Trinkens ein Lied zu singen: alle
Sorgen und Schmerzen der Vergangenheit mögen entweichen, weg
mit dem alten Thyestes! Aber den Unglücklichen ist es eigen, daß sie
auch der Freude nicht trauen. Wehmut, Angst, tiefes Jammergefühl
ergreift ihn, Thränen stürzen ihm plötzlich aus den Augen: er weiß
nicht warum. Und nun tritt Atreus mit boshafter Herzlichkeit zum
Bruder, verspricht ihm in doppelsinnigen Worten, daß sein Verlangen
nach den Kindern bald gestillt sein solle, trinkt mit ihm aus dem
Becher, in welchem das Blut der Geschlachteten mit Wein gemischt
ist. Thyestes setzt ihn an die Lippen: da übermannt ihn Schauer und
Schwindel, der Himmel scheint über ihn zu stürzen. Er fordert die

Kinder. Atreus: „du sollst sie haben, und keine Zeit soll sie dir ent=
reißen". Ein Aufruhr tobt in seinem Innern, dringend ruft er nach
den Kindern. Höhnisch streckt ihm Atreus Köpfe und Hände derselben
entgegen: ob er sie erkenne? „Ich erkenne den Bruder", antwortet
er vernichtet. Noch weiß er nicht alles. Er bittet um die Leichen,
um die Erlaubnis sie zu begraben, und erhält erst die rätselhafte
Antwort: „du hast was von deinen Söhnen übrig und was nicht übrig
ist", worauf die entsetzliche Lösung folgt. Vergebens bittet Thyestes um
ein Schwert, sich zu töten: er muß noch im einzelnen vernehmen,
wie seine Kinder geschlachtet, zerstückt und gebraten sind, ehe er —
nicht in die berühmten Verwünschungen gegen Atreus ausbricht, wie
sie z. B. Ennius wiedergab, sondern in Beschwörungen an den
Himmelslenker, ihn selbst durch seinen Blitz zu vernichten. Atreus
aber triumphiert und höhnt, der Unglückliche jammere nur darüber,
daß er ihm zuvorgekommen sei.

An den Thyestes schließt sich gewissermaßen die Handlung des
Agamemnon an, denn der Schatten des Thyestes verkündet im
Monolog die bevorstehende Ermordung des Königs, der alten Greuel
des Hauses, der eigenen Unthaten und der Schicksalsbestimmung ge=
denkend, wonach Aegisthus, aus der blutschänderischen Ehe mit der
Tochter entsprossen, Rächer des Vaters werden solle. Den Fluch=
beladenen, der auch unter den Schatten keine Ruhe, keinen Genossen
findet, hat das Vorgefühl neuer Greuel hinaufgetrieben in das wohl=
bekannte Stammhaus, aber schaudernd wendet er sich alsbald wieder
ab. Wenn nicht die Originaldichtung des Aeschylus, so hat Seneca
doch sicher eine jüngere Bearbeitung der großartigen Tragödie vor
Augen gehabt, welche auch Livius Andronicus in seinem Aegistus
benutzt haben kann. Daß dieser selbst, meinetwegen wiederum in
neuerer Gestalt, dem späten Nachfolger nicht unbekannt war, zeigt
die Aehnlichkeit gewisser Scenen und die Uebereinstimmung im Wortlaut
mit einzelnen Bruchstücken. Ferner erinnern manche Züge an die Clute=
mestra des Accius oder deren Original (vgl. I 181): die Eifersucht
der Königin gegen die barbarische Nebenbuhlerin als Motiv des
Mordes u. a. Clytämnestra's Charakter ist in kleineren Verhältnissen
gehalten: auf der abschüssigen Bahn des Verbrechens kommen ihr
noch Regungen des Zweifels. Sie gesteht der Amme, daß Sünde
und Scham in ihrem Herzen kämpfen: sie ist geneigt, sich vom Zufall
treiben zu lassen. Zur Rechtfertigung dienen ihr die Vergehen des

Gatten: Iphigeniens Opferung, seine wiederholte Untreue, jetzt wieder die Heimführung der Cassandra, der künftigen Stiefmutter ihrer Kinder. Sie denkt daran, sich und den Gatten zugleich umzubringen. Aber als dann der elende Aegisth, welcher vor der nahen Rückkehr des siegreichen Königs und der ihn erwartenden Strafe zittert, von Clytämnestra Beistand für seine Mordgedanken heischt, ergreift sie Scham und Ekel vor der Gemeinschaft mit diesem Gesellen. Sie fühlt Reue und Neigung, zu ihrer Pflicht zurückzukehren; ja sie hält seinen verführerischen Einwänden eine Weile Stand, weist ihn sogar höhnisch ab, lenkt aber ein, weil sie sich doch nicht von ihm trennen kann: sie fühlt sich dem Buhlen durch gemeinsame Schuld verbunden und will das Weitere mit ihm beraten. Das Auftreten des Eurybates, seine Begrüßung der Heimat, sein Empfang durch Clytämnestra und der Bericht von der Heimkehr der Flotte lehnt sich in den allgemeinen Zügen an das äschyleische Vorbild an, doch ist alles zusammengeschrumpft zu Gunsten der Schilderung des Schiffbruchs. Wiederum nur im Großen und Ganzen von Aeschylus entlehnt ist die Figur der Cassandra, ihre Verhandlung mit dem Chor, und die Vision der Seherin. Sie erscheint mit den übrigen Gefangenen schon vor Agamemnon. Dessen Empfang durch Clytämnestra ist auf eine stumme Handlung beschränkt, welche der Chor in wenig Worten andeutet. Dafür stößt er auf die in Zuckungen am Boden liegende Apollopriesterin und vernimmt von ihr, nachdem sie zum Bewußtsein gekommen ist, düstere Rätselsprüche über das was ihr und ihm bevorsteht. Nachdem er in den Palast gegangen ist, wird es völlig klar vor ihrem inneren Auge und sie beschreibt mit grausamer Anschaulichkeit nicht in abgebrochenen Strophen, wie bei Aeschylus, sondern in zusammenhängender iambischer Rede den blutigen Vorgang, welcher sich inzwischen im Hause abspielt. Die gleiche Scene kam bei Livius Andronicus vor. Um das Einzeldrama abzuschließen, hat der Verfasser noch in einigen hastigen Scenen das nötigste hinzugefügt: die Rettung des kleinen Orest, welchen Elektra dem alten Freund Strophius anvertraut. Von Olympia gekommen, in der Absicht, den heimgekehrten König zu begrüßen, treibt er sein siegreiches Gespann wieder heimwärts, nachdem er seinem neuen Pflegesohn zum Schutz und bedeutungsvollen Vorzeichen die Palme in die Hand gegeben und an die Seite seines Pylades in den Wagen gehoben hat. Kaum ist er fort, so erhält Elektra Gelegenheit der Mutter in kurzem Wortwechsel Trotz und

Verachtung zu zeigen; Aegisth, der hinzukommt, läßt sie ins Ge=
fängnis schleppen (was ihr bei Sophokles bevorsteht), Cassandra aber
zum Tode führen. Die Seherin ist zufrieden, das Ende des Zer=
störers von Troja erlebt zu haben, und deutet mit dem letzten Wort,
welches sie der höhnenden Clytämnestra erwidert, auf die dereinstige
That des Orestes prophetisch hin.

Sehr klar liegt die Arbeitsweise des Seneca im Hercules zu
Tage, dessen Vorlage unzweifelhaft der rasende Herakles des Euripides
gewesen ist. Er bietet dieselbe Handlung mit denselben Personen
und Charakteren, im Großen und Ganzen auch dieselbe Komposition,
die gleichen Empfindungen und Gedanken, wie sie sich eben aus der
Fabel ergeben, aber die Durchführung im einzelnen ist fast ganz selbst=
ständig. Für den Prolog mochte der Nachfolger die eifersüchtige Himmels=
königin, die Urheberin der darzustellenden Katastrophe, nicht missen:
so erhielt er Gelegenheit zu einem erhabenen Eingang, einer lebhaften
Deklamation. Während bei Euripides Iris auf Geheiß der Hera erst
unmittelbar vor der Katastrophe die widerstrebende Lyssa zum Hause
des Zeussohnes führt, so daß der Umschwung aus Freude in Leid
dem Zuschauer unerwartet kommt, beschwört hier Juno die finsteren
Dämonen der Wut, ehe sie in Thätigkeit treten können, und verrät
dadurch den späteren Verlauf des Drama's. Dafür läßt der Römer
Hercules auf der Bühne rasen und morden, bis er ermattet in
Schlaf sinkt, und den herrlichen Botenbericht des Euripides über
dessen Wahnsinn ersetzt er durch eine Schilderung des Theseus von
der Unterwelt und der Bewältigung des Cerberus durch Hercules.
Zu diesem Zweck behält er den athenischen Begleiter gleich in der
Nähe des Freundes, statt ihn wie Euripides nach Athen zu schicken
und später von dort wieder kommen zu lassen. Der gemütliche
Empfang des heimkehrenden Hausvaters durch Weib und Kinder war
nicht nach dem Sinn des römischen Deklamators: die unerhörte Er=
scheinung des Höllenhundes im Sonnenlicht hervorzuheben schien ihm
bedeutender, und dem rastlosen Kämpfer mußte gleich wieder etwas
zu thun gegeben werden. So genügen wenige Worte der Verständi=
gung, und sofort geht er an seine Arbeit, den Thronräuber Lycus
umzubringen. Der Rolle des letzteren, der bei Euripides wenig zu
sagen hat, ist von Seneca ein neuer Zug beigemischt, der seiner
rohen Persönlichkeit etwas mehr dramatisches Interesse verleiht. Er
fühlt sich als Emporkömmling, der ohne Ahnen und Erbrecht durch

eigene Kraft sich die Herrschaft erobert hat, aber um sie zu sichern und die Neigung der Bürger zu gewinnen, hat er beschlossen, Megara, die Gattin des Hercules, zu heiraten. In der Werbescene (an welche die Shakespearesche in Richard III. ein wenig erinnert) versucht er mit heuchlerisch versöhnlichen Worten ihre Zusage zu gewinnen: die schnöde Abweisung, die er erfährt, und die spitzen Reden gegen den abwesenden Hercules, womit er sich rächt, dienen dazu, um dieses niedrige Gegenbild des Heros und dessen Größe in rechtes Licht zu setzen. Auch Megara erhält durch den Widerstand, den sie zu leisten hat, größere Bedeutung, und der grausame Befehl des Lycus, sie am Altar zu verbrennen, wird noch erklärlicher, nachdem seine Hoffnung vernichtet und seine Eitelkeit so verletzt ist. Nur einmal bei Euripides erlaubt sich Lycus ein geringschätziges Wort über die Thaten des Herakles und einen leisen Zweifel an seiner Abstammung von Zeus, wofür er eine würdige Abfertigung durch Amphitryon erfährt. Seneca bringt die Rede bis zur Ermüdung oft auf die Vaterschaft des Jup= piter: man erkennt, wieviel die mächtigen Zeitgenossen auch auf die Anerkennung ihres Stammbaumes hielten. Besonders ist der gutmütige Amphitruo dazu ersehen, die Göttlichkeit seines Pflegesohnes zu vertreten.

Fein empfunden ist der Zug, daß Hercules selbst die Entdeckung macht, er sei der Thäter. Da Amphitruo seine Fragen nur mit Rätselworten beantwortet, streckt er in inniger Bewegung die Hände flehend nach ihm aus; bestürzt, daß der Alte die seinige zurückzieht, argwöhnt er, daß an ihm ein Frevel haften müsse, und erkennt seine eigenen Pfeile, die nur er entsenden konnte, denn niemand außer ihm vermag seinen Bogen zu spannen (1192 ff.). Bei Euripides (1111 ff.) wird dem Amphitryon die volle Auseinandersetzung, so sehr er auch zögert, nicht erspart.

Dem andern Hercules liegen die Trachinierinnen des So= phokles zu Grunde, aber durch weitläufige Anbauten an beiden Flügeln ist ein nicht nur ungewöhnlich lang gedehntes, sondern auch schlecht zusammenhängendes Werk daraus geworden. Leider hat der Verfasser in seiner freien Bearbeitung auch den ersten Teil des griechischen Originals bis zur Katastrophe, nämlich bis zu der ersten Wahrneh= mung von der Wirkung des Giftes, welche Dejanira in Schrecken setzt (V. 663 ff.), fast ganz umgestaltet oder vielmehr verunstaltet. Seiner Manier, gleich mit vollem Dampf einherzufahren, entsprechend,

läßt er die sanfte Gattin des Hercules sofort in höchster Leidenschaft
der Eifersucht gegen Jola und der Rachgier gegen den untreuen Ge=
mahl toben (237 ff. 256 ff.). Sie ist bereits von allem unterrichtet,
ist entschlossen ihn zu töten, sei es mit dem Schwert, sei es durch
List, und nur durch das Anerbieten der Amme, die Wirkung von
magischen Künsten und Zaubersprüchen zu versuchen, wird sie an das
verhängnisvolle Vermächtnis des Nessus erinnert und zur Anwendung
dieses Mittels bewogen. Als sie nun sehr bald, nachdem sie dem
Lichas das Gewand übergeben hat, zur Erkenntnis ihres Irrtums
kommt, ist der frühere Zorn gegen Hercules völlig vergessen und
alles Pathos ihres sittlichen Abscheu's wendet sich gegen sie selbst.
Bei Sophokles geht sie nach dem Bericht des Hyllos von den Leiden
des Vaters lautlos ab (813), und zartsinnig ist der Amme (871 ff.)
überlassen, die Ausbrüche ihrer Verzweiflung und ihr tragisches Ende
später zu schildern. Diese Partie beschränkt der Römer auf eine kurze
trockene Meldung, welche Hyllus dem in Qualen wütenden Vater
bringt (1456 ff.).

Mit dem Abschied vom Sohne und den letzten Anordnungen ist
nun das römische Drama keineswegs zu Ende. Nicht nur wird die
Verbrennung des Helden auf dem Oeta von dem jungen Philoktet
als Augenzeugen ausführlichst erzählt: auch die Mutter Alkmene hält
mit der Aschenurne im Arm eine lange, zwiefache Klagerede, an die
sich noch eine Nänie anschließt. Und endlich wird die Apotheose
des großen Wohlthäters durch Stimme und Erscheinung des neuen
Gottes in lichter Höhe den Trauernden geoffenbart. Läßt sich dieser
Schlußeffekt noch einigermaßen rechtfertigen, so fehlt dem Eingang
sogar ein angemessener Anschluß an das folgende. Auf ganz andrem
Schauplatz, nicht in Trachis, sondern noch in Oechalia hält Hercules
kurz nach dem Sieg über Eurytus eine Lobrede auf sich selbst, indem
er am Ende seiner ruhmreichen Laufbahn Anspruch auf eine Wohnung
in den Sternen erhebt. Der Chor gefangener Frauen von Oechalia
wird in Trachis ersetzt durch Dienerinnen der Dejanira; auch Jola
verschwindet nach einer Monodie ganz von der Bühne. Dieses Vor=
spiel (1—232), ohne welches die vorausgesetzten Thatsachen freilich
nicht leicht verständlich wären, ist eine eigentümliche Form des Pro=
logs. Begreiflich, daß grade diese vorn und hinten angeklecksten
Partien, wo der Verfasser auf die eigene Erfindung angewiesen war,
in noch höherem Grade als das übrige von hohler, bisweilen absurder

Rhetorik aufgeblasen sind. Bei der Länge des Stückes hat sich der Verfasser mehrfach veranlaßt gesehen, bei sich selbst Anleihen zu machen, Wendungen und Gedanken aus früheren Dramen, namentlich dem rasenden Hercules, nochmals aufzutischen. Schlimmer sind die Wiederholungen innerhalb desselben Stückes, so arg stellenweise und in solcher Nähe, daß sie sich wie unfertige Entwürfe und vorläufige Versuche ausnehmen. Dagegen muß der Gedanke an verschiedene Verfasser bei der Gleichmäßigkeit des Stiles im großen und ganzen abgelehnt werden.

An den Oedipus hatte sich bisher nur der jugendliche Julius Cäsar gewagt, sein unreifer Versuch ist nie veröffentlicht worden (I 190). So hatte Seneca keinen Vorgänger, als er die Bearbeitung der sophokleischen Tragödie unternahm, denn an kein andres Vorbild ist zu denken. Er hat sich im Gang der Handlung und in der Folge der Scenen enger daran gehalten, als in andern Stücken, dennoch aber hat er das unübertreffliche Original durch eigenmächtige Aenderungen und Zuthaten gründlich verdorben. Alle Feinheiten der Charakteristik und Motivierung sind verwischt. Gleich im Anfange hat sich der römische Rhetor nicht versagen können, den Helden in voller Seelenangst über die ihm verheißenen Greuel vorzuführen, und damit der dramatischen Entwickelung des Charakters und seines Schicksals den Nerv zu durchschneiden. Statt der herrlichen Verhandlung des Königs mit den Hilfeflehenden und ihrem priesterlichen Vertreter schüttet Oedipus in langer pathetischer Rede, die von einem Monolog nicht zu unterscheiden ist, der Jocasta sein sorgenvolles Herz aus, beschreibt die Pest (die Farben zum Teil aus den Schilderungen des Priesters und des Chors bei Sophokles entlehnend) und erzählt, wie sich die Sphinx bereinst vor ihm geberdet habe. Im Bericht Creons ist die Befragung des delphischen Gottes lyrisch, in trochäischen Tetra=metern, aufgeputzt und das Orakel selbst in daktylischen Versen, gleich=sam in authentischer Form wiedergegeben: jene Doppelzeilen stürmi=scher Frage und zurückhaltender Antwort, die wie ferner Donner rollen, sind fortgefallen. Statt des Aufrufs an das Volk bittet Oedipus die Götter, dem Mörder des Laius keine Gnade zu gewähren, und gelobt es selbst. Sehr unpassend wird Creon, der doch nicht dabei gewesen ist, veranlaßt, den Dreiweg, wo das Zusammentreffen stattgefunden hat, umständlich zu beschreiben. Völlig umgestaltet sind die beiden folgenden Scenen. Tiresias, von seiner Tochter Manto

begleitet, erscheint ungerufen, um zu opfern und so dem Verborgenen
auf die Spur zu kommen. Er gibt die Anweisungen, das Mädchen
erteilt auf seine Fragen sehr sachkundigen, ausführlichen Bescheid über
die einzelnen Opferzeichen, Aussehen der Altarflamme, Gebahren der
Opfertiere, Blut, Eingeweide; und der schaudernde Seher verlangt,
daß Laius selbst aus der Unterwelt citiert werde, um als unwider-
sprechlicher Zeuge gegen seinen Mörder aufzutreten. Creon wird von
Oedipus damit beauftragt. Von dem Ort, wo er die Beschwörung
vorgenommen hat, zurückkehrend bittet er zuerst voller Entsetzen (wie
Tiresias bei Sophokles) schweigen zu dürfen, aber stürmischen Drohungen des Königs nachgebend trägt er einen breit angelegten Bericht
vor: er schildert den düstern Cypressenhain am Dircequell, den magischen Akt der Beschwörung bis in alle Einzelheiten, wie sich die Erde
aufgethan und er in die Schrecken des Tartarus hinabgeschaut, wie
der kühne Priester die Schatten aufgerufen habe, und dichte Scharen
derselben erschienen seien, unter den thebanischen Vorfahren endlich
auch Laius. Auch den Wortlaut der langen Rede, worin der Ge-
tötete auf den greuelbeladenen König hinweist und dessen Verbannung
fordert, wiederholt Creon. Hierauf wie bei Sophokles Aufbrausen
des Oedipus, Wortwechsel und Verhaftung des verdächtigen Lügners.
Nun rollt der Faden des Drama's Scene um Scene im Groben ungefähr ab wie im griechischen. Daß Oedipus erst so spät durch die
Enthüllung des Dieners zur Erkenntnis kommt, verträgt sich mit
seinen von Anfang geäußerten Besorgnissen nicht sonderlich. Der
sophokleische freilich hat ein ganz andres Selbstbewußtsein. Gegen
den Schluß beschränkt sich der Bericht des Hausdieners auf die raffiniert brutale Selbstblendung des Oedipus: mit eigenen Krallen reißt
er sich die Augen aus. Jocasta aber betritt, gegen alles Zartgefühl,
erst noch einmal die Bühne, um den blinden Sohn-Gemahl zu sehen
und sich das Schwert, wodurch Laius einst gefallen sein soll, in den
Mutterleib zu stoßen. Uebrigens schiebt sie alle Schuld auf das Schicksal.

Da der wesentliche Zweck dieser dialogisierten Deklamationen
nicht die dramatische Handlung und deren dichterische Gestaltung
war, sondern die parademäßige Ausführung sei es von Erzählungen oder Schilderungen, sei es von Reden oder Rede-
kämpfen, so konnte man sich auch gelegentlich mit der Ausarbei-
tung einzelner Scenen begnügen, ohne daß man auch nur die Absicht, geschweige den Plan eines Ganzen im Sinn zu haben brauchte.

So reizten den Verfaſſer des Oedipus noch zwei Stoffe, welche die
thebaniſche Tragödiengruppe bot. Der ſophokleiſche Oedipus auf
Kolonos gab die Anregung, den blinden König in Begleitung ſeiner
Antigone auf dem Kithäron oder dem Wege dahin vorzuführen, wo
er ſein Grab ſucht, und das ſtürmiſche Verlangen des Gottverhaßten
nach dem Tode in erregtem Wortkampf mit der treuen Begleiterin
darzuſtellen. Antigone vertritt dem Vater gegenüber den ſtoiſchen
Standpunkt (188 ff.). Nicht das Leben zu fürchten und darum den
Tod zu erſehnen iſt wahre Tugend (virtus), ſondern ungeheuren
Leiden mannhaft Stand zu halten. Wer das Schickſal unter die
Füße getreten und die Güter des Lebens fortgeworfen hat, wer keinen
Gott braucht, warum ſoll der den Tod begehren? Niemand verachtet
den Tod, der ihn wünſcht.

In einer kürzeren, weder mit der vorigen zuſammenhängenden
noch in ſich geſchloſſenen Scene, welche dieſelbe öde Gebirgslandſchaft
vorausſetzt, erhält Oedipus Gelegenheit die Bitte ſeiner Thebaner, er
möge durch ſeinen Einſpruch den drohenden Bruderkrieg abwehren,
mit bitterer Rede (Phön. 320—362) zu beantworten, welche die Söhne
als Erben ſeiner gottverhängten Verruchtheit ihrem unvermeidlichen
Schickſal mit Hohn überläßt und jede Einmiſchung abweiſt. In
einer Höhle, im Dickicht will er aus der Ferne mit Genugthuung von
den Greueln des unnatürlichen Kampfes hören.

Wiederum abgeriſſen, von andrer Vorausſetzung ausgehend, iſt
das handſchriftlich hier angeſchloſſene Bruchſtück, welches durch den
erſten Teil der euripideiſchen Phöniſſen angeregt iſt und daher wohl
auch die für die vorausgehenden Scenen gar nicht paſſende Ueberſchrift
Phoenissae entlehnt hat. Der Verfaſſer ſcheint wie Euripides (327)
anzunehmen, daß Oedipus in Theben geblieben iſt (553. 623). Hier
ergeht nach kurzem Prolog der Jocaſta unmittelbar vor dem Aus=
bruch des Kampfes die Aufforderung durch einen Krieger an ſie, die
feindlichen Brüder zu verſöhnen. In fliegender Haſt eilt die Königin
dem anrückenden Heere entgegen: jener Leibwächter ſchildert von der
Mauer auf das Feld herabblickend, wie ſie ſich zwiſchen die Schlacht=
reihen wirft und unter Thränen ihre Bitten an die widerwilligen
Söhne richtet. Unmittelbar darauf wird der Schauplatz vor die
Stadt verlegt und die Verhandlung ſelbſt vorgeführt. Jocaſta ent=
wickelt Polynices gegenüber große Beredſamkeit, wogegen die Ein=
wände des Sohnes ſehr zurücktreten. Mit dem harten, tyranniſch

gesinnten Eteokles wechselt sie nur wenige kurze Worte. Auch dieses
Bruchstück entbehrt des Abschlusses. Chorlieder fehlen durchaus.

Undenkbar ist die Vereinigung dieser Scenen zu einer weiter
auszuführenden Komposition, nicht gradezu abzuweisen dagegen der
Gedanke an zwei unvollendete Stücke, deren einem der Oedipus auf
Kolonos, dem andern die Phönissen zu Grunde gelegt werden sollten.

Wenn diese Stücke nicht für die Bühne bestimmt waren, sondern für die Recitation, so brauchte der Verfasser das Gräßlichste
und Ungeheuerlichste nicht zu scheuen. Hercules wird in vollem Wahnsinn vorgeführt: er schießt seine Pfeile ab, reißt die Thürpfosten
ein, zerschmettert die Gattin mit der Keule; die Leichen der Seinigen
liegen vor ihm. Medea mordet den einen ihrer Knaben in offener
Scene, hebt ihn auf ihren Wagen, um dann beide Kinderleichen hinab-
zuschleudern. Jocasta und Phädra erstechen sich auf der Bühne.
Die zerrissenen Glieder des Hippolytus werden gebracht, und der
Chorführer gibt Anweisung, wie sie zu ordnen seien. Dem Thyestes
wirft Atreus Köpfe und Hände seiner Kinder vor.

Die Tragödien des Seneca sind eben Deklamationen in dramatischer Form, Erzeugnisse einer auf die Spitze getriebenen, überreizten
Rhetorik. Der aus Ueberspannung und Ohnmacht der Nerven er-
zeugte Größenwahn der Zeit, welcher in dem durch Wollust schon
zerrütteten Geiste der Herrscher zu der fürchterlichen Krankheit des
Cäsarenwahnsinns anwuchs, tobt hier unter der Maske tragischer
Heroen. Von Charakterentwickelung, von organisch fortschreitender
Handlung ist wenig zu merken: dieselben starren Züge von Anfang
bis zu Ende. Helden und Heldinnen geben sich fortwährend die
Sporen, um sich selbst und alles bisher Dagewesene zu überbieten;
sie renommieren mit ihren Unthaten, den vergangenen wie den zu-
künftigen, mit ihren wilden Empfindungen und Leidenschaften. Sie
schwelgen in Frevel und maßlosem Greuel; wildes Rachegelüst, ver-
wogene Verruchtheit, eine erhitzte Verbrecherphantasie kocht in diesen
Unmenschen. Sie martern ihren Witz, und schrauben ihre Worte in
epigrammatische Formeln, künstliche Figuren. Mit Hyperbeln der
Wut, der Verwünschung und der Verzweiflung wird ermüdender Mißbrauch getrieben: Himmel und Hölle wird aufgeboten, die Furien
und Hecate kommen nicht zur Ruhe. Juppiters Donnerkeile, Sonne,

Mond und Sterne werden herabgerufen, das ganze Weltgebäude
kracht in seinen Fugen, das Chaos droht und alle Ungeheuer steigen
aus ihren Tiefen, wenn diese wüsten Prahler ihre Flüche, Drohungen
oder Jammerrufe erschallen lassen. Ebenso ins Weite und Wilde
versteigen sie sich, wenn sie z. B. ein „niemals!" bekräftigen wollen:
„eher werden sich die Gesetze der Natur umkehren," als dies oder
jenes geschieht, ist eine ihrer Lieblingswendungen, wobei dann von
der Kunst der rhetorischen „Erweiterung" verschwenderischer Gebrauch
gemacht wird. Nicht genug, daß Jocasta sich Flügel wünscht, um
sich zwischen die feindlichen Brüder zu werfen und Frieden zu stiften:
eine Sphinx oder ein stymphalischer Vogel oder gar eine Harpyie
soll sie tragen (Ph. 420 ff.). Interessanter als diese Rodomontaden
sind die Sarkasmen, witzigen Antithesen und scharfen Repliken, welche
Vers um Vers, oder in halben Versen, selbst in einzelnen Worten
bei erregtem Gespräch gewechselt werden. Hier besonders kommt die
Kunst des wohlgedrechselten Spruchverses, des gesättigten und scharf
zugespitzten Ausdruckes, welche die Rhetorschule so eifrig pflegte, zu
voller Geltung. Ueberhaupt an Muskeln und Sehnen fehlt es der
Sprache dieser Dramen nicht, aber sie scheinen die eines gebrüllten
Athleten, nicht eines gesunden, von Natur kraftvollen Menschen.
Freilich ist auch diese stilistische Präcision nicht immer frei von Kälte
und Künstlichkeit.

An langen Reden im Gespräch wie in Monologen ist Ueberfluß. Fast alle sind Suasorien oder Controversien oder Paradestücke
von Schilderung oder epischer Darstellung. Die Oede schulmäßiger
Technik macht sich in der breiten Ausführung thatsächlicher Einzelnheiten geltend, wo eine kurze Erinnerung genügte. Amphitruo (R. H.
205 ff.) beginnt mit den Schlangen in der Wiege des Hercules und
zählt alle seine Arbeiten auf. Dieser selbst im Prolog des zweiten
Hercules und noch einmal in seinen Qualen (1176 ff. 1236 ff.) gibt
eine Uebersicht seiner Leistungen. Pyrrus hält einen langen Vortrag
über die Thaten Achills, um das Recht seines Vaters auf ein Toten-
opfer zu beweisen (Tr. 204 ff.). Oedipus auf dem Wege nach dem
Cithäron gedenkt aller tragischer Ereignisse, deren Schauplatz jenes
Gebirge gewesen ist (Ph. 12 ff.). In langer Anaphora zählt der
Clytämnestra die Amme alle möglichen Gefahren auf, welchen Agamemnon vor Troja entgangen sei (Ag. 207 ff.). Dejanira, nachdem
sie ihre Unthat erkannt hat, stellt sich für alle Strafen der Unter-

welt, die sie aufzählt, zur Verfügung und mustert die ruchlosen
Gattinnen, deren Schar sie sich gesellt (H. Oet. 936 ff.). Aehnlich
Theseus am Schluß der Phädra (1229 ff.). Länder und Meere, den
Himmel mit seinen Sternbildern durchschweift der redselige Dellamator,
ohne Not häuft er die Namen von Bergen, Flüssen, Völkern, um weite
Blicke zu öffnen in Fernes und Wunderbares, auch um mit wohlfeiler
Gelehrsamkeit zu prunken und den hohlen Worten Klang zu geben.

Greuel und Schrecknisse aller Art bieten ein ergiebiges Feld für
breite, grelle Schilderungen: z. B. die Schleifung des Hippolytus
durch seine Pferde, die Blendung des Oedipus, die Qualen des Hercules,
vor allem die entsetzliche Schlächterei der Thyesteskinder durch Atreus.

Eine der beliebtesten Aufgaben der Rhetorschule war Beschreibung
von Seesturm und Schiffbruch. Nach berühmten griechischen Mustern
hatte zuerst Livius Andronicus im Aegisthus, dann besonders Pacuvius
im Teucer, auch Accius in der Clytämnestra das Unglück der von
Troja heimfahrenden Griechenflotte erzählt (I 168 f.). Natürlich
konnte Seneca im Agamemnon sich diesen Stoff nicht entgehen lassen.
Ihm wie den Epikern seit Lucan schwebten noch Musterstellen ihrer
Hauptmeister Vergil und Ovid vor. Aus reichster Fülle des Materials
heraus haben sie wetteifernd bis zur Ermüdung denselben Vorwurf
immer wieder durchgearbeitet, gewisse Züge in verschiedenen Wand=
lungen und Steigerungen immer aufs neue wiederholend, dieselben
Farben mit allerhand neu erfundenen Schattierungen mischend. Seneca
hat ein sehr sorgfältig ausgeführtes Prachtstück in seiner Art ge=
liefert: nur ist es zu lang geraten. Sehr gut ist die freudige Stim=
mung bei der Abfahrt und das lachende Meeresbild herausgekommen.
In der Beschreibung des Sturmes thut der Verfasser schon zuviel des
Guten durch schulmäßige Verwendung der einzelnen Winde. Un=
natürlich ist es, daß er mitten in dem Getose des Meeres den Un=
glücklichen insgesamt (ohne einen einzelnen zu nennen) eine Rede in
den Mund legt, welche zum Glück ziemlich bald durch das Brüllen
der Wogen abgeschnitten wird.

Mit besonderer Vorliebe und Kennerschaft aber werden Opfer=
handlungen, magische Gebräuche, Bereitung und Wirkung von Gift
und Zauber, Totenbeschwörungen und die Schauer der Unterwelt
dargestellt. Man glaubte an diesen Spuk. So hat Nero die Manen
der Mutter nach deren Ermordung durch Magier aufzurufen und zu
besänftigen versucht. In langer Rede wird Medea als dämonische Gift=

mischerin von der Amme geschildert (670 ff.). Durch ihre Zauber=
sprüche lockt sie alles Schlangengezücht der Erde aus ihren Schlupf=
winkeln, aber es genügt ihr nicht: vom Himmel herab ruft sie alle
mythischen Schlangen, welche zu den Sternen erhoben sind. Alle
giftigen Kräuter und Säfte, welche in den verschiedensten Gegenden
erzeugt werden, häuft sie zusammen, und aus dem ungeheuren Vor=
rat braut sie das Gift, welches ihrer Rache dienen soll. Ein wahrer
Luxus scheuseliger Hexenkunst.

Jn der Schicksalstragödie Oedipus nehmen die Majestät des
delphischen Orakels, grausige Opferzeichen und Totenbeschwörung einen
breiten Raum ein. Durch die Praxis war seit der Hellenistenzeit
der Hokuspokus des Gespensterspuks allgemein geläufig: in Rom stand
er in voller Blüte. Dazu erforderte der Sinn für landschaftliche
Stimmung zunächst eine Veranschaulichung des grausigen Schauplatzes.
Ein ehrwürdiger Hain mit uralten düstren Bäumen, der Sonne un=
zugänglich, wird in sorgfältig ausgeführtem Bilde als Dekoration vor=
angestellt. Weiter wird bis ins Einzelne beschrieben Anzug und Aus=
sehen des Priesters, Opfer, Beschwörung, Aufruhr der Natur, Oeff=
nung der Erde, Einblick in das Grauen der Unterwelt, Vorstürzen
ihrer finstren Mächte, die unzählbaren Scharen der Abgeschiedenen,
unter ihnen die thebanischen Vorfahren, endlich Laius und seine ver=
nichtende Rede. Jm Großen und Ganzen wie in manchen Einzeln=
heiten, selbst im Wortlaut einer Stelle deckt sich diese Schilderung
so mit derjenigen des Statius im vierten Buch der Thebais, daß
entweder bewußte Abhängigkeit des späteren vom älteren oder beider
von einem gemeinsamen, vielleicht griechischen Vorbilde anzunehmen ist.

Noch sorgfältiger als im Oedipus (530 ff.) ist das Bild eines
Haines im Thyestes ausgeführt (641 ff.). Es ist der Ort, wo
Atreus die Söhne seines Bruders schlachtet, und deshalb mit den
düstersten Farben ausgemalt. Auf hohem Abhang der Pelopsburg
von Mykenä hinter dem geräumigen Königssaal in tiefster Abge=
schiedenheit eingebuchtet liegt der finstre Urwald, wo Taxus und
Cypressen von hohen Eichen überragt sind. Von da aus treten die
Tantalussöhne ihre Herrschaft an, von da holen sie Hilfe in der Not.
Weihgeschenke, die Tiara des Pelops, das Reichskleinod, und Beute=
stücke hängen dort. Da stockt eine träge Quelle, Gespenster gehen
um und allerhand Spuk treibt sein Wesen, aus einer Grotte ertönen
Schicksalsprüche. Hier vollzieht Atreus als Priester sein grausames

Opfer. Man möchte glauben, daß dem Verfasser die Lage der my=
kenischen Burg aus eigener Anschauung bekannt war.

Auch die Gelegenheit zur Schilderung einer Hadesfahrt läßt er
sich nicht entgehen. Während Hercules an Lycus das Strafgericht
vollzieht, wird Theseus von Amphitruo aufgefordert, die Unterwelt
und den Kampf mit dem Cerberus zu beschreiben. Schon Sophokles
hatte in seiner Phädra den eben von den Unteren heimgekehrten
Theseus von der Unterwürfigkeit des gezähmten Höllenhundes er=
zählen lassen. Seneca hat außer dem klassischen Vorbilde der
Aeneis (VI 236 ff.), an das er sich in manchem eng anschließt,
vielleicht jene oder eine andre griechische Quelle benutzt. Durch be=
stimmte Fragen des Amphitruo wird die lange Darstellung zweck=
mäßig unterbrochen und gewissermaßen in Abschnitte geteilt. Der
Abstieg durch die Grotte am Tänarus, das Zwielicht, der unwider=
stehliche Zug nach unten, die Windungen des trägen Lethefflusses. Am
sumpfigen Cocytus haust unheimliches Gevögel, Geier Uhu Eule, und
finstre Dämonen, die am Mark des Lebens zehren, sind unter dunklem
Taxus gelagert. Alles ist öde, still, traurig. Weiter hinein in tiefem
Dunkel aus einer Quelle strömend Styr und Acheron, der eine ruhig,
der andre reißend; der Palast des Dis, in schattigem Haine versteckt,
die Majestät des furchtbaren Gottes, die Totenrichter und die Strafen
auch für längst vergeßne Sünden. Nun erst kommt der Erzähler
auf die Ueberfahrt des Hercules über den Lethe, wie er den erst
widerwilligen Charon zwingt und der Kahn unter der Last des einen
an beiden Seiten Wasser trinkt, endlich die Schilderung des Höllen=
hundes, sein Gebahren und Erliegen.

An die Schulregeln der Komposition hat sich der Verfasser ge=
wissenhaft gehalten. Aengstlich ist die horazische Vorschrift durchge=
führt, welche den Dialog auf drei Personen beschränkt. Wo noch
eine vierte zugegen ist oder hinzukommt, bleibt sie stumm oder spricht
erst nach Entfernung einer der übrigen.

Lyrische Vorträge der handelnden Personen sind in einigen
Dramen, aber sparsam eingefügt. Hippolytus eröffnet die „Phädra"
mit einem anapästischen Jägerliede. Als in den Troerinnen der
kleine Astyanax aus seinem Versteck hervorgeholt wird, um dem Ulixes
ausgeliefert zu werden, sucht die unglückliche Mutter den Feind durch
Bitten in anapästischen Dimetern zu rühren. Ein großes Canticum
in wechselnden Rhythmen singt Medea, während sie den Hochzeits=

schmuck für die Nebenbuhlerin mit dem von ihr bereiteten Gifte tränkt: in trochäischen Tetrametern werden die Mächte der Unterwelt ange= rufen; an Hecate sind nach iambischen Trimetern epodische Doppelzeilen und dann anapästische Dimeter gerichtet. Cassandra beschließt eine ihrer Visionen, ehe sie bewußtlos zu Boden stürzt, mit anakreontischen Versen. Thyestes singt in halbem Rausch, von seiner grausen Mahl= zeit kommend, Anapästen. Im Hercules hat der erste Akt eine Mo= nodie der Jola und der letzte eine anapästische Nänie der Alkmene, die auch durch die Stimme des verklärten Heros zum Gesang in Anapästen und dann daktylischen Tetrametern begeistert wird.

Alle Tragödien, ausgenommen das Bruchstück der Phönissen, haben Chöre, deren Lieder die Pausen zwischen den einzelnen Akten füllen. In den Dialog greifen sie selten und wenig ein. In zwei Stücken wird das Personal des Chors gewechselt, weil es nach dem Gang der Dinge bequemer erscheint. Beidemal, im Agamemnon wie im zweiten Hercules, bringt der heimkehrende Sieger aus der er= oberten Stadt, hier Oechalia, dort Troja, eine Schar gefangener Frauen mit. Da Hercules zuerst die Bühne betritt, so haben die Mädchen von Oechalia das erste Lied (103 ff.). Sie ziehen dann in den Palast und werden von den Dienerinnen der Dejanira abgelöst (583 ff.), welche an den Sorgen und dem Geschick ihrer Herrin in= nigen Anteil nehmen. Dem Agamemnon dagegen, der erst im vierten Akt erscheint, ziehen erst am Ende des dritten (586 ff.) die gefangenen Troerinnen (Cassandra unter ihnen) voran, während nach dem ersten und zweiten argivische Jungfrauen singen, und zwar Lieder sehr ver= schiedener Stimmung: dort Betrachtungen über den Wankelmut For= tuna's, hier ein festlicher Päan in Erwartung der Heimkehr des sieg= reichen Königs.

Im ganzen ist das Verhältnis des Chors zum Helden ein lockeres. Seine Lieder schließen sich der Handlung und Stimmung des vorauf= gegangenen Aktes meistens an, benutzen auch manches Motiv des griechischen Originals. Die Anrufung des Bacchus z. B. in der Schlußstrophe der sophokleischen Parodos (209 ff.) hat das Motiv zu einem langen Chorliede im Oedipus (403 ff.) geliefert. Sonst sind Gedanken und Bilder vielfach, sogar bis auf den Ausdruck im einzelnen, aus Lucrez Catull Vergil Horaz Ovid entlehnt. So ist das Chorlied im Oedipus (709 ff.) von den Schrecken, welche Theben seit der Gründung heimsuchen, ganz auf der Unterlage der ovidischen

Erzählung im dritten Buch der Metamorphosen, zum Teil mit wört=
lichen Entlehnungen aufgebaut. In viel behandelten Gemeinplätzen
bewegen sich die Betrachtungen. „Warum herrscht in der ganzen
Natur festes Gesetz, während im Menschenleben Fortuna nach blinder
Willkür schaltet, das Böse so oft siegt und das Gute unterliegt (Ph.
959 ff.)? Anders freilich, der Fabel ganz angemessen, lautet im
Oedipus (980 ff.) der Weisheit letzter Schluß: „das Schicksal regiert,
viele stürzen grade hinein, indem sie es vermeiden wollen; alles ist
vorherbestimmt vom ersten Tage des Lebens an, und kein Gott kann
es ändern." Die scheinbare Versöhnung der Brüder im Thyestes
(546 ff.) lenkt die Gedanken auf den beständigen Wechsel von Leid
und Freude im Leben, daher soll man weder dem Glück zu sehr ver=
trauen noch im Unglück verzweifeln. So hat auch Orpheus, als ihm
seine Eurydice wieder verloren gegangen war, zu seinem Trost den
Geten ein Lied gesungen von der Vergänglichkeit nicht nur alles
Irdischen, sondern der ganzen Welt samt den Göttern (H. Oe. 1061 ff.).
Die troischen Gefangenen (Ag. 589 ff.) rühmen den Tod als den
Befreier von allem Elend: er gewähre tiefen Frieden, elend wer nicht
zu sterben wisse. In epicureischem Geiste (Tro. 371 ff.) wird das Dasein
in der Unterwelt zu den Fabeln verwiesen: Seele und Leib gehen zu=
gleich unter; nach dem Tode ist nichts, selber der Tod ist nichts. Auch
die gefangenen Frauen von Oechalia (H. Oe. 104 ff.) preisen den glücklich,
dem es leicht ist zu sterben: wer das Leben sofort aufzugeben vermag,
kann nie Schiffbruch leiden. Gern wird dem Uebermut der Könige,
dem trügerischen Glanz ihrer Herrschaft, der Gefahr des jähen Sturzes
von der Höhe die Behaglichkeit des Mittelstandes, die friedliche Ge=
borgenheit der kleinen Leute gegenübergestellt (Ph. 1132 ff. Ag. 57 ff.
Th. 336 ff. 559 ff. Oed. 882 ff.). Immer neue Sorgen beunruhigen
das Gemüt der Könige, sie wollen gefürchtet werden und scheuen es
doch. Unter so vielen Unterthanen ist kaum ein getreuer. Die ver=
goldete Schwelle hält die Erinys besetzt (H. Oe. 604 ff.); durch die
Thüren des Palastes ziehen List und Trug und Meuchelmord ein;
wenn der Herrscher ausgeht, begleitet ihn Neid. Der eine hängt
ihm aus Ehrgeiz an, ein andrer aus Habsucht, ein dritter aus Herrsch=
sucht. Auch in den Reden und Gesprächen fehlt es nicht an Aus=
fällen auf Ungerechtigkeit und Grausamkeit von Tyrannen, Bedrohung
derselben mit Züchtigung in der Unterwelt, Hinweisen auf selbstsüchtige
Höflinge und eitle Streber, auf Unzucht und Arglist bei Hofe, auf

das trügerische Glück der Herrschaft (H. De. 922. 936. 737 ff. Tro. 258 ff. Oed. 6. Ph. 483 ff. Th. 442 ff.). Die Amme in der Phädra (136 f.) bemerkt, wie schwer es sei den Sinn dessen, der die höchste Gewalt besitzt, zu dem zu bringen was das Rechte ist. Tyrannen wie Aegisth und Atreus behaupten im Wortwechsel, daß dem König schrankenlose Willkür erlaubt sei (Ag. 269 ff. Th. 217 ff.). Der Thron faßt nicht zwei Herrscher, belehrt Thyestes seinen Sohn (Th. 445). Die Absicht, der Gegenwart einen Spiegel vorzuhalten, läßt sich nicht verkennen. Wahrer König ist, wer von Leiden= schaften frei alles unter sich sieht und nicht um den Tod klagt: das stoische Ideal.

Andre Lieder enthalten Schilderungen, bisweilen in breiter Aus= führung: in der Phädra (274 ff.) wird Amors Macht über den ganzen Erdkreis, über Jung und Alt, über Menschen, Götter und Tiere wie in einem Schulpensum abgehandelt; der männlichen Schönheit des Hippolytus ist ein Lied (736 ff.) gewidmet. In der Medea (301 ff.) wird die Verwegenheit der Argonauten und ihre Segelkunst mit der Unschuld der Vorzeit verglichen und ein Blick in die Zukunft eröffnet: es wird die Zeit kommen, wo der Erdkreis offen stehen und Thule nicht mehr das äußerste Land sein wird; eine berühmte Prophezeiung: die Expedition nach Britannien unter Claudius mag dem Verfasser im Sinne gelegen haben. Im Oedipus nimmt außer der Pest (154 ff.) die Vergangenheit Thebens (709 ff.), die Geschichte des Bacchus (403 ff.) und sein Zug nach Indien (110 ff.) einen weiten Raum ein; in beiden Hercules die Thaten des Helden (R. H. 524 ff. H. De. 1518 ff.). Selbst im Agamemnon müssen dieselben das Thema zu einem Chor= liede hergeben (808 ff.), weil ja Hercules, der Tirynthier, der größte Bürger von Argos und Troja's erster Besieger war. Im Agamemnon wird Troja's Leidensgeschichte (612 ff.), im Thyestes (122 ff.) werden die Greuel des Tantalidenhauses besungen. Das Jagdlied des Hip= polytus am Eingang der Phädra gedenkt der Hunde, des Jagd= gerätes, feiert Diana's ausgedehnte Herrschaft und erbittet reiche Beute von ihr. Ein Morgenlied im rasenden Hercules (125 ff.) er= geht sich in idyllischer Kleinmalerei.

Entkleidet man diese Lieder ihres erborgten Gutes, so bleibt von eigener Erfindung nicht viel mehr übrig als eine Anzahl trockener Redeblumen und ausgeklügelter Spitzen. Am wenigsten darf man natürliche Empfindung und echte Herzenstöne erwarten: selbst die leibenschaftliche Klage der Troerinnen (Tr. 67 ff.), welche die Farben asiatischer Wildheit grell genug aufträgt, läßt das Gemüt kalt.

Sorgfältig sind die iambischen Trimeter des Dialogs gebaut. Dagegen verrät Auswahl und Behandlung der lyrischen Versmaße wenig künstlerischen Sinn, vielmehr einen erschreckenden Abfall von dem feinen Gefühl der Vorfahren. Um von Horaz Catull Varro nicht zu reden: mit den plautinischen Cantica verglichen sind diese Litaneien hohler Klingklang. Eine innere Verwandtschaft zwischen der jedesmaligen Stimmung und den Rhythmen ist nicht zu erkennen: dieselben sind willkürlich aus den Vorräten der Schule entlehnt. Am häufigsten kommen anapästische Dimeter mit hier und da zum Abschluß eingestreuten Monometern zur Verwendung: lange eintönige Reihen, hintereinander aufmarschierend ohne feste Regel rhythmischer Verknüpfung, ohne ein Gesetz der Gruppierung, ohne den katalektischen Abschluß der Periode. Einmal, im Agamemnon (310 ff.), alternieren Dimeter epodisch mit Monometern: es ist ein Festlied zum Empfang des heimkehrenden Königs. Die übrigen Versformen hat fast sämtlich Horaz geliefert, aber die Strophe ist aufgegeben, und einzelne Elemente sind aus derselben willkürlich herausgerissen. Am beliebtesten sind der asklepiabeische Vers und der sapphische Elfsilbler, letzterer selten, meist in ungleichen Abschnitten, auch nur einmal zuletzt oder gar nicht abschließend mit dem Adonius. Ein Chorlied in der Medea (579 ff.) ist strophisch gebaut und zeigt sogar symmetrische Strophenkomposition: 7 gewöhnliche sapphische Strophen und 7 desselben Maßes von mehr als doppeltem Umfange, nämlich je 8 sapphische Verse werden mit einem adonischen abgeschlossen. Spärlicher verwendet sind Glykoneen, im Oedipus durch Vertauschung des Daktylus mit dem Spondeus verdorben. Vereinzelt ist eine epodische Partie iambischer Trimeter und Dimeter (Med. 771 ff.), oder eine Art vierzeiliger Strophe (logaödisch mit daktylischer Klausel: Phädra 1128 bis 1131) und dergleichen. Einmal, in der Medea (849 ff.) finden sich auch mehrere Gruppen von Anakreonteen, die mit Katalexis abschließen. Sparsamer verwendet, bisweilen den Uebergang vermittelnd, sind daktylische Tetrameter, welche Pomponius Secundus besonders geliebt haben soll. Gewöhnlich, auch in recht langen Liedern, läuft derselbe Vers in stichischer Wiederholung bis zu Ende weiter. Manchmal tritt zur Abwechslung, wenn ein neues Thema beginnt

ober auch ohne besonderes Motiv, eine zweite Litanei in anderm Vers=
maß hinzu. Durch solchen Wechsel zeichnen sich Phädra und Medea
aus. Besonders mannigfach ist die große Monodie der letzteren (740 ff.)
gegliedert.

Eine ganz traurige Verirrung sind die gemischten Lieder im
Agamemnon (589 ff. 807 ff.) und etwas maßvoller im Oedipus (403 ff.
709 ff.), deren Verfasser ohne Sinn und Gehör nicht nur beliebige
Versformen der horazischen Lyrik in buntem Wechsel durcheinander=
würfelt, sondern nach einer mechanischen Schultheorie durch rohes
Abschneiden oder Zusetzen einzelner Elemente neue, unerhörte Un=
formen willkürlich spielend zusammenleimt, eine elende, eines Schul=
knaben würdige Stümperei, mit welcher der saft= und marklose Text
im Einklange steht.

Diese mechanische Verstechnik stimmt zu der Lehre des Cäsius
Bassus, der durch seine theoretischen Schriften über Metrik, sowie
durch sein Beispiel als Verfasser lyrischer Gedichte bedeutenden und
nachhaltigen Einfluß geübt hat. Schon der anmaßende Grammatiker
Remmius Palämon unter Tiberius und Claudius, dessen Schüler
Bassus gewesen sein mag, hatte in der Handhabung mannigfacher
und seltener Metra, auch in jenen Spielereien rückläufiger und andrer
künstlicher Versbildungen seine Fertigkeit geübt. Es entsprach ganz
dem ausgearteten Virtuosengeschmack der neronischen Zeit und ihrer
Neigung für den frivolen Nervenreiz weichlicher Musik, wenn man
die edlen Formen klassischer Lyrik nunmehr zu sinnlosen Ver=
zerrungen, Verstümmelungen und Unfug aller Art mißbrauchte. Da
man das innere Gesetz jener reinen Rhythmen nicht mehr verstand,
glaubte man die theoretische Berechtigung zu jederlei Eingriff in der
seit Varro auch den Römern geläufigen Schultheorie zu finden, wo=
nach durch Hinzufügung, Abnahme, Vertauschung oder Verbindung
aus dem Grundschema des daktylischen Hexameters oder des iambischen
Trimeters jede beliebige Versform sich entwickeln ließ. In dem noch
erhaltenen größeren Bruchstück seines umfassenden Lehrbuches vergleicht
Bassus das Vergnügen dieser mechanischen Silbenschieberei mit dem
archimedischen Figurenspiel. Diesen Genuß wird er denn wohl auch
in seinen eigenen lyrischen Gedichten, die teils heiteren teils ernsteren
Tones waren, erstrebt haben.

Der Schulregel entspricht auch die dramaturgische Gliederung;
alle vollständig ausgeführten Tragödien Seneca's haben der horazi=

schen Vorschrift entsprechend fünf durch je ein Chorlied getrennte Akte. Der kurze Gesang des Chors, welcher im letzten Akt des Oedipus zwischen dem Botenbericht und dem hierdurch unmittelbar vorbereiteten Auftreten des Geblendeten eingelegt ist, soll nur dem Gemüt des Hörers eine kleine Ruhepause gewähren, ohne die Hand= lung zu unterbrechen. Die Formen der Exposition zeigen eine gewisse Mannigfaltigkeit. Nach euripideischer Weise geht öfters eine Rede voraus, welche entweder die tragische Katastrophe verkündet (wie der Juno im rasenden Hercules, des Thyestesschattens im Agamemnon) oder die Situation schildert (so Hekuba in den Troerinnen, und in der Medea). Oder ein Zwiegespräch, wie zwischen Oedipus und Jocaste, dient zu demselben Zweck, wobei doch auch die Rede des ersteren weit überwiegt. Reicher ausgestattet ist der erste Akt in der Phädra und im zweiten Hercules. Dieses ist auch das einzige Stück, welches mit einem, wenn auch kurzen Liede des Chors schließt. Die einzelnen Akte bestehen oft nur aus einer einzigen, langen Scene oder einem Monolog mit folgendem Gespräch. Im Thyestes und in der Phädra füllt den vierten Akt allein der Botenbericht, nur durch kurze Fragen dort des Chorführers, hier des Theseus unter= brochen. Ebenso führt im dritten Akt des Agamemnon der Herold Eurybates neben der Königin fast allein das Wort. Auszuzeichnen ist der zweite Akt der Phädra, der in einer Reihe bedeutender Scenen die Hauptpersonen des Drama's zusammenführt und den tragischen Knoten schürzt.

Die Frage nach dem eigentlichen Verfasser dieser Lesedramen ist mit Sicherheit nicht zu beantworten. Seneca wird er geheißen haben, aber welcher dieses Namens zu verstehen sei, wußte der Schreiber der besten (der mediceischen) Handschrift selbst nicht, da er zwischen zwei Vornamen die Wahl läßt (Marci Lucii Annaei Senecae). Lucius hieß der Philosoph; wer mit Marcus gemeint sein könne, ob der Vater oder ein andrer, steht durchaus nicht fest. Dasselbe Schwanken in andren Handschriften. Terentianus Maurus (2136) erwähnt den Gebrauch daktylischer Tetrameter in tragischen Chorliedern des Annäus Seneca und „vorher" des Pomponius Secundus. Quintilian, Dio= medes, Priscian u. a. citieren verschiedene dieser Tragödien, stets einfach unter dem Namen des Seneca. Ausdrücklich aber unter=

scheidet den Tragiker von dem Philosophen, beide aus Corduba, Apol=
linaris Sidonius (Carm. I 231), freilich ein später Zeuge. Also im
5. Jahrhundert n. Chr. wenigstens dachte man nicht daran, beide für
dieselben Personen zu halten. Auffallend genug ist doch auch, daß
Quintilian in der allgemeinen Charakteristik der vielseitigen litterari=
schen Thätigkeit des Philosophen Seneca seiner Tragödien nicht be=
sonders gedenkt, sondern sich begnügt, seine dichterischen Arbeiten
unter dem allgemeinen Namen poemata zusammenzufassen. Auch
sagt er nicht, welcher Seneca es gewesen sei, mit dem Pomponius
jene oben erwähnten Auseinandersetzungen „in Vorreden" über die
Berechtigung eines von diesem in der Tragödie gebrauchten Aus=
druckes gewechselt hat. Ueberhaupt nennt er wie auch andre (Martial,
Statius), ohne Unterscheidung ebenso den Rhetor als den Philosophen
und den Tragiker einfach Seneca. Daß dieser Name an sich nicht
einmal der Familie der Annäi ausschließlich zu eigen war, beweist
das Beispiel jenes Rhetors Seneca, dem von seinen Kollegen der
Spottname Grandio beigelegt war, weil ihm nichts großartig
genug sein konnte. Es ist also durchaus nicht unzweideutig und
zweifellos bezeugt, daß der Philosoph Seneca überhaupt Tragödien
und daß er die erhaltenen geschrieben hat. Schwerlich reichen die
nachgewiesenen Anklänge an Ausdrucks= und Denkweise des Philo=
sophen hin, um ihm den Anspruch darauf zu sichern. Höchstens könnten
sie beweisen, daß der Verfasser sich mit den Schriften des Marcus
bekannt gemacht hat. Es könnte auch Gemeingut der Zeit und der
Schule sein. Maßgebender in solchen Fragen ist der Gesamteindruck.
Kaum würde man ohne jenen Anhalt des überlieferten Namens darauf
verfallen, solche Tiraden und Geschmacklosigkeiten, gedankenarme und
langweilige Stilübungen, wie sie diese Tragödien entstellen, dem
pikanten Essayisten Seneca zuzutrauen. Hat er sich ihrer geschämt,
daß er sie nie erwähnt? Sollte er sie in Corsica, im Exil verfaßt
haben? oder später als Minister? waren das jene Verse, womit er in
seinen letzten Jahren Nero auszustechen suchte? Keine dieser An=
nahmen ist unmöglich, keine zu beweisen. Auch eine Scheidung des
Besseren und Schlechteren und Verteilung unter mehrere Verfasser
läßt sich überzeugend nicht rechtfertigen: Ton und Manier ist im
ganzen doch durchweg derselbe. Jene oben erwähnte Absicht, den
Philosophen Seneca statt des Piso zur Herrschaft zu erheben, wurde
(nach Tacitus Ann. XV 65) von dem Tribunen Subrius Flavus

folgendermaßen begründet: es sei im Grunde keine Verbesserung, wenn an Stelle eines Citharöden wie Nero ein Tragöde wie Piso gesetzt werde, da dieser als tragischer Sänger öffentlich aufgetreten war. Wäre dieser bittere Witz ganz einwandfrei gewesen, wenn doch auch Seneca Tragödien wenigstens geschrieben und recitiert hatte? So haben wir diese Arbeiten, welche den romanischen Völkern so lange als Muster dramatischer Technik gedient haben, als verbildete Spätlinge edelster griechischer Kunst hinzunehmen, und die unendliche Kluft zu ermessen, welche diese nervösen und blutlosen, gespreizten und aufgeblasenen Geschöpfe schulmäßiger Technik von den hehren Gestalten eines Aeschylus, Sophokles und Euripides scheidet.

Im Anschluß und wie zum Gedächtnis an Seneca und seine Tragödien hat nicht lange nach Nero's Tode ein Nachahmer es unternommen, auch einen nationalen Stoff aus jüngster Vergangenheit in der gleichen Manier dramatisch zu bearbeiten, die alte fabula praetextata in neuer Form wieder zu versuchen. Der Stoff war mit gutem Blick ausgewählt. Die Greuel der neronischen Herrschaft, welche noch in den Gemütern nachzitterten, konnten es mit der Geschichte der Atriden aufnehmen. Die Darstellung eines erschütternden Vorganges in der Familie der Claudier, wo die Erinyen hausten, konnte noch mächtiger wirken, wenn im Hintergrunde Roms entstellte, gemißhandelte Majestät erschien, wenn ihre Befreiung aus schmachvollen Fesseln als Ziel einer mächtigen Bewegung des Volkes vorgeschwebt oder sich gar verwirklicht hätte. Leider ist in den Mittelpunkt des Drama's eine zwar rührende, aber durchaus leidende Person gestellt; selbst in dem Kampf, der sich um ihr Schicksal entspinnt, spielt sie eine völlig passive Rolle. Es ist die Tochter des Claudius und der Messalina, die edle Octavia, welche einst als sechzehnjähriges Mädchen wider Willen zu dynastischem Zweck mit dem von ihr verabscheuten Nero vermählt worden ist. Jetzt, nach mehrjähriger, unseliger Scheinehe verstößt sie der Tyrann, um die schöne Poppäa Sabina, ihre Dienerin, an ihre Stelle zu setzen, und als sich für die geliebte Fürstin ohne ihr Zuthun ein Volksaufstand erhebt, der indessen bald niedergeschlagen wird, schickt er die unschuldige Urheberin der Empörung in die Verbannung, damit sie auf einsamer Insel umgebracht werde.

Der Dichter hat, wie es sein Recht war, die wirklichen Ereig=
nisse zusammengezogen, so daß Verstoßung, Hochzeit, Aufstand und
Verbannung Schlag auf Schlag aufeinanderfolgen, während in der
That die Trennung von Octavia schon früher erfolgt und der letzten
Katastrophe bereits eine längere Entfernung der Verlassenen voraus=
gegangen war. Die Kompositionsweise ist im wesentlichen von der
Schablone der Senecatragödien entlehnt. Auch hier lange Dekla=
mationen und Disputationen: die Wortgefechte, mit breiten Reden
und Gegenreden eröffnet, spitzen sich zum Wechsel scharfer Doppel=
zeilen, einzelner und halber Verse zu. Ziemlich stark tritt das lyrische
Element hervor: in Monodien, Wechselgesängen und Chorliedern.
Aber außer den Jamben der gesprochenen Scenen kommen nur ana=
pästische Reihen zur Verwendung, welche sich von denen des Seneca
durch reichlicheres Einstreuen von Einzeltakten und gewisse Nachlässig=
keiten unterscheiden. Fünfmal tritt der Chorgesang ein, aber in sehr
ungleichen Abständen, und in ebenso verschiedenem Umfange, so daß
er als regelmäßiges Zwischenglied zwischen den einzelnen Akten nicht
gelten kann. Nur der zweite wird regelrecht durch ein Lied des ein=
ziehenden Chors eingeleitet. Den britten eröffnet statt dessen die Er=
scheinung der Agrippina, deren Schatten als Rachegeist des ruchlosen
Sohnes von den Unteren aufsteigt, ohne daß sich indessen ihr Fluch
im Verlauf des Stückes erfüllt. Sie erinnert an den Schatten des
Tantalus im Prolog des Thyestes und den des Thyestes zu Anfang
des Agamemnon. Erst nach einer Monodie der Octavia folgt dann
das zweite Chorlied, welches lebhaft für diese Partei nimmt (669 ff.).
Im weiteren Verlauf ändert sich die Gesinnung des Chors, oder es
tritt ein andrer an seine Stelle. Nachdem er vorher mit Beschämung
wiederholt der Vorfahren gedacht hat, welche die Könige vertrieben
(288 ff.), der einstigen Kraft des Volkes, welches nach innen und
außen geherrscht habe (676 ff.), nachdem er sogar gewünscht hat, die
Bilder der Poppäa möchten gewaltsam zu Boden gestürzt, sie selbst
vom Lager gerissen, der kaiserliche Palast möge angezündet und er=
stürmt werden (683 ff.), bewundert er nach der Hochzeit nur die Schön=
heit der Neuvermählten (762 ff.) und setzt der Nachricht von der
Volkserhebung zu Gunsten der Octavia seinen Glauben an die unbe=
zwingliche Macht Amors entgegen, indem er den Empörern Mißerfolg
und schwere Strafen voraussagt (806 ff.). Auch im letzten Akt
beschränkt er sich auf wohlwollende Neutralität. Ob diese Lieder von

Dienern oder Dienerinnen des Palastes oder von wem sonst gesungen werden, ist kaum zu entscheiden: so wenig scharf ist die Persönlichkeit und Stellung des Chors gezeichnet.

Den ganzen ersten Akt füllen Klagen der unglücklichen Octavia: vergeblich sucht die treue Amme sie zu beruhigen und zu trösten, ihr Nachgiebigkeit gegen den aufgedrungenen Gatten zu predigen. Zu den Klageanapästen am Anfang des Stückes und dem folgenden Wechselgesang zwischen beiden hat offenbar der Eingang der sopho= kleischen Elektra das Motiv hergegeben: es finden sich sogar wörtliche Anklänge, und Octavia beneidet geradezu die Tochter Agamemnons, daß sie ihren Vater rächen durfte. Was hat sie alles erlitten, und was leidet sie noch! Die Ermordung ihres Bruders Britannicus, ihrer Mutter Messalina, deren blutbesprißtes Antliß sie selbst gesehen hat, den Haß der Stiefmutter Agrippina, der Mörderin ihres Vaters, der Erinye, welche ihrer Hochzeit mit dem verhaßten Tyrannen, dem Verächter von Göttern und Menschen, die Fackeln vorangetragen hat, den Uebermut der niedrigen Dienerin, welche sie nicht nur aus ihren Rechten verdrängt, sondern als Preis der Unzucht ihren Kopf ver= langt. Der Gedanke durchblißt sie, ihren Peiniger mit eigener Hand aus dem Leben zu schaffen (173). Die Zumutung, ihn durch Nach= giebigkeit zu gewinnen, weist sie mit Entrüstung ab, aber auch an der Aussicht auf einen Tag der Vergeltung und Erlösung, worauf die Amme deutet, verzweifelt sie, denn sie erkennt den Zorn der Götter, welcher ihr Haus verfolgt, seitdem zuerst die Mutter durch ihren mit Silius begangenen Ehebruch Venus beleidigte. Der Komet, welcher vor zwei Jahren (60 n. Chr.) erschien, zeigt, daß selbst der Aether von dem Hauch des Tyrannen befleckt ist (231). Den Blitz des Juppiter ruft sie auf das Ungeheuer herab, welcher schlimmer als Typhon wüte und den Namen Augustus schände.

An der Exposition, welche dieser erste Akt gibt, ist nichts aus= zusetzen. Viel schwächer ist der zweite Akt, welcher im Gegensaß zu jenem die Anschauungen Nero's und die Stimmung seiner ergebenen Freunde zum Ausdruck bringen soll. Seneca zeigt sich sofort als ein langweiliger Stubengelehrter, indem er (in einem Monologe!) seine Mißbilligung der sündigen Gegenwart mit einem (nach Ovid Metam. I 89 ff.) wohl ausgearbeiteten Vortrag über die verschiedenen Zeit= alter ausschmückt, welche seit dem goldenen aufeinander gefolgt sind: die reine Schuldeklamation. Er beklagt (freilich sehr unhistorisch),

daß er der glücklichen Zurückgezogenheit von Corsica und der Muße
seiner naturwissenschaftlichen Studien entrissen ist. Kein Wunder,
daß die zahmen Vorstellungen des beschaulichen Philosophen dem
eigenwilligen Kaiser nicht imponieren. Dieser wird gut eingeführt
mit dem charakteristischen Befehl an den Garbeobersten, dafür zu
sorgen, daß ihm die Köpfe zweier Verbannten, des Plautus und
Sulla, die in der Stadt beliebt und deshalb gefährlich sind, gebracht
werden. Er ist entschlossen, alles was hoch steht niederzustürzen, auch
Octavia soll fallen. Er gibt sich keiner Täuschung hin über seine
Stellung zu den Bürgern, und macht keinen Anspruch Vater des
Vaterlandes zu sein wie Augustus, auf dessen Beispiel ihn Seneca
verweist; dagegen führt er sachkundig und wohlgefällig aus, welche
Ströme von Blut der große Vorfahr vergossen habe, um seinen Thron
aufzurichten. Höhnisch verspricht er auch sich einen Platz in den
Sternen, wenn er alle Feinde aus dem Wege geräumt und sein Haus
auf würdige Nachkommenschaft gegründet haben werde. Das führt
auf die Erklärung seiner Absicht die schöne Poppäa zu heiraten.
Vergeblich sucht Seneca ein Wort für die rechtmäßige Gemahlin und
ihre gediegenen Tugenden einzulegen. Gegenüber seiner lehrreichen
Vorlesung über die Flüchtigkeit und Vergänglichkeit Amors preist der
wollüstige Herrscher die Ewigkeit dieser welterhaltenden Macht und
verbietet dem unbequemen Pädagogen, der noch einmal die bedenk=
liche Volksstimmung hervorhebt, weitere Einwendungen, zumal da
Poppäa bereits ein Pfand seiner Liebe trage: schon am folgenden
Tage soll die Vermählung sein. Dieselbe vollzieht sich im dritten
äußerst schmächtigen Akt: der Schatten der Agrippina trägt die Hoch=
zeitsfackel voran und weissagt den einstigen Tag der Vergeltung;
Octavia verläßt den kaiserlichen Palast.

Der eigentliche Höhepunkt der dramatischen Spannung tritt erst
im vierten Akt ein. Poppäa hat im Traum die unheimliche Braut=
führerin und andre unheilkündende Bilder gesehen; ihre finsteren
Ahnungen scheinen bestätigt zu werden durch den Botenbericht von
der Empörung des Volkes, welches Rückberufung der Octavia verlangt.
Man ist daher im fünften Akt durch die Meldung des Präfekten, daß
der Aufstand leicht niedergeworfen sei, enttäuscht. Der Tyrann ist
nur zu größerer Wut gereizt und Octavia fällt als erstes Opfer.
Während sie zu dem Schiffe geführt wird, welches sie nach Pandataria
bringen soll, wünscht ihr der Chor, daß linde Lüfte sie in einer

Wolke nach dem Lande der Taurier wie einst Jphigenien entführen mögen, denn die Barbaren dort seien milder als Rom. So schwebt dem Dichter am Schluß wie zu Anfang seines Stückes die griechische Tragödie vor. Weder Octavia noch Poppäa kommen auf der Bühne mit Nero zusammen, ebensowenig untereinander die beiden Neben= buhlerinnen. Ueberhaupt sind (außer dem Chor) nie mehr als zwei Personen gegenwärtig und im Gespräch. Indem so die drei Haupt= personen auseinandergehalten werden, kommt es zu keiner dramati= schen Verknüpfung. Und doch bot Poppäa's Charakter, wie ihn Tacitus beschreibt, die dankbarste Handhabe: die Buhlerin konnte dem Kaiser gegenüber jene Künste der Intrigue, der Verleumdung und des bos= haften Spottes, ihre Meisterschaft der Koketterie entwickeln, womit sie ihn nach Tacitus' Darstellung umstrickt und Octavia's Verderben be= trieben hat. Wenn der Verfasser des Drama's diese gekannt hätte, würde er sie, vorausgesetzt daß er es verstand, wohl benützt und das Bild der schönen Rivalin sorgfältiger ausgeführt haben. Der schreck= liche Traum, von dem sie erzählt, läßt wohl ihren Gemütszustand, ihr angsterfülltes Gewissen erraten, aber er wirft seinen Schatten über den Rahmen des Stückes hinaus, wie auch alle gegen Nero ge= richteten Drohungen und die Flüche der Agrippina. Bemerkenswert ist die Pietät, mit welcher Octavia das Andenken ihres Vaters in Ehren hält (25 ff.); und die Amme wiederholt zum Ueberfluß das Lob seiner Kriegsthaten in Britannien (41 ff.). Nur daß er kein Herz für seine Familie gehabt habe, wirft sie ihm vor, weil er Nero dem Britannicus vorgezogen und Agrippina geheiratet habe (137 ff.). Alle Schatten sind auf Nero's Bild gehäuft: es ist eine zu jedem Greuel entschlossene Tyrannennatur wie Atreus, nichts an= erkennend als die eigenen wilden Triebe. Jähzorn und sinnliche Leidenschaft kommt hinzu.

Im ganzen hat doch die Octavia vor den Stücken des Seneca manches voraus: vor allem das Verdienst selbständiger Erfindung und Gestaltung des Stoffs; ferner in der Ausführung des einzelnen, in der Haltung des Stils eine verhältnismäßig wohlthuende Ruhe und Natürlichkeit. Jenes erhitzte Pathos ist bedeutend gemildert. Man hört doch Menschen reden, nicht toll gewordene Ungeheuer.

Daß tragische Dichtungen, wenn auch nicht auf der Bühne, so doch in Vorlesungen noch immer ein empfängliches und verständnis= volles Publikum fanden, zeigt das Beispiel des Curiatius Maternus, dessen höchst ansprechende und Achtung gebietende Persönlichkeit so ergreifend in dem geistvollen Dialog „über die Redner" gezeichnet wird. Etwa im Jahre 75 n. Chr. will der Verfasser (nach jetzt geltender, aber nicht hinreichend bewiesener Annahme Tacitus) als ganz junger Mann diese Unterredung mit angehört haben, in welcher Maternus, einst ein glänzender Sachwalter, jetzt aber ganz der Poesie zugewandt, seine tiefe Auffassung vom Stand und Beruf der Dichter mit würdevoller und gedankenschwerer Begeisterung vertritt. Obwohl er in seinem leider zu Anfang verstümmelten Vortrage (Kap. 36—41) über die Bedingungen einer öffentlichen Beredsamkeit im großen Stil am Schluß das Glück der gegenwärtigen Zustände preist, so ist doch diese Anerkennung durch eine Dosis resignierter Ironie gewürzt. Sein Herz und seine Phantasie erhebt sich an den großen Bildern stolzen Bürgersinns und männlichen Freimutes aus der republikanischen Vorzeit. In Tragödien, welche er öffentlich vortrug und für Leser herausgab, hat er seine politischen Ideale furchtlos und energisch zum Ausdruck gebracht. Ja er hat seine dichterische Laufbahn gleich mit einem wuchtigen und erfolgreichen Angriff auf eine so einflußreiche Persönlichkeit wie den gemeinen Spaßmacher Vatinius, den mächtigen Hofnarren Nero's, eröffnet (obwohl der Text in Kap. 11 sehr un= sicher ist).

Die Recitation so eingreifender Dichtungen machte Aufsehen: sie bildeten den Gegenstand des Stadtgespräches, so daß die Freunde selbst unter der duldsamen Regierung eines Vespasian für das Schick= sal des kühnen Verfassers besorgt wurden und ihn zur Milderung von Kraftstellen zu bewegen suchten, — ohne Erfolg. Er hat sowohl Stoffe des griechischen Mythus wie der römischen Geschichte be= handelt. Die bekannten Rollen eines Agamemnon, Thyestes, Jason nebst der Medea erfüllte er mit seinem Geiste; noch geeigneter aber für die volle Ausprägung seiner Gesinnungen waren seine nationalen Dramen (die fabulae praetextatae). Wenn der Verfasser des oben erwähnten Dialogs, dem allein wir unsere Kunde von dem inter= essanten Dichter verdanken, sich in seinen Andeutungen an die wirkliche Zeitfolge gehalten hat, so stand man in jenen Tagen des Jahres 75 unter dem frischen Eindruck seines Cato, und nächstens sollte der

Thyeftes folgen, um was der Verfaſſer auf dem Herzen hatte
vollends herauszuſagen. Den Thyeftes hat er erſt entworfen, erſt im
Geiſte trägt er ein Bild von ihm. Er beſchleunigt die Herausgabe
des Cato, um ſich dem neuen Werke dann ganz zu widmen.

Alſo neben, nicht nacheinander hat Maternus beide Gattungen
gepflegt. Ganz geſchaffen für eine praetextata und die Denkungsart
eines Maternus war die Kataſtrophe des letzten großen Republikaners
Cato. Dem Helden waren ſehr anzügliche Reden über bürgerliche
Freiheit und gegen die Monarchie in den Mund gelegt. Nicht ſo
ſicher iſt der Inhalt eines früheren Stückes, Domitius, zu be=
ſtimmen. War es der Pompejaner, Cato's Schwager, der im Beginn
des Bürgerkrieges Corfinium beſetzt hielt, von ſeinen eigenen Leuten
an Cäſar ausgeliefert, von dieſem großmütig entlaſſen wurde, aber
dennoch auf andrem Schauplatz den Kampf fortſetzte, bis er auf der
Flucht von Pharſalus ſeinen Tod fand? Derſelbe war mit dem be=
rüchtigten Cäſarianer, dem von der Senatspartei gehaßten Vatinius,
perſönlich verfeindet. Ausfälle auf ihn konnten zu Nero's Zeit leicht
auf deſſen gleichnamigen Günſtling bezogen werden, beſonders wenn
ſie darauf berechnet waren. Sollte jene Prätextata die Kapitulation
von Corfinium dargeſtellt haben? Es wäre ein undankbarer Stoff
mit einem wenig geeigneten Helden geweſen. Zudem iſt doch ſchwer
zu glauben, daß Maternus vor dem Cato einen Stoff aus demſelben
Kreiſe der Ideen, der Leidenſchaften und der Perſonen ſollte ge=
nommen haben. Wer wird ſich vollends zu der Vorſtellung ent=
ſchließen, daß Domitius und Cato zwei Perſonen desſelben Drama's
geweſen ſeien, wobei jede Einheit der Handlung, des Schauplatzes,
des Intereſſes geopfert, der einen, höchſt wirkſamen und bedeutenden
Haupthandlung ein matter, ſchleppender Anhang beigefügt wäre!
Weit anſprechender iſt der Gedanke an jenen Cn. Domitius Aheno=
barbus, der zunächſt Anhänger des Brutus und Caſſius, dann Partei=
gänger des Antonius geweſen und zuletzt bei Actium zu Octavian
übergegangen iſt, dieſe letzte Wandlung aber nur wenige Tage über=
lebt hat. Es war eine kraftvolle, begabte, im Grunde ehrliche Soldaten=
natur, das Opfer einer verworrenen Zeit, in welcher perſönliche An=
hänglichkeit des Freundes mit patriotiſchen Gefühlen des Staatsmannes
in verhängnisvollen Streit geriet. Nachdem der wüſte Freund durch
eigene Schuld den Anſpruch auf Treue verſcherzt hatte, verließ der
Genoſſe in einem Anfall von Ekel und Verzweiflung das ſinkende

Schiff, aber gebrochenen Herzens, alsbald von Scham und Reue er=
griffen, selbst dem Tode verfallend. In den Mittelpunkt einer Tra=
gödie gestellt konnte diese Figur noch weit tiefer gefaßt und voller
herausgearbeitet werden, als von Shakespeare, der sie in „Antonius
und Cleopatra" als wirksame Nebenrolle verwendet.

Maternus hat in seinen dramatischen Schöpfungen wie wenige
Dichter sich selbst gegeben. Sein Stil, wenn auch rhetorisch geschult,
doch warm und innerlich, muß von der kalten Unnatur Seneca's sehr
vorteilhaft abgestochen haben. Um so größer unser Verlust, da auch
nicht ein Wort von ihm erhalten ist. Aber den Menschen stellt der
schöne Dialog von den Rednern uns leibhaftig vor die Augen, und
auch sein Bild. Mit heiterer Miene und bekränzten Hauptes soll es,
wie er bestimmt, dereinst auf seinem Grabmal zu sehen sein. Unter
Domitian (91 n. Chr.) ist ein „Sophist" Maternus mit dem Tode
bestraft worden, weil er eine Schuldeklamation gegen die Tyrannen
gehalten hatte. Das war aber nicht der vornehme Tragiker: denn
dieser war bereits tot, als der oben erwähnte Dialog geschrieben
wurde (etwa im Jahre 81).

Lucanus.

Das Streben, die Meister der augusteischen Litteratur zu ver=
dunkeln, beherrschte nicht nur den Gecken Nero und seinen geistreichen
Minister, sondern viel intensiver noch seinen Neffen, den jüngsten
Sproß aus der hochbegabten Familie der Annäi. Aber auch dieses
außerordentliche Talent krankte an der Wurzel.

M. Annäus Lucanus war am 3. November 38 n. Chr. in
Corduba geboren als der Sohn des M. Annäus Mela, des jüngsten
unter den drei Söhnen des Rhetors Annäus Seneca. Der Vater
hat als kaiserlicher Obersteuereinnehmer große Reichtümer gesammelt
und dem Stande römischer Ritter mit senatorischer Würde angehört.
Auch die Mutter, Acilia, stammte aus Corduba und war die Tochter
eines angesehenen Sachwalters, Acilius Lucanus. Schon im achten
Monat seines Lebens ist das Kind nach Rom gekommen; dort ist es

erzogen worden und herangewachsen. Das geweckte drollige Bürschlein
war die Freude und der Verzug der Seinigen. Sein Lehrer war
der zur Familie gehörige Stoiker Annäus Cornutus, ein Grammatiker
der pergamenischen Schule, der in einem weitläufigen Kommentar zu
Vergil viel Proben verkehrter Klügelei bei mangelhaftem Wissen ge=
geben hat. Der frühreife Knabe schloß sich mit schwärmerischer Be=
wunderung seinem um mehrere Jahre älteren Mitschüler Persius an.
Von Athen, wo er seine Studien beendigen wollte, ist er von Nero
vor der Zeit, wie es scheint, zurückberufen worden, um in den Kreis
der poetischen Freunde und Helfer des Kaisers zu treten. Durch die
Gunst desselben ist er lange vor Erreichung des gesetzlichen Alters
von 25 Jahren mit der Quästur, dann auch mit der Würde eines
Augurs beehrt worden. In jener Stellung gab er das übliche
Gladiatorenspiel. Seine Beredsamkeit, die schon in der Schule Auf=
sehen erregt hatte, bewährte er glänzend als Rechtsanwalt.

Zu dichten hat er wie Ovid bereits in frühen Knabenjahren be=
gonnen. Die Masse seines poetischen Nachlasses, welche als Frucht
einer kurzen Lebenszeit vorlag, beweist, wie leicht dem fleißigen und
ehrgeizigen Jüngling das Geschäft von der Hand gegangen sein muß.
Eine Schularbeit war der Tod Hektors und die Auslösung seiner
Leiche (Iliacon liber), ein beliebtes Thema (vgl. II 341). Aus der
kleinen Probe, welche erhalten ist, ergibt sich, daß es nicht etwa eine
bloße Uebersetzung der letzten Bücher der Ilias war. Geistreich ver=
gleicht der Verfasser die Schleifung des toten Hektor mit der tollen
Fahrt des Phaëthon (vgl. Phars. II 410 ff.). Auch das Gedicht von
der Unterwelt (Catachthonion liber) gehörte unter seine frühesten
Studien.

Oeffentlich trat er zuerst auf im Jahre 60 n. Chr. bei dem so=
eben gestifteten Nerofest. Er debütierte mit einem Lobgedicht auf
Nero und trug den Ehrenkranz davon, natürlich, denn wer am besten
bei diesen Sängerkämpfen zu schmeicheln verstand, war Sieger. In
dieselbe Zeit vielleicht fällt sein hexametrisches Gedicht Orpheus.
Der bis zur Ermüdung von früheren behandelten Sage (vgl. II 52.
290. 307) suchte er durch Witz und Kleinmalerei, wie es scheint,
neuen Reiz abzugewinnen, erging sich in der Schilderung des Zuges
andächtiger Zuhörer, der Faunen, Panther und zahlloser andrer wilder
und zahmer Tiere, welche die Leier des Sängers von Thracien an
die Fluten des Strymon gelockt habe, beschrieb die Rückkehr der

Eurydice zu den Schatten und deren Freude, weil sie daran die Hoffnung knüpften, Orpheus zum zweitenmal in ihrer Mitte zu sehen und
seinen Gesang zu hören. Die Hauptsache aber war, wie es scheint,
die Enthüllung, daß der wunderbare Thraker noch unter den Lebenden
wandle in der Person des göttlichen Nero, denn seit langer Zeit
haben die Parcen ihre Arbeit beiseite gelegt, die Fäden stocken, und
keine Schere also zerschneidet sie.

Durch den öffentlichen Erfolg ermutigt ging der hochstrebende
Jüngling sehr bald an sein großes Werk, womit er den Ruhm Vergils
in Schatten zu stellen gedachte. Er kannte jenes alberne Gedicht,
die „Mücke“ (II 346 ff.), welches ein Fälscher dem jungen Mantuaner
untergeschoben und eine absurde Ueberlieferung nicht dem Sechzehn-
sondern dem Sechsundzwanzigjährigen zugeschrieben hatte. Wie groß
dünkte sich der drei= oder vierundzwanzigjährige Lucan, als er die
erste Probe seines nationalen Epos öffentlich recitierte! In dem ein=
leitenden Vortrage versagte er sich nicht, selbstgefällig darauf hinzu=
weisen, daß er noch nicht einmal das Alter des berühmten Sängers
von der Mücke erreicht habe.

Die Kämpfe, welche der Begründung der Monarchie vorauf-
gegangen sind, namentlich die des zweiten Triumvirats und die Ent=
scheidung bei Actium waren schon von verschiedenen Dichtern der
augusteischen Periode in epischer Form dargestellt worden (II 342 ff.);
das Lob Julius Cäsars, des Augustus und seiner Paladine hatte
Varius gesungen (II 105). In Prosa lag eine reiche Litteratur von
persönlichen Erinnerungen, Lob= und Streitschriften, von Geschichts=
werken verschiedenen Umfanges und Planes vor, welche die drei
stürmischen Jahrzehnte seit dem ersten Triumvirat ganz oder zum
Teil, in engerem oder weiterem Rahmen, zu Gunsten der einen oder
der andern Partei, wenige mit objektiver Ruhe, behandelten. Kame=
raden des Brutus und Cassius erzählten als Augenzeugen von Philippi,
Freunde und Verehrer Cato's beschrieben sein Leben, der leidenschaft=
liche Pompejaner Labienus (I 4) reizte den Zorn des sonst nachsichtigen
Augustus so, daß seine Schriften auf kaiserlichen Befehl verbrannt
wurden; dasselbe Schicksal erfuhren unter Tiberius wegen republi=
kanischer Richtung die Annalen des Cremutius Cordus (aber Caligula
gab die noch erhaltenen Exemplare beider Verfasser wieder frei).
Genau und unparteiisch, in vornehmer Unabhängigkeit gehalten war
das Werk des Asinius Pollio über die Zeit der Bürgerkriege seit

dem Consulat des Metellus (694/60), während Livius und Annäus Seneca, der Vater, auf Pompejus' Seite neigten. Vielleicht hat grade das Werk des Großvaters und die Wahrnehmung, daß es an einer dichterischen Gestaltung des Krieges zwischen Cäsar und Pompejus noch fehlte, dem jungen Lucan den Gedanken an sein weitläufiges Epos eingegeben. Zehn Bücher desselben liegen uns vor, deren In=halt in groben Umrissen folgender ist.

Ohne sich bei den Verhandlungen zwischen Senat und Cäsar aufzuhalten, führt nach der allgemeinen Einleitung der Erzähler so=fort in die kriegerische Handlung ein. Cäsar überschreitet den Rubicon, nimmt Ariminum, macht seine gallischen Truppen mobil, und der Schrecken, der vor ihm hergeht, fegt die Senatspartei samt Pompejus aus Rom hinweg. Der Anfang des zweiten Buches schildert die bange Stimmung der verlassenen Stadt. Cäsar marschiert unauf=haltsam vorwärts, bis er in Brundisium dem flüchtigen Gegner gegen=übersteht, der ihm durch heimliche Ueberfahrt entweicht. Das dritte Buch berichtet, wie sich Cäsar in Rom des Schatzes bemächtigt, dann Massilia's Belagerung bis zur Einnahme durch Dec. Brutus; das vierte, wie Cäsar in Spanien die Ergebung des Afranius vor Ilerda erzwingt, ferner die Erfolge der Pompejaner in Illyrien (vor Salona) und Afrika (gegen Curio). Das fünfte Buch führt Cäsar von Iberien aus durch Italien nach Brundisium und von da auf gefahrvoller Fahrt an die epirotische Küste, wo es ihm gelingt sein Heer angesichts des Feindes zu sammeln. Die Kämpfe um Dyrrachium und der Ab=marsch nach Thessalien füllen das sechste Buch, die Entscheidung bei Pharsalus das siebente, Flucht und Tod des Pompejus das achte. Im neunten ist Cato und sein Marsch durch die Wüste der Mittel=punkt; das zehnte berichtet vom Auftreten Cäsars in Alexandria, von seinem Verkehr mit Kleopatra und dem feindlichen Angriff der Macht=haber auf ihn.

Nachdem das Gedicht so in den Hauptereignissen dem Faden der cäsarischen Memoiren gefolgt ist, bricht es, ohne zu einem Abschluß zu gelangen, fast auf demselben Punkt ab, wo diese aufhören. Schon die verhältnismäßige Kürze des letzten Buches verrät, daß es nicht zu Ende geführt ist. Die Erzählung stockt plötzlich: wieweit der Ver=fasser sie fortzuführen gedachte, läßt sich mit Bestimmtheit schwer entscheiden. Der alexandrinische Krieg mußte natürlich zu Ende er=zählt werden. Thapsus und der Tod Cato's konnten unmöglich

fehlen. Dann dürfen wir aber auch mit Zuversicht annehmen, daß
der Dichter sein Werk wenigstens bis zur Ermordung Cäsars fort=
führen wollte. Auf diese Sühne seines Verbrechens gegen die Frei=
heit wird wiederholt und nachdrücklich hingewiesen (V 206 f. VII 586 ff.
X 338 ff.). Erst so erhielt das Werk einen angemessenen Abschluß.
Indessen spricht Statius, wo er den Inhalt der großen Dichtung um=
schreibt (Silv. II 7, 64 ff.), von Philippi sowohl als von Pharsalus.
Auch ist auffallend, daß von der ganzen Kette der Bürgerkriege von
Anfang an und mehrmals in einem Ton die Rede ist, als ob
der Leser auf Kommendes vorbereitet werden sollte. Am Schluß
des ersten Buches nach der gelehrten Stern= und Zeichendeutung,
welche auf das Nächste geht, wird durch die Vision der Matrone der
Vorhang vor der ferneren Zukunft gleichsam weggezogen: ihr Seher=
blick schweift von Philippi bis Actium (I 694 ff.). Ja schon im Ein=
gange (I 39 ff.) wie weiter unten nach der Schlacht bei Pharsalus
(VII 847 ff.) wird dieselbe Perspektive eröffnet. Auch wird Kleopatra
(X 59 ff.) mit bedeutendem Hinblick auf ihr künftiges Eingreifen in
Roms Geschick eingeführt, es wird hingewiesen auf ihre freche Hoff=
nung, das Kapitol im Triumph zu ersteigen, und daß es bei Actium
vom Zufall abgehangen habe, ob die Welt von einer Frau, und
nicht einmal einer römischen, beherrscht werden sollte. Am Schluß
des sechsten Buches (812 f.) verweist der von Erichtho erweckte Schatten
den Sex. Pompejus auf dessen Vater, welcher ihm dereinst in Sicilien
(als Traumerscheinung) sein weiteres Schicksal weissagen werde.
Auch legt Cornelia dem Sohn die Fortführung des Krieges als
väterliches Vermächtnis feierlich ans Herz (IX 84 ff.). Hat der Dichter
hiermit auf spätere, nur nicht zur Ausführung gekommene Partieen
seines Gedichtes hindeuten wollen, so muß er in der That die Absicht
gehabt haben, die ganze Folgezeit bis zur Aufrichtung der Monarchie
in einen ungeheuren Rahmen zusammenzufassen. Der Titel Pharsalia,
welchen er selbst einmal braucht (IX 985), würde dann nur gleichsam
für den ersten Akt der großen Tragödie gelten, oder das Ganze sollte
dadurch als notwendige Folge des ersten verhängnisvollen Bruder=
kampfes bezeichnet werden. Es wäre nicht nur ein riesenhafter, son=
dern ein unkünstlerischer Plan gewesen, dessen Ausführung mehr als
die doppelte Zahl von Büchern würde erfordert haben. Aber warum
hätte der junge, selbstbewußte Mann, vor dem noch ein langes
Leben zu liegen schien, nicht die Verwegenheit haben sollen, mit

den 24 Gesängen der Ilias zu wetteifern, oder beide Epen Homers mit 48 Büchern aufzuwiegen?

Die Eingangsverse des Gedichtes, welche den Inhalt desselben angeben, sind dehnbar und unbestimmt, die Erwartung spannend, wie sich's für die Einleitung gehört. „Kriege in den emathischen Gefilden besingen wir, die mehr als Bürgerkriege waren": dabei kann sehr wohl neben Pharsalus an Philippi gedacht werden. „Und wie dem Verbrechen Recht verliehen ist" muß wenigstens auf die Diktatur Cäsars, kann aber auf die Begründung der Monarchie durch Octavian bezogen werden. Das folgende bringt uns nicht weiter: es sind Variationen desselben Thema's, wie schon Fronto tadelnd bemerkt hat.

Abscheu vor dem Bürgerkriege als einem unnatürlichen Verbrechen gegen das Vaterland ist die Grundstimmung des Gedichtes. Zunächst scheint der Verfasser unparteiisch: zu fragen, auf welcher von beiden Seiten das größere Recht gewesen sei, erklärt er für Frevel (I 126 ff.). Treffend, in gedrungenen Sätzen, die an taciteischen Stil heranreichen, schildert er den allgemeinen Geist der Zeit, in welchem der Ausbruch der verhängnisvollen Krankheit sich vorbereitete: Ueppigkeit und Genußsucht, selbstsüchtige Ueberhebung, Verachtung der Gesetze, Ehrgeiz und Zerrüttung der Vermögensverhältnisse, so daß der Krieg vielen eine Rettung war (I 158 ff.). Daß sich's um die Alleinherrschaft (regnum) handelte, erkennt er von Anfang an: für zwei Männer wie Pompejus und Cäsar hatte Rom keinen Raum, beide konnten nicht zugleich Herren werden (129 ff.). Nun hat es freilich nach einer Stelle der Einleitung (33 ff.) den Anschein, als ob er auf eine Verherrlichung der Monarchie und des gegenwärtigen Völkerglückes hinauswolle. „Wenn das Schicksal für den einstigen Nero den Weg nicht anders zu finden wußte, dann, Götter, klagen wir nicht: um solchen Preis lassen wir uns selbst Verbrechen und Frevel gefallen." Wie einer der augusteischen Dichter ergeht er sich in der Vorstellung, welchen Platz Nero dereinst unter den Sternen einnehmen werde; jedenfalls müsse er in der Mitte sein, sonst verliere der Himmelskreis das Gleichgewicht (45 ff.). Aber bei dieser einen Huldigung hat es sein Bewenden: mit dem vierten Buch bricht grimmige Erbitterung über das unwürdige Joch der Alleinherrschaft und die frivole Lüge der Vergötterung hervor, besonders in den Betrachtungen, welche der Dichter selbst unmittelbar

vor seinem Bericht von der Pharsalusschlacht anstellt (VII 385 ff.).
Dieser Tag ist ihm der unseligste von allen, die Rom gesehen hat:
ihm wird verdankt, daß die Barbaren sich nicht mehr vor Rom
fürchten, daß die Freiheit über den Tigris und Rhein zurückgewichen
ist, um nie wiederzukehren. „Hätten wir sie nie gekannt! warum
haben wir Zeiten durchlebt, wo Gesetze herrschten und die Jahre mit
Consulnamen bezeichnet wurden? Glücklich die Araber und Meder,
die beständig unter Tyrannen gelebt haben: wir kommen zuletzt daran,
die wir uns der Knechtschaft schämen. Wahrlich, wir haben keine
Götter; der blinde Zufall waltet, die Herrschaft des Zeus ist eine
Lüge. Dafür hat Rom seit dem Bürgerkriege die Genugthuung
Götter zu schaffen, Verstorbene mit Blitz und himmlischem Glanz zu
schmücken, in den Tempeln bei Schatten zu schwören." Die Nieder=
lage des Pompejus bedeutet die Niederlage Roms für alle Zeit
(640 ff.). Mit diesen Schwertern wird alle Zukunft besiegt, der
Knechtschaft beschieden ist. Was haben Kinder und Enkel verschuldet,
daß sie in eine Monarchie hineingeboren werden? Auf ihrem Nacken
sitzt die Strafe für die Feigheit der Vorfahren (vgl. IV 807 ff. V
385 f. IX 204 ff. 601 ff.). Auf seinem Haß gegen die Monarchie
beruht auch der Ingrimm gegen Alexander den Großen. Ihn nennt
er den „tollwütigen Sproß" Philipps, den „glücklichen Räuber", den
Blitz, der alle Völker gleicherweise zerschmetterte, den Unglücksstern
für die Nationen. Er hat der Welt das schädliche Beispiel gegeben,
daß so viele Länder einem Mann unterworfen sein können. Nur
die Natur vermochte seiner tollen Eroberungsgier ein Ziel zu setzen.
Seine Glieder hätten über den Erdkreis verstreut werden sollen:
statt dessen hat man sie im Mausoleum zu Alexandria beigesetzt,
welches Cäsar besuchte (X 20 ff.).

Diese Verschärfung des Tones, diese Verbitterung war die Folge
eines persönlichen Zerwürfnisses zwischen Lucan und seinem kaiser=
lichen Gönner. Der steigende Ruhm des begabten Jünglings (so
wird berichtet) hatte die Eifersucht des fast gleichaltrigen, fürstlichen
Dilettanten geweckt. Es war schon eine empfindliche Kränkung, als
einmal der Kaiser plötzlich unter dem Vorwande, frische Luft zu
schöpfen, eine öffentliche Vorlesung des Dichters, vermutlich einer Probe
der Pharsalia, verließ und durch sofortige Berufung einer Senats=
sitzung ihm auch seine vornehmsten Zuhörer entzog. Ja, er legte
seiner poetischen wie auch seiner rednerischen Thätigkeit noch weitere

Hindernisse in den Weg, wofür der schwer Gereizte sich durch beißende, gelegentlich schnöde Witze, sogar durch ein Schmähgedicht gegen den Kaiser und die mächtigsten seiner Freunde rächte. Endlich wurde er einer der hitzigsten Anhänger und Mitverschwörer des Piso, ließ sich zu unverhohlenen Lobreden auf Tyrannenmörder und prahlerischen Drohungen hinreißen. In solcher Stimmung ist der größte Teil der Pharsalia gedichtet, und sie trägt die deutlichsten Spuren davon. Grabezu eine herausfordernde Anspielung auf einstige Wiederherstellung der Republik hat der Unvorsichtige gewagt, wo er Cato als den wahren Vater des Vaterlandes preist: er verdiene vor allen Altäre; „bei ihm zu schwören brauchst du dich nie zu schämen, Rom; ihn wirst du, wenn du je mit befreitem Nacken dastehen wirst, jetzt oder dereinst zum Gott machen" (IX 601 ff.). Im fünften Buch (111 ff.) beklagt Lucan, daß das delphische Orakel schweige, „seitdem die Könige die Zukunft fürchten und den Göttern verboten haben zu sprechen". Der wenig versteckte Ausfall auf Nero ist schon dem alten Erklärer nicht entgangen. Nach dem Tode der Mutter (59 n. Chr.), so wird erzählt, habe der Kaiser einmal den Gott befragt, sei aber abgewiesen mit dem Bescheid: Muttermördern antworte ich nicht. Darauf habe er die Beschickung des Orakels untersagt, damit niemand nach des Herrschers Schicksal forsche und ihm nachstelle. Der gegenwärtigen Regierung wird ein Spiegel vorgehalten in der Rede des Hofeunuchen Pothinus, welcher dem jungen König Ptolemäus widerrät, sich mit dem geschlagenen Pompejus einzulassen, ihm Schutz und Hilfe zu gewähren (VIII 484 ff.). Seine politischen Grundsätze lassen an diabolischer Ruchlosigkeit nichts zu wünschen übrig. Wie die Flamme dem Meere, so widerstreitet das Nützliche dem Rechten. Alle Macht der Scepter geht zu Grunde, wenn sie anfängt, das Gerechte zu erwägen; die Freiheit in Freveln ist es, welche den Königsthron schützt, und der schrankenlose Gebrauch des Schwertes. Wer gewissenhaft und treu sein will, verlasse den Hof. Tugend und höchste Macht gehen nicht zusammen. Wer sich grausamer Handlungen schämt, wird immer der Furcht unterworfen sein. Wahre Tyrannensätze, eines Atreus würdig, und der neronischen Moral vollkommen entsprechend. Auf die todbringende Nähe des grausamen Herrschers wird man einen bitteren Witz zu beziehen haben, wo von dem versteinernden Anblick des Medusenantlitzes die Rede ist (IX 636 ff.). „Dieser Segen", sagt der Dichter, „ist den Unglücklichen verliehen, daß man sie ungestraft ansehen darf. Wer hat sich vor Mund und Gesicht der Unholdin gefürchtet? wen, der sie mit graden Augen angesehen, hat Medusa sterben lassen? sie hat ihn dem Geschick entrissen, denn nur die Glieder sind erstorben, die Seele ist in ihnen zurückgeblieben; keine Schatten entwichen, sondern sie erstarrten unter den Knochen." Sehen und erstarren war eins: es lagen keine Martern dazwischen. Den gleichen Zweck hat es, wenn auf die seit Caligula hoch entwickelte Kunst des Scharfrichters hingewiesen wird bei Gelegenheit der stümperhaften Metzgerarbeit des Septimius, welcher der Leiche des Pompejus den Kopf abschneidet: noch kannte man die Kunst nicht, einen Kopf mit dem Schwerte in die Luft fliegen zu lassen (caput ense rotare VIII 673).

Auch das ist bezeichnend, daß was der gegenwärtigen Regierung zur Ehre gereichen könnte geflissentlich verschwiegen wird, wie im zehnten Buch (272 ff.), wo von den Nilquellen die Rede ist und die Nilexpedition Alexanders des Großen zwar erwähnt, die von Nero unternommene dagegen mit keinem Worte berührt wird. Ein andermal wird hypothetisch der Durchstechung des Isthmus von Korinth und der Anlegung eines Kanals, welcher die gefahrvolle Umschiffung des Maleavorgebirges ersparen würde (VI 57 f.), gedacht. Es wird aber verschwiegen, daß ein solcher Plan, der erst in unsern Tagen zur Ausführung gelangt, grade von der neronischen Regierung (nach 59 n. Chr.) ins Auge gefaßt war.

Von Anfang an hatte eine Darstellung des Bürgerkrieges, wenn sie nicht entschieden die Partei Cäsars ergriff, für jene Zeit etwas Verfängliches, und schwerlich ist Nero mit dem Stoff einverstanden gewesen. Schon der bloße Plan eines historischen Epos in großem Stil mußte seine Eifersucht reizen. Hatte der eitle Narr doch selbst den ungeheuerlichen Gedanken gefaßt, die ganze römische Geschichte wie einst Ennius in Hexametern zu erzählen. Zunächst, ehe er noch eine Zeile davon aufgeschrieben hatte, beschäftigte ihn die Frage, aus wieviel Büchern das Gedicht bestehen solle. Er zog Gelehrte wie Cornutus darüber zu Rate, und war sehr erzürnt, als dieser den Vorschlag, es müßten 400 sein, mit der Bemerkung verwarf, es würde sie niemand lesen. Zur Strafe wurde er auf eine Insel verwiesen. Wenn zugleich berichtet wird, dem Lucan sei das Dichten und Recitieren untersagt worden, so betraf dieses Verbot eben das im Entstehen begriffene Werk, welches von vornherein Verdacht erregte.

Für Ton und Richtung des Ganzen war entscheidend die Auf=
fassung der beiden Hauptcharaktere. Man kann nicht sagen, daß
sie sich im späteren Verlauf der Erzählung wesentlich geändert habe.
Durchweg werden die Handlungen des Pompejus in verklärendem,
die Cäsars in ungünstigem, ja gehässigem Lichte dargestellt, und
diese Färbung ist für die politische Richtung des Dichters um so
bezeichnender, je weniger er im Grunde verhehlen kann und mag,
wie viel mehr ihm der geniale Geist des Siegers im Vergleich zu
der ruinenhaften Schwäche des „Großen" imponiert. Aber alles
was jener thut ist Verbrechen, Bosheit, Heuchelei, der andre ist
ein Bild der Würde und des Edelsinnes. Der Bruch zwischen
Schwiegervater und Sohn wird immer wieder betont. Jener freut
sich (II 439 ff.), daß er die Wege durch Italien sich nur mit Blut=
vergießen bahnen kann, daß die Thore sich ihm nicht von selbst
öffnen, sondern daß er sie erbrechen muß, daß er Felder mit
Feuer und Schwert zu verwüsten findet. „Er schämt sich auf er=
laubtem Wege zu gehen und Bürger zu scheinen" (446). Das be=
klommene Schweigen der Städte, in die er einzieht, ist ihm grade
recht: er freut sich, daß die Leute ihn so fürchten, und würde nicht
vorziehen geliebt zu werden (III 83). Zornig und hochfahrend bedroht
er die Massilier: „ihr sollt büßen für euer Friedensgesuch, sollt lernen,
daß in meiner Zeit nichts sicherer ist als Krieg unter meiner Fahne" (III
370 f.). Mit frevelhafter Hand schwingt er, ein andrer Erysichthon, im
heiligen Hain von Massilia die Axt gegen eine ehrwürdige Eiche, und seine
von der Majestät des Ortes ergriffenen Soldaten gehorchen ihm, denn
sein Zorn wiegt ihnen schwerer als der der Götter (III 432 ff.). Den
in Placentia ausgebrochenen Soldatenaufstand beutet der Dichter zu
einem entrüsteten Ausfall auf den ruchlosen Feldherrn aus. „Plünde=
rung von Städten und Tempeln und alle sonstigen Greuel hätte er
ihnen nicht verweigert. Nur gesunde Gesinnung des Soldaten ist
ihm bedenklich . . . schämst du dich nicht, Cäsar, daß dir allein der
Krieg noch gefällt, den deine Scharen bereits verdammen? . . . der
Bürgerkrieg kehrt dir den Rücken" (V 297 ff.). Heuchlerisch sind die
Thränen, welche er über das abgeschnittene Haupt seines Eidams
vergießt (IX 1035 ff.). Erst nachdem er sich überzeugt hat, daß es
wirklich das Antlitz des Pompejus ist, und es für unschädlich hält ein
guter Schwiegervater zu sein, klagt er aus froher Brust; er zieht es vor
die Enthauptung zu bedauern, statt sie zu belohnen. Und seine Be=

gleiter wagen ihren Freimut damit zu erweisen, daß sie im Gegen=
satze zu jenen Thränen den blutigen Frevel mit froher Miene be=
trachten (1107 f.). Nur einmal (IV 254 ff. 363 ff.) sieht sich der
verbitterte Dichter doch bewogen Gerechtigkeit zu üben: die von
Cäsar in Spanien geübte Milde und Friedfertigkeit muß er aner=
kennen.

Für die Größe des Feldherrn und Staatsmannes hat der un=
reife Jüngling kein Verständnis. Die Bewunderung seiner Energie
bricht aber doch überall heraus. Gleich im ersten Buch (205 ff.), als
Cäsar noch am Rubicon steht, wird das homerische Gleichnis von
dem Löwen auf ihn angewendet, der kurze Zeit, ehe er auf seine
Beute springt, noch zaudert, dann aber sich mit dem Schweif an=
spornt, die Mähne sträubt und bei der ersten Verwundung losbricht.
Vortrefflich und sehr bezeichnend für die persönliche Auffassung des
Dichters ist die Charakteristik beider Gegner im Eingange des Ge=
dichtes (I 129 ff.). Der eine, durch die Jahre, welche sich schon zum
Greisenalter neigen, und durch lange Gewöhnung an die Toga ruhiger
geworden, hat im Frieden den Feldherrn verlernt; um gute Nach=
rede werbend ist er freigebig mit Spenden an die Menge, ganz ab=
hängig von der Volksgunst, hat Freude am Beifallklatschen seines
Theaters. Auf Erneuerung seiner Kräfte nicht bedacht, dem früheren
Glücke viel vertrauend steht er da, der Schatten eines großen Namens,
wie eine hochragende Eiche auf dem Fruchtacker, mit alten Trophäen
und Weihegeschenken behangen; sie sitzt nicht mehr fest in den Wurzeln,
aber hält sich durch ihr Schwergewicht; die nackten Aeste in die Luft
breitend macht sie durch den Stamm, nicht durch ihr Laub Schatten;
aber obwohl sie beim ersten Windstoß schwankt und zu stürzen droht,
während ringsumher sich feste Wälder erheben, wird sie doch allein
geehrt. Cäsar dagegen besaß nicht einen so großen Namen und
solchen Feldherrnruf, aber eine Manneskraft (virtus), die von Still=
stand nichts wußte, die nur vor Einem sich schämte, nicht zu siegen
im Kriege. Energisch und unbezähmt: wohin Hoffnung, wohin Zorn
rief, darauf ging er los und schonte des Schwertes nicht, auch wenn
es entweiht wurde. Seine Erfolge drängte er immer weiter vorwärts,
die Gunst der Gottheit ließ er sich nicht entgehen; was seinem Streben
nach dem Höchsten entgegenstand, stieß er weg, und er freute sich
seinen Weg über Trümmer zu machen. Wie ein Blitz, der unter
Windstößen aus der Wolke bricht mit Donnerkrachen und die zagenden

Völker erschreckt, gegen die eigenen Himmelsräume wütet, stürzend und wiederkehrend weit und breit Verheerung anrichtet, Feuer aus= streut und von neuem wieder sammelt.

In den Ausdruck der Ehrfurcht für Pompejus mischt sich bis= weilen ein Ton der Ironie, der nachsichtig mitleidigen Geringschätzung: selbst die aufrichtig gemeinten Huldigungen klingen hier und da wie verhaltener Spott. Beständig läuft „der Große" davon. Schon als Führer der kopflosen und verzagenden Senatspartei verfällt er dem Hohn, welcher diese überschüttet (I 486 ff.). Als ob die Stadt brennte oder die Häuser einstürzten, fliehen Senat und Bürger bei der Nach= richt vom Anrücken Cäsars aus der Stadt, wie bei drohendem Schiff= bruch alle über Bord springen. „Man flieht in den Krieg", und die einzige Entschuldigung für solche Feigheit ist: „sie fürchten sich, weil Pompejus flieht". Als er dann auch von Brundisium heimlich ab= fährt, betet der Feldherr zu Fortuna, daß sie ihm vergönnen möge, Italien, welches festzuhalten sie ihm verbiete, wenigstens zu verlieren (II 699 ff.). „O Schmach!" ruft der Dichter aus: „die Flucht des Großen ist schon ein kleiner Sieg für ihn" (708). In Begleitung von Völkern zieht er als ein Verbannter dahin (730). Daß er den Sieg bei Durrachium nicht ausgenutzt und damit dem Krieg ein Ende ge= macht habe, wird heftig beklagt. Rom wäre glücklich, seine Freiheit und Selbständigkeit gerettet, mit allem weiteren Blutvergießen ver= schont worden, wäre Pompejus Sulla gewesen. Aber er war zu edel dazu, aus Rücksicht auf den Schwiegervater hat er es unterlassen (VI 301 ff.).

Am schärfsten ist der Contrast beider Persönlichkeiten in der Schlacht bei Pharsalus. Cäsar treibt wie Bellona oder Mars rück= sichtslos seine Leute in den Kampf, schlägt die Zögernden mit um= gekehrtem Lanzenschaft, drückt ihnen Waffen in die Hand, hetzt sie gegen Senatoren und Vornehme (VII 557 ff.). Pompejus beobachtet von einem Hügel aus den Gang der Schlacht, betet zu den Göttern, die Welt und Rom zu erhalten, nur ihn zu opfern, dämpft das Un= gestüm der Kämpfer, und wendet vor der Zeit sein Pferd zur Flucht aus Besorgnis, daß, wenn er fiele, seine Krieger ihr Leben noch we= niger schonen würden. Vielleicht habe er auch dem Schwiegervater den Anblick seiner Leiche entziehen wollen, vielleicht habe er an seine Frau gedacht (647 ff. 669 ff.). Dem entsagungsvollen Flüchtling wird dann noch ein empfindsamer Nachruf gewidmet, der ihn gewisser=

maßen als moralischen Sieger feiert (677 ff.). Seine Jammergestalt
wird nun immer mitleidswürdiger, seine Stimmung immer klein=
mütiger, die Teilnahme des Dichters immer geschraubter. Den
Bürgern von Larissa, die dem Geschlagenen ihre Ergebenheit be=
zeugen, antwortet er resigniert: „was braucht der Besiegte Völker
und Städte? leistet eure Treue dem Sieger" (720 f.). Da ruft der
Dichter bewundernd aus: „du, Cäsar, schreitest auf hochgetürmten
Mordhaufen über den Leib des Vaterlandes, während der Eidam dir
Völker schenkt!" Als eine gefallene Größe, die ihren Ruhm über=
lebt hat, tritt er im achten Buche auf. Bleich, das Gesicht unter
dem ergrauenden Haupt verbergend, die Kleider bestaubt und schmutzig
erscheint er vor Cornelia (55 ff.). Selbst der Stolz des Römers ist
ihm abhanden gekommen. Auf seinen unwürdigen Vorschlag, zu den
Parthern zu gehen und von ihnen Hilfe zu holen, muß er sich vom
Consul Lentulus sehr bittere Wahrheiten sagen lassen (VIII 289 ff.
331 ff.). Ueberhaupt hat er mit seinen langen Reden kein Glück.
Schon die hochmütige und prahlerische Ansprache, mit welcher er beim
Aufbruch von Capua das Heer zu ermuntern sucht, wird mit ge=
drücktem Schweigen aufgenommen: er merkt, daß seine Truppen schon
durch das Gerücht von Cäsar, ohne ihn nur gesehen zu haben, besiegt
sind (II 531 ff.).

Das Endurteil über ihn wird in Cato's Leichenrede (IX 190 ff.)
mit lapidarer Prägnanz zusammengefaßt. Das Lob, welches der
strenge Republikaner ihm erteilt, ist sorgfältig abgewogen und gesteht
ihm nur ein bedingtes Maß von Bürgertugend zu. Im Rechtssinn
stand er den großen Vorfahren nach, er war schon kein Vertreter der
wahren Freiheit mehr; mit ihm ist auch der Schein derselben unter=
gegangen. Glücklich war er auch darin, daß er zur rechten Zeit den
Tod fand, wenn auch gezwungen.

Wo aber der Dichter sich seinen eigenen Betrachtungen über=
läßt, kann er in Deklamationen über das Schicksal des ehemals
„Glücklichen" kein Ende finden. Immer von neuem wird Fortuna
angeklagt, wird die Würde des gefeierten Feldherrn, der Glanz seiner
Triumphe mit seiner Niederlage und seinem Ende in Gegensatz ge=
stellt. Am breitesten dehnen sie sich daher im achten Buche aus.
Er verwünscht Aegypten, das undankbare, dessen Götter Rom auf=
genommen hat. Er ist entrüstet, daß Rom, während es dem Tyrannen
Cäsar Tempel errichtet, noch immer nicht die Asche des Pompejus

zurückgefordert hat. Er wünscht sich als höchstes Glück die Mission, die Urne des großen Toten heimzubringen. Aber der niedere Grabhügel am Strande werde berühmter werden als ein Tempel; wenn jener eingesunken sei, werde man den Begrabenen für einen Gott erklären, und er wird ebenso zur Legende werden, wie Juppiter mit seinem Grabe auf Creta. Mehr sentimental als empfunden sind die Worte über den Schlummernden vor dem Tage von Pharsalus (VII 24 ff.). „Unterbrecht seinen Schlummer nicht, ihr Lagerwächter; keine Tuba schlage an sein Ohr. Die morgige Ruhe wird furchtbar sein, vom Bilde des Tages betrübt wird sie ihm überall Leichen in Reihe und Glied, überall Krieg vorführen ... glücklich, wenn dich dein Rom wenigstens so sähe! Hätten doch die Götter dem Vaterlande und dir, Großer, noch einen Tag geschenkt, wo ihr beide sicher vor dem Schicksal noch einmal eure Liebe zueinander genießen konntet" u. s. w.

Als Anhänger der stoischen Schule schwärmt Lucan für Cato. Ihm wie allen seinen Glaubensgenossen und Männern der politischen Opposition ist der doktrinäre Republikaner das Ideal des Menschen und Bürgers. Ein nächtliches Gespräch mit Brutus, der ihn auf= sucht, um sich über seine Beteiligung am Kriege klar zu werden, führt dem Leser die Grundsätze des starren Tugendhelden vor (II 234 ff.). Zur Ueberraschung des Schwiegersohnes erklärt er es für seine Pflicht, bei der Bestattung Roms nicht zu fehlen. Er will unter Pompejus dienen, damit dieser als Sieger nicht meinen solle für sich allein gesiegt zu haben. Aber erst nach dessen Tode, im neunten Buch, tritt er als der würdigste Vorkämpfer der Freiheit in den Vordergrund.

Neben den drei Hauptpersonen greift nur eine ziemlich kleine Schar von Männern zweiten Ranges in den Verlauf der Begeben= heiten ein. Am meisten herausgearbeitet ist Cäsars Parteigänger Curio, der Ueberläufer. „Er heißt der Vermegene mit käuflicher Zunge" (I 269 ff.). Sein Heldentod wird anerkannt und ihm ein Nachruf gewidmet, der bei herber Verurteilung doch der Bedeutung des Jünglings gerecht wird (IV 797 ff. 814 ff.). „Keinen zweiten Bürger von solcher Begabung hat Rom hervorgebracht, keinen, dem die Gesetze mehr verdanken würden, wenn er das rechte Ziel verfolgt hätte." Mit Anspielung an die berühmte Stelle der Aeneis (VI 621), die wieder Versen des Varius nachgebildet ist, schließt die Charak= teristik mit dem schneidenden Wort: „alle andern" (nämlich Hochver=

räter wie Sulla Marius Cinna Cäsar) „haben die Stadt gekauft, er
hat sie verkauft."

Lucan ist ein orthodoxer Optimat, er verurteilt alle demokrati=
schen Revolutionäre: die Gracchen stellt er neben Catilina, Drusus
und Marius zu den Büßern in der Unterwelt; und Cäsar ist noch
schlimmer als sie (VI 793 ff.). Die Verwünschungen des Bürger=
krieges schlagen bisweilen in knabenhaften Aberwitz um. Durch
Frühlingsregen und Schneeschmelzen ist die Gegend um Ilerda über=
schwemmt. „So ist es recht, Neptun!" ruft der Dichter dazwischen:
„laß es beständig regnen; hindere, daß die Wasser sich verlaufen;
laß den Rhein, den Rhodanus ihre Wellen über jene Felder ergießen;
leite hierher den geschmolzenen Schnee vom Rhipäusgebirge (im
Norden), alle Teiche, Seen und Sümpfe, und entreiße dadurch die
armen Länder den Bürgerkriegen!" (IV 110 ff.) Die Niederlage
des Curio in Afrika hätte lieber die Manen Hannibals sühnen sollen,
statt Pompejus und dem Senat zu nützen (IV 788 ff.). Möchte bei
Pharsalus nur Barbarenblut geflossen sein, oder wenn es römisches
sein sollte, wären doch dann nur Galater Syrer Cappadocier und
ihresgleichen leben geblieben! denn nach den Bürgerkriegen werden sie
das römische Volk sein (VII 535 ff.).

Aber ergreifender als alle Deklamationen über den Frevel des
Bürgerkrieges wirkt das auch von Cäsar mit Wärme dargestellte Zu=
sammentreffen beider Lager in Spanien, da es für einen Augenblick
schien, als ob eine Versöhnung zu Stande kommen werde. Hübsch
erzählt Lucan (IV 169 ff.), wie die Gegner, nur durch einen Wall
getrennt, sich gegenüberstehen, wie Verwandte und Freunde einander
erkennen, sich mit dem Schwert zuwinken, wie dann einzelne, dem Zuge
des Herzens folgend, den Wall überschreiten, einander die Hände reichen,
unter Thränen in die Arme schließen. Da wird ihnen die Unnatur
des Krieges klar. Einträchtig lagern sie sich auf dem Rasen, zechen und
plaudern zusammen, erzählen von ihren Erlebnissen und Thaten, bis
Petreius (206 ff.) dem erquickenden Idyll und den Träumen von
Versöhnung ein rauhes Ende macht. In blutigem Gegensatz werden
nun aus den Friedseligen wilde Tiere, die Blut geleckt haben (237 ff.).
Sobald sie das Schwert wieder in Händen haben, „hassen sie die
Ihrigen" und schwelgen im Morden.

Keine Frage: von Anfang an hat Lucan in seinem Gedicht den
Standpunkt des Republikaners eingenommen, und seine Darstellung

trägt die Farbe des Pompejaners. Es ist daher schon an sich selbst=
verständlich, daß er vorzugsweise aus Quellen solcher Art geschöpft
haben wird: sie wurden ja auch in der Kaiserzeit ihres freisinnigen
Charakters wegen besonders gelesen und geschätzt. Nachweisbar hat
der Dichter die den Bürgerkrieg behandelnden Bücher in dem großen
Geschichtswerk des Livius benutzt, und soweit Einzelheiten und
übereinstimmende Nachrichten späterer, von jenem abhängiger Schrift=
steller noch jetzt einen Schluß gestatten, wenigstens teilweise recht
ausgiebig, sogar wörtlich. Wie fleißig er im allgemeinen den Stoff
bis in kleine Züge aus der Ueberlieferung zusammengetragen hat,
ergibt die Einsicht in die erhaltene Litteratur. Poetische Erfindung
spielt in dem ganzen Gedicht eine verhältnismäßig so geringe Rolle,
daß es nach Ausscheidung einiger Episoden vielmehr eine rhetorisch
gefärbte und tendenziös entstellte Geschichtserzählung in Versen als
eine poetische Schöpfung zu nennen ist. Eine gleichmäßige, zusammen=
hängende Darstellung, wie sie vom Historiker verlangt wird, ist hier
freilich nicht zu finden. Es sind Gemälde und Hauptscenen, aus dem
Ganzen herausgegriffen und locker aneinandergereiht.

Es mag genügen die Abhängigkeit von Livius auch in Neben=
dingen nur durch einige sichere Proben zu belegen. Von ihm rührt
die Angabe (VII 192 ff.), daß ein Augur in Patavium am Tage
der Schlacht bei Pharsalus aus dem Vögelflug erkannt habe, daß
ein Entscheidungskampf stattfinde. Nur hat Lucan den Namen des
Mannes verschwiegen und daß derselbe gradezu den Sieg Cäsars
verkündete. Demselben Gewährsmann verdankt er den Namen des
cäsarischen Kriegers, der zuerst seine Lanze gegen den Feind ge=
schleudert und somit das Zeichen zum Beginn des Kampfes gegeben
hat (VII 470 ff.). Livius hatte wie Lucan (VIII 86 ff.) ein Ge=
spräch zwischen Pompejus und Cornelia eingeführt, in welchem
letztere sich anklagte, daß ihr Unstern den Gatten ins Verderben
ziehe. Genau nach Livius ist der Tod des Pompejus im achten Buch
erzählt; selbst die oben erwähnten Thränen Cäsars (IX 1033 ff.)
sind von ihm bezeugt. Auf historischer Ueberlieferung, die man auf
Livius zurückführen darf, beruht auch der Traum, welchen Pompejus
in der Nacht vor der Entscheidungsschlacht hatte (VII 9 ff.), daß er
in seinem Theater zu Rom saß und wie in glücklicher Zeit mit
rauschendem Beifall von der ganzen Zuschauermenge begrüßt wurde.
Historisch ist die Befragung des delphischen Orakels durch Appius

(V 67 ff.). Uebereinstimmend mit andern Historikern, die aus Livius schöpfen, berichtet Lucan (II 64 ff.), daß in der Seele der geängstigten Bürger vor dem Kriege die Erinnerung an die Schreckenszeit der Marius und Sulla wieder aufgewacht sei, und vermutlich hat er auch die Einzelnheiten, welche er hervorhebt, von dort entlehnt. Die sorg= fältige und anschauliche Schilderung der Kriegsschauplätze wie der Lage von Massilia (III 373 ff.), Ilerba (IV 11 ff.), Durrachium (VI 14 ff.), führt man mit Recht auf eine geschichtliche Darstellung wie die des Livius zurück.

Manche der eingeflochtenen Reden lesen sich, als wäre der Text des Livius einfach in Verse gebracht. In der That weist z. B. bei Plutarch die Beratung der Pompejaner in Cilicien über die Fort= führung des Krieges auf eine gemeinsame Quelle: hier wie bei Lucan (VIII 390 ff.) wird darauf hingewiesen, wie unanständig ein Aufent= halt bei den Parthern für eine Frau wie Cornelia sein würde. Hier und da findet sich wohl eine Anspielung auf frühere Thatsachen, welche Lucan aus seiner Vorlage herübergenommen hat, ohne sich daran zu stoßen, daß sie für den Leser seines Gedichtes kaum verständlich war, weil jene Thatsache entweder vom Verfasser übergangen ist oder jenseits des Rahmens seiner Erzählung fällt. Dagegen läßt sich be= weisen, daß der Dichter sich nicht unbedingt weder an Livius noch an die historische Wahrheit gebunden hat. So läßt er im Lager des Pompejus vor Pharsalus am Morgen der Schlacht Cicero an der Spitze der Kampflustigen das Wort führen und den Feldherrn an= stacheln (VII 62 ff.), während Livius dem eigenen Zeugnis Cicero's entsprechend berichtet hat, daß derselbe sich schon in Durrachium vom Heer getrennt hatte. So unbedeutend die Rede ist, welche der Dichter ihm in den Mund legt, so hat er doch auf die berühmte Figur, die nur hier auftritt, nicht ganz für sein Gedicht verzichten wollen. Auch der nächtliche Besuch des Brutus bei seinem Oheim Cato (II 234 ff.) steht mit den Thatsachen in Widerspruch, denn bei Beginn des Bürger= krieges befand sich jener nicht in Rom, sondern in Cilicien. Die Figur des Tyrannenmörders durfte nicht fehlen.

Ein Ahnherr des Nero war L. Domitius Ahenobarbus, der er= bitterte Feind Cäsars. Er sollte Corfinium halten, wollte aber, weil er an dem Erfolge verzweifelte, fliehen und wurde daher von seinen Soldaten an Cäsar ausgeliefert, der ihn bedingungslos entließ. Lucan stellt diese Großmut so dar, als habe der höhnische Feind ihm und dessen Genossen den ersehnten Tod verweigert: er nennt es die schlimmste Strafe, daß einem Bürger die Treue gegen Vaterland, Pompejus und den Senat verziehen werde, und läßt den Edlen inner= lich knirschen (II 511 ff.). Dieser stolze Herr hatte, wie wir ander= weitig erfahren, sich kurz vorher von seinem Arzt Gift geben lassen, um nicht in die grausamen Hände Cäsars zu fallen. Als er aber erfuhr, daß derselbe die Gefangenen mit größter Milde behandele, bejammerte er seinen voreiligen Schritt. Zum Glück konnte ihn der Arzt beruhigen, er habe ihm nur ein Schlafmittel gegeben. Da ging er vergnügt zu Cäsar und drückte dessen Hand, um sofort wieder von neuem bei Massilia gegen ihn zu kämpfen. Bei Pharsalus ist er aus dem Lager ins Gebirge geflohen, da haben ihn die Kräfte verlassen und feindliche Reiter niedergemacht. Nach Lucan (VII 599 ff.) fällt er in der Schlacht frohen Mutes, tausend Wunden erliegend, und sammelt seinen letzten Atem, um nach homerischer Art dem höhnenden Cäsar mit prophetischer Drohung zu antworten.

Uebrigens stützt sich der Dichter selbst in der Ausführung von Kampfscenen öfter, als man erwarten möchte, auf gegebene Grund= lagen. So wird in mehreren aus Livius abgeleiteten Quellen ziemlich übereinstimmend berichtet, einem Cäsarianer Acilius sei in der See= schlacht vor Massilia, wie einst dem Athener Kynaigeiros, die rechte Hand, mit welcher er ein feindliches Schiff gepackt habe, abgehackt worden. Da habe er mit dem Schild in der linken die Feinde vor sich hergetrieben, sei hineingesprungen und habe es zum Sinken ge= bracht. Vergil (Aen. X 390 ff.) erzählt von einem latinischen Zwillingspaar: dem einen Bruder wird der Kopf abgeschlagen, dem andern die rechte Hand. Beides contaminiert und steigert Lucan (III 603 ff.). Zunächst überträgt er die That des Römers auf einen Massilier: dem Cäsarianer gönnte er sie wohl nicht. Von Vergil übernimmt er der Rührung halber das Zwillingspaar, welches nun durch den Tod des einen heldenmütigen Bruders getrennt wird. Diesem aber werden nacheinander beide Hände abgehauen. So waffenlos dient er mit seiner nackten Brust dem Bruder, welcher hinter ihm kämpft, als Schild und fängt zahlreiche Geschosse der Feinde mit seinem Leibe auf; endlich nimmt er die letzte schwindende Kraft zusammen, und springt mit einem gewaltigen Satz in das über= füllte Boot, so daß es sinkt und mit ihm untergeht. Hier sehen wir den Dichter gradezu bei der Arbeit, und können einen ungefähren

Schluß machen, auf welchem Wege er zu andern merkwürdigen Kampf=
scenen, wie sie der epische Stil von jeher verlangte, gelangt ist.
Seine Phantasie schwelgt, wie es in jener Zeit allgemein ist, im
Gräßlichen. Der übersättigte Geschmack forderte die stärkste Würze.
Von der Arena her war man an die grausamsten Schauspiele ge=
wöhnt. Da mußte die Erfindung raffiniert sein, um zu wirken.

Ein andres Bild. Bei der Verteidigung einer Schanze vor
Durrachium hat sich wieder ein Centurio Cäsars, Scäva, hervor=
gethan. Der Feldherr selbst hat sein Verdienst durch hohe Aus=
zeichnungen anerkannt und erwähnt in seinen Memoiren, im Schilde
desselben habe man 120 Löcher gefunden. Es war ein bärenmäßiger,
origineller Kerl. Beispielsammler wie Biographen Cäsars verbinden
sein Andenken unmittelbar mit dem des Acilius, besonders lebendig,
in einem Punkt abweichend, aber nach dem Bericht eines Augenzeugen
offenbar (des Asinius Pollio?) schildert Appian sein Verhalten. Ein
Auge war ihm durch einen Pfeil zerschossen, Schulter und Schenkel
mit einer Lanze durchbohrt. Da sprang er vor, winkte den Feinden,
als ob er sich ergeben wolle, und bat, wie Appian erzählt, den pompe=
janischen Centurio, ihm, dem Schwerverwundeten, Hilfe zu schicken.
Als aber zwei an ihn herantraten, hieb er dem einen die Schulter
mit dem Schwert ab, den andren tötete er (oder schlug ihn in die
Flucht). Er selbst kam davon, da die Seinigen ihn schützten. Diesen
Vorgang mochte sich der Dichter nicht entgehen lassen. Auch konnte er
diesmal des Cäsarianers Verdienst nicht unterschlagen, aber er macht ihm
ein Verbrechen daraus und führt ihn ein als einen gemeinen Mann,
geneigt zu jedem Frevel, der nicht wußte, ein wie großes Verbrechen
Tapferkeit in Bürgerkriegen ist (VI 147 f.). Nach diesem lächerlichen
Eingang spart er die Farben nicht. Er legt dem Bösewicht eine
zündende Strafrede an die fliehenden Conmilitonen in den Mund.
Man sieht ihn vom Turm und Wall herab Leichen, Steine, Balken
auf die Angreifer herabschleudern. Als der Leichenhaufen beinahe zur
Höhe der Mauer ansteigt, springt er wie ein Panther mitten in die
Feindesschar und arbeitet mit seinem Schwert. Als dieses von dickem
Blut stumpf geworden ist, bricht er dem Feind einfach die Glieder
entzwei. Er wird zur Zielscheibe aller Geschosse: alle treffen, die
Lanzen allein, welche in seinen Knochen stecken, dienen ihm als Panzer.
Er steht wie eine Mauer, einen Wald von Lanzen in der Brust, aber
unempfindlich wie ein Elefant. Ein Pfeil trifft ihn ins Auge, er

reißt beides aus der Höhle und tritt es unter die Füße. Wie eine
verwundete Bärin wird er nur grimmiger, während das Gesicht ihm
von blutigem Regen überströmt ist. Hierauf die listige Bitte an die
Pompejaner, wie sie Appian erzählt. Aulus glaubt ihm, nähert sich,
um den Verwundeten samt seinen Waffen als gute Beute davonzu=
tragen, aber der stößt ihm das Schwert in den Hals. Endlich kommen
Cäsars Cohorten zum Entsatz: da der Kampf vorüber ist, bricht der
Tapfere zusammen, man hebt den Ohnmächtigen auf die Schultern.
Seine Kameraden verehren ihn wie das leibhaftige Bild der Virtus.
Aber was ist sein Lohn? der Unglückliche hat sich statt des Triumphs
einen Herrn erobert (262).

Historisch beglaubigt, wenigstens von Florus aufgenommen, ist
das gegenseitige Blutbad, in welchem die Mannschaft eines cäsaria=
nischen, vom Feinde umzingelten Schiffes sich den Tod gibt (IV 521 ff.),
eine Metzelei, vom Dichter passend mit der thebanischen Drachensaat
verglichen und mit wollüstiger Grausamkeit geschildert. „Die einzige
Liebespflicht für die Schlächter war, gut zu treffen, den Schlag nicht
wiederholen zu müssen" (565 f.). „Von keinem Schiff hat der Ruf,
über den ganzen Erdkreis laufend, mit lauterem Munde gesprochen.
Dennoch werden die Feigen nie begreifen, wie leicht es sei, der
Knechtschaft durch eigene Hand zu entgehen. Vielmehr werden die
Könige gefürchtet wegen des Eisens, und mit grimmen Waffen wird
die Freiheit bedrängt, und man weiß nicht, daß uns Schwerter ge=
geben sind, damit niemand Knechtschaft erdulde. Tod, möchtest du
dich doch weigern, Zaghafte dem Leben zu entziehen, möchte nur
Tapferkeit dich verleihen!" (573 ff.) Die Umzingelung der Truppen
Curio's in Afrika durch numidische Reiterei, welche auch Cäsar als
verhängnisvoll darstellt, wird auf die höchste Spitze getrieben: sie
können sich nicht rühren, so daß selbst die Leichen aufrecht stehen
(IV 746 ff.).

Wie weit andres Erfindung oder woher es entlehnt ist, läßt sich
nicht sagen. Um neu zu sein und dem Vergleich mit der Aeneis
und dem älteren Epos, worauf er deutlich anspielt, aus dem Wege
zu gehen, weist Lucan bei der Schlacht von Pharsalus die übliche
Beschreibung von Einzelkämpfen und Verwundungen ab: das sei
keine gewöhnliche Schlacht gewesen, hier haben nicht einzelne, sondern
Völker geblutet; diese Niederlage bedeutete Untergang, Knechtschaft für
alle Zukunft (VII 617 ff.). Dafür verbringen die Sieger eine un=

selige Nacht. Die Schatten der getöteten Feinde, ihrer Brüder und
Väter, beunruhigen ihre Träume, Cäsar wird von den Furien geplagt
wie Orestes (VII 760 ff.). Derselbe macht das Maß seines Frevels
voll, indem er am folgenden Tage auf der Wahlstatt einen Schmaus
hält und den gefallenen Bürgern den Scheiterhaufen verweigert. Ein
ekles Schauergemälde des weiten Leichenfeldes wird zum Beschluß
des Buches entrollt. Man sieht die wilden Tiere, die Hunde und
Vögel, welche sich an der Beute letzen. Nie ist der Himmel so mit
Raubvögeln bedeckt gewesen. Aber die gierigen Gäste können den ungeheuren Fraß nicht einmal zwingen: sie kosten die Glieder nur an,
ein großer Teil des latinischen Volkes bleibt verschmäht liegen
(VII 787 ff.).

Uebrigens hatte schon die Eroberung von Massilia genug Stoff
zu Einzelbildern gegeben, und zwar boten grade hier die Kämpfe zur
See eigenartige und noch nicht abgenutzte Züge. Da wird ein
Römer, dessen Schiff von allen Seiten eingeschlossen ist, zugleich durch
Brust und Rücken geschossen, so daß die Lanzenspitzen in der Mitte
aufeinanderstoßen: das quellende Blut drängt beide zugleich mit der
Seele heraus (III 585 ff.). Ein andrer wird buchstäblich in zwei
Stücke zerrissen: in der oberen Hälfte behauptet sich das zähe Leben
noch eine Weile (635 ff.). Ein Schiff schlägt um, weil sich alle
auf eine Seite drängen; sie stürzen über Bord, das Schiff über
sie. Ein Schwimmender wird durch die Eisenschnäbel zweier sich
begegnender Schiffe gespießt. Verwundete Schiffbrüchige klammern
sich an das Fahrzeug der ihrigen, aber es schwankt, und droht
unterzugehen, wenn es noch mehr aufnimmt: da hackt man den
Hilfesuchenden die Arme ab, so daß die Rumpfe in den Fluten ver-
sinken. Nachdem alle Geschosse verschleudert sind, kämpft man mit
Rudern, mit Schiffsteilen, zieht die Waffen aus den Wunden der Gefallenen und den eigenen. Durch Brandgeschosse bricht Feuer auf
den Schiffen aus; alle suchen sich zu retten: „unter tausend Todesarten erregt nur der Tod Schrecken, an dem zu sterben sie schon begonnen
haben" (689 f.). Noch in den Wellen setzt sich der Kampf fort. Ein
Taucher hat seinen Feind in die Tiefe gestürzt: da er nun als Sieger
wieder in die Höhe will, stößt er an Schiffskiele und bleibt unten.
Einem Tyrrhener werden durch eine Schleuder beide Augen ausge-
schlagen, dennoch setzt er den Kampf fort. Er läßt sich richten wie
eine Wurfmaschine, trifft einen Jüngling, dessen greiser Vater über

die ganze Länge des Verdecks hinweg, oft fallend, zum ſterbenden
Sohn will, um ihm die Augen zuzudrücken. Als die Starrheit ſeines
Schmerzes nachgelaſſen hat, durchbohrt er ſich mit dem Schwert und
ſtürzt ſich ins Meer (751).

Auch ſonſt läßt der geübte Rhetor ſich nicht leicht die Gelegen=
heit entgehen, ſeinen Farbentopf auszunützen. Was Cäſar und Florus
mit einem kurzen Wort andeuten, den Durſt, welchen die zwiſchen
waſſerloſen Hügeln eingeſchloſſenen Pompejaner in Spanien zu er=
dulden haben, führt Lucan (IV 292 ff.) wiederum in einer Reihe
raffinierter Züge vor Augen: das fruchtloſe Suchen und Graben nach
Quellen, die kümmerlichen, ekelhaften Notbehelfe, das verzweifelte
Ausſchauen nach Regen, und vor ihren Augen die beiden vollen
Ströme, von denen ſie abgeſchnitten ſind. Und welcher Gegenſatz,
als Afranius endlich, von der Not gedrängt, kapituliert hat! Das
Rennen zu den Flußufern, das gierige, unerſättliche Trinken! (365 ff.).
Cäſars Verſuch, von Epirus bei Nacht heimlich nach Italien hinüber=
zufahren, liefert dem Dichter mannigfache Motive, die er fleißig aus=
gebeutet hat (V 504 ff.). Erſt idylliſche Stimmungsbilder: der Gang
des unerkannten Feldherrn durch das ſchlafende Lager, die ärmliche
Fiſcherhütte am Strande und ihr Bewohner auf dem Seegraslager,
die Verhandlung mit ihm; dann aber die Hauptſache, das prachtvolle
Seeſtück, die wachſende Gefahr auf dem leichten Boot bei drohendem
Sturm, das einbrechende Unwetter und der tobende Kampf von Wind
und Wellen. Nur ſchade, daß der beſorgte Schiffer ſtatt eines üblen
Wetterzeichens gleich ein Dutzend aufzählt (540 ff.), und daß Cäſar
inmitten der Gefahr dem Alten eine wohlgeſetzte Rede hält (577 ff.),
ſtatt ihn mit dem kurzen, berühmten Wort: „du führſt Cäſar und
ſein Glück" zu ermutigen. Und kaum beſſer angebracht iſt nachher
(654 ff.) der ſelbſtbewußte Monolog, mit dem er ſich auf den Tod
gefaßt macht.

Für die Figur Cato's wird Lucan die auch von Plutarch ver=
wendete Lobſchrift ſeines edlen Zeit= und Glaubensgenoſſen Thraſea
Pätus nicht unbenutzt gelaſſen haben, welcher ſeinerſeits vorzugs=
weiſe dem Munatius Rufus, einem Freunde Cato's, gefolgt iſt. Wir
wiſſen, daß in derſelben die anſtößige Eheſtandsepiſode der Marcia
mit Hortenſius, ſowie ihre ſpätere Rückkehr zu dem erſten Gemahl
ausführlich und beſchönigend erzählt war. Hierdurch vermutlich iſt
der Dichter angeregt worden, im zweiten Buch (326 ff.) dieſe Wieder=

vereinigung anzubringen. Die Begründung jener auch in den Rhetor=
schulen erörterten Gastrolle bei Lucan (330) stimmt völlig überein
mit der des Thrasea. Die theatralische Ausschmückung, wie die
trauernde Witwe frisch vom Grabe des Hortensius kommend mit zer=
rauftem Haar und zerschlagener Brust unerwartet bei Cato einbricht,
gehört natürlich dem Dichter. Fast schülerhaft ist es, wenn er bei
diesem Anlaß alle Einzelnheiten des hochzeitlichen Ceremoniells auf=
zählt, um zu berichten, daß sie bei der Wiedervereinigung der
Marcia mit Cato weggefallen seien (352 ff.). Auch andre Einzel=
züge, vielleicht aus derselben Quelle, finden sich bei Plutarch
wieder, und die prägnante Formulierung der stoischen Lebens=
auffassung Cato's (380 ff.) könnte recht wohl im wesentlichen von
Thrasea entlehnt sein.

Was einem poetischen Kunstwerk Reiz, Duft und Wärme ver=
leiht, fehlt der Pharsalia. Die Grazien sind bei dieser Arbeit aus=
geblieben. Bitterer Ernst, rhetorisches Pathos in Haß und Schmerz,
das ist die eintönige Litanei, welche den Leser betäubt und ermüdet.
Wärmere Herzenstöne erklingen fast nie. Sind doch menschlich per=
sönliche Verhältnisse der Freundschaft und Liebe fast ganz ausge=
schlossen. Männer beherrschen fast allein die Bühne, das weib=
liche Element ist nur durch ein paar Nebenfiguren vertreten. Jene
Marcia kann uns wenig rühren. Vermutlich war sie bestimmt,
bei dem Tode ihres Herrn noch eine Rolle zu spielen, übrigens tritt
sie nicht weiter auf. Cornelia, Pompejus' treue Gattin, steht ihm
eigentlich im Wege; die Rücksicht auf sie hemmt seine Thatkraft
(V 727 ff.). Er bringt sie gegen ihren Willen nach Lesbos, wo sie
unthätig verweilt, um später den Flüchtigen nach Aegypten zu be=
gleiten, seine Ermordung mitanzusehen und als Witwe zu betrauern
(VIII 43 ff. 577 ff. 637 ff. IX 51 ff. 167 ff.). Es wäre eine wahre
Erquickung, nach allen Greueln und Nöten einmal die Phantasie an
der Schönheit eines Weibes wie Kleopatra zu weiden, welche im
zehnten Buch auftritt. Wenn nur der stoische Deklamator mehr Sinn
für dergleichen hätte! Ihm ist die verführerische Aegypterin nichts
als die Erinys Latiums, verhängnisvoller für Rom als Helena für
Griechenland (X 59 ff.). Auf Antonius und Actium wird hingewiesen.
Von ihren Reizen erhalten wir kein Bild; die Nacht, welche Cäsar
ihr schenkte, wird ihm als schmachvolle Sünde angerechnet (68 ff.).
Aber wenigstens gibt es doch die Pracht eines orientalischen Königs=

palastes zu schauen, es gibt ein üppiges Bankett mit herrlichem Tafel=
gerät und köstlichen Weinen (111 ff.).

Freilich geht es auch hier nicht ohne moralische Gemeinplätze
ab, womit der junge Mann überhaupt allzu freigebig ist. Es liest
sich noch ganz hübsch, wenn er die von Cäsar begnadigten Pompe=
janer, welche kapituliert haben, in die Heimat begleitet mit dem Lobe
friedlich häuslichen Daseins (IV 382 ff.). Kurz vorher hat er ge=
predigt, an dem Beispiel der Soldaten, welche ihre verdorrte Kehle
mit Flußwasser letzen, solle man lernen, wie wenig die Natur be=
dürfe, wie verwerflich raffinierte Schwelgerei sei (373 ff.). Der
Schiffer, an dessen ärmliche Hütte Cäsar klopft, verdankt seinen sorg=
losen Schlaf der Armut, jener unverstandenen Göttergabe: welche
Tempel, welche Mauern wankten nicht unter Cäsars Hand? (V 527 ff.)
An Metellus, welcher den Staatsschatz tapfer verteidigt, sieht man,
daß nur die Liebe zum Golde keine Todesfurcht kennt: Gesetze werden
ohne Kampf preisgegeben, nicht aber das nichtswürdigste aller Dinge,
das Geld (III 373 ff.).

Mit dem Glauben an persönliche Götter hat Lucan so weit
gebrochen, daß ihm die „Oberen" nicht viel mehr als müßige
Zuschauer (vgl. VIII 706) sind. Vorwürfe der Sterblichen gegen
ihre Gleichgültigkeit werden mehr als einmal erwähnt (z. B. IX
87). Ob die Geschicke der Menschen von Anbeginn der Welt vor=
herbestimmt seien oder ob blinder Zufall regiere, läßt er unent=
schieden: jedenfalls, meint er, sei es ihnen besser nichts vorher zu
wissen, damit der Hoffnung Raum bleibe (II 4 ff.). Aber er erkennt
doch die Geltung der Fata wie das Walten der Fortuna an. Ihnen
vertraut auch Cäsar (I 226 f.). Aber der Fortuna wirft der Dichter
schnöde Untreue gegen Pompejus (VIII 701) und Willkür vor, da sie
viel Schuldige verschone (III 448 f.). Ueber die Toten hat sie keine
Macht mehr: die Erde nimmt alles wieder auf, was sie gezeugt hat
(VII 818 f.). Dennoch läßt er nach stoischer Anschauung die Seele
des Pompejus nach dem Tode zum Aether emporsteigen, wo zwischen
Erde und Mond die Schuldlosen, denen feurige Tugend inne wohnt,
als Halbgötter fortleben (IX 1 ff.). Mit den Stoikern glaubt er
auch an den einstigen Untergang der Welt durch Feuer (VII 812 ff.).

Bei solchen Anschauungen mußte ein Hauptstück des epischen
Apparates für Lucan wegfallen. Der ganze Götterhimmel, die
Sitzungen des olympischen Rates, Erscheinungen der Himmlischen

auf Erden und das thätige Eingreifen einzelner, auch die ganze Schar
dämonischer dienender Wesen — diese ganze Welt ist beseitigt. Alles
geht auf irdischer Bühne vor sich und Menschen sind die einzigen
handelnden Personen, — ein ungeheurer Bruch mit den Traditionen
der alten Dichtung. Zu einigem Ersatz treten Wunderzeichen, Sterne,
Träume, Visionen, Orakel, magische Künste und die Unterwelt ein,
an die der Dichter mit der Menge der Zeitgenossen glaubt. Der
gelehrte Nigidius Figulus liest in den Sternen, daß ein langer Krieg
bevorstehe, der einen Herrn bringen werde (I 639 ff.), und bestätigt
damit die schrecklichen Vorzeichen. Aus guter Quelle, übereinstimmend
mit Valerius Maximus und Orosius, wird von dem Gang des Ap=
pius Claudius zum delphischen Orakel berichtet, und das Gebaren
der Priesterin in ausführlicher Episode geschildert (V 67 ff.). Bauern
sehen den Schatten des Marius aufsteigen (I 582 f.). Dem Pompejus
erscheint bei der Ueberfahrt von Brundisium nach Epirus im Traum
seine verstorbene Gemahlin Julia (III 9 ff.). Seit Ausbruch des
Bürgerkrieges, so klagt Cäsars Tochter, sei sie von den elysischen
Feldern zu stygischer Finsternis verwiesen. „Ich habe gesehen, wie
die Eumeniden ihre Fackeln gegen eure Waffen schüttelten. Charon
rüstet unzählige Kähne; im Tartarus wird Raum geschafft für viele
Strafen, die Parcen bewältigen kaum ihre Arbeit." Sie hat Urlaub
von dem Beherrscher der „Schweigenden" genommen und verheißt
dem ehemaligen Gatten, der heilige Bande mit dem Schwert zer=
schneide, solange der Krieg daure allnächtlich zu erscheinen als sein
guter Geist, denn seit der Vermählung mit Cornelia habe sich Fortuna
von ihm abgewendet. Die Scene wirft ein scharfes Licht auf die
Seelenstimmung des Pompejus.

Aber in den Abgrund finsteren Aberglaubens, wie er damals
bei Hoch und Niedrig verbreitet war, steigt der Dichter, wo er die
Künste der thessalischen Hexen erzählt (VII 438 ff.). Ganz ernsthaft
fragt er, woher diese Macht über die Götter komme: ob sie gutwillig
oder aus Zwang gehorchen (492 ff.). Aus einem Zauberbuch (und
es gab ja eine unermeßliche Litteratur solcher Art) muß er sich gründlich
unterrichtet haben, denn seine Schilderung ist aus dem Vollen ge=
schöpft. Ueber die berüchtigte Persönlichkeit der Leichenschänderin
und Schattenbeschwörerin Erichtho wird ihm der Volksmund genug
zugetragen haben: er hat seinen Stoff gründlich ausgebeutet. Sex.
Pompejus, welcher die Zauberin aufsucht, um den Ausgang des

Krieges von ihr zu erfahren, findet sie um Mitternacht auf einem Felsen des Hämus, am Abhange nach Pharsalus zu sitzen, schon lüstern nach Blut und Leichen (575 ff.). Sie fühlt sich nicht wenig geschmeichelt durch den hohen Besuch, freilich in weltbewegende Schick= sale einzugreifen sei ihr nicht verstattet (nur einer einzelnen Seele vermöge sie das Leben zu verkürzen oder zu verlängern), die Zukunft dagegen zu ermitteln sei ihr ein Leichtes.

Sie wählt die Leiche eines eben gefallenen pompejanischen Kriegers aus, schleift sie in ihre Höhle, den Eingang zum Tartarus, und be= schwört hier die unterirdischen Mächte, den kürzlich abgeschiedenen Schatten wieder heraufzusenden. Die magische Handlung, die Er= scheinung der Here, die Mischung der Gifte, welche sie zum Opfer braucht, der unheimliche verworrene Mißklang ihrer Töne, die An= rufung und Bedrohung der Unteren, der ganze Hokuspokus ist mit einziger Sachkenntnis ausgeführt. Besonderen Zwanges bedarf es, den irren Schatten wieder in seine sterbliche Hülle, vor der er sich fürchtet, zurückzubannen. Endlich kehrt das Blut in die Adern zurück, der Körper schnellt empor und harrt der Frage, denn nur wenn er gefragt wird, kann er sprechen. Was er nun über die Stimmung der abgeschiedenen Römer in der Unterwelt, eines Brutus Catilina Scipio u. a. berichtet, ist offenbar im Hauptmotiv der Heldenparade im sechsten Buch der Aeneis nachgebildet, wie überhaupt diese ganze Episode der Schattenbeschwörung bestimmt ist, die Stelle der üblichen Hadesfahrt in eigentümlicher Weise zu ersetzen.

Zu den Mythen der alten Dichter verhält sich Lucan skeptisch, auch hat er kaum zwingende Veranlassung, sich mit ihnen zu be= fassen; aber zur Erholung von der Wirklichkeit geschichtlicher That= sachen flicht er selten eine Blume aus dem Garten der Sage ein, nicht ohne sie als solche zu bezeichnen. Dem Curio z. B. erzählt in Afrika ein Eingeborner den Ringkampf des Antäus, des maureta= nischen Riesen, mit Hercules (IV 589 ff.). Es ist die älteste, ja die einzige ausführliche Darstellung desselben, welche in griechisch=römischer Poesie erhalten ist. Daß die Sage den Römern bekannt und inter= essant war, beweist der Besuch, welchen schon Sertorius (673/81) dem Grabe des Unholdes abgestattet hat. Lucan hat den Vorgang mit spannender Lebendigkeit erzählt: er kennt die Griffe der Ringschule. Vielleicht hat er zu der Cacusscene und dem Kampf zwischen Amycus und Entellus ein Gegenstück liefern wollen. Gewiß nach hellenistischem

Vorbilde wird die Sage von Perseus und Gorgo erzählt, um zu er=
klären, warum Libyen so voller giftiger Schlangen sei (IX 619 ff.).
Kürzer wird die Sage von den Hesperidengärten berührt (IX 357 ff.),
welche im Tritonsee versunken sein sollen.

Der junge Mann hält viel auf Wissen, und was er gelernt hat,
legt er gern in seinem Gedicht nieder, stellt es auch ohne Not und
Anlaß zur Schau. Mit Himmel und Erde, mit Ländern und Völkern
und der gesamten Natur hat er sich beschäftigt. Als Augur gibt er
gern Proben seiner Sternenkunde: war sie doch seit Tiberius Mode
geworden. Astronomische Umschreibungen für Angaben von Jahres=
und Tageszeiten, von Wettererscheinungen liebt er sehr: sie geben der
Erzählung etwas Feierliches, Erhabenes, aber auch etwas Umständ=
liches und Schwerfälliges, Gespreiztes und Gesuchtes. Um die Mitte
des März regnete es in Spanien unaufhörlich: diese einfache Zeit=
bestimmung erfordert 20 Verse (IV 56 ff.), abgesehen von der Schilde=
rung des Wetters. „Der Träger der abgeglittenen Helle hat wieder
den warmen Titan aufgenommen" (d. h. die Sonne steht im Zeichen
des Widders, es ist Frühling); „die Zeiten waren nach den Gewichten
der gerechten Wage ausgeglichen und die Tage siegten" (d. h. sie
wurden länger um die Zeit des Aequinoctium) u. s. w. Besonders
seine Beschreibung der tropischen Himmelszone, in welcher das Orakel
des Juppiter Ammon lag, schwelgt in astronomischer Gelehrsamkeit
(IX 530—543). Und der fliehende Pompejus läßt sich auf nächt=
licher Seefahrt durch den Schiffskapitän über die Sterne unter=
richten, welche den Curs nach Syrien geleiten (VIII 159—186).

Zweckmäßiger und wirklich zur Sache gehörig sind seine genauen
und anschaulichen Beschreibungen der Kriegsschauplätze. In besonders
eingehender Studie wird Thessalien und seine Vorgeschichte behandelt
(VI 333 ff.). Die Absicht ist, zu zeigen, wie dieser Boden, auf
welchem die Freiheit im Todeskampf erliegen sollte, vom Schicksal
seit Alters zu Ungeheuerlichem ersehen sei. Daher greift der Dichter
hier ausnahmsweise in das Gebiet der Sage über, auf die er sonst
nicht viel gibt. Erst ein öder unwirtlicher Sumpf, dann bewohnbar
gemacht durch Hercules' übernatürliche Kraft, der den Ossa vom Olymp
trennte und den Wassern einen Weg zum Meer öffnete, wird es
von Flüssen durchströmt und von Ortschaften besiedelt, an die sich die
Erinnerung an manche Unthaten knüpft. Es wird die Heimat der
Centauren und Lapithen, der Tummelplatz des Kriegsrosses, die Stätte,

wo das verhängnisvolle erste Schiff gebaut, wo zuerst Metall zum
unseligen Geld gemünzt ist, wo sich frevler Uebermut gegen den
Himmel aufgebäumt hat. Auch über Gallien hat er sich unterrichtet.
Die Aufzählung der zahlreichen Standquartiere, aus welchen Cäsar
seine Truppen zum Marsch gegen Rom zusammenzieht (I 393—465),
ist mit einer ausführlichen Beschreibung des Landes verbunden, wobei
auch von Barden und Druiden erzählt wird, deren Unsterblichkeits-
glaube der Grund ihrer todesverachtenden Tapferkeit sei. „Glückliche
Menschen durch ihren Irrtum, die jener größte der Schrecken, die
Furcht vor dem Tode, nicht drückt!" Ein Gegenstück hierzu ist der
große Völkerkatalog des pompejanischen Heeres (III 169—297), der
schwerlich in solchem Umfang allein aus Livius geschöpft ist, obwohl
auch dieser der Hilfstruppen im einzelnen gedacht hat, selbst der paar
Schiffe, welche Athen geliefert habe (vgl. V. 182 f.). Ein langer
Exkurs ist dem Apennin und den auf ihm entspringenden Flüssen
gewidmet (II 392—438): der Verfasser zeigt sich hier vortrefflich
unterrichtet. Ausführlich wird ferner berichtet über die Völkerschaften
Libyens, welche zum Reich des Königs Juba gehören (IV 668 ff.),
und Lentulus ergeht sich (VIII 368 ff.) über die Parther, ihre Kampf-
weise und Vielweiberei. Nun ist der Stoiker Poseidonios aus
Apamea, Freund und Historiograph des Pompejus, in seinem großen
Geschichtswerk über die „Zeit nach Polybius" nachweislich grade auf
geographisches und ethnographisches Detail sorgfältig eingegangen;
weshalb auch Strabon dasselbe als eine seiner Hauptquellen benutzt
hat. Der Gedanke liegt nahe, daß es auch von Lucan ausgiebig verwertet worden ist. Der beschwerliche Marsch Cato's durch die Syrten
war von Livius im 112. Buche seines Werkes, aber auch von Strabon
in seinen gehaltreichen „Historischen Denkwürdigkeiten" erzählt worden.
Lucan widmet der Darstellung jener Strapazen einen großen Teil
des neunten Buches (301—949). Er beschreibt die Syrten, die Natur
Libyens, die Lebensweise der Nasamonen und ihre Handhabung des
Strandrechtes, schildert die Gewalt des Windes in der Wüste, zählt
die vielen Schlangenarten auf, von welchen der Boden erfüllt ist,
ergeht sich in Schilderung der verschiedenen Folgen, welche durch den
Biß jener Tiere entstehen, und berichtet auf das genaueste von der
Heilmethode und den Zaubermitteln, welche das Volk der Psyllen dagegen anwendet. Auch hier muß sich der Dichter in einer oder mehreren ausgiebigen Schriften Belehrung geholt haben.

Für eine große Partie des zehnten Buches ist erst kürzlich mit
völliger Sicherheit die Quelle nachgewiesen worden. Nach dem
Bankett bei Kleopatra läßt sich nämlich Cäsar von dem ägyptischen
Priester Achoreus über den wahren Grund der Nilschwelle und über
den Lauf des heiligen Stromes belehren (172—332). Er beruft
sich mit Recht auf sein stets reges wissenschaftliches Interesse, auf
seine bevorstehende Kalenderreform, und darin liegt eine Anerkennung
seiner geistigen Größe von Seiten des Dichters. Dieser aber hat die
Antwort des Priesters zum größten Teil, und zwar mehrfach in engem
Anschluß sogar an den Wortlaut aus dem vierten Buch der vor
kurzem (etwa 63 n. Chr.) erschienenen „Physikalischen Fragen" seines
Oheims, des Philosophen Seneca entnommen. Für diesen nun war
wiederum grade hier Poseidonios der wichtigste Gewährsmann, und
die Möglichkeit ist nicht ausgeschlossen, daß ihm noch einiges verdankt
wird, was in dem gedachten Abschnitt bei Lucan auf Seneca nicht
zurückgeführt werden kann.

Auch sonst fehlt es nicht an Spuren, daß Lucan die philosophi=
schen Schriften Seneca's wie auch die Tragödien gelesen hat. Und
überhaupt ist die Ausdrucksweise des Neffen der des Oheims besonders
in den sentenziösen Teilen verwandt, während die poetische Phraseologie
vorzugsweise nach Vergil gebildet ist; doch laufen trocken prosaische
und unklassische Ausdrücke bisweilen unter.

Der Stil Lucans ist mehr rhetorisch als poetisch. Selten wird
man von einem Hauch innerlicher Empfindung wohlthuend berührt.
Bei seiner Darstellung ist überwiegend Verstand und Temperament
thätig, viel weniger die Phantasie, am wenigsten das Gemüt. Ein
beständiges Sprühfeuer von Geistesfunken, die einen Augenblick
leuchten und dann verpuffen. Von Gleichnissen macht er daher einen
verhältnismäßig sparsamen Gebrauch. Manche sind dem Schatz der
Vorgänger, namentlich Vergils entlehnt. Eins und das andre ist
ihm auch selbst gelungen. Recht ansprechend z. B. wird die bange
Stimmung der Stadt Rom, welche hoffnungslos dem Kriege ent=
gegensieht, während alle Geschäfte ruhen, mit der Niedergeschlagenheit
und gespannten Angst einer Mutter verglichen, welche am Sterbebett
eines geliebten Kindes sitzt und dessen brechende Augen beobachtet (II 21 ff.).
Ein naturwahres und zugleich stimmungsvolles Landschaftsbild schauen
wir, als Cornelia die Waffen und Triumphkleider ihres Gemahls
verbrennt, und an der ganzen libyschen Küste Scheiterhaufen zu

Ehren des Toten aufflammen. So zündet der apulische Hirt, wenn
er seine Weideplätze verläßt, Feuer an, um den Boden für frischen
Graswuchs zu kräftigen: dann leuchten auch ringsum die Berge,
Garganus, Vultur und Matinus (IX 174 ff.). Um die Meeresstille
zu veranschaulichen, welche die Schiffe Cäsars auf der Fahrt nach
Griechenland festbannt (V 436 ff.), wird der zugefrorene Bosporus
geschildert, zum Teil mit Zügen Vergils und Ovids. Die vom Winde
zerstreuten Schiffe beschreiben eine Figur wie die Schar der Kraniche,
wenn sie vom Strymon zum Nil fliegen (V 711 ff.). Immerhin
witzig und durch den Schauplatz der Handlung nahe gelegt ist der
Vergleich mit dem Ichneumon (IV 724 ff.). Wie dieses im Schlamm
verborgen liegt und die Schlange mit dem Schwanz heranlockt, um
sie dann mit sicherem Biß zu packen: so liegt Juba in Afrika gegen
Curio im Hinterhalt, während er den Saburra zum Schein vorge=
schoben hat.

In der Prägnanz und im scharfen Schliff des Ausdrucks hat es
Lucan zu seltener Meisterschaft gebracht. Es gelingt ihm nicht selten
ein gedrungener Spruch, wie in Erz geprägt, aber der ruhige Fluß,
Anmut und Natur wird vermißt. Die Gedanken gehen auf Stelzen,
und das rastlose Haschen nach geistreichen Wendungen führt zu ge=
schraubten Figuren, zu gekünstelten Tiraden, die aus dem Erhabenen
ins Lächerliche fallen. Des lateinischen Metallklanges beraubt werden
sie in der Uebersetzung zu hohlem Blech. Mit Recht berühmt ist die
unnachahmbare Zeile (I 128): victrix causa deis placuit, sed victa
Catoni „Göttern gefiel die Siegerpartei, die besiegte dem Cato.“
Man kann nicht schneidender reden als I 504: in bellum fugitur,
man zieht in den Krieg, indem man flieht. Perdant velle mori sagt
Cäsar (IV 280), als er verbietet, die Herausforderung des ver=
schmachtenden Feindes zum Kampf anzunehmen. Er höhnt ironisch:
ultima Pompeio dabitur provincia Caesar (I 338): die letzte Provinz,
welche dem Pompejus nach soviel Siegen übertragen wird, ist Cäsar.
Sehr geziert und eitel ist die Versicherung des ergebenen Cäsarianers
(I 372): iussa sequi tam posse mihi quam velle necessest, „so unbedingt
mein Gehorsam gegenüber deinen Befehlen ist, so sicher ist ihre Aus=
führung.“ Man sagt wohl etwa „Rom“, wenn man das Volk oder den
Beherrscher Roms meint, aber viel weiter geht Lucan. Pompejus
hat sich von Pharsalus nach Lesbos zu Cornelia begeben. Sie
sprechen über ihr Unglück, die Rede der Gattin rührt die umstehenden

Mitylenäer zu Thränen, und hierdurch wird auch Pompejus ergriffen. Aber wir kommen aus der Stimmung, wenn wir lesen (VIII 108): siccaque Thessaliae confundit lumina Lesbos, d. h. die Augen, welche in Thessalien trocken geblieben waren, füllen sich in und durch Lesbos mit Thränen.

Lucan wie sein Oheim, der Philosoph, hetzt seine Gedanken durch ein gaukelndes Spiel von Variationen gleichsam zu Tode. Fronto, der Lehrer des M. Antoninus, ein Kenner des Stils, vergleicht jene kokette Manier mit dem Tanz eines Pantomimen, der dasselbe Tuch in den verschiedensten Formen verwendet, als Schwanenschwanz, als Haar der Venus, als Furiengeißel. Er geht als Beispiel die ersten sieben Verse der Pharsalia durch und zeigt, daß sie nichts enthalten als in siebenfacher Wiederholung eine Verurteilung des Bürgerkrieges.

Auf den Versbau ist peinliche Sorgfalt verwendet. Regelmäßig fällt am Schluß des Hexameters, oft in der ganzen zweiten Hälfte nach der Cäsur der Versictus mit dem Wortaccent zusammen, so daß sich der Rhythmus senkt, während er im ersten Teil kräftig ansteigt. Hierdurch und durch den Ausschluß der trochäischen Cäsur des fünften Fußes, wenn nicht die nach der Hebung des vierten damit verbunden ist, erhalten die Verse etwas Trockenes und Eintöniges. Die Verschmelzung der Vokale ist auf die leichteren Fälle beschränkt und überhaupt durch sparsamen Gebrauch der volle Klang der Wörter möglichst gewahrt.

Die Virtuosität in der Beherrschung der Form fällt doppelt ins Gewicht, wenn man erwägt, daß diese mehr als 8000 Hexameter mit so reichem Inhalt eine Frucht weniger Jahre sind, die obendrein noch durch politische Parteizwecke aufregendster Art in Anspruch genommen waren. Hatte sich doch der Hitzkopf zum Fahnenträger der pisonischen Verschwörung aufgeworfen. Nach langen Beratungen war man übereingekommen, daß Nero erdolcht und Piso von den Soldaten als Herrscher ausgerufen werden sollte. Aber der Plan wurde durch den Freigelassenen eines Mitverschworenen verraten; im peinlichen Verhör gab er unter andren auch Lucan als Teilnehmer an. Dieser leugnete erst lange; als ihm aber Straflosigkeit versprochen war, entblödete sich der feige Schwächling nicht, in demütiger Zerknirschung seine eigene Mutter Acilia, nachher auch andre als Mitschuldige zu nennen. Sein Lohn war, daß ihm später als mehreren hervorragenden seiner Genossen der Arzt mit dem Todesbefehl

zugesandt wurde. Er verfaßte noch ein letztes Schreiben an seinen
Vater, worin er die Verbesserung gewisser Stellen seines Gedichtes
angab, nahm ein üppiges Mahl ein und ließ sich die Adern an den
Armen öffnen. Als ihm Füße und Hände allmählich kalt wurden,
recitierte er noch mit vollem Brustton die Stelle seiner Pharsalia,
wo der Tod eines Kriegers durch Verblutung geschildert wird (III
635 ff.). Das waren seine letzten Worte. Er starb am letzten April
des Jahres 65 n. Chr. im 26. Jahre seines Lebens. Den Prozeß
gegen die Mutter ließ man ohne Entscheidung in der Schwebe. Dem
Vater Mela wurde das allzueifrige Bestreben, die ausstehenden Gelder
des Sohnes einzutreiben, verderblich. Einer der vertrautesten Freunde
des Verstorbenen, wahrscheinlich ein säumiger Schuldner, verfaßte
angebliche Briefe Lucans, aus welchen sich eine Mitschuld des Alten
an der pisonischen Verschwörung ergab, und brachte sie zur Kenntnis
Nero's. Dieser hatte nur auf eine Gelegenheit gewartet, um den
Reichtum seines Beamten als fette Beute zu erschnappen, ließ ihm
die belastenden Schriftstücke vorlegen und brachte ihn so dahin, sich
freiwillig die Adern zu öffnen.

Lucan hinterließ eine junge Frau, Polla Argentaria, mit der
er in glücklicher Ehe gelebt hat. Einige Worte über die Liebe des
Pompejus zu seiner Gemahlin und deren Einfluß auf seine Entschlüsse
(V 727 ff.) kamen ihm vielleicht aus dem Herzen. Polla war von
vornehmer Abkunft, reich und fein gebildet: Statius, der ihr sein
Erinnerungsgedicht an den verstorbenen Gatten zum Geburtstage
desselben gewidmet hat (Silv. II 7 vom Jahr 93), rühmt ihre Anmut, Unschuld und Liebenswürdigkeit. Martial begrüßt sie um dieselbe Zeit (92 und 96) und gleichfalls am Geburtstage des Mannes
wiederholt (VII 21. 23; vgl. X 64) als seine Patronin. Später hat
sie sich noch einmal an einen Dichter verheiratet.

Obwohl unvollendet und nicht über die ersten drei Bücher hinaus
vom Verfasser gefeilt hat die Pharsalia doch großen Erfolg gehabt.
Nicht mit Unrecht freilich haben Kenner des Altertums gefunden, es
sei mehr ein Geschichtswerk (freilich ein schlechtes) als ein Gedicht.
Auch Quintilian erkennt zwar Feuer und Geist an, empfiehlt es aber
mehr den Rednern als den Dichtern. Das große Publikum ließ sich
durch solche Urteile nicht irre machen: es hatte die mythischen Epopöen satt; grade der historische Stoff in dem reichen rhetorischen Gewande und die republikanische Tendenz erregte seine Teilnahme.

Statius stellt es in überschwänglichem Lobe wenigstens neben die
Aeneis und über Ennius Lucrez Varro, den Epiker, und Ovid. Sueton
hörte es noch öffentlich vortragen. In den Buchläden ging es reißend
ab, immer neue Abschriften waren erforderlich. An den Saturnalien
wurden zahlreiche Exemplare verschenkt. Martial schrieb in eins der=
selben: „es gibt Leute, die sagen, ich sei kein Dichter, aber der Buch=
händler, der mich verkauft, hält mich für einen" (XIV 194).

Der Dichter selbst beanspruchte für sein Werk Unsterblichkeit.
Seinem hohen Selbstgefühl Luft und zugleich den antiquarisch=mythi=
schen Schwindel lächerlich zu machen, schafft er sich einen Anlaß, der
zu gesucht ist, um nicht die Absicht der interessanten Episode zu ver=
raten. Er läßt den siegreichen Cäsar, während er die Spuren seines
flüchtigen Gegners verfolgt, dem alten Troja einen Besuch abstatten
(IX 961 ff.). Aber an Stelle der ehemaligen Stadt findet derselbe
öden Wald, statt der Tempel morsche Baumstämme. Alles ist von
Gestrüpp bedeckt, und selbst die Ruinen sind schon zu Grunde ge=
gangen. Der geschäftige Cicerone freilich, der ihn herumführt, weiß
jedes Erinnerungsfleckchen namhaft zu machen, den Felsen der Hesione,
das Stelldichein des Anchises mit Venus, die Grotte des Parisurteils,
den Platz, wo Ganymedes vom Adler entführt ist: „kein Stein ist
ohne Namen". Der Reisende überschreitet einen ausgetrockneten Bach
und erfährt zu seiner Ueberraschung, das sei der Xanthus; ahnungslos
tritt sein Fuß in hohem Grase auf Hektors Asche; einige zerstreute
Steine werden ihm mit Würde als Altar des Zeus Herkeios vorge=
stellt. Mit unverkennbarer Ironie behandelt der Dichter diesen archäo=
logischen Rundgang: er mag wohl selber einst als Student, von Athen
aus, diese Eindrücke empfangen haben. Jetzt, der Vergänglichkeit
irdischer Größe gegenüber, ergreift ihn der Gedanke an die Macht
der Dichter, welche alles dem Schicksal zu entreißen und unsterblich
zu machen vermögen. So brauche denn auch Cäsar nicht Trojaner
und Griechen um ihren Nachruhm zu beneiden, denn solange die
Lieder des smyrnäischen Sängers dauern, so lange, verheißt er,
werden die Nachkommen von mir und dir lesen: „unsre Pharsalia
wird leben und von keiner Zeit der Finsternis preisgegeben werden."
Der eigene Ehrgeiz reißt ihn hin, sich dem verhaßten Freiheitsfeind
als sein Homer beizugesellen. Aber zum großen Dichter fehlte dem
außerordentlich begabten jungen Mann vor allem andren der Charakter,
die ruhige Glut eines festen Herzens, das Sonnige einer geweihten

Seele, die edle Schlichtheit wahrer Empfindung. Um von Homer,
dem Unvergleichlichen, nicht zu reden, welcher Abstand von dem man=
tuanischen Sänger! Auch sein Beispiel zeigt, wie wenig Bürgschaft
für eine voll gesegnete Zukunft eine frühreife Jugend bietet.

Noch allerhand Nebenwerk wird von dem Biographen des Dichters
verzeichnet. Die unvollendet gebliebene Tragödie Medea verrät das
Streben mit Ovid (und Seneca?) zu wetteifern. Für Pantomimen
schrieb er 14 Textbücher (salticae fabulae), was einträglich gewesen
sein mag, aber eines solchen Talentes kaum würdig. Aus leichtfertigen
Epigrammen führt Martial (X 64) einen schmutzigen Pentameter an,
um vor der Witwe, schamlos genug, seine eigenen Unflätereien zu
beschönigen. Gesammelt waren auch seine Begleitverse zu Geschenken
am Saturnalienfest, ferner in zehn Büchern ein bunter Haufe von
Improvisationen unter dem für solche schnell hingeworfene Poesien
beliebten Titel silvae. darunter vielleicht die von Statius hervor=
gehobene „heitere Ansprache" an Polla.

Unter den prosaischen Stilübungen des Rhetorschülers mag am
meisten Aufsehen gemacht haben die Deklamation über die berühmte
Feuersbrunst in Rom, welche am 19. Juli 64 ausbrach. Ob er sie
auf Bestellung Nero's schrieb, bei dem er damals noch in Gunst stand?

Der Widerspruch zwar nicht gegen die Wahl des Stoffs, aber
gegen seine trocken rationalistische und tendenziöse Behandlungsweise
durch Lucan hat in dem zeitgenössischen Roman Petrons Ausdruck
gefunden. Hier ist es der Dichter Eumolpus, welcher diesen
Gegensatz vertritt und ohne Lucan ausdrücklich zu nennen, doch deutlich
genug eben ihn bekämpft. Er zuerst hebt hervor, was auch von
Späteren wiederholt ist, daß von einem Epos über den Bürgerkrieg
nicht in erster Linie Erzählung der Thatsachen erwartet werde (das
verständen Geschichtschreiber viel besser), sondern poetischer Schwung,
daß vor allem die Einwirkung der ganzen Götterwelt, das mythische
Element nicht zu entbehren sei. Er verlangt, das Ganze müsse sich
mehr wie die Vision eines gotterfüllten Sehers anhören, nicht wie
ein gewissenhaft beglaubigter Bericht. Und so gibt er grade von
dem Ausbruch des Bürgerkrieges eine fast 300 Verse umfassende
Probe, welche unverkennbar ein Gegenstück zum Eingange der Phar=
salia vorstellen soll. Es beginnt sofort mit einer Schilderung des

öffentlichen Geistes, der Sitten und Zustände: zur Errettung aus diesem Sumpf sei der Krieg das einzige Mittel gewesen. Dann setzt die Erzählung ein, und zwar gleich mit dem Aufgebot über- und unterirdischer Mächte. Die Höhle zwischen Neapel und Puteoli wird beschrieben, wo es in die grause Tiefe hinabgeht. Dort richtet der Gott der Schatten sein Haupt empor, um mit Fortuna Zwiesprache zu halten: der Uebermut der Römer sei nicht mehr auszuhalten, es müsse wieder einmal Blut fließen. Fortuna gibt ihm Recht und ist gern bereit seinen Wunsch zu erfüllen. Schon sieht sie im Geiste die Schlachtfelder von Philippi, die Scheiterhaufen Thessaliens, die Leichen der Iberer, Libyen und Actium. Der Kahn Charons wird zur Ueberfahrt so vieler Schatten kaum ausreichen: man wird eine Flotte dazu brauchen (—121). Eine lange Reihe drohender Wunder= zeichen verkündet den Sterblichen die kommende Zeit, und alsbald werden sie durch den Aufbruch Cäsars aus Gallien erfüllt. Auf der Höhe der Grajischen Alpen (dem kleinen Bernhard) hält derselbe seine Ansprache an die Truppen, beteuernd, daß er nur gezwungen die Waffen ergreife (—176). Günstige Zeichen verstärken die Wirkung seiner Worte (—182). Während Cäsar auf seinem Marsch mit den Unbilden des Wetters kämpft (—218), fliegt Fama eiligst nach Rom und verbreitet Schrecken. Die allgemeine Angst und schmachvolle Flucht wird beschrieben, an der sich Pompejus beteiligt (—244). Auch die Götter werden angesteckt, vor allen flieht Pax zur Unterwelt, ihr folgen Fides Justitia Concordia, dagegen steigen die unheimlichen Dämonen, die Erinys, Bellona und andre aus dem Dunkel empor (—263). Die Himmlischen spalten sich in zwei Parteien: Venus Pallas Mars treten auf Cäsars Seite, Diana Mercur Hercules auf die des Pompejus (—270). Unter dem Schall der Tuben hebt Discordia, gräßlich beschrieben, ihr stygisches Haupt empor und hält vom Apennin herab eine Hetzrede an Völker und Einzelne, und ver= teilt die Rollen.

So ist der ganze Apparat des alten mythischen Epos wieder zu Ehren gebracht. Im übrigen erinnert manches an Lucan. Rhetorische Lichter sind auch hier aufgesetzt, die Verse sind mit gleicher Sorgfalt behandelt. Das Ganze macht nicht den Anspruch eines durchgearbeiteten Kunstwerkes, es soll nur den prinzipiellen Standpunkt des Verfassers illustrieren. Jede Persiflage liegt ihm fern.

Beschreibende Dichtung.

Den naturwissenschaftlichen Interessen der neronischen Zeit, wie sie besonders in der großen Encyklopädie des älteren Plinius und dem Werk des Lucius Seneca niedergelegt sind, ist auch in einem namenlosen Lehrgedicht des ersten Jahrhunderts Ausdruck gegeben.

Schon Vergil hatte die Wunder der Schöpfung als den höchsten Stoff für den Dichter bezeichnet und die Lösung dieser Aufgabe sich für spätere Zeit vorbehalten (Bd. II 40). Seitdem war das Interesse daran noch gewachsen, aber es fand sich kein Lucrez mehr, um so schwierige Dinge in großem Stil mit dichterischer Kraft zu bewältigen. Den astronomischen und astrologischen Gedichten aus der Zeit des Tiberius reiht sich, etwas später, ein anonymes Gedicht, Aetna betitelt an, welches sich die Aufgabe stellt, die vulkanische Natur des wunderbaren Berges physikalisch zu erklären. Der Verfasser hat große Achtung vor seiner Wissenschaft und verachtet dagegen (wie Manilius) alle Sage und Sagendichtung um so gründlicher. Gleich im Eingang seines nicht umfangreichen Werkes (646 Hexameter) läßt er eine lange Reihe solcher Stoffe, die ihm für abgeschmackt gelten, an sich vorüberziehen: Schilderung des goldenen Zeitalters, Kolchi, Troja's Zerstörung, Niobe Thyest Kadmus Ariadne. Mit Hohn, offenbar im Hinblick auf ein bestimmtes Beispiel, skizziert er die Umrisse eines Epos vom Gigantenkampf. Sollte er an Ovids Jugendarbeit (II 238) gedacht, sie gar gekannt haben? Auch die Verwandlungen der Götter zu erotischen Zwecken, die Schilderungen des Tartarus und seiner Strafen, überhaupt die Lügen der Dichter und ihren damit erworbenen Ruhm weist er verächtlich ab, ein Gesinnungsgenosse des Lucrez, wenn auch ohne seinen Geist; ihm wurde es leichter, dichterische Erfindung zu verleugnen, weil er keine besaß. Und doch müssen ihm grade diese verachteten Thorheiten für die Dürre seines Gedichtes einige Blumen liefern. Wie zur Erholung von den schwerfälligen physikalischen Auseinandersetzungen ergeht er sich gegen den Schluß in weitläufiger Herzählung von Sehens- und Merkwürdigkeiten, zu denen man Reisen unternehme (Theben Sparta Athen Troja, Gräber und Altertümer, Gemälde und Skulpturen), nur um dagegen auf die Natur hinzuweisen, welche mehr als alles andre Betrachtung und Studium verdiene, und sich den Uebergang zu der

denkwürdigen Geschichte zu bahnen, welche sich bei einem Ausbruch
des Aetna ereignet hat.

Seine Neigung zu längeren polemischen Episoden bricht auch im
Lauf der theoretischen Auseinandersetzung hervor. Er hat (von Vers 94
an) von den Kräften (Feuer und Winden) gehandelt, welche in den
inneren Höhlungen der Erde wirken und aus der Tiefe nach außen
drängend Erdbeben und Ausbrüche verursachen. Nach kurzer Be=
schreibung einer solchen Katastrophe (199 ff.) schickt er sich an zu
erklären, woher diese elementaren Kräfte ihre Nahrung erhalten und
wodurch sie wieder beruhigt werden (219 ff.). Dazu holt er sich von
neuem Mut aus einer Betrachtung, wie viel wichtiger grade dieses
Problem der Forschung sei als jene kosmisch=astronomischen Unter=
suchungen, welche den Himmel durchschweifen und die Erde, das Nächste,
was vor den Füßen liegt, vernachlässigen. Dann spricht er sich auch
über die praktische Ausbeutung des Bodens aus, um Gold und Silber
zu gewinnen oder Scheuer und Keller zu füllen: Früchte des Geistes
seien wichtiger, damit man nicht Erscheinungen wie den Ausbruch des
Aetna stumm und abergläubisch anstaune, ohne die Ursachen zu ver=
stehen (281). Kaum ist zu verkennen, daß dieser Ausfall zum Teil
auf astronomische Lehrgedichte eines Aratus, Germanicus u. a., ganz
besonders aber auf Vergils Georgica gerichtet ist; letzterer hat ja
grade die Lösung jener höheren Fragen nach den Bahnen des Him=
mels und der Gestirne als sein Ideal bezeichnet (Ge. II 478 ff.); auch
ist er es, der wiederholt die Schmiede der Cyclopen in den Aetna
verlegt und die Fabel vertritt, daß Enceladus unter ihm liege, und
wenn er sich auf die andre Seite wälze, Erdbeben verursache, Märchen
der Dichter, wogegen der Verfasser dieses Werkchens sich mit Ent=
rüstung und Hohn wendet (29 ff. 71 ff.). Die Götter, sagt er, be=
fassen sich nicht mit so gemeinem Geschäft wie das Schmiedehandwerk:
sie thronen in ferner Himmelshöhe (32 ff.). Er bekämpft die aber=
gläubische Furcht vor dem Krachen des Aetna und die Einbildung,
als ob sich von unten drohende Gewalten gegen den Himmel erhöben
und der Tartarus berste (279); und doch ist er kurz vorher selbst
naiv genug gewesen, nach alter Dichterweise zu fabeln, daß bei dem
Ausbruch des Aetna Juppiter selbst aus der Ferne sich über das
große Feuer wundre und besorge, die Giganten möchten sich von
neuem erheben und der Herr des unterirdischen Reiches möchte den
Tartarus mit dem Himmel vertauschen (205 ff.). Die unverhältnis=

mäßige Ausdehnung jener drei polemischen Partien, welche mit der
kurzen Schlußerzählung mehr als ein Drittel des Ganzen ausmachen,
zeigt, daß der Verfasser kein Meister der Composition war und seiner
Theorie nicht gar zuviel Anziehungskraft für den Leser zutraute. Die
Wirkungen von Wasser und Luft im Innern des Berges sucht er
durch Beispiele von Maschinen und Erscheinungen in der freien Natur
anschaulich zu machen. Besonders verweilt er bei den Eigenschaften
des Pyrit (lapis molaris) als des eigentlichen Heizmaterials für den
vulkanischen Ofen.

Daß er den Aetna selbst gesehen, ist nicht zu bezweifeln; daß
er einen Ausbruch desselben erlebt habe, möchte man glauben. Im
Gegensatz zu andern Schauspielen empfiehlt er begeistert den Anblick
dieses größten Naturwunders (601 ff.). Er beschreibt nicht nur die
Form des Kraters (178 ff.) und das auch bei heiterstem Wetter über
dem Gipfel schwebende Wölkchen (333 ff.), sondern den Ausbruch
selbst (197 ff. 359 ff. 462 ff.), das Dröhnen im Innern (294 ff.)
und das Feuerspeien (328 f.), vor allem den Lavastrom (484 ff.) so
deutlich, daß man den Augenzeugen zu hören glaubt. Freilich ist
für das erste christliche Jahrhundert nur ein wirklicher Ausbruch,
wie es scheint, vom Jahr 72, bezeugt. Doch hörten die vulkanischen
Erscheinungen eigentlich nie ganz auf.

Den Beschluß des Ganzen macht zur Entschädigung die berühmte
Geschichte von dem katanäischen Brüderpaar, welche bei einem Aus=
bruch des Aetna die greisen Eltern, ihren einzigen Reichtum, der
eine den Vater, der andre die Mutter auf die Schultern ge=
nommen und dem Lavastrom vorangetragen haben, der, als er sie er=
reichte, sich zu beiden Seiten spaltete und den wackeren Söhnen ihren
Weg freiließ, während die andren, mit ihrer toten Habe belastet, in
dem Feuerstrom zu Grunde gingen (606 ff.). Diese schöne Geschichte
ist mit den gleichen Namen und in völliger Uebereinstimmung der
ausmalenden Züge auch von griechischen Schriftstellern, z. B. Strabon,
erzählt worden, als deren gemeinsame Quelle des Stoikers Poseido=
nios Werk über den Okeanos nachgewiesen ist. Da nun derselbe hierin
auch vom Ausbruch des Aetna und insbesondere eingehend von der
Lava und ihrer Wirkung gehandelt hatte, so ergibt sich der Schluß,
daß der Verfasser des Gedichtes jene in der Kaiserzeit vielgelesene
Schrift, sei es unmittelbar oder mittelbar, benutzt haben muß. Auch
erklärt sich hieraus die Uebereinstimmung in physikalischen Anschauungen

zwischen dem Gedicht und Seneca, der in seinen naturwissenschaftlichen Untersuchungen grade von Poseidonios so abhängig ist.

Der Verfasser des Gedichtes ist unbekannt; alle bisherigen Versuche ihm einen Namen zu geben sind hinfällig. Hätte er den berühmten Ausbruch des Vesuvs vom Jahre 79 n. Chr. schon erlebt, so würde er schwerlich unterlassen haben seiner zu gedenken, z. B. in dem Abschnitt über die Lava. Sehr wahrscheinlich ist, daß er ein künstliches Wasserwerk erwähnt (V. 294), welches auf Bestellung des Kaisers Claudius angefertigt ist, ein silberner Triton, der bei einer nach Nero's Adoption (50 n. Chr.) von jenem veranstalteten Naumachie aus dem Fucinersee auftauchte und mit einer Trompete das Zeichen zum Angriff gab. Als Seneca seinen Freund Lucilius, den Prokurator Siciliens, in einem Briefe (79) aufforderte, in einem Gedicht über Sicilien, mit welchem derselbe eben beschäftigt war, episodisch den Aetna zu schildern und sich nicht durch die Vorgänger davon abschrecken zu lassen, nennt er unter ihnen zwar Vergil, Ovid, Cornelius Severus (der den sicilischen Krieg besungen hat), aber nicht dieses Gedicht: es kann also damals (zwischen 57 und 64 n. Chr.) noch nicht bekannt gewesen sein. Hiermit sind die ungefähren Zeitpunkte gegeben, innerhalb deren die Abfassung desselben fallen muß. Der Vermutung, daß eben jener Lucilius es geschrieben habe, fehlt jede festere Begründung.

Deutlichere Fingerzeige hat der Verfasser unterlassen: es gereicht ihm zur Ehre, daß er jede huldigende Ansprache an einen Zeitgenossen verschmäht hat. Er steht ausschließlich im Dienst Apollo's und der Musen, deren Hilfe er im Eingang (freilich mit mäßigem Erfolge) anruft. Ueber seine eigene Person vermeidet er jede Andeutung. Hier und da erkennt man stoische Einflüsse, einmal wird Heraklit citiert. An allgemeiner Bildung fehlt es ihm nicht; auch gefällt er sich nach der Weise seiner Zeit in rätselhaften Andeutungen mythischer Züge. Daß er seine Ausdrucksweise nach Lucrez und Vergil gebildet hat, ist durch den Stoff gegeben. Der Sprödigkeit desselben Herr zu werden, ist ihm wenig gelungen. Wo er sich in gewohnten Geleisen bewegt, ist er klar und von der Sucht geistreich zu sein wenig angekränkelt. Die entsetzlich verwahrloste Gestalt, in der seine mühsame Arbeit überliefert ist, beeinträchtigt den Genuß, zeigt aber zugleich, daß man sich im Altertum wenig um sie gekümmert hat. Als herrenloses Gut hat sie in jener alten Sammlung sogenannter Jugend-

gedichte Vergils, welche neben einigen echten Ueberresten den Nachlaß
des Mantuaners mit soviel frembartigen, wenn auch an sich merk=
würdigen Stücken verfälscht hat, eine Zuflucht gefunden. Servius,
der Erklärer Vergils, ist unkritisch genug gewesen, das Aetnagedicht
als vergilisch anzuerkennen: der Biograph Donatus (oder Sueton?)
hat wenigstens nicht verschwiegen, daß man darüber geteilter Mei=
nung sei.

Ganz anspruchslos tritt mit einem Versuch im idyllischen Lehr=
gedicht der biebere Landwirt L. Junius Moderatus Columella auf,
Spanier (aus Gades) und Zeitgenosse seines Landsmannes, des
Philosophen Seneca, bei dessen Lebzeiten er seine zwölf Prosabücher
über die Landwirtschaft geschrieben hat. Auf Wunsch des P. Silvinus,
dem er es gewidmet, hat er sich wie zur Krönung des Werkes ent=
schlossen, den Gartenbau in Hexametern zu schildern und damit
die Lücke auszufüllen, welche Vergil in seinem Werk vom Landbau
(IV 147 f.) seinen Nachfolgern hinterlassen hatte. Ursprünglich als
Abschluß des Ganzen gedacht ist es als zehntes Buch eingereiht.
Columella, der bescheiden genug von seiner dichterischen Begabung
wie von der Ergiebigkeit seines Stoffes denkt, hat sich reblich bemüht
im Ton seines großen Vorbildes (B. 1 ff. 434 f.) dieser Aufgabe zu
genügen. Er verwendet die vergilische Phraseologie mit Verständnis
und Geschmack: die Einfachheit und Plastik seiner Sprache sticht vor=
teilhaft von dem nervösen Haschen seiner Zeitgenossen nach geistreichen
Schnörkeln ab. Dabei läßt er es doch an heiterer Anmut, an jener
sinnigen Belebung auch des Unbeseelten und Idealisierung auch der
technischen Vorschriften nicht fehlen, welche dem Lehrgedicht der Alten
solche Wärme und Weihe gibt. Nachdem er im Eingang kurz von
der Auswahl des Platzes, den Bedingungen des Bodens und der Be=
wässerung gehandelt hat, verfolgt er die Arbeiten des Gärtners und
ihren Ertrag ein volles Jahr hindurch vom Umgraben im Spätherbst
bis zum Bacchusfest, wann die Trauben gekeltert werden. Es ist kein
Luxusgarten, den er beschreibt: das verrät er gleich zu Anfang. Denn
er will von Marmorbildern griechischer Meister nichts wissen: einzig
der Holzstumpf des derben Gartenhüters Priapus soll in der Mitte
des Gartens zur Warnung frecher Knaben und Diebe Wache halten
(29 ff.). Zum Boden hat er ein humoristisches Verhältnis: er rät

dem Bauer, dem ahnenlosen Erdensohne, der einmal zu harter Arbeit
geboren ist, der Mutter gehörig zuzusetzen, ihr mit Pflug und Karst
die Haare weiblich zu zausen, die Kleider zu zerreißen, den Rücken
zu durchbohren und die Eingeweide auszureißen (58 ff.). Ihren
Hunger soll er mit Dünger stillen (82). Wenn sie endlich sauber ge=
kämmt und geputzt ist, dann werden ihr Frühlingsblumen in den
Schoß gesät: Levkojen Ringelblumen Narcissen Löwenmaul Lilien
und Hyacinthen, Violen und Rosen; besonders aber eine Menge nütz=
licher Kräuter und Küchengewächse. Nun wird sie, gesegneten Leibes
(141), da bedarf sie ausdauernder Pflege, besonders darf sie keinen
Durst leiden. Wenn dann die blühenden Sprossen aus dem Mutter=
leibe hervorquillen (146), muß ihnen belästigendes Unkraut aus dem
Wege geräumt werden. Und so wird ohne kleinliche Ausführung und
schwerfällige Betonung das gemütliche Gleichnis noch hier und da
gelegentlich wieder aufgefrischt (157 ff. 194 ff. 207 f. 257). Natürlich
versäumt der Dichter nicht den zeugungsfähigen Frühling, wo der
Atem der ganzen Welt in Venus schwelgt (197), wo der höchste der
Götter selbst in Regen zur Erde, wie einst zur Danae, hinabsteigt,
mit dichterischer Begeisterung zu feiern. Aber er bricht bald ab und
verweist auf einen höher Begabten, den Apollo geweiht habe, die
heiligen Orgien der Natur und die Geheimnisse des Himmels zu be=
singen, und begeistert Cybele, Bacchus, Apollo selbst in jauchzenden
Liedern zu preisen (217 ff.). Will er damit einem zeitgenössischen Dichter
huldigen? einem Cäsius Bassus? oder gar Nero, dem Liebling und
Nachfolger Apollo's? Gar anmutig beschreibt er dann (255 ff.) den
Blumenflor, in dem die Gärten prangen. Er ladet die Nymphen
von allen ihren sagenberühmten Lieblingsstätten her, auch die einst
auf der Ennawiese tanzten, als die Cerestochter Lilien pflückend vom
Beherrscher der Unterwelt geraubt wurde, — alle ladet er ein, ihre
zarten Sohlen mit leichtem Schritt in seinen Garten zu tragen und
die duftende Haarzier der Erde in ihre heiligen Körbe zu füllen. Hier
haben sie nichts zu befürchten, keine Entführung: wir verehren die
keusche Treue und die frommen Penaten. Alles ist (am Fest der
Floralia) voll Heiterkeit und sorglosen Lachens. Auf den Wiesen
wird gegessen und getrunken; noch ist die Sonne gelinde; gern liegt
man im Grase und trinkt aus dem rieselnden Quell, der weder zu
kalt noch zu warm ist.

Der Verfasser ist ein Blumenfreund. Die Farbenpracht seiner

Blumen erhebt er über den edelsten Purpur, über den Glanz der leuchtendsten Sterne, über den Bogen der Iris (286 ff.). Und er gönnt ihren Genuß den Sterblichen. Bei Tagesanbruch und nach Sonnenuntergang soll man sie pflücken für Liebesgeschenke, für den Markt in der Stadt. Man sieht die hochaufgehäuften Körbe von Hyacinthen, Rosen u. s. w., und abends kehrt der Träger, die Tasche voll Geld, schwankenden Schrittes, von reichlichem Bacchus befeuchtet, heim (310). Wird das Getreide reif, dann schickt der Gärtner die Schnitterkost, Knoblauch mit Zwiebeln, und Mohn mit Dill zu Bündeln vereint, und glückverheißende Sprüche gehen als Zugabe in den Kauf (311 ff.). Der Sommer bringt Ungeziefer, Unwetter und bösen Rost: da helfen allerhand wunderliche magische Gebräuche, die von Tuskern und Griechen angegeben sind (—368). Nun ist es auch Zeit den ersten Kohl zu schneiden; Gemüse und Früchte reifen. Der Gurke und dem Kürbis wird etwas nähere Betrachtung gewidmet (378 ff.) und auch nicht übergangen, wie mannigfachen Zwecken der ausgehöhlte Kürbis dient: als Behälter für Pech und Honig, als Wassereimer, Weinflasche, Schwimmgürtel. Endlich das ambrosische Obst, voran die Melone, Maulbeere, Feige, Pfirsich u. s. w. und zum Beschluß die Weintraube.

Vollständig und erschöpfend ist dieser kurze Gesang (436 Hexa=meter) so wenig wie Vergils größeres Werk. Das war um so weniger nötig, da der Verfasser im folgenden Buche denselben Gegenstand noch einmal prosaisch abhandelt. Aber es ist ein liebenswürdiges, zierliches und saftiges Bild, eine Art Stilleben, welches der Verfasser seinem Lehrbuch eingefügt hat. Er hat ihm dadurch höheren Adel und Glanz verliehen und durch seine sauberen Verse eine wohlthuende Probe geliefert, daß auch zu seiner Zeit noch dem an das alltägliche Leben gebundenen Fachmanne die Muse nicht abhold war.

Wie dürr und armselig nimmt sich neben diesem hübschen Werkchen das Bruchstück über den Seefischfang (Halieutica) in 134 zum Teil arg zugerichteten, verstümmelten Hexametern aus, welches nicht nur in unsren Handschriften den stolzen Namen Ovids trägt, sondern schon von dem älteren Plinius im 32. Buche seiner weitschichtigen Compilation unbedenklich als eine Arbeit bezeichnet wird, welche der große Dichter in seiner letzten Zeit am Pontus be=

gonnen habe. Das kümmerliche Produkt zeigt aber keinen Schimmer von ovidischem Geist. Ohne Einleitung handelt der Verfasser erst von der Schlauheit der Fische, welche durch mannigfache Kniffe sich dem Angelhaken oder den Maschen des Netzes zu entziehen wissen, dann von ihren verschiedenen Aufenthaltsorten an der Küste oder in offener See. Nach schulmäßiger Schablone, ohne Humor und Grazie wird ausgeführt, daß die übrigen Tiere den Fischen in jener Klug= heit, sich aus Gefahr und Tod zu erretten, nachstehen. Die Tiere des Waldes stürzen mit blinder Wut, ihrer Kraft vertrauend, in ihr Verderben; andre, wie Hasen und Hirsche, entkommen durch Schnellig= keit. Hieran schließen sich, eigentlich nicht zur Sache gehörend, ganz hübsche kurze Schilderungen des siegesstolzen Rennpferdes (66—74) und des spürsinnigen Jagdhundes (75—81). Durch ihn wird der Uebergang zum Fischer gewonnen, der ganz auf seine eigene Kunst angewiesen ist.

Wie dankbar und beliebt an sich der Stoff von dem Leben der Fischer und der Fische war, zeigt die Reihe griechischer Dichter und Prosaiker von der Alexandriner Zeit bis auf Oppian (unter M. Aurel), welche ihn behandelt haben. Auch Philosophen wie außer Aristoteles der Stoiker Chrysippos haben der instinktiven Ge= wandtheit der Fische Aufmerksamkeit gewidmet. Die zum Teil wörtliche Uebereinstimmung des vollständig erhaltenen großen Ge= dichtes von Oppian mit Partien des lateinischen Bruchstückes verrät gemeinsame Benutzung einer älteren Quelle.

Ovid müßte sehr herunter, er müßte um sich selbst gekommen sein, wenn er sich solche Härten des Ausdrucks und des Verses (namentlich so gehäufte Spondeen) erlaubt haben sollte: die Ueber= einstimmung in einigen Wendungen, die als Gemeingut gelten dürfen, genügt nicht, um die starken Zweifel zu beseitigen, welche vorurteils= lose Betrachtung des Ganzen und des Einzelnen hervorruft. Eine Reliquie aus dem Nachlaß eines Verbannten, der ja selbst über das Schwinden seiner Kraft geklagt hatte, war ein lockender Artikel für den Buchhändler, besonders wenn er Neues bot, und Plinius rühmt ja, daß hier Fische genannt werden, die nirgends sonst vorkommen. In die authentische Gesamtausgabe ovidischer Werke war das Bruch= stück nicht aufgenommen: es steht in zwei Mischhandschriften gemein= samen Ursprungs.

Schulgedichte.

Diesem namenlosen Machwerk mögen hier noch einige gleichfalls anonyme Uebungsstücke angefügt werden, deren Abfassungszeit jedenfalls in das erste Jahrhundert n. Chr. fällt. Trost- und Trauergedichte gehörten vornehmlich in den Kreis poetischer Schulaufgaben. Die Nachfrage nach dergleichen Beweisen der Teilnahme war in hohen Kreisen gewiß stark, so daß der strebsame Anfänger allen Grund hatte, sich der erforderlichen Technik zu bemächtigen. Ihre Erhaltung verdanken einige Arbeiten dieser Art dem erlauchten Namen des Beklagten oder Getrösteten, wodurch sie augusteische Zeit erheucheln, während sie sich bei näherer Betrachtung als Flickwerke aus ovidischer Schule verraten.

Im Jahre 745,9, seinem ersten Consulatsjahre, war Augustus' ruhmreicher Sohn Drusus, erst 30 Jahre alt, während seines vierten Feldzuges nach Germanien, der ihn bis an die Elbe geführt hatte, auf dem Rückmarsch zwischen Saale und Rhein infolge eines Sturzes vom Pferde gestorben. Die Leiche führte sein Bruder Tiberius auf langem Zuge nach Rom, wo sie erst im Winter eintraf. Hier fand eine pomphafte Trauerfeier statt, und eine doppelte Lobrede, erst des Augustus vor der Stadt im flavinischen Circus, dann von Tiberius auf dem Forum ehrte das Gedächtnis des Verstorbenen. Dem Grabdenkmal auf dem Marsfelde ließ Augustus eine Inschrift in selbstverfaßten Versen einmeißeln. Die Mutter Livia hatte gleichfalls der Bahre des Sohnes durch ganz Italien hindurch das Geleit gegeben, und so groß auch ihr Schmerz auf dem düsteren Wege gewesen war, bei der Bestattung selbst eine würdevolle Fassung gezeigt. Weiterhin aber gab sie ein Muster treuer Mutterliebe, indem sie nicht nachließ den Namen des teuren Sohnes in jeder Weise öffentlich und in der Familie zu feiern, von ihm zu sprechen, über ihn zu hören, in der Erinnerung an ihn zu leben. Zu dieser erhebenden Auffassung ihres Schicksals war sie durch die Trostworte ihres Hausphilosophen Areus gebracht worden, welcher aus dem reichen Schatze griechischer Weisheit die ihrer starken Seele heilsamen Gedanken gespendet hatte.

Daß unter solchen Umständen Berufene und Unberufene gewetteifert haben werden, der hohen Frau in Prosa und Versen ihre Teilnahme zu bezeugen, ihren Zuspruch zu spenden, unterliegt keinem

Zweifel. War doch die Gattung der Troftfchriften im allgemeinen wie für befondere Fälle feit alter Zeit bei den Griechen ein blühender Zweig der Litteratur, und auch bei den Römern in Mode gekommen, feitdem die Philofophie, befonders die epikureifche und ftoifche, in den Gemütern der Gebildeten Eingang gefunden hatte. Zu feiner eigenen Erhebung fchrieb der greife Cicero (709) nach dem Tode feiner Tochter eine aus griechifchen Quellen, namentlich Krantors berühmtem Werk „von der Trauer" gefchöpfte, auch mit Beifpielen aus römifcher Gefchichte durchwobene „Tröftung" (consolatio). Unter gleichem Titel richtet fich eine beinahe 500 Verfe umfaffende Elegie auf den Tod des Drufus an Livia.

Das Gedicht ift merkwürdigerweife zuerft in gedruckten Ausgaben vom Jahre 1471 zum Vorfchein gekommen; die wenigen Handfchriften, in welchen es fich bisher gefunden hat, find eher noch etwas jünger, weifen aber auf eine felbftändige, ältere Quelle zurück. Handgreiflich falfch ift die fo überlieferte Angabe, daß Ovid der Verfaffer fei. Vielmehr ift er ausgiebig geplündert von einem Nachahmer, welcher auch die fpäteren Werke des Dichters, die lange nach 745 in der Verbannung gefchriebenen, ausgebeutet hat. Derfelbe gibt fich (V. 202) für einen der Ritter aus, welche dem Leichenbegängnis des Drufus beigewohnt haben. Er fpricht aber (V. 283 ff.) von dem Caftortempel, welchen Tiberius von der germanifchen Beute in feinem und feines Bruders Namen erft im Jahre 758 geweiht hat. Schwer denkbar erfcheint, daß erft nach Ovids Tode ein dilettantifcher Versmacher ritterlichen Standes der betagten Kaiferin Witwe diefen verfpäteten Troft wirklich habe fpenden wollen, deffen fie nicht mehr bedurfte. Es ift eine künftliche Blume, welche diefer Rhetor auf das Grabmal des längft Verftorbenen gelegt hat; fie ift ohne den Duft lebendiger Empfindung, fondern riecht nach der Schule, aber fchwer ift zu fagen, ob die Arbeit den Anfängen des Tiberius oder der neronifchen Zeit näher fteht.

Der Verfaffer ift übrigens vollkommen gut unterrichtet über die Perfönlichkeit und Vergangenheit des Drufus, über die Umftände feines Todes und feiner Beftattung, über Thaten und Erfolge der römifchen Waffen in Germanien (einfchließlich der Triumphe von 746 und 765, welche nachträglich geweisfagt werden). Seine Kenntniffe find nicht mühfelig zufammengelefen, fondern, wie es fcheint, aus dem Vollen gefchöpft, ergänzen fogar in einigen Punkten durchaus

unverdächtig die anderweitig erhaltenen Nachrichten. Er steht auch
der julisch-claudischen Familie nahe genug, um sich in ihre Empfin-
dungsweise und Anschauungen hineinzudenken.

In üblicher Weise beginnt er mit Aeußerungen des Beileides,
mit dem bescheidenen Geständnis, wie leicht es sei, fremden Thränen
gegenüber tapfere Worte zu sprechen. Die ganze Größe des Verlustes
anerkennend versetzt er sich in die stolzen Hoffnungen der Mutter,
welche bereits an die baldige Heimkehr des siegreichen Sohnes und
seinen Triumph gedacht hatte. Statt dessen nun das Begräbnis!
statt des Kapitols der Grabhügel! Vergeblich waren die Gedanken
an ein frohes Wiedersehen. Was hilft dir Armen dein tugendhafter
Lebenswandel? Fortuna, die trügerische, hat auch an dir ihre Willkür
geübt. Cäsars Haus wenigstens hätte verdient über menschlichem
Unheil erhaben zu sein, aber welche Reihe schmerzlicher Verluste!
Marcellus, Agrippa, Octavia, und nun Drusus! sein Name schließt
viele Verluste ein. Welch edles Brüderpaar, er und Tiberius! Der
Schmerz des letzteren wird geschildert. Er hat wenigstens den Sterbenden noch gesehen, von ihm Abschied nehmen dürfen, aber auch
das war der Mutter versagt. In Gleichnissen, welche alle dem Gebiet der Verwandlungssagen entnommen sind, wird ihr thränenvoller
Schmerz geschildert und ihr selbst eine längere Klagerede in den
Mund gelegt, welche zum Teil schon dagewesene Gedanken, aber in
ovidischem Ton wiederholt. Sie fühlt sich fast verwaist, wünscht
wenigstens vor dem überlebenden Sohn zu sterben und ihre Asche
mit der des Drusus zu mischen. Der Dichter wird mehr und mehr
episch: er berichtet, wie Livia kaum von der teuren Leiche losgerissen
werden konnte, beschreibt, offenbar der Wirklichkeit entsprechend, den
düsteren Trauerzug durch die italischen Städte, die allgemeine Betrübnis und Niedergeschlagenheit in der Stadt, die Erstarrung des
öffentlichen Lebens und die Beteiligung der gesamten Einwohnerschaft
an den letzten Ehren des jungen Fürsten. Aus der Rede des Augustus
wird der Hauptgedanke, der Wunsch eines gleichen Todes, heraus-
gehoben und in üblicher Berufung auf die ihm gebührende Unsterblichkeit abgewiesen. Vom Wehruf der Leidtragenden aufgeschreckt erhebt Vater Tiber sein Haupt aus den Fluten: durch seine Thränen
wachsen dieselben an, ja er will die Flammen des Scheiterhaufens
mit seinem Strom auslöschen. Aber Mars wehrt ihm in das Schicksal
einzugreifen (nur dem Romulus und beiden Cäsaren sei der Himmel

beschieden, wie er von einer der Parcen wisse), und so verzehrt das
anfangs zögernde Feuer den edlen Leib: das Bild des brennenden
Helden gemahnt an Hercules auf dem Oeta. Leben werden die
Thaten und der Ruhm des Drusus in der Geschichte und im Liede,
sein Bild wird auf den Rostren stehen. Aber der Barbarin Germania
wird Rache geschworen: der Dichter schwelgt in der Vorstellung des
einstigen Triumphes über die trotzige Feindin. Dann wenden sich
seine Gedanken auf die würdige Gattin des Drusus, deren Name
noch auf der Zunge des Sterbenden geschwebt habe. So heimgekehrt
kann er nicht von seinen Erlebnissen in trautem Gespräch erzählen,
auf einsamem Bett liegt er dahingestreckt. Die jammernde Witwe
wird mit Andromache und Euadne verglichen: sie wünscht sich den
Tod, umklammert ihre Kinder, wird bei Nacht vom Traumbilde des
Gatten erregt und betastet vergeblich das leere Polster ihr zur Seite.
Aber er wird im Elysium von seinen großen Ahnen mit Bewunderung
empfangen werden. Und das muß doch deine Trauer, o Mutter,
lindern. Hier erst (341) kehrt die Elegie zu Livia zurück und geht
auf direkte Trostgründe ein. Sie soll bedenken, was der Mutter
eines Drusus und Nero gezieme, daß sie ein Beispiel geben, daß alle
Menschen sterben müssen, ja daß die ganze Welt zu einstigem Unter=
gang bestimmt sei. Oft genug habe sie die Gunst der Fortuna er=
fahren, selbst dieser Schlag sei ihr schonend beigebracht, nicht ohne
Vorbereitung. Wünsche und tröstliche Aussichten in die Zukunft
schließen sich an: Hoffnung auf Ersatz durch langes Leben des andren
Sohnes, der eine Stütze ihres Alters werden möge; Ermahnung den
Zureden des Gemahls und des Sohnes nachzugeben, Hinweis auf die
Fruchtlosigkeit der Thränen, auf den unerbittlichen Orcus, belegt durch
die Beispiele des Hektor Achill Marcellus. Endlich wird der Schatten
des Drusus selbst heraufbeschworen, um der Mutter eine beschwich=
tigende Rede zu halten. Nicht die Jahre, sondern die Thaten seien
zu zählen. Er habe genug gelebt und höchste Ehren genossen: so sei
er nicht zu beklagen. So möge denn auch Livia, das wünscht der
Dichter zum Schluß, nicht geringer von solchem Manne denken, sich
selber aber an den Sohn und den erhabenen Gatten halten, die ihr
geblieben sind.

Wer den Aufbau und Gang des Gedichtes unbefangen betrachtet,
wird anerkennen, daß sich der Wert desselben über den Durchschnitt
einer dürftigen Schularbeit erhebt, wenn es auch den frischen Guß eines

echten Kunstwerkes vermissen läßt. Bis auf eine längere Stelle, deren
Ueberlieferung offenbar nicht in Ordnung ist (283 ff.), verläuft das
Ganze mit sanften Uebergängen in wohlgefügtem Wechsel der Ton=
arten, und die epischen Partieen, sowie die eingelegten Reden durch=
brechen angenehm die eintönige Klage. Der mythologische Apparat
macht sich nicht allzubreit; überhaupt hat sich der Verfasser von pedan=
tischer Schulweisheit ziemlich frei gehalten, und grobe Albernheiten,
wie sie die Verfasser des Culex und des Panegyricus an Messalla
begangen haben, sind ihm nicht nachzuweisen. Einige Wiederholungen
auch im Kleinen hat er sich gestattet, und einmal verrät er sophistische
Rhetorik, wenn derselbe Umstand erst zu erhöhter Klage berechtigen
und weiterhin als Trostgrund dienen soll (89 ff. 393 ff.). Dafür ist
der Ton im ganzen warm und würdig gehalten, der Ausdruck der
Empfindungen wie die Farbe der Schilderungen ist weder überladen noch
trocken, und geht zu Herzen. An eigener Erfindung freilich ist der
Verfasser arm, und wenn er einmal, wie bei dem Bilde der Fortuna,
etwas Eigentümliches zu wagen scheint, so fällt auch hier der Versuch
schief aus und erweist sich als bedenkliche Verzeichnung nach unpassender
Vorlage. Der Anschluß an Ovid im Großen wie im Kleinen, auch
in gewissen Spitzen und Spielereien, drängt sich sofort auf. Die
epischen Partien erinnern mehrfach an Vergil. Für eine Auswahl
von Trostgründen stand dem Verfasser wie gesagt eine reiche Litteratur
zu Gebote: die Verbreitung solcher Gedanken verkennt, wer sie allein
aus den einschlagenden Schriften Seneca's herleiten will. Mit der
Verstechnik, den bewährten Formen der Versanfänge und Ausgänge,
den rhetorischen und sprachlichen Mitteln der Elegiker dieses Zeit=
alters ist der fleißige Nachahmer vollkommen vertraut, so daß klein=
liche Beobachtung, welche gemeinsamen und besonderen Besitz nicht
zu unterscheiden versteht, in Versuchung gerät vieles bald von diesem,
bald von jenem für entlehnt zu halten. Verstöße gegen Angemessen=
heit und Reinheit des Ausdrucks der besten Zeit haben dem Verfasser
nicht nachgewiesen werden können. Wenn eine und die andre weniger
gefällige Wendung unterläuft, so lassen sich doch dergleichen Einzeln=
heiten durch ähnliche Beispiele aus klassischen Werken rechtfertigen.
Eine einzige Wortbedeutung (functus für defunctus 393) läßt sich
vor Nero's Zeit nicht weiter nachweisen.

Ziemlich gleichzeitig mit der Drususelegie sind zwei Elegien auf den Tod des Mäcenas zum Vorschein gekommen. Der Bücherspürer Henoch von Ascoli hat sie um die Mitte des 15. Jahrhunderts, vielleicht in gemeinsamer Handschrift, aus Dänemark nach Italien gebracht.

Der Verfasser der einen jener Elegien knüpft im Eingang ausdrücklich an ein kürzlich von ihm gedichtetes Trauerlied um Drusus an. Wie damals einem jungen Manne, so gebühre jetzt einem Greisen sein Klagegesang. Mit diesem zwar habe er keinen freundschaftlichen Verkehr gehabt; Lollius, der mit Mäcenas durch Waffengemeinschaft im Dienste Cäsars und Treue gegen denselben verbunden gewesen sei, habe dieses Werk vermittelt. Natürlich ist der ältere gemeint, der Consul des Jahres 734, der im Jahre 2 n. Chr. gestorben ist. Auch in der zweiten Elegie wird des zu früh verstorbenen Drusus gedacht, und außer andren Wendungen besonders ein auffallender Ausdruck, in welchem derselbe ein „Werk" des Kaisers (V. 6: Caesaris illud opus) genannt wird, wörtlich aus der Trostelegie (39) wiederholt. Aus allem geht hervor, daß letztere zuerst geschrieben sein muß und daß der Dichter der Mäcenaselegien auch jene als seine Arbeit in Anspruch nimmt, daß ferner die Drususelegie im Jahr 745, die Mäcenaselegien im Jahr 746 gedichtet sein wollen.

Mit den Lebensverhältnissen des Mäcenas, selbst mit dem Klatsch darüber ist der Verfasser wohl bekannt, wenn er sie auch nur obenhin berührt. Das längere der beiden Trauerlieder ergeht sich nach kurzer Lobrede auf die Bescheidenheit des bedeutenden Mannes in einer weitläufigen Rechtfertigung des einzigen Fehlers, der ihm vorgeworfen werde, nämlich seiner Bequemlichkeit im Anzuge. So habe man sich in der goldenen Zeit getragen, seine Pflichten habe Mäcenas darüber nicht versäumt; im Frieden habe er eben ausgeruht, wie auch Apollo nach Actium, wie Bacchus, Hercules, Juppiter selbst nach dem Sieg über die Giganten (horazische Bilder). Es wird beklagt, daß es kein Mittel gab, den greisen Mäcenas zu verjüngen und ihm so das Leben zu verlängern, als ob er so alt wie Pelias oder Tithonus oder Nestor gewesen wäre, mit denen er verglichen wird! Jetzt genießt er die Freuden des Elysiums, Kränze und Ehren werden seinem Grabe nie fehlen.

Die zweite Elegie enthält Abschiedsworte des sterbenden Mäcenas an Augustus und letzte Segenswünsche.

Beide Arbeiten stehen an poetischem Wert weit hinter der Trost=
elegie an Livia zurück; sie tragen den Stempel nicht nur der Schule
und der Abhängigkeit von der ovidischen Manier, sondern der Schüler=
haftigkeit. Nimmt man alles zusammen, so ergibt sich als wahr=
scheinlich, daß alle drei Elegien Uebungsstücke gleichzeitiger, aber un=
gleich geschickter Kunstjünger vielleicht der neronischen Zeit waren,
welche gegebene Themata bearbeiteten. Voran ging das längere Ge=
dicht auf Drusus, welches den beiden andren vorlag, vielleicht vom
Lehrer gefertigt: daran lehnten sich die beiden andren an.

Satire und Roman.

Die Geißel der Satire und den Pinsel des Sittenmalers for=
derten die Tollheiten und Frevel der neronischen Zeit nur zu laut
heraus, aber die Furcht vor dem Despoten ließ freimütige Gesinnung
kaum zu Worte kommen; wenn diese dennoch hervorbrach, war es
ein Wagnis auf Tod und Leben. Wandinschriften stellten Nero mit
Orestes und Alkmäon als Muttermörder zusammen. Ein anonymes
Distichon fand eine Bestätigung, daß der Kaiser von Aeneas ab=
stamme: dieser habe seinen Vater fortgeschafft (auf seinen Schultern),
jener seine Mutter (durch Mord). Der Prätor Antistius (im
Jahre 62), übrigens ein verächtlicher Charakter, machte Schmähverse
auf den Herrscher und trug sie an großer Tafel als Gast in fremdem
Hause vor, was ihm Verbannung eintrug und beinahe das Leben
gekostet hätte. Würdiger, ohne persönliche Ausfälle werden die satiri=
schen Gedichte des jungen Curtius Montanus gewesen sein, welche
in einer Senatsverhandlung des Jahres 66 zur Sprache kamen.
Wären sie erhalten, so würden sie uns vermutlich voller aus dem
Leben geschöpfte Zeitbilder liefern als die saft= und blutlosen Satiren
des edlen, aber blutleeren Persius.

Wie wenig grade er geeignet und berufen war, in dieser von
jeher volkstümlichen Gattung Durchschlagendes und Kraftvolles zu
schaffen, läßt schon der Gang seiner Entwickelung erkennen. Aulus
Persius Flaccus war zu Volaterrä in Etrurien am 4. Dezember
34 n. Chr. geboren. Kaum sechs Jahre alt verlor er seinen Vater

Flaccus, einen römiſchen Ritter, durch den Tod. Die Mutter, Fulvia
Siſennia, heiratete zum zweitenmal, wiederum einen Ritter, den in
Ligurien anſäſſigen Fuſius, aber auch der ſtarb nach wenigen Jahren.
Der unmündige Knabe wurde bis zum zwölften Lebensjahre in ſeiner
Vaterſtadt erzogen, dann kam er nach Rom, um den Unterricht
des Grammatikers Remmius Palämon und des Rhetors Ver-
ginius Flavus zu genießen. Palämon, ein Freigelaſſener, der ſich
durch wunderbares Gedächtnis und außerordentliche Gewandtheit der
Form in proſaiſcher wie in poetiſcher Rede zum angeſehenſten Schul-
haupt ſeiner Zeit aufgeſchwungen hat, litt freilich an brutalem Größen-
wahnſinn und war den ſchändlichſten Laſtern ergeben, ſo daß Tiberius
und Claudius ſogar davor warnten, ſeiner Unterweiſung die Jugend
anzuvertrauen. Wie dieſer unter den Grammatikern, ſo nahm Ver-
ginius Flavus in ſeiner Zeit den erſten Rang unter den Lehrern der
Rhetorik ein. Seine Berühmtheit und ſein Einfluß auf die Schüler
machte ihn Nero verdächtig, ſo daß er im Jahre 65 ausgewieſen
wurde. Sein Lehrbuch wurde von Quintilian hochgeſchätzt.

Die nachhaltigſte Einwirkung erfuhr der junge Perſius, als er
16jährig mit dem gelehrten Stoiker Annäus Cornutus bekannt und
von dieſem in die Philoſophie eingeführt wurde. Dieſem Lehrer hat
er zeitlebens in inniger Freundſchaft angehangen: in der fünften
Satire (V. 30 ff.) hat er ſeinem Verhältnis zu ihm ein ſchönes
Denkmal geſetzt. Von der Zuneigung ſeines Mitſchülers Lucan
iſt ſchon oben (S. 92) die Rede geweſen. Auch mit zwei durch Bildung und Charakter ausgezeichneten Griechen, dem Arzt Claudius
Agathurnus aus Lacedämon und dem Magneſier Petronius Ariſto-
crates, die beide ſchon in reifen Jahren unter Cornutus' Leitung
eifrig Philoſophie trieben, trat Perſius in nahe Verbindung: er
blickte zu den trefflichen Männern auf und wetteiferte in ſeinen
Studien mit ihnen. Schon in ſeiner erſten Jünglingszeit hatte er
mit Cäſius Baſſus und einem Calpurnius Statura Freundſchaft geſchloſſen. Baſſus war im Jahr 61 bereits ein Greis, der als
lyriſcher Dichter und Lehrer der Metrik im Anſehen ſtand, hat
aber den jungen Genoſſen noch lange überlebt: er ſoll beim Ausbruch des Veſuv im Jahre 79 ſamt ſeiner Villa verbrannt ſein.
Statura dagegen iſt noch bei Lebzeiten des Perſius in ſeinen beſten
Jahren geſtorben, ohne eine weitere Spur ſeines Daſeins zu
hinterlaſſen.

Wie ein Sohn zum Vater ſtand Perſius zu dem von Quintilian
wie von Tacitus hochgeſchätzten Redner und Geſchichtſchreiber M.
Servilius Nonianus, der ſchon im Jahre 35 das Conſulat bekleidet
und zur Regierungszeit des Claudius unter lautem Beifall Teile ſeines
Werkes öffentlich vorgetragen hat (geſtorben 59). Der auch von
Charakter vorzügliche Mann iſt vielleicht Vormund des verwaiſten
Knaben geweſen. Faſt zehn Jahre lang (vermutlich von 52—62)
hat ſich derſelbe auch der zärtlichen Liebe des edlen Thraſea Pätus
(Conſul 56, geſtorben 66) zu erfreuen gehabt, deſſen Gattin Arria
eine Blutsverwandte des Perſius war. Sie haben einmal eine Reiſe
zuſammen gemacht. Erſt ſpät iſt er auch mit dem Philoſophen Seneca
bekannt geworden; zu dem geiſtreichen, ſchillernden Hofmann fühlte
ſich der ernſthafte, ſtrenge Schüler der Stoa nicht hingezogen.

Alſo von den erſten Lehrern ſeiner Zeit unterwieſen, von einem
Kreiſe hochgebildeter, edler und angeſehener Freunde umgeben führte
Perſius ein eifriges ungeſtörtes Studienleben, ein ſchöner Jüngling
von ſanftem, ſittenreinem Charakter, muſterhafter Sohn und Bruder.
Unter Frauen und Büchern aufgewachſen war er frühreif und liebte
mit Männern zu verkehren, die ihm an Jahren und Erfahrung über=
legen waren. So wurde er altklug, ſeine zarte Natur bekam vor
der Zeit einen herben Geſchmack. Vertieft in ſeine Bibliothek, deren
Hauptmaſſe die Werke des Chryſippos (etwa 700 Bücher) ausmachten,
kränklich, magenleidend hatte er weder für die Genüſſe noch für die
praktiſchen Aufgaben des Lebens Sinn. Selbſt die ſchriftſtelleriſche
Ader floß ihm nur ſpärlich und langſam. Aber ſchon als Knabe
hat er ſich an einer Prätextata verſucht, der Dramengattung,
welche damals von der politiſchen Oppoſition mit Vorliebe gepflegt
wurde.

Ein „Wanderbuch" (ὁδοιπορικά) hat vielleicht die Reiſe mit
Thraſea in Verſen beſchrieben. Großen Eindruck wird auf den nach=
denklichen Knaben die Erzählung von dem heroiſchen Ende der älteren
Arria, der Schwiegermutter ſeines ſpäteren Freundes, gemacht haben,
welche (im Jahre 42) dem Gatten den vom eigenen Herzblut getränkten
Dolch mit den unſterblichen Worten „Pätus, es ſchmerzt nicht" ge=
reicht hat. Er hat dem Andenken der bewundernswerten Frau einige
Verſe (vielleicht ein Epigramm) gewidmet.

Nicht ſelten pflegen Naturen, die vorzugsweiſe ein innerliches
Leben führen, ſich durch den Gegenſatz eines friſchen Temperamentes

und derb eingreifender Laune angezogen zu fühlen. So wirkten die
Satiren des Lucilius auf den Jüngling, als er eben die Schule hinter
ſich hatte. Und alsbald, ehe er noch Leben und Menſchen kannte,
machte er ſich daran, nach dem Vorbilde des ſchneidigen Ritters die
Geißel über ſeine Zeitgenoſſen zu ſchwingen.

Es wird berichtet, das zehnte Buch des Lucilius habe ihn zur
Nachfolge gereizt, und den Eingang desſelben habe er in ſeiner erſten
Satire nachgebildet. Dort wie hier muß die Kritik zeitgenöſſiſcher
Redner und Dichter das Thema geweſen ſein. Einem, der eben aus
der Schule und dem Hörſaal kam und ganz in dieſen Intereſſen lebte,
lag es am nächſten: wirkliche Anſchauungen und Eindrücke ſtanden
ihm hier vor Augen, und in litterariſchen Dingen durfte er ſich am
eheſten ein Urteil zutrauen. Zugleich führt er ſich mit dieſer Satire
bei dem Publikum ein. Es geſchieht in der Form einer Auseinander=
ſetzung mit einem andern, welcher ihm dieſe undankbare Gattung
der Schriftſtellerei auszureden ſucht, wie Trebatius dem Horaz oder
dem Lucilius ſein Berater.

Von vornherein erklärt er, daß er auf wenig Leſer rechne (zwei
oder keinen, denn er verachtet das große Publikum), aber auch
keinen litterariſchen Ehrgeiz beſitze: nur ſeiner Spottluſt will er
genügen. Er ſchildert einen poetiſchen Vortrag vor gewähltem Audi=
torium, wie der Dichter wohlfriſiert, in neuer Toga, mit prahleriſchem
Ring am Finger auf erhöhtem Sitze Platz nimmt, wie er mit ge=
zierter Stimme und ſchmachtendem Auge ſeine üppigen Verſe vor=
trägt, und wie die vornehmen Zuhörer von dem ſaden Genuß hinge=
riſſen ſind. Auch aus dem Glück, ein Schulklaſſiker oder bei der
feinen Geſellſchaft in Mode und der Gegenſtand ihrer gebildeten
Tiſchunterhaltung zu ſein, macht ſich Perſius nichts. Er weiß, wie
wenig der Beifall der Zeitgenoſſen zu bedeuten hat, wie er ver=
ſchwendet wird an vornehme Dilettanten, wie billig er für einen
guten Braten oder ein Geſchenk von dem geſchmeidigen Klienten zu
haben iſt, während man hinter dem Rücken des Gelobten ſich über
ihn luſtig macht. Aber auch auf den Geſchmack des gewöhnlichen
Publikums ſei doch nichts zu geben: man rühmt die Glätte der Form,
erwartet großartige Gedanken von Anfängern, die elementaren Auf=
gaben noch nicht gewachſen ſind. Die Tragiker der Republik ver=
achtet man, ein charakterloſes Gemengſel von Latein und Griechiſch
gilt jetzt für elegant, durch ſolche Lehren verdirbt man die Jugend.

Auch in Gerichtsreden herrſcht die kokette Manier moderner Rhetorik, die echter Empfindung bar iſt. Einige abſchreckende Proben des un=
männlichen Schellenklanges in bacchiſchen und Attisdichtungen, wie ihn Nero liebte, werden zum Beſten gegeben und dem Anfang der Aeneis gegenübergeſtellt, weichliche Spielerei ohne Mark und Inhalt. Der Freund warnt den Verfaſſer vor den Folgen ſo beißender Kritik: er werde ſich die Gunſt der Vornehmen verſcherzen. Dieſer beruft ſich auf Lucilius und Horaz: er will ſich das Recht freier Aeußerung nicht nehmen laſſen, wenn er auch wie jener Barbier des Königs Midas ſein Geheimnis in die Erde graben müßte. Seine Leſer wählt er ſich unter den Freunden der altattiſchen Komödie, dem trivialen Pöbel gönnt er die Koſt, die ihm ſchmeckt.

Das iſt ein Programm, welches hohe Erwartungen erregt, kühn und ſelbſtbewußt. Ein männlicher, unabhängiger Ton, gediegener Inhalt, dem eine reine Form entſpricht, ſoll wieder in der Litte=
ratur zur Geltung gebracht werden. Was wird man zu hören be=
kommen?

Zunächſt eine Schulmeiſterpredigt, aus der Erinnerung an die eigene Lehrzeit (III). Ein eifriger Mentor ſteht entrüſtet vor dem Bett eines Langſchläfers und weckt ihn, der noch ſchnarcht, während bereits der helle Tag durch die Ritzen des Fenſterladens ſcheint. Der junge Herr macht, während er Anſtalten trifft ſich in ſeine Studien zu ſtürzen, ſeinem Unmut über die eigene Faulheit in ungeduldigen Klagen über Tinte und Feder Luft. Aber der andre überſchüttet ihn mit einem langen Straſſermon. Es wird nichts aus dir werden; jetzt grade wäre die rechte Zeit zu deiner Bildung, aber du verläßt dich auf deinen Reichtum und deinen Stammbaum, und lebſt wie ein Tauge=
nichts, vom böſen Gewiſſen doch heimlich geplagt. Die Lehren der Stoa und des Pythagoras ſind an dem Leichtſinnigen ſpurlos vorüber=
gegangen; zu ſpät wird er zur Einſicht kommen und ſich nach einem Arzt umſehen. Lernt, ihr Unglücklichen! erkennt die Gründe der Dinge, eure Beſtimmung und eure Pflicht, ſtatt andre um ſchnöden Ueberfluß an vergänglichen Gütern zu beneiden. Freilich ungebildete Leute verſpotten die Philoſophie. So will ſich auch der Kranke nicht meiſtern laſſen und ſeinen Gelüſten keinen Zaum anlegen: er muß es aber mit dem Tode bezahlen. Andre bilden ſich ein, geſund zu ſein, und geſtehen ſich nicht, wie ſchwach es mit ihrem moraliſchen Befinden beſtellt iſt.

Nach der Angabe eines alten Erklärers iſt die Partie über die
Ueppigkeit und die Fehler der Reichen dem vierten Buch des Lucilius
nachgebildet, und einige Bruchſtücke desſelben ſtimmen zu ſolchem
Inhalt. Uebrigens wird man wiederholt auch hier an Horaz erinnert.
Der Zuſammenhang iſt locker, der Schluß wie gewöhnlich ſchroff ab=
gebrochen. Man ſieht die mühſame Arbeit, welche auf das Einzelne
gewendet iſt, aber die Abrundung zum Ganzen iſt dabei zu kurz ge=
kommen.

In weniger manierierter Form behandelt die zweite Satire ein
vielfach, z. B. im pſeudoplatoniſchen zweiten Alcibiades, auch von
Stoikern wie Athenodorus, nach ihm von Seneca erörtertes Thema,
die menſchlichen Wünſche. Auch Horaz kommt oft genug und in ſehr
ähnlichen Wendungen auf dieſen Gemeinplatz zu ſprechen. Der Ge=
burtstag eines Freundes gibt den Anlaß. Er iſt nicht wie andre
vornehme Heuchler, die in lautem Gebet die reinen Ideale zur Schau
tragen, im Innern aber die eigennützigſten und niedrigſten Ge=
danken hegen. Treffend führt ihnen der Satiriker zu Gemüte, daß
ſie ſich nicht ſchämen Juppiter Dinge zu eröffnen, vor denen ſich
ſelbſt der gewiſſenloſeſte Richter entſetzen würde. Dann die aber=
gläubiſchen Großmütter und Tanten, die beten, daß ihr Liebling wie
ein Märchenheld von König und Königin als Schwiegerſohn erſehnt,
von Mädchen entführt, daß alles wohin er trete zu Roſen werden
möge; der Schlemmer, der auf Geſundheit Anſpruch macht; der
Landwirt, der ſich mit Opfern ruiniert und vergeblich hofft, dadurch
reich zu werden. Wie kindiſch ſind die koſtbaren Weihgeſchenke! Unſre
entarteten Sitten und Neigungen übertragen wir auf die Götter,
denen man vielmehr ſtatt aller andren Gaben ein reines Herz dar=
bringen ſollte.

In der vierten Satire beginnt Socrates nach platoniſcher Art
den Alcibiades zu katechiſieren. Er hält dem angehenden Staats=
mann und Volksredner vor, daß er nicht wiſſe, was gut und böſe
ſei. Niemand kehrt in ſich ſelbſt ein, um ſich zu erkennen, ſondern
ſieht auf den andern, um ihn zu beneiden oder zu verläſtern, beides
ins Blaue hinein. Ebenſowenig ſoll man Lobſprüchen der Menge
ſein Ohr leihen, ſondern beſcheiden ſich ſelbſt prüfen. Ein echtes
Schulthema.

Abermals in die Fußſtapfen des Vorgängers tritt die fünfte

Satire über wahre, d. h. ſittliche Freiheit, welche bei Horaz (Sat.
II 7) dem Sklaven Davus in den Mund gelegt war. Hier repe-
tiert der treue Schüler die Lektion, welche er ſeinem Lehrer Cornutus verdankt. Eins thut not und leidet keinen Aufſchub, das
Studium der ſtoiſchen Philoſophie, deren köſtlichſte Frucht eben die
Freiheit iſt, nicht die bürgerliche, welche der Prätor verleiht, ſondern jene innere, welche wie jede Kunſt gelernt, nicht nur dilet-
tantiſch betrieben ſein will. Den natürlichen Menſchen beherrſchen
verſchiedene Triebe, z. B. Habſucht und Bequemlichkeit, und reißen
ihn nach verſchiedenen Seiten, wie jenen verliebten Jüngling bei
Menander Liebe und Troß. Zum Beſchluß wird noch auf Ehrgeiz
und Aberglauben hingewieſen.

Noch öfter abgehandelt war das Thema vom Geiz und eng-
herziger Sparſamkeit, welches den Beſchluß des Buches macht (VI).
Was man hat, ſoll man gebrauchen und den Mitlebenden zugute kommen laſſen, unbekümmert um das Murren anſpruchsvoller
Erben, die das Ererbte am Ende doch nur verpraſſen. Wer aber
ſeine Seele dem Gewinn verkauft, erreicht nie ſein Ziel, ſo wenig
wie der Haufen des Chryſippus ein Maß hat. Der Verfaſſer hatte
dieſe bei ſeinen ſatten Verhältniſſen ziemlich wohlfeilen Betrachtungen
noch weiter führen wollen: Cornutus hat ihnen durch Tilgung einiger
Verſe am Ende einen gewiſſen Abſchluß gegeben.

Man ſieht: neu iſt das, was der jugendliche Verfaſſer ſeinen
Zeitgenoſſen zu ſagen hat, nicht. Es ſind lauter unzweifelhafte Wahrheiten, aber oft gehörte. Bei allem Haſchen nach Originalität kleben
ihm noch die Eierſchalen der Schule an. Sein Gedächtnis iſt über-
füllt mit eingemachten und überwürzten Leſefrüchten, beſonders aus
Horaz. Abgeſehen von der erſten bewegen ſich alle Satiren in dem
Gedankenkreiſe der Stoa: eine allgemeine Ermahnung zum Studium
der Philoſophie, eine Art Protreptikos (III); das ſokratiſche „erkenne
dich ſelbſt" (IV); die Tugend als das einzig erſtrebenswerte Ziel
des Menſchen (II); der Begriff der wahren Freiheit (V); die
Empfehlung des höchſten Gutes, worauf vielleicht die ſechſte
Satire hinauslaufen ſollte, — das iſt der weſentliche Inhalt dieſer
Diatriben. Ein echter ſittlicher Kern, Strenge und Ernſt der Ge-
ſinnung, ein asketiſcher Idealismus iſt ja nicht zu verkennen: aber
die Predigt des gelehrigen Jüngers hat etwas Studiertes, der Eifer
iſt pedantiſch, ohne Herzenswärme, vor allem ohne das gewinnende

Element horaziſcher Anmut oder luciliſcher Plaſtik, ohne die Ader des natürlich ſprudelnden Witzes, der durch individuelle Beobachtung und Erfahrung genährt wird.

Die äußere Technik der Anlage und Durchführung hat der Verfaſſer von ſeinen Vorgängern, namentlich von Horaz gelernt, zunächſt die dialogiſche Form, welche der Satire von Hauſe aus eigen iſt, wie ſie ja auch in philoſophiſchen Unterſuchungen gern angewendet wird. Aber wie trocken wird ſelbſt in der erſten, wo die Disputation noch am beſten durchgeführt iſt, der abſtrakte Gegner vorgeſtellt: „wer du auch ſeiſt, dem ich eben die Gegenrede zugeteilt habe"! (I 44.) Die dritte beginnt zwar mit einem dramatiſchen Wortwechſel, dann ſpricht der Mentor allein, allmählich aber verblaßt er und der Dichter tritt einfach an ſeine Stelle. Sofort fällt die Katecheſe des Socrates in der vierten aus dem Ton: Alcibiades ruft die Quiriten an, und bald wird die Einkleidung ganz aufgegeben. Ueberhaupt ſind die Rollen der beiden Redner nicht immer ſcharf genug geſchieden, um ohne Mühe und Gefahr des Mißverſtändniſſes erkennen zu laſſen, wer eigentlich das Wort führt. Auch die lockere und ſpringende Gangart der Gedanken iſt von Horaz entlehnt, aber ſo vortrefflich ſie zu den bequemen Plaudereien des Vorgängers paßt, ſo ſehr macht ſie hier, wo man jeder Zeile die Mühe anſieht, den Eindruck der Unbeholfenheit und Härte oder abſichtlicher Irrpfade wie in künſtlichen Labyrinthen. Klar genug iſt in der fünften die Unterſuchung durchgeführt. In der zweiten kann man zwei Hauptteile unterſcheiden: die Wünſche der Menſchen und ihre Beſtechungsverſuche gegenüber den Göttern. Aber jeder Uebergang fehlt, und die Beiſpiele in der erſten Partie ſind nur äußerlich aneinandergereiht. Auch in der dritten Satire iſt die zweite Hälfte (V. 88 ff.) ohne jedes Band an die erſte angehängt. Dort die Ermahnung zu fleißigem und rechtzeitigem Studium, hier warnende Beiſpiele eines unfolgſamen Patienten und eines Schlemmers, der bei vollem Magen badet und daran ſtirbt; zum Beſchluß noch ein dritter, der zwar äußerlich geſund iſt, aber an Leidenſchaft und Thorheit krankt. Eine innere Verbindung dieſer Abſchnitte läßt ſich nur erraten: die Ungebildeten, welche die Philoſophie verachten (V. 77 ff.), ſollen widerlegt und von der Notwendigkeit ethiſcher Bildung überzeugt werden. Ganz in der Luft ſchweben die Bekenntniſſe über Schülerſtreiche (V. 44 ff.). Wenn ſie wenigſtens jenem Einwand der Centurionen (V. 77 ff.) entgegengeſtellt wären: dann würden dieſe paſſend mit dem faulen Knaben verglichen, der ſeine Lektion nicht lernen mag und lieber ſpielt.

Gegen Ungebildete hegt der Verfaſſer eine gründliche Verachtung (I 1, 127 ff. VI 37 ff.), wie ſie eben einſeitigen Stubengelehrten eigen zu ſein pflegt. Die Schule und was in ihr getrieben wird, ſchöne Litteratur und Philoſophie, das iſt ſeine Welt. Von der Straße und aus dem trivialen Alltagsleben ſind einige Beiſpiele und Bilder entlehnt. An perſönlichen Beziehungen ſind ſeine Gedichte arm: die Anſprachen an Cornutus (V 21 ff.), an Cäſius Baſſus (VI 1 ff.), an Plotius Macrinus, eine Bekanntſchaft aus dem Hauſe des oben= genannten Servilius (II 1 ff.), das iſt alles. Die Namen für ver= ſchiedene Charaktertypen hat er zum guten Teil von Horaz, einen und den andren wohl auch von Lucilius entlehnt, andre ſind farblos. Nur etwa ein tragiſcher Schauſpieler Glycon (V 9) und der Dichter Attius Labeo, der Homeriker (I 4. 50), laſſen ſich als Zeitgenoſſen feſtſtellen. Ereigniſſe der Gegenwart werden kaum berührt. Gefahrlos war der Spott über den Scheintriumph des Caligula vom Jahre 40, deſſen Koſten die loyalen Unterthanen zu tragen gehabt hatten (VI 43 ff.). Aber gut gewählt iſt das Beiſpiel, um die ſittliche Hohlheit jener offiziöſen Opferfreudigkeit zu geißeln, welche Begeiſterung und Popularität dem Hofe zuliebe heuchelt. Die etwas anzüglichere Stelle von den Eſelsohren des Königs Midas (I 121) iſt von Cornutus vorſichtig abgeſtumpft worden. Sonſtige Sittenſchilderungen bewegen ſich in bekannten Kreiſen und werden aus bewährtem Farbentopf beſtritten.

Für den trockenen Inhalt dieſer Schuldeklamationen ſoll nun aber die überpfefferte Zubereitung entſchädigen: eine gekünſtelt geiſt= reiche Manier, die ihresgleichen ſucht. Die Gedrungenheit des figu= rierten Ausdruckes, welche der überreizte Geſchmack jener Zeit liebte, wird zu rätſelhafter Geſchraubtheit. Einfachheit und Klarheit iſt trivial, das Gebräuchliche vulgär; derbſte Schroffheit gilt für Energie. Jeder Begriff wird ſofort bildlich ausgedrückt, und die Verquickung verſchiedenartiger Bilder erhöht den Reiz. Dem Scharfſinn des Leſers werden gleichſam Rätſel aufgegeben. Statt zu ſagen: „nimm es nicht übel, wenn ich dich von eingewurzelten Vorurteilen befreie,“ ſchreibt Perſius: „laß deinen Zorn von der Naſe fallen und die runzlige Grimaſſe, während ich dir die alten Großmütter aus der Lunge zupfe“ (V 91 f.). Die Ermahnung: „du ſollteſt lieber nach Klarheit des Geiſtes trachten", lautet in der Sprache des Satirikers: „du biſt beſſer geeignet, reine Anticyren zu ſchlürfen", nämlich ſämtlichen Helleborus, der auf Anticyra und anderswo wächſt, ohne ſchwächenden Beiſatz als Mittel gegen deine Tollheit einzu= nehmen. „Wozu hilft das Lernen, wenn nicht der gärende Stoff und der eingeborene wilde Feigenbaum die Leber durchbricht und heraus= kommt?" (I 24 f.) nämlich wenn nicht der angeborene Geiſt heraus= bricht, wie der Feigenbaum den Felſen ſpaltet, in dem er wurzelt. Eine heuchleriſche Rede wird genannt „das Tünchwerk einer gemalten Zunge" (V 25). Wer das Laſter verwirft, „ſetzt ihm das ſchwarze Theta vor" (IV 13); weil nämlich der Richter, wenn er zum Tode verurteilt, die Marke mit dem Zeichen Θ (θάνατος) als Stimme abgibt.

Es ſoll nicht geleugnet werden, daß dem Verfaſſer mancher Aus= druck und manche Schilderung gelungen iſt, daß hier und da ein wärmerer Atem weht, die Rede freier fließt. Wo er ſeiner erſten zaghaften Schritte ins Leben und des Anſchluſſes an Cornutus ge= denkt (V 30 ff.), nimmt er einen Anlauf zur Rhetorik, aber etwas nach der Schnur. Eine herbe Erhabenheit liegt in dem Wunſch, Juppiter möge die Tyrannen dadurch ſtrafen, daß er ſie mitten in der Aufwallung ihres vergifteten Gemütes die Tugend erblicken und fühlen laſſe was ſie verſcherzt haben (III 35 ff.). Perſius iſt ein Virtuos auf ſeine Art, aber ſeine Macht über die Sprache gleicht einer Gewaltherrſchaft. Uebrigens iſt es der Geſchmack ſeiner Zeit, den er nur auf die Spitze getrieben hat. Lucan, der gleichen Un= natur ergeben, bewunderte die Kunſt ſeines Freundes wie ein un= erreichbares Ideal; und der auserleſene Kreis, welchem der vornehme Verfaſſer einzelne ſeiner Satiren vortrug, wird ihm ſeinen verſtänd= nisvollen Beifall nicht verſagt haben.

Er wollte alle ſechs geſammelt in einem Buch herausgeben, aber noch fehlte ihnen der Abſchluß und die letzte Hand. Es war wohl der letzte Winter ſeines kurzen Lebens, den er an der herr= lichen liguriſchen Küſte, in der Villa ſeiner Mutter bei Luna (Spezia), noch im Bereich ſeiner Heimat, behaglich verlebte, mit der Abfaſſung ſeiner ſechſten Satire beſchäftigt, welche dem Freund Baſſus einen inhaltsvollen Gruß bringen ſollte. Erſt im folgenden Herbſt hat das Magenleiden, an dem er krankte, ſeinen tödlichen Ausgang genommen. Er ſtarb erſt 28 Jahre alt, am 24. November 62, und wurde auf seinem Gut an der appischen Straße, 8 Milien von Rom begraben. Mutter und Schwester erbten sein ansehnliches Vermögen, Cornutus die Bibliothek. Derselbe bewog die Mutter, alle jene unreifen Knaben= arbeiten zu unterdrücken. Das hinterlassene Satirenbuch dagegen, dessen letztes Stück noch nicht einmal äußerlich zu Ende geführt war, unterzog er einer flüchtigen Ueberarbeitung und überließ es dann dem Cäsius Bassus zur Herausgabe. Es machte gleich beim Erscheinen großes Aufsehen, wurde begierig gelesen und bewundert. Selbst Quintilian bezeugt dem Verfasser mit gewichtigen Worten, er habe mit dem einen Buche viel echten Ruhm verdient; und Martial be= stätigt, daß er in hohem Ansehen stand.

Dem Buch der Satiren sind in einer Klasse der Handschriften vorn, in einer andren am Schluß Choliamben beigefügt, welche in der Weise eines Prologs den Dichter und sein Werk einzuführen scheinen. Aber sie passen weder zu der Person des Persius noch zu dem was er darbietet, geben auch an sich keinen abgeschlossenen Ge= dankeninhalt. Der Verfasser erklärt spöttisch, daß er auf die beliebte Fiktion von dem Trunk aus dem Musenquell oder dem Traum auf dem Parnaß verzichte, er sei ein halber Bauer, also kein vollzünftiger Poet, der sein Lied in das Heiligtum geweihter Sänger bringe. Wie Hunger den Papagei sprechen lehre, so mache die Hoffnung auf Geld Dichter und Dichterinnen. Unmöglich, auch nicht im Scherz kann der begüterte Persius solches Bekenntnis von sich abgelegt haben. Wie er zur Abfassung von Satiren gekommen ist, führt er in der ersten aus: jener Prolog wäre als Vorwort ebenso überflüssig wie albern gewesen. Er wird von einem andern Verfasser für ein andres Buch bestimmt gewesen sein, und ist wohl überhaupt nur ein Bruchstück.

Für alles, was die Satiren des Persius an Fülle der Anschauung und Beobachtung, an Frische der Darstellung und Schärfe der Cha= rakteristik, an Humor und Geist vermissen lassen, entschädigt reichlich das großartige Werk, in welchem die menippeische Satire zum Roman erweitert und ausgestaltet ist. Eine zusammenhängende Erzäh= lung in wenigstens 16 Büchern haben die „Satiren“ des Petronius Arbiter geboten. Leider sind nur vom 15. und 16., allenfalls auch vom 14. große Partien und kleinere Bruchstücke erhalten. Einem im

neunten Jahrhundert gefertigten teilweisen Auszuge verdanken wir —
sollen wir sagen den Verlust des übrigen oder die Erhaltung des
Restes? Jede Vermutung über Inhalt und Verlauf des Ganzen ist
somit ausgeschlossen, zumal da die Beziehungen auf Ereignisse und
Personen, welche in den früheren Teilen vorkamen, nur spärlich sind
und nicht weittragen. Nicht in der Erfindung einer einheitlichen,
kunstvoll gefügten Geschichte lag übrigens der Wert des weitschichtigen
Werkes, vielmehr waren an lockerem Faden Abenteuer an Abenteuer
phantastisch gereiht, und reich ausgeführte Episoden unterbrachen viel=
fach den Gang der Erzählung, die in verschiedenen Gegenden des
römischen Reiches, in Palästen und Spelunken, auf dem Trödelmarkt
und in der Bildergallerie, an heiligen und gemeinen Orten, zu Schiff
und zu Lande spielt. All die burlesken Scenen, welche wie in tollem
Karnevalspiel Schlag auf Schlag einander folgen, entnehmen ihr
Recht und ihren Reiz aus der naiven Lust des Fabulierens, welche
den Südländern noch heute eigen ist und noch lange die erzählende
Dichtung aller Völker beherrscht hat. Ein übermütig pulsierendes
Leben, mit dreistem Pinsel in nackter Naturtreue hingeworfen, regt
die Phantasie des Lesers auf, reizt seine Sinnlichkeit in oft für unser
Gefühl höchst unziemlichem Grade, aber nicht so bösartig und tief=
gehend, wie es dem schwerfälligen und ehrbaren Nordländer der
Gegenwart erscheinen mag. Ein weitumfassendes, höchst lebensvoll
ausgeführtes Sittengemälde der Zeit entrollte sich mit einer Fülle
charakteristischer Figuren aus mannigfaltigen Kreisen der Gesellschaft.
Die sichere Welt= und Menschenkenntnis des feingebildeten Verfassers
verleiht seiner unverhüllten Darstellung den Zauber packender Wahr=
heit, und eine heitere Ironie beherrscht das Ganze. Er selbst tritt
wenigstens in den erhaltenen Teilen mit seiner Person ganz zurück,
da er den Helden seine Erlebnisse selbst erzählen läßt, und so kommt
auch alle Frechheit des Inhaltes wie der Darstellung auf dessen
Rechnung.

 Die Handlung spielt in den letzten Jahren des Tiberius, viel=
leicht noch etwas später; immer hat man einige kleine Anachronismen
oder Licenzen in Kauf zu nehmen. Dazwischen schimmern in sehr
verständlichen Beziehungen Erscheinungen und Zustände der neroni=
schen Zeit, in welcher der Verfasser selbst lebt: und die Gegenwart
unter dem Bilde der vorausgegangenen Generation zu schildern, ist
sein eigentlicher Zweck.

Die Schauplätze der Geschichte, soweit wir sie kennen, sind
trefflich geeignet, die von griechischer Zuchtlosigkeit angefressene, mit
griechischer Halbbildung verbrämte Kultur der Kaiserzeit in grelles
Licht zu stellen.

Die Hauptperson und zugleich Erzähler des Ganzen ist ein junger
Abenteurer Encolpios, der sich in der Welt umhertreibt, eine Weile
mit seinem gleichgestimmten Gesellen Ascyltos, beide Griechen von
Geburt, litterarisch gebildet (scholastici), eine Art fahrender Schüler,
lockere Vögel, Spielbälle der Fortuna. Encolpios ist dem Gericht,
der Arena (als verurteilter [c. 81] Verbrecher oder als Gladiator [9])
entkommen, hat einen Gastfreund (117) getötet, einen Tempel geschändet
(130), Räubereien getrieben (9. 12. 17), mit einem Schiffskapitän und
einer leichtsinnigen Tarentinerin Händel gehabt, so daß er allen Grund
hat ihnen aus dem Wege zu gehen (101. 104. 113 f.). Schwerer
Zorn des Gottes Priapus, dessen nächtliche Geheimfeier er in Mas=
silia gestört hat (16. 17, vgl. 21. 130. 139), verfolgt ihn. Es sieht
wie eine freche Parodie des epischen Pathos aus, wenn der wüste
Schelm wiederholt sein Schicksal mit dem von Heroen wie Hercules,
Ulixes, die auch von einer feindlichen Gottheit zu leiden hatten, ver=
gleicht. Auf der Flucht von Massilia ist er nach der Küste Campa=
niens verschlagen. In einer Militärkolonie, wahrscheinlich Cumä,
hat sich das saubere Paar einstweilen niedergelassen. Was sie hier,
dann auf der See, endlich in Croton erlebt haben, lesen wir in
zum Teil abgerissener und abgekürzter Darstellung der erhaltenen
Bruchstücke.

Das edle Brüderpaar ist einander wert. Wenn sie aneinander=
geraten, wühlen sie den ganzen Schmutz ihrer erbaulichen Vergangen=
heit auf (9). Zwischen ihnen steht der Knabe Giton, Gegenstand
beiderseitiger Eifersucht (8 f. 10 f.). Eine Priapuspriesterin Quar=
tilla stellt ihnen nach und feiert Orgien mit ihnen (16—26). Zwischen
Wollust und Gefahr, Schelmerei und Demütigung gehen die Wogen
des Lebens, welche Encolpios tragen, auf und nieder. Wir müssen
uns versagen sein Schifflein durch alle Klippen und Stürme zu
begleiten.

Das eigentliche Glanzstück unter den erhaltenen Resten (erst um
die Mitte des siebzehnten Jahrhunderts in einer einzigen Handschrift
eines dalmatinischen Klosters gefunden) ist die berühmte Mahlzeit
des Trimalchio, ein in sich abgeschlossenes, mit sauberster Miniatur=

malerei ausgeführtes Kunstwerk, welches allein dem Verfasser seinen
Platz unter den geistvollsten Humoristen aller Zeiten sichert. Es ist
hier nicht die Rede von dem unschätzbaren historischen Werte, welchen
diese vielfach ausgezogene Schilderung bietet: wir haben die unüber=
treffliche Kunst zu betrachten, welche es verstanden hat, in sein ab=
getönter Umgebung ein Zeit= und Charakterbild hinzustellen, welches
in seiner Art ebenso unsterblich ist als das des Ritters Falstaff in
Mitte seiner Gesellen, oder des eblen Don Quixote. Der würdige
C. Pompeius Trimalchio, dessen halborientalischer Name schon das
Gegenteil von Anmut, und zwar in hoher Potenz, andeutet, ist der
Typus eines ungebildeten, gutmütigen, aber innerlich hohlen Empor=
kömmlings, eines naiven Protzen, der lebt und leben läßt. In seiner
Jugend hat er eine zähe Betriebsamkeit entwickelt, welcher er seinen
Reichtum verdankt. Er ist, wenn wir seiner eigenen Erzählung (75 ff.)
glauben dürfen, als kleiner Knabe aus Asien nach Rom gekommen.
Erst dem Mäcenas gehörig, von dem er den zweiten Beinamen
Mäcenatianus trägt, ging er nach dessen Tode in das Haus des
Campaners C. Pompeius über, dem er vierzehn Jahre lang als
Liebling gedient hat. Er beerbte seinen Herrn und begann als Frei=
gelassener mit dem bereits ansehnlichen Vermögen einen schwungvollen
Handel, schickte fünf Schiffe mit Wein nach Rom. Als diese an
einem Tage zu Grunde gegangen waren, ließ er sich nicht abschrecken,
baute größere und bessere, belud sie mit Wein Speck Bohnen Par=
fümerien Sklaven, und gewann auf einer Fahrt runde zehn Millionen.
Nun kaufte er allen Grund und Boden seines ehemaligen Patrons,
richtete eine Viehzucht ein. Endlich, als er „mehr besaß als sein
ganzes Vaterland", hat er sich von den Geschäften zurückgezogen,
Kapitalien an seine Freigelassenen ausgeliehen und auf seiner Domäne
an Stelle des ehemaligen bescheidenen Hauses einen prachtvollen Palast
bauen lassen. Es freut ihn, wenn vornehme Herren aus Rom bei
ihm absteigen. So rühmt er sich, natürlich lächerlich aufschneidend,
der große Scaurus — vermutlich ist der elegante und witzige Senator
Mamercus Scaurus gemeint († 34 n. Chr.) — habe vorgezogen,
bei ihm zu wohnen statt in seiner väterlichen Villa am Meere. An
der Wand der Eingangshalle ist der ganze Lebenslauf des Hausherrn
mit erläuternden Beischriften abgemalt (29): wie Trimalchio als lockiger
Knabe mit dem Mercurstab in der Hand unter Minerva's Führung
in Rom einzieht, wie er rechnen lernt, wie er Kassierer wird, und

weiterhin wie ihn Mercur auf ein hohes Gerüst emporhebt, wo For=
tuna mit überquellendem Füllhorn und die drei Parcen, goldene
Fäden spinnend, den Günstling erwarten. Er hat es auch in seiner
Gemeinde so weit gebracht, als es für einen ehemaligen Sklaven möglich
war: er gehört (als sevir Augustalis) zum Vorstand einer Korpo=
ration, welche die Ehre hat den Genius des Kaisers in religiösem
Kultus zu feiern. Bei den silbernen Laren und dem marmornen
Venusbilde, welche in einer Nische jener Halle aufgestellt sind, be=
findet sich auch eine stattliche goldene Büchse, in welcher der große
Mann wie Nero und andere Hochstehende die Erstlinge seines Bartes
aufhebt. Auf seiner Domäne gebärdet er sich in der That wie
ein Fürst.

Von seiner Prahlerei wäre viel zu sagen. Er thut, als wäre
ihm selbst der Begriff „Armut" abhanden gekommen, denn als er
von einem Armen sprechen hört, fragt er: „was ist arm?" (48) Dem
Diener, der eine silberne Schüssel, die ihm entfallen ist, wieder auf=
gehoben hat, läßt er wegen des Aufhebens Ohrfeigen geben und be=
fiehlt ihm, sie wieder hinzuwerfen: dann wird sie mit dem übrigen
Kehricht weggefegt (34). Er läßt nach dem Muster des römischen
Tageblattes von einem dazu angestellten Aktuarius einen Bericht über
die Begebenheiten auf seinem Grund und Boden abfassen und von Zeit
zu Zeit bei Tisch vorlesen. Da er von einem Güterankauf erst nach
Jahresfrist hört, bestimmt er ärgerlich, wenn dergleichen künftig nicht
binnen sechs Monaten zu seiner Kenntnis komme, solle das Grundstück
überhaupt gar nicht in die Rechnungsbücher eingetragen werden (53).

Sein einziger Zweck ist das Leben nach seiner Art zu genießen.
Daher hat er in seinem Speisezimmer einen Stundenzeiger mit einem
Hornbläser aufstellen lassen, um von Zeit zu Zeit zu wissen, wie viel
er wieder vom Leben verloren habe (26). Bei Tisch läßt er ein
silbernes Skelett mit Gelenken bringen, dem er allerhand Stellungen
gibt (34). Täglich, wenn er nicht selbst eingeladen ist, sieht er Gäste bei
sich, und so hat er auch um die Zeit der Saturnalien eine Gesell=
schaft von dreizehn Personen bei sich versammelt. Es sind außer den
beiden Fremden, die von einem Rhetor Agamemnon als eine Art
Kollegen mitgenommen sind, allerhand Spießbürger, ehemalige Mit=
sklaven des Trimalchio, ein Feuerwehrmann, ein heruntergekommener
Leichenkommissar, ein ehemaliger Packträger u. s. w. Der Wirt be=
handelt sie auch demgemäß, nicht grade schlecht, aber mit der herab=

lassenden Nachlässigkeit eines reichen Onkels gegen abhängige Verwandte. Weichlich und überladen angeputzt, mit Ringen an Fingern und
Arm kommt er erst, nachdem alle längst Platz genommen und bereits
den ersten Imbiß zu sich genommen haben: der oberste Platz ist nach
neuer Mode für ihn reserviert (31 ff.) Die Zähne stochernd begrüßt
er sie mit dem verbindlichen Geständnis, eigentlich sei es ihm noch
nicht bequem gewesen zu kommen, aber um sie nicht länger warten
zu lassen, habe er auf alles Behagen verzichtet: wenigstens würden
sie erlauben, daß er die begonnene Partie auf dem Brett zu Ende
spiele. Er führt ihnen zu Gemüte, daß er ihnen hundertjährigen
Falerner vorsetze aus dem Consulat des Opimius vom Jahre 633
d. St.: eine unverschämte Lüge, denn die Jahreszahl stimmt nicht.
Gestern habe er nicht so guten spendiert, und doch hätten vornehmere
Leute bei ihm gegessen. Während sogenannte Homeristen eine Scene
in griechischen Versen aufführen, liest er mit singender Stimme das
Textbuch lateinisch (59).

Die Bewirtung ist verhältnismäßig nicht grade allzu üppig. Aber
ein besonderes kindliches Vergnügen macht er sich daraus, seine Gäste
durch allerhand Spielereien und Attrappen, aufregende Zwischenfälle,
Rebusetiketten an kleinen, zum Mitnehmen bestimmten Spielereien
zu überraschen. Sein Koch ist erfinderisch in der Kunst, aus jedem
Stoff, ja aus Dreck alle möglichen Formen von Gerichten herzustellen.
Musik ist in der Mode, sie macht sich breit bis zum Ueberdruß. Ein
Flötenbläser begleitet beständig Trimalchio's Sänfte (28). Unter Instrumentalmusik wird er in den Speisesaal getragen und auf den
Polstern niedergelegt. Singend reicht der Diener vor dem Essen
das Waschwasser, vollzieht er die Reinigung der Trinkgefäße, kredenzt
er den ersten Becher (31). Orchester und Chorgesang (34), bisweilen
auch Tanz der aufwartenden Sklaven (36) begleitet die einzelnen
Gänge und Verrichtungen bei Tisch, auch das Zerlegen der Braten.
Trimalchio selbst singt, obwohl mit abscheulicher Stimme. Er weiß
cantica von Mimen und Concertarien auswendig, und foltert mit
ihrem Vortrag die Ohren der Anwesenden (36); auch im Bade versucht er sein dröhnendes Organ (73). Noch andere Kunstleistungen,
welche bei Tafel die Zeit verkürzen, bezeichnen seinen Geschmack. Am
liebsten sind ihm Hornbläser und Aequilibristen (53). Aus der griechischen Komödie macht er sich nichts: da sieht er lieber eine Atellane.
Gegen Ende der Mahlzeit werden die artistischen Genüsse immer vul-

gärer. Ein alexandrinischer Bursch ahmt Vögelstimmen nach, der
Sklav eines dazugekommenen Kollegen mischt Atellanenverse unter
vergilische, die er in ekelhaft karikierender Weise vorträgt (68).
Derselbe bläst auf einer Thonlampe, auf zerbrochenen Rohrstengeln,
spielt einen Maultiertreiber (69); der Koch macht einen tragischen
Schauspieler nach (71).

Die Tischreden Trimalchio's bewegen sich in trivialen Gemeinplätzen, Sprichwörtern von der Gasse, wohlfeilen Scherzen und Wort-
spielchen, halbverstandenen, auch griechischen Citaten, alles, dicenda
tacenda, Uebernatürliches und Allzunatürliches, wie es ihm in den
Mund kommt, bunt durcheinander (34. 36. 41. 47. 50). Auf Vulgarismen und Sprachfehler kommt es ihm nicht an. Er belehrt gern.
Er ist abergläubisch (76), glaubt an Zauber und Hexen, erzählt zum
Belege Geschichten, die er selbst erlebt haben will (63), nimmt einen
Hahnenschrei als bedenkliches Vorzeichen (74), ist ein Jünger der
Astrologie (30). Am Eingang seines Hauses, wo einer der Thür-
pfosten einen Kalender mit Mond und Planeten zeigt, sind Glücks-
und Unglückstage durch Zeichen hervorgehoben. Ein Bursch ist besonders dazu angestellt, die Eintretenden anzuhalten, daß sie den rechten
Fuß zuerst über die Schwelle setzen (35). Auf einer großen runden
Schüssel, die er auftragen läßt (39), sind die zwölf Zeichen des
Tierkreises verteilt und über jedem mit nicht sehr ausgesuchtem Witz
ein entsprechender, nicht grade besonders leckerer Bissen (z. B. über
dem Stier ein Stück Rindfleisch). Sie dient ihm dann als Unterlage für einen geläufigen Vortrag über die Abhängigkeit der Geburt
von jenen Sternbildern, wobei er in freier Improvisation eigenen
Unsinn mit fremder Doktrin mischt. Daß er selbst, als Kaufmann,
unter dem Zeichen des Krebses geboren sei, ist ihm wohl bekannt.
Man sieht, wie populär die Weisheit des „Manilius" geworden ist.

Auch sonst hält der Emporkömmling etwas auf seine Bildung.
Er dankt es seinem Patron im Grabe, daß er gewollt habe, er solle
„Mensch unter Menschen" sein. Auch bei Tische, meint er, muß man
von der „Philologie", d. h. von der Wissenschaft Notiz nehmen. „Für
den Hausgebrauch", wie er, sagt (48), hat er sich mit Litteratur
abgegeben und besitzt zwei Bibliotheken, eine griechische und eine
lateinische. Als Knabe will er den Homer gelesen haben, aber seine
Erinnerungen daraus wie überhaupt seine mythologischen Kenntnisse
sind in der lächerlichsten Weise verworren: er beschreibt Bildwerke,

wie Cassandra ihre Söhne töte und Dädalus die Niobe in das hölzerne Pferd einschließe, macht Diomedes und Ganymedes zu Brüdern und Helena zu ihrer Schwester. Agamemnon habe sie ent= führt und statt ihrer der Diana eine Hindin untergeschoben u. s. w. (48. 52. 54). Er rühmt sich, daß er allein wirklich korinthisches Erz besitze, weil er es nämlich von einem Händler Namens Corinthus gekauft habe (50). Damit sie ihn aber nicht etwa wegen dieses schlechten Witzes für ungebildet halten, belehrt er seine Freunde über die Entstehung des korinthischen Erzes und liefert dabei eine köstliche Probe seiner historischen Gelehrsamkeit. Ebenso unbestimmt sind seine geographischen Vorstellungen, selbst aus der Nähe, denn er gibt an, eins seiner Güter, das er noch nicht kenne, solle an das Gebiet von Terracina und Tarent grenzen (48). Wie große Herren (z. B. Tiberius) examiniert er die Gelehrten, frägt nach den zwölf Arbeiten des Hercules (48), wirft Probleme auf, die witzig sein sollen, und löst sie sofort selbst (56). So stellt er die geistreiche Frage, was der Unterschied sei zwischen Cicero und Publilius Syrus, beantwortet sie alsbald mit zwei Worten, und citiert eine lange Rede des Mimen, die aber wahrscheinlich von einem ganz andern Verfasser ist, über Luxus (55). Den Rhetor Agamemnon fordert er auf (48), ihm eine Skizze der heute in der Schule verhandelten Controverse zu geben, fällt ihm aber gleich mit einer dialektischen Albernheit ins Wort. Mit Philosophen dagegen läßt er sich nicht ein.

Im Ganzen beherrscht er das Gespräch, ja er führt eigentlich allein das Wort: die übrigen, wenn sie nicht ausdrücklich gefragt werden, sind auf Beifall und Bewunderung angewiesen. Einen Teil von ihnen lernen wir kennen durch die vertraulichen Mitteilungen, welche dem Encolpios sein Tischnachbar macht (37). Derselbe spielt zu der Prahlerei des Hausherrn gleichsam die zweite Stimme, indem er sich auf dessen Reichtum wie auch auf die ansehnliche Gesellschaft nicht wenig zugute thut (38). Freilich erfährt man auch durch ihn, daß dem einen, bei dem es früher hoch herging, kein Haar auf dem Kopf mehr gehört: er ist aber dem Konkurs durch eine rechtzeitige Auktion „seiner überflüssigen Habe" zuvorgekommen.

In einer Pause, da der „Tyrann" hinausgegangen ist, atmen sie auf und benutzen die Freiheit zu einem gemütlichen Schwatz (41 ff.). Hier kommen Gevatter Schneider und Handschuhmacher zu Wort: sie sprechen wie ihnen der Schnabel gewachsen ist, ihre Zunge läuft kreuz und quer, nur shakespearesche Friedensrichter und Constables können sich allenfalls mit diesen Leuten messen. Dama, ein ehemaliger Sklave, wie der Name sagt, beginnt: „der Tag ist nichts, im Umdrehen wird es Nacht" (man schreibt nämlich den 29. Dezember): „darum ist es am allerbesten, man geht gradewegs vom Bett zu Tisch. Und eine saubre Kälte haben wir gehabt: kaum ins Bad bin ich warm geworden. Aber ein Glas Punsch ist wie ein Ueberzieher. Habe riesig gezecht und bin ganz benebelt. Der Wein ist mich ins Hirn gestiegen." Ein andrer Freigelassener, Seleucus, kommt vom Begräbnis eines Biedermannes, dessen plötzlicher Tod ihn ganz nachdenklich gemacht hat. „Ach ach! aufgeblasene Schläuche sind wir, die wir daherwandeln, elender als Fliegen. Fliegen haben doch noch ein bißchen Kraft: wir taugen nicht mehr wie Wasserblasen. Die Aerzte haben ihn zu Grunde gerichtet, oder vielmehr sein Unstern." Er rühmt das schöne Begräbnis und schilt auf die Weiber, die der Wohlthaten ihrer Männer nicht würdig sind. Der dritte, Phileros, läßt an dem Verstorbenen kein gutes Haar, außer, daß er das Leben genossen hat. Aber Ganymedes führt die Rede auf die Gegenwart zurück. Er klagt über die Teuerung, die Trockenheit, die Aedilen, die mit den Bäckern unter einer Decke stecken. Darum gehe es den kleinen Leuten schlecht. Er lobt die guten alten Zeiten. „O, wenn wir noch jene Löwen hätten, wie ich sie vorfand, als ich zuerst aus Asien herkam. Das war ein Leben. Hast du nicht gesehen, ohrfeigten sie die Kerle, daß es Gott erbarmte. Ich erinnere noch den Safinius. Er wohnte damals, wie ich ein Knabe war, am alten Bogen, der reine Pfeffer, sage ich euch. Wo er ging, brannte die Erde unter ihm. Aber aufrecht war er, sicher, ein ehrlicher Freund, im Dunkeln konnte man getrost Morra mit ihm spielen. Und wie ging er im Rathaus mit den Leuten um! Keine geschniegelten Reden, sondern grabaus. Wenn er auf dem Forum sprach, wuchs seine Stimme wie eine Trompete. Dabei schwitzte er niemals und spuckte auch nicht aus. Und wie leutselig dankte er für jeden Gruß, sprach jeden beim Namen an, wie einer von unsren Leuten. Darum war auch zu jener Zeit das Korn wie Dreck. Ein Groschenbrot konnte man zu zweien nicht auffressen; jetzt ist ein Ochsenauge größer. Ja ja, täglich wird es schlechter, die Colonie geht zurück wie ein Kalbsschwanz." Aber alles komme davon, daß die Leute keine Religion mehr haben. „Sonst pilgerten die Weiber in der Stola mit nackten Füßen, aufgelösten Haaren, aber

reinen Herzen, den Hügel hinauf und beteten zu Juppiter um Waſſer,
und gleich goß es mit Kannen wie nie, und alle kamen pudelnaß
nach Hauſe." Dem Redſeligen ſchneidet endlich der Optimiſt Echion
das Wort ab. „Ach was! Heute ſo, morgen ſo, ſagte der Bauer:
da hatte er ein buntes Ferkel verloren. Was heute nicht iſt, wird
morgen ſein — — überall iſt der Himmel über uns." Er freut ſich
auf das in drei Tagen bevorſtehende Gladiatorenſpiel, da werde das
Amphitheater einmal eine richtige Keilerei zu ſehen kriegen, wo
ordentlich Blut fließe. Er ſchwelgt in Gedanken an eine öffentliche
Speiſung und erwägt die Chancen der nächſten Aedilenwahl. So
geht es fort in unverſiegendem Redeſchwall. Erſt wie er den Aga=
memnon lächeln ſieht, wird er ſtutzig: „ich muß wohl ſchwatzen, weil
du, der du es kannſt, nicht das Maul aufthuſt. Du biſt nicht unſereiner,
und darum lachſt du arme Leute aus. Wir wiſſen ſchon, daß du vor
lauter Gelehrſamkeit ein Narr biſt." Dennoch ladet er ihn treuherzig
und ſelbſtbewußt ein, ihn einmal in ſeiner Villa zu beſuchen. Ein
Huhn und Eier werden ſich wohl finden: er ſolle ſchon ſatt werden.
Dann erzählt er dem Schulmeiſter von ſeinen beiden Jungen: wie
talentvoll der eine ſei und was für Fortſchritte er mache, nur ar=
beiten wolle er nicht. Der andre lehrt mehr als er weiß. Er ſoll
Juriſt werden, weil das Brot gibt. Geht's nicht, ſo will er ihn ein
Handwerk lernen laſſen: er mag Barbier oder Ausrufer oder Anwalt
werden. Täglich predigt er ihm: „was du lernſt, lernſt du für dich.
Bildung iſt ein Schatz und das Handwerk ſtirbt nie."

So läuft Vernünftiges und Ungewaſchenes durcheinander, wie
es eben bei Leuten dieſes Schlages zu gehen pflegt. Der vulgäre
Ausdruck mit Sprachfehlern und wunderlichen Wörtern, wie ſie im
Volksmunde wachſen, iſt unnachahmlich. Aber daß man ſich über den
großen Trimalchio aufhält, können ſie nicht vertragen (57 f.). Als
Ascyltos ſich zu deutlich merken läßt, wie albern er jene Rätſel=
etiketten findet, muß er einen ſchier unaufhaltſamen Hagel von Grob=
heiten über ſich ergehen laſſen, der noch heftiger auf den kleinen
Giton niederfährt, als dieſer mit Lachen herausplatzt. Der Ehren=
mann wirft ſich in die Bruſt und zeigt den Fremden, wen ſie vor
ſich haben.

Gegen Schluß der Mahlzeit (65 f.) wird die Geſellſchaft ver=
mehrt durch den Eintritt eines Kollegen, des Steinmetzen Habinnas.
Mit großem Gefolge, unter Vortritt ſeines Amtsboten kommt er an=

geheitert von einem Diner, im weißen Gewande, mit Kränzen beladen
und salbentriefend, auf die Schulter seiner Gemahlin Scintilla ge-
stützt. Ohne weitere Umstände läßt er sich auf dem Ehrenplatz nieder,
fordert zu trinken und berichtet, was er für gute Sachen gegessen
hat. Einiges davon hat er auch in eine Serviette gepackt und für
seinen Kleinen mitgenommen. Unter andrem hat es Bärenfleisch gegeben: der Frau haben sich nach dem Genuß alle Eingeweide umgekehrt, er hat mehr als ein Pfund verzehrt. „Wenn der Bär den
kleinen Menschen frißt, wieviel mehr muß das Menschlein den Bären
fressen!" Angelegentlich frägt er nach der Hausfrau und ruht nicht,
bis sie kommt, die Hände noch an ihrem Halstuch abwischend. Denn
Madame Fortunata ist, wie dem Encolpios sein Tischnachbar bereits
mitgeteilt hat (37), eine rührige Hausfrau, welche die Augen überall
hat und nicht ruht, bis alles besorgt ist, wie sich's gehört. Durch
großmütige Aufopferung ihres Schmuckes und ihrer Garderobe hat
sie den Gatten einmal aus der Patsche gerissen und nach dessen
eigenem Geständnis den Grund zu ihrem Wohlstande gelegt (76).
Sie ist sein Faktotum. Er ist stolz darauf, daß sie den Korbax so
vortrefflich tanzt, und nimmt es übel, wenn sie nicht zu solcher
Leistung eingeladen wird (52). Hält ihn doch selbst nur das An-
standsgefühl seiner Ehehälfte zurück, sich seinen Gästen als Pantomime
zu produzieren. Jetzt hat sie sich einigermaßen aufgedonnert, und sie
prahlt mit dem Gewicht ihrer Armbänder. Zwischen den beiden Ehe-
paaren herrscht eine handfeste Vertraulichkeit herüber und hinüber.
Aber Frau Fortunata hat auch eine flinke Zunge und kann unter
Umständen recht unangenehm werden. Eine heftige Scene (74), die
für einen Augenblick die Harmonie stört, läßt einen tieferen Blick in
das eheliche Leben thun. Trimalchio hat einen hübschen Jungen vor
den Augen seiner Frau abgeküßt, diese hält ihm eine Strafpredigt
über sein unanständiges Benehmen und schließt mit dem Kraftausdruck:
„du Hund". Nun aber bricht die ganze Brutalität des asiatischen
Sklaven los: er wirft ihr den Becher ins Gesicht und überschüttet
sie mit einer Flut von Schimpfreden, verbietet auch u. a. daß sie
einst seine Leiche küssen dürfe. Doch läßt er sich bald wieder be-
gütigen.

Seinen Sklaven gegenüber kehrt Trimalchio in nüchternem Zustande den hochmütigen, barschen Gebieter heraus; wenn er betrunken
ist, behandelt er sie wie seinesgleichen oder spielt mit ihnen. Dann

steigt ihm sein Liebling den Rücken hinauf und trommelt auf seinen
Schultern (64). Dann nötigt er die Leute Wein zu trinken: wer
sich weigert, dem wird er über den Kopf gegossen (65); gestattet,
daß sie im Speisezimmer sich auf den Polstern breit machen und die
Gäste beinah herunterwerfen (70); hält eine Rede, daß Sklaven auch
Menschen sind (71). In seinem Testament gibt er allen die Freiheit.
Er läßt eine Abschrift desselben holen und unter allgemeiner Rüh=
rung verlesen, bestellt sich bei Freund Habinnas sein Grabmonument
nach genauer Beschreibung und legt auch die von ihm verfaßte In=
schrift vor, alles nach besten Mustern und in erlesenem Geschmack.
Zu seinen Füßen soll sein Hündchen abgebildet sein, rings herum ein
weiter Obst= und Weingarten; er selbst auf einer Tribüne mit der
Prätexta und fünf goldenen Ringen angethan, Geld aus dem Beutel
schüttend, zur Rechten die Statue der Fortunata mit einer Taube in
der Hand, und seinen Jungen; auch große, aber verschlossene Wein=
fässer, eine zerbrochene Urne mit einem weinenden Knaben; in der
Mitte einen Stundenzeiger, um den Beschauer anzulocken. Die In=
schrift schließt mit der Summe seines Vermögens und dem stolzen
Ruhmestitel: „nie hat er einen Philosophen gehört.“ Nach diesen
rührenden Anordnungen vergießt der Erblasser reichliche Thränen, es
weinen Fortunata, Habinnas, das ganze Gesinde, als wäre schon
Leichenfeier. Nachher (78) veranstaltet er sie wirklich, probiert die
Leichengewänder und den übrigen Apparat, streckt sich wie ein Toter
auf dem Lager aus, und läßt Hornisten einen Leichenmarsch blasen.
Es gibt einen solchen Lärm, daß die Feuerwehr kommt, weil sie
glaubt, es brenne.

Aus dem Umfang und der überaus sauberen Durchführung alles
Einzelnen ersieht man, daß der Verfasser an diesem Sittengemälde
mit wahrem Behagen und intimer Kennerschaft gearbeitet hat. Gewiß
ist das Grundmotiv, Beschreibung eines Gastmahls bei einem reichen
Narren, schon früher oft genug behandelt worden, nicht allein von
Horaz, dessen Satire von der Mahlzeit des Nasidienus (Bd. II. 154 f.)
doch nur sehr entfernte Aehnlichkeit hat. Schon Lucilius hat im
vierten Buch seiner Satiren das schwelgerische Diner eines Empor=
kömmlings beschrieben (I 231), und auch Varro hat mehr als einmal
zu verschiedenen Zwecken Tischgesellschaften verschiedenen Schlages
vorgeführt (I 258 f.).

In den weiteren Schicksalen des Encolpios spielt eine hervor=

ragende Rolle der bereits ergraute Eumolpos (83 ff.), der Typus
eines verunglückten Poeten seiner Zeit. Gar nicht ohne Geist und
Talent, auch durch Kränze gelegentlich geehrt, hat er es doch zu nichts
gebracht, denn er ist ein Lump. Aber er kann es nicht lassen, Verse
zu machen, sie im Theater, im Bade zu recitieren, einer jener fanati=
schen Musenpriester, die schon Horaz als den Schrecken der Mit=
menschen schildert, wo er sich hören läßt, durch Steinwürfe vertrieben.
Desto mehr bekommt Encolpios, dem er sich angeschlossen hat, von
den Ergüssen seines Genies zu kosten: jener findet, daß er mehr in
Versen als in Prosa spreche, und spürt bald Lust sich seiner zu ent=
ledigen: zwar verspricht Eumolpos sich seiner „Speise" für den Rest
eines Tages wenigstens zu enthalten, aber bald hat er dieses Gelöbnis
vergessen.

Sie haben miteinander Bekanntschaft gemacht in einer Halle, wo
Encolpios Gemälde betrachtete, Werke eines Zeuxis, Protogenes, Apelles
(83. 88. 90). In einem interessanten Gespräch über die Ursachen des
gegenwärtigen Verfalls der Künste und Wissenschaften hat der Poet
sehr verständig als das Grundübel der Zeit betont, daß die selbstlose
Hingebung an die Sache, der Idealismus durch die Begier nach Gold
und Genuß verdrängt sei; und nachdem er sich als Dichter zu er=
kennen gegeben, seine schlechte Kleidung sofort in Versen über die
Brotlosigkeit seiner Kunst gerechtfertigt. Da Encolpios ein Gemälde
von der Einnahme Troja's aufmerksam betrachtet, deklamiert Eumolpos
zur Erläuterung eine lange Erzählung in 65 ganz eleganten Trimetern
(wie einen Botenbericht aus einer Tragödie) vom Einzuge des höl=
zernen Pferdes, der Katastrophe Laocoons und dem nächtlichen Blut=
bade, frei nach dem zweiten Buche der Aeneis. Eine gute Mahlzeit
begeistert den armen Schlucker zu Hendekasyllaben des Inhaltes, daß
der Reiz der Delikatessen in der Schwierigkeit ihrer Anschaffung be=
stehe (93). In der Weinlaune auf dem Schiff verspottet er seine
kahlgeschorenen Gefährten in zwei Epigrammen (Distichen und Hen=
dekasyllaben 109). Ja selbst während des ärgsten Seesturms im
Schiffbruch versagt ihm die Muse nicht. Nachdem das Wrack ans
Land getrieben ist, findet man ihn in der Kajüte auf einem ungeheuren
Pergament Verse schreibend: er verbittet sich jede Störung, da er
grade am Schluß des Gedichtes stehe, und nur mit Gewalt wird er
ans Land gebracht (115). Daß er übrigens eine gründliche Bildung
besitzt und über die Gesetze der Dichtkunst nachgedacht hat, beweist er

auf der gemeinsamen Wanderung nach Kroton durch einen gehaltvollen
Vortrag über das, was zu einem echten Dichter und guten Gedicht
gehöre (118). In unverkennbarem Gegensatze zu dem trockenen Realis=
mus Lucans spricht er sich als Anhänger des altklassischen Stils, ins=
besondere über die Form des historischen Epos aus und gibt jene
oben erwähnte (S. 124 f.) Probe zum besten, welche durchaus nicht etwa
als Parodie oder Travestie des lucanischen Werkes, sondern als ein
ernsthaft gemeintes, wenn auch leicht hingeworfenes Gegenstück zu
demselben aufzufassen ist. Er vergißt nicht vorauszuschicken, daß
seinem Versuch die letzte Hand fehle; dieser darf nicht nach strengem
Maßstab gemessen werden.

So beschränkt sich die satirische Tendenz in der Zeichnung dieser
Figur auf ihren Charakter, der des Encolpios würdig ist und zu argen
Konflikten mit dem neuen Freunde führt (94. 140). Wer weiß, ob
dem Verfasser eine bestimmte Persönlichkeit oder nur der allgemeine
Typus, der in seiner Zeit nicht selten gewesen sein wird, vorschwebte?
Er hat ihn als Gefäß benutzt, um eigene poetische Versuche an den
Mann zu bringen.

Ueberhaupt läuft neben dem Bestreben Land und Leute an
mannigfachen Stätten römisch=griechischer Kultur realistisch darzustellen,
die Absicht auch die ungesunden Zustände der Hauptstadt satirisch zu
beleuchten, aber projicirt auf die Bildfläche eines andern Ortes, z. B.
die Jagd nach Erbschaften, welche das gesellige Leben Roms vergistete.
Die schiffbrüchigen Abenteurer, die an der Westküste von Bruttium
gestrandet sind, gelangen auf ihrer Wanderung quer durchs Land
nach Kroton (116). Wie es jetzt in dieser altberühmten Pytha=
goreerstadt aussieht, erfahren sie vorher durch einen Bauer im Ge=
birge. Er rät ihnen, nur wenn sie Meister im Lügen seien, dort zu
bleiben, denn alle Einwohner des heruntergekommenen Ortes seien
nur in zwei Klassen geteilt, solche, die kapern, und solche, die gekapert
werden (Erblasser und Erbschleicher). Niemand ziehe hier Kinder auf.
Wer Leibeserben habe, werde verachtet, hochgeehrt werden Unverhei=
ratete ohne Verwandte. Es sei wie eine von der Pest veröbte
Gegend, wo es nichts wie Kadaver und Raben gebe. So erfindet
denn der sinnreiche Eumolpos (117) für sich und seine Gefährten eine
Lüge, welche sie den Krotoniaten als höchst begehrenswerte Mitbürger
erscheinen läßt, und sie führen die angenommenen Rollen eine Zeit lang
mit Glück durch. Sie werden von den leichtgläubigen Erbschleichern

mit Geldspenden und anderen Geschenken überhäuft (124). Am Ende
aber, da das verheißene Goldschiff aus Afrika ausbleibt, erwacht
Mißtrauen, und die bisherigen Liebeserweisungen lassen nach (141).
Da entschließt sich Eumolpos zu einem übermütigen Streich. Er macht
zwar ein Testament, aber die Auszahlung der Legate knüpft er an
die Bedingung, daß die Empfänger zuvor seine Leiche in Stücke
schneiden und vor allem Volk davon essen sollen. „Mit derselben
Begeisterung, mit der sie meinen Atem verschlungen haben, sollen
sie meinen Leib verzehren." Es sieht wie eine Verhöhnung des christ=
lichen Abendmahls aus. Der Kannibalismus wird mit historischen
Beispielen gerechtfertigt, und einer ist wirklich bereit die Bedingung
zu erfüllen.

Seit Alters hat es zu den Aufgaben der Satire von beiderlei
Gattung gehört, Fragen des geistigen Lebens kritisch zu erörtern. In
unserm Roman ist außer Malerei und Dichtkunst auch die Rhetorik
und die Jugendbildung zur Sprache gekommen. Der Besuch einer
Rhetorschule in Cumä gibt Encolpios Veranlassung, sich mit dem
schon genannten Agamemnon über methodische Ausbildung des Redners
und Schriftstellers zu unterhalten (1—6). Er macht sich über das
wahnsinnige Pathos der Schuldeklamationen lustig, welche nur ver=
dummend wirken, über die wüsten Themata, welche die Phantasie ver=
giften, den Geist entnerven, macht die asianische Schule für den
Verfall der gesunden attischen Beredsamkeit verantwortlich. Aga=
memnon, der selbst eben eine Controversie vorgetragen hat, gibt
ihm Recht, schiebt aber die Schuld auf das Publikum, nach dessen
Geschmack die Lehrer sich richten müssen, auf die ehrgeizigen Eltern,
denen ein geregelter, stufenweis vorschreitender Studiengang zu lang=
wierig ist.

Mit dem Epos hat der Roman u. a. die episodische Einflechtung
von Geschichten, die nicht zur Haupthandlung gehören, gemein. Sie
dienen zur Abwechslung, spiegeln wohl auch Charakter und Anschau=
ungen dessen wieder, dem sie in den Mund gelegt werden. Der
Schatz milesischer Fabeln und ähnliche Quellen boten in reichlicher
Auswahl Novellen, wie man sie bei Boccaccio lesen könnte, so die
beiden Geschichten, welche der geistreiche Sünder Eumolpos vortrefflich
erzählt: vom Pädagogen und Epheben (85 f.) und von der ephesischen
Matrone (111 f. vgl. S. 31). Dagegen machen Trimalchio und
seine Freunde einander mit Spukgeschichten, natürlich selbsterlebten,

wie sie der Volksglaube erzeugt, graulich: vom Soldaten, der bei
hellem Mondschein sich in einen Werwolf verwandelt hat (61), und
von den bösen Hexen (strigae), welche in der Nacht ein Kind geholt
haben (63).

Der Mannigfaltigkeit des Stoffes entspricht die reich abgestufte
Skala der Töne und Farben, welche dem Sprachkünstler zu Gebote
stehen: von der klobigen Ausdrucksweise des niedrigsten Pöbels bis zu
duftigen Schilderungen, wie z. B. Encolpios weibliche Schönheit be=
schreibt. „Natürliche Locken waren über ihre Schultern ergossen, an
der schmalen Stirn bogen sich die Wurzeln der Haare rückwärts, die
Augenbrauen liefen bis zur Wangenlinie und waren an der Grenz=
scheibe der Augen beinahe miteinander vermischt, die Augen leuchtender
als Sterne in mondloser Nacht, die Nase ein wenig gebogen, ein
Mündchen, wie es Praxiteles seiner Diana gegeben hat. Dann Kinn,
Nacken, Hände, die zarten Füße von dünnem Goldreif gefaßt: pari=
scher Marmor ist nichts dagegen (126)."

Die wechselnden Stimmungen des Helden machen sich in be=
wegten Monologen (wie 81) oder philosophischen Betrachtungen, etwa
in Seneca's Stil (115), Luft. Besonders aber ist hier noch des
charakteristischen Elementes der menippeischen Satire zu gedenken,
wodurch wie in der Operette der Silberton der gesprochenen Rede
durch das Gold oder Goldblech des Gesanges unterbrochen wird.
Nicht nur Eumolpos, dem ja die Verse zur anderen Natur geworden
sind, sondern auch andere Personen des Romans erheben sich, sobald
sie sich wärmer oder höher gestimmt fühlen, auf den Flügeln der
Poesie über den alltäglichen Boden. Vor allem Encolpios, der Er=
zähler, flicht, wenn ihn der Geist ergreift, dergleichen Couplets ein, von
denen sich nicht immer sagen läßt, ob sie eigenes Gewächs oder Citate
sind: Distichen über die Macht des Geldes (137) und die Käuflichkeit
der Gerichte (14), über die Vergänglichkeit der Freundschaft (80), über
seine Leiden, die er mit den Qualen des Tantalus vergleicht (82),
über die göttliche Schönheit einer Frau (126), über erotische Licenzen
(132). Hendekasyllaben drücken die Freude über einen gelungenen
Gaunerstreich aus (15), feiern die Erinnerung an die Liebesseligkeit
einer Nacht (79). Hexameter schildern eine blühende Wiese, die zu
üppiger Schäferstunde einladet (127), einen stimmungsvollen Park
(131), die einfache Wohnung der Venuspriesterin, an des Kallimachos
Hekale erinnernd (135), ein trügerisches Traumbild, um das Gefühl

schmerzlicher Enttäuschung zu verdeutlichen (128), vergleichen den
Heldenkampf gegen drei heilige Gänse mit den Thaten des Hercules
(136), oder die grausame Verfolgung durch Priapus mit der Ungnade,
welche andere Sterbliche von Göttern zu leiden hatten (139). In
Hexametern betet der Sünder auch zu dem Zürnenden (133), während
Sotadeen seine Ohnmacht und Zerknirschung ausdrücken (132). Agamemnon liefert eine Art Lehrgedicht über die Ausbildung des Redners,
und zwar geht er unmittelbar von Skazonten zu Hexametern über,
indem jene mit satirischen Färbungen von den sittlichen Grundlagen
handeln, diese den richtigen Studiengang vorzeichnen. In Hexametern
rühmt ferner die Venuspriesterin ihre Zaubermacht (134), beschwört
Tryphäna einen wütenden Streit auf dem Schiff (108). Ein elender
Lüstling singt ein Locklied in Sotadeen (23), und eine Verehrerin des
Priapus bekräftigt ihre Sinnesart in elegischen Distichen (18). Selbst
Trimalchio macht als eleganter Weltmann Verse (41), aber sie sind
auch danach. Einer seiner Sklaven, ein hübscher Bursch, der als
Bacchus ausstaffiert Trauben herumreicht, singt dabei Gedichte seines
Herrn in hohem Diskant. Zum Glück wird der Leser damit verschont.
Uns genügen vollkommen die beiden Proben, welche der Verfasser
selbst gibt. Er liebt, wie es scheint, Dreizeilen und zwar, wie man
auf plebejischen Inschriften nicht selten findet, zwei Hexameter mit
einem Pentameter. Zweimal dient ihm diese Form zur Improvisation
tiefsinniger Epigramme, wobei ihm auf die Vollzähligkeit der Füße
wenig ankommt (34. 55). Ganz amüsisch aber sind seine Freunde
und Hausgenossen: nicht einmal Habinnas schwingt sich zu einem
Liedchen auf.

Eine Anzahl anderer Stücke, die teils von Schriftstellern an-
geführt, teils in Anthologien aufgenommen sind, beweisen, wie populär
auch in späteren Jahrhunderten noch grade diese poetischen Einlagen
gewesen sind, wenn auch die Gewähr für die Echtheit oft auf sehr
unzuverlässiger Grundlage beruht. Aber sicher ist z. B. der Gebrauch
anakreontischer Verse einmal zum Lobe Anakreons (Fr. XX), ein
andresmal zu Ehren der Isis (Fr. XIX): gut bezeugt sind auch
Hendekasyllaben über Sinnestäuschungen (Fr. XXIX) und Hexameter über Ursprung und Inhalt der Träume (Fr. XXX): man
sieht, der Verfasser hat seinen Lucrez gelesen. Und so erweitert sich
immer mehr unsere Vorstellung von der Formenfülle, wie von dem
geistigen Inhalt dieses merkwürdigen Werkes, dem man kein griechisches

von auch nur ähnlicher Bedeutung in seiner Art an die Seite setzen
kann. Mögen die Griechen mit den Lebensbildern des Mimos und
Mimiambos, mit der romantischen Liebesnovelle, mit dem humoristischen
Essay vorangegangen sein: den Römern gebührt doch der Ruhm, aus
dem fruchtbaren Keim ihrer zwanglosen Satire heraus, immerhin
unter Verwendung jener griechischen Ansätze, zuerst den aus dem vollen
Leben geschöpften Zeit= und Sittenroman geschaffen zu haben.

Ueber die Person des genialen Verfassers fehlt uns jedes direkte
Zeugnis, aber durch einleuchtende Combination ist man längst auf die
richtige Spur gekommen. Auf das neronische Zeitalter weisen alle
Anzeichen des Inhaltes und der Sprache. Unter den hervorragenden
Männern, welche im Jahr 66 n. Chr. der Tyrannei Nero's zum
Opfer fielen, nennt Tacitus auch T. Petronius. Dem Charakter
und den letzten Lebenstagen dieses Mannes widmet er eine unge=
wöhnlich ausführliche Schilderung. Er zeichnet ihn als einen origi=
nellen, feingebildeten, eleganten Genußmenschen, der die Nacht zum
Tage, den Tag zur Nacht machte, sich aber nicht in den vulgären
Gleisen der Schwelgerei und Verschwendung bewegte. Er ließ sich
in Worten und Handlungen gehen, wie es eben seine Natur war,
und es stand ihm wohl an. Als Proconsul von Bithynien, später
als Consul (suffectus) zeigte er Kraft und Tüchtigkeit in Geschäften.
Darauf wurde er in den vertrauten Kreis Nero's gezogen, an dessen
Orgien er sich beteiligte. Hier galt er als der „Meister des Ge=
schmackes" (elegantiae arbiter): er hatte die maßgebende Stimme in
allen Fragen des raffinierten Genusses. Dadurch erregte er die Eifer=
sucht des kaiserlichen Günstlings Tigellinus, dessen Macht grade auf
der Kunst beruhte, seinen Herrn durch einen Wirbel immer neuer
Vergnügungen zu betäuben. Dieser schwärzte ihn beim Kaiser als
einen Freund des Flavius Scävinus an, der in die pisonische Ver=
schwörung verwickelt gewesen war: ein Sklave wurde bestochen, um
die Angabe zu machen, der größere Teil des Gesindes in Fesseln ge=
worfen, die Verteidigung abgeschnitten. Auf dem Wege zum Kaiser,
der nach Campanien gegangen war, wurde Petronius in Cumä fest=
gehalten. Die Schwankungen zwischen Furcht und Hoffnung mochte
er nicht weiter ertragen. Aber er stieß auch nicht jählings das Leben
von sich, sondern ließ es langsam verrinnen, öffnete die Adern und
verband sie wieder nach Belieben, sprach mit seinen Freunden, nicht
ernsthaft und feierlich, ließ sich auch nicht wie andre philosophische

Borträge über Unsterblichkeit der Seele und dergleichen halten, son=
dern hörte leichtfertige Lieder und gefällige Berse an. Bon seinen
Sklaven beschenkte er die einen, die andern bestrafte er mit Schlägen.
Er ging zu Tisch, legte sich schlafen, so daß sein Tod, obwohl er=
zwungen, doch wie ein zufälliger aussah. In seinem Testament hul=
bigte er weder Nero noch Tigellinus noch sonst einem Mächtigen,
sondern er schrieb alle Gemeinheiten des Fürsten unter namentlicher
Angabe der Opfer seiner Wollust und jede neu erfundene Form der
Unzucht genau auf und schickte die Schrift an Nero. Seinen Ring
zerbrach er, damit er nicht gemißbraucht würde, um andre ins Ber=
derben zu bringen, wie erst kürzlich angebliche Briefe von Lucan
untergeschoben waren, um eine Mitschuld seines Baters zu erweisen
(S. 122). Auch ein kostbares Tischgerät zerbrach er, um es Nero's
Tafel zu entziehen. Es wurde ermittelt, daß eine Senatorenfrau
Silia, die Genossin der nächtlichen Freuden des Kaisers, ihrem Freund
Petronius die verräterischen Mitteilungen gemacht hatte: dafür wurde
sie verbannt.

Die Geistesverwandtschaft des hier geschilderten Mannes mit dem
gleichnamigen Berfasser des Romans kann kein Unbefangener leugnen.
Seine Bildung, sein Geschmack, die Freude an spielenden Berfen, die
Kennerschaft des Luxus, auch seine schamlose Behandlung erotischer
Laster paßt zu jenem Höfling, der mit Anspielung an seinen dritten
Namen Arbiter eben jenes Prädikat als elegantiae arbiter erhalten
haben wird. Selbst jene Geringschätzung der Philosophen, die er
dem Trimalchio unterschiebt, hat er im Tode bewährt. Die Ber=
mutung freilich, daß unter jener Schrift über Nero's geheime Sünden
das große, ganz verschiedenartige Satirenwerk gemeint sei, ist ebenso
thöricht als das Bedenken, daß letzteres von Tacitus nicht erwähnt
sei. Als ob die Berewigung eines so frivolen Erzeugnisses vulgärer
Unterhaltungslitteratur der erhabenen Würde seiner Geschichtschreibung
angemessen gewesen wäre!

Der Roman ist für die vornehme Welt geschrieben, welche an der
Berspottung jenes Pöbels der Freigelassenen, der unter Claudius so in
die Höhe gekommen war, Bergnügen fand, durch den Hautgout schmuzi=
ger Herbergen und den Sinneskitzel aller Wollust ihre schlaffen Nerven
aufgestachelt fühlte. Man mag sich vorstellen, mit welchem Beifall
der bewunderte „Meister des Geschmackes" an jenem schamlosen Hofe
seine pikanten Geschichten vortrug, wie der Kaiser selbst, der ja auf

nächtlichen Streifzügen das Volksleben der Großstadt und ihre Laster
zu studieren liebte, sich an den Straßenscenen und der Ausgelassen=
heit des Gesindes ergötzte, wie jene hochgebildeten Herren und Damen
die feinen Schattierungen des Stils je nach Stand und Eigenart
der sprechenden Personen, alle der Wirklichkeit abgelauschten Idio=
tismen und Vulgarismen samt den groben Sprachfehlern zu schätzen
wußten, wie diese stolzen Römer das eitle Bestreben der Kleinstädter,
es ihnen nachzuthun, belachten. Der Feinfühlige mochte wohl auch
empfinden, daß mancher spöttische Seitenblick ihn selbst oder den
Nächsten streifte. Die Musikleidenschaft und die Sucht Verse zu
machen war ja nirgends ärger als in Rom, und der Kaiser war der
erste Thyrsusschwinger in diesem Chor. Verse von Troja's Einnahme
wie Eumolpos hatte ja auch Nero bei der Feuersbrunst deklamiert.
Aber die Satire hütet sich wohl wirklich greifbar zu werden: es sind
nur Schatten, welche die leuchtenden Bilder werfen.

Drittes Kapitel.

Zeitalter der Flavier.

Der Sturz Nero's und die Erhebung der Flavier hat auf das innere Leben der römischen Poesie keinen erheblichen Einfluß gehabt. Sie wurde noch höfischer, noch abhängiger von der Gunst der Großen, und an Aufmunterungen von höchster Stelle fehlte es nicht. Vespasian, der lateinischen und griechischen Rhetoren zuerst feste Jahresgehalte ausgesetzt hat, schenkte dem armen Saleius Bassus, einem epischen Dichter von anerkanntem Talent, der um die Mitte der 70er Jahre auf der Höhe seines Ruhmes stand, aber schon vor 90, ehe es ausgereift war, gestorben ist, 500000 Sestertien, soll über= haupt hervorragende Dichter und Künstler freigebig belohnt haben, und führte bei den Dedikationsspielen für die erneuerte Bühne des Marcellustheaters die gewohnten Vorträge (acroamata) der Schau= spieler und Kitharöden wieder ein. Titus machte selbst lateinische wie griechische Verse mit Leichtigkeit, improvisierte sogar, hat auch in seinem fünften Consulat (76) den Kometen dieses Jahres, ver= mutlich in Verbindung mit den übrigen Ereignissen desselben, in be= sonderem Gedichte besungen. Besonders aber hat Domitian der Poesie sei es geheuchelte, wie manche behaupteten, sei es aufrichtige Teilnahme zugewandt. In seiner Zurückgezogenheit unter des Vaters Regierung hat er eifrig gedichtet und auch öffentlich recitiert. Er hat eine Episode des vitellianischen Krieges, bei der sein Leben be= droht gewesen war, den Kampf um das Capitol vom Jahre 68 in einem

Epos erzählt, welches der Schmeichler Martial im Jahre 90 neben die Aeneis stellt. Heldenmäßig war die Rolle des 18jährigen Jünglings bei dieser Gelegenheit nicht gewesen: er hatte die Nacht im Versteck beim Küster des Tempels zugebracht und war am Morgen unter der Verkleidung eines Isisdieners über den Tiber geschafft worden. Ein bedeutenderer Stoff war der von Vespasian begonnene, von Titus mit Jerusalems Eroberung (70) beendigte jüdische Krieg, mit dessen poetischer Darstellung der junge Prinz beschäftigt gewesen sein muß, als Valerius Flaccus (noch bei Lebzeiten Vespasians) die Widmung seines Argonautenepos (I 12 ff.) schrieb. Und jenes, wie es scheint, nicht vollendete Gedicht wird wohl Quintilian, der Lehrer der kaiser= lichen Neffen, im Auge gehabt haben, als er in überschwänglichen Worten der glänzenden poetischen Arbeiten seines Herrn gedachte, den nur seine Erhebung zur Weltregierung um den Namen des größten (nicht des besten) aller Dichter gebracht habe. Als Kaiser hat also Domitian dem eigenen Schaffen entsagt. Dafür stiftete er öffentliche Wettkämpfe, um Talente herbeizuziehen und anzuregen. Alljährlich am 19. März, am Fest der Minerva, die der Kaiser be= sonders verehrte, wurden auf seinem Landsitz bei Alba Bühnenspiele sowie Wettkämpfe in Beredsamkeit und Poesie abgehalten. Der Preis war ein goldener Olivenkranz. In noch viel höherem Ansehen stand der in jedem fünften Jahre wie die Olympien wiederkehrende capitolinische Agon zu Ehren Juppiters, gestiftet im Jahre 86: den dritten Teil davon nahmen die musischen Künste (Musik, Poesie und Beredsam= keit in beiden Sprachen) in Anspruch. Hier führte der Kaiser selbst in griechischer Tracht den Vorsitz und erteilte den Eichenkranz als Preis. Um so sicherer wurde durch diesen persönlichen Anteil die Begeisterung der Dichter in die gewünschte Bahn gelenkt: das Lob des irdischen Juppiter wurde zum stehenden Thema. Bei alledem war die materielle Stellung der Poeten im Vergleich zu Ehren und Ein= nahmen eines öffentlichen Redners und Anwalts eine gedrückte. Sie waren auf Gunst und Freigebigkeit der Reichen und Großen angewiesen und gewöhnten sich mehr und mehr einen schweifwedelnden Kliententon an. Man wetteiferte bei jenen Agonen in heuchlerischen Lobreden auf den Herrscher. Der Gedanke und die Wahrheit waren geknechtet, und der Argwohn des Despoten verfolgte jede Regung von oppositioneller Gesinnung. An freier Entfaltung dichterischer Originalität war bei dem herrschenden Terrorismus nicht zu denken. Man arbeitete für den Recitationssaal und die frivole, elegante Gesellschaft. Dort ließen sich hauptsächlich mühsam studierte Epen von gewaltiger Ausdehnung, hier gefällige oder pikante Improvisationen vernehmen.

Epische Dichtung.

Im Epos hat die realistische Richtung Lucans keine Nachfolge gefunden, nicht im historischen und noch weniger natürlich im sagenhaften. Silius Italicus ebenso wie Valerius Flaccus und Statius haben sich dem Vorbilde Vergils (vgl. Bd. II 71 ff.) angeschlossen und somit die uralte Technik des homerischen Heldengedichtes immer wieder von neuem geübt. Nur sind einige dem Geschmack der Zeit unentbehrliche Beiwerke hinzugekommen. Darum thut man nicht wohl, bei der Wiederkehr gleicher oder ähnlicher Motive ohne weiteres von Nachahmung eines einzelnen Vorgängers zu sprechen: es ist vielmehr das überlieferte allgemeine Schema, gleichsam der gemeinsame Schatz, aus dem alle mit gleicher Berechtigung schöpfen.

Die doppelte Bühne der Götter und Menschen behalten alle bei. Im himmlischen Rat werden Verhandlungen geführt, bei denen parteiische Neigung und Abneigung bisweilen leidenschaftlichen Ausdruck finden. Klagen und Bitten werden vor den Thron Juppiters gebracht, der Gelegenheit nimmt, die unwiderruflichen Schicksalsschlüsse zur Klärung und Beruhigung der Gemüter zu eröffnen. Die einzelnen Götter bemühen sich um ihre Lieblinge, auch wenn sie wissen, daß deren Lebensfaden abgesponnen ist, noch kurz vor dem Ende, um dasselbe wenn auch um ein kleines noch hinauszuschieben. So kommen sie leicht untereinander in Konflikt, verständigen sich aber auch unter Umständen freundschaftlich. Eine und die andre Gottheit sucht gelegentlich allein oder mit einer andren verbündet eigenmächtig in den Gang der Dinge einzugreifen. In menschlicher Verwandlung, unter der Maske vertrauter Persönlichkeiten wirken sie unmittelbar, im Guten oder Bösen, ratend und helfend, oder verführend und verderbend auf die Handlungen der Sterblichen, auf Gelingen oder Mißlingen ein. Boten wie Iris und Mercur fliegen zu einzelnen hin und her; Fama wirkt geschäftig ins Weite. Mars rasselt auf

feinem Streitwagen, auf Juppiters Befehl, wenn es ordnungsmäßig
zugeht, bisweilen auch auf eigenen Antrieb.

Besonders breit macht sich aber eine Menge dämonischer, alle=
gorischer Wesen, welche gewissermaßen zum göttlichen Haushalt ge=
hören und nach Bedarf entboten, mit besonderem Auftrag betraut
werden. Die wichtigste Rolle spielen hier die finsteren Mächte der
Wut und der Bosheit, deren Typus in der Tragödie vorgebildet ist:
in der Schilderung dieser Scheusale können sich die Epiker nicht genug
thun; sie wetteifern in grellster Ausmalung aller Einzelnheiten. Aus
dem Dunkel des Tartarus werden sie heraufbeschworen, und ihre
Wirkung auf alles, was im Licht des Tages lebt und webt, ist ent=
setzlich. Am fürchterlichsten sind Tisiphone und ihre Schwester Megära.
Auch im gewöhnlichen Gefolge des Mars walten allerhand wilde
Wesen ihres Amtes, vor allen Bellona, welche die Fackel und ihr
blutiges Haar schüttelnd die Kampfreihen durchschreitet und die Ge=
müter entzündet, ferner der Schrecken und die Flucht. Blaß und
verschwommen im Vergleich zu diesen und andren bösen Mächten
sind dagegen die Gestalten der guten, einer Virtus, Pietas, Fides.
Alle Affekte und sittlichen Regungen kommen dem Menschen durch
solche dämonische Einwirkung. Ebenso wichtige Entschlüsse. Ein=
gebungen im Traum werden durch wohl= oder übelmeinende Gott=
heiten veranstaltet. Wer zur unrechten Zeit schläft, hat dies dem
außerordentlichen Eingreifen des Schlafgottes in höherem Auftrage
zu verdanken. Den Wachenden bereiten Vorbedeutungen aller Art
auf Kommendes vor: Augurien und Auspizien, Opferzeichen und
Naturerscheinungen, Orakelstimmen, Weissagungen und Gesichte be=
rufener Seher und plötzlich Ergriffener. Besondere Befragung des
Schicksals wird feierlich eingeleitet: die Orakel= und Opferstätten,
Tempel, heilige Haine und Wälder werden stimmungsvoll beschrieben.
Mit besonderer Vorliebe aber kehrt die Phantasie der epischen Dichter
im Reich der Toten ein. Die Unterwelt mit all ihrem Grauen öffnet
sich, um neue Bewohner oder wißbegierige Gäste zu empfangen, welche
von Abgeschiedenen sich Rats erholen; Tote werden erweckt, Schatten
heraufbeschworen, um Zukünftiges zu verkünden, oder steigen freiwillig
empor, um schwere Geschicke ihres Hauses zu beobachten oder vorzu=
bereiten.

Das große Epos hat einen weiten Schauplatz, und große Menschen=
massen beteiligen sich an der Handlung: Länder und Reiche, Gebirge

und Flüsse, Städte und Landschaften werden beschrieben, auch ohne daß grade immer eine besonders genaue Anschauung für das Ver= ständnis der Erzählung erforderlich ist. Gründungslegenden und mythologische Episoden anderer Art werden dabei eingeflochten. Die Heeresmassen werden beim Auszuge oder vor dem Angriff gemustert: da wird Sitte und Art der einzelnen Völker= und Volksstämme, besonders Kleidung und Bewaffnung vorgeführt, die Persönlichkeit der Führer ins Licht gestellt, ihr Stammbaum angegeben und mancherlei Ge= lehrsamkeit entfaltet. Auch den Schlachtgemälden liegt wesentlich die homerische Schablone zu Grunde. Der hervorragende Führer tritt wenigstens einmal, am bedeutendsten unmittelbar vor seinem Ende, mit einer Reihe glänzender Heldenthaten in den Vorder= grund. Massenmetzeleien und Zweikämpfe mit den üblichen Hohn= reden wechseln ab. Durch Erfindung absonderlicher Verwundungen und Todesarten, ergreifender Schicksale und Begegnungen sucht die Phantasie unermüdlich den überkommenen Vorrat von Motiven zu variieren und zu vermehren. Um die Leiche eines gefallenen Füh= rers entspinnt sich erbitterter Kampf von beiden Seiten. Wie bei Homer werden Flußgötter durch blutige Kämpfe in ihrem Bett be= helligt; seltener (z. B. bei Lucan und Silius Italicus) findet sich Gelegenheit zu Seeschlachten. Bei Städtebelagerungen wiederholen sich die Scenen der Mauerschau, der Bittgänge von seiten der Weiber; einzelne Feinde bringen in der Verfolgung der Fliehenden durch die geöffneten Thore, die sich hinter ihnen schließen; mörderischer Kampf der abgeschnittenen; nächtlicher Ueberfall des Lagers, der schlafenden Wächter, Beutezug und Abenteuer bei der Rückkehr.

Zur Ergänzung der Kriegsgemälde dient der Besuch des Schlacht= feldes nach Beendigung des Kampfes. Da wird nachgeholt, was etwa an entsetzlichen oder rührenden Darstellungen im Ganzen, in Gruppen, in Einzelfiguren noch übergangen war. Das Aufsuchen und Erkennen der Leichen, die Empfindungen der Ueberlebenden, die erste Fürsorge für den entstellten Leib, die Vorbereitungen der Be= stattung, Totenklage, Leichenfeier und Spiele sind regelmäßig wieder= kehrende Bestandteile der epischen Dichtung.

In den Rahmen der Hauptgeschichte fügt nun aber der Dichter noch einen bunten Kranz episodischer Erzählungen gelegentlich ein, bald selbstredend, bald durch den Mund eines kundigen Zeugen oder Sängers. Der eine und andere berichtet Selbsterlebtes; Erinnerungen

aus der Vergangenheit. Bei festlichen Gelagen oder andren Unterhaltungen erfreut man sich am Vortrage alter Geschichten. Eine bequeme Unterkunft finden diese Zugaben bei der Schilderung von
Bildwerken aller Art, wozu jede Gelegenheit gern ergriffen wird.
Waffen und Geräte, Teppiche, Gewänder und allerlei Schmuck,
Schiffe, Thüren und Wände in Tempeln und Palästen, Atrium und
Circus, Grabmäler bieten Raum für allerhand kunst= und sinnreiche
Vorstellungen, welche dem Geist Abwechslung und Anregung gewähren. Nicht immer kümmert den Dichter, ob solche Kunstwerke
der Bildungsstufe, den historischen Voraussetzungen der von ihm dargestellten Zeit oder Nation wirklich angemessen seien.

Der Wechsel der Tages= und Jahreszeiten, die Launen des
Wetters zur See und zu Lande liefern Stoff zu Naturgemälden:
Sonnenauf= und Untergänge, Anbruch des Tages und der Nacht,
Mondschein, brütende Hitze und Dürre, Unwetter und Stürme geben
mannigfache Beleuchtung und landschaftliche Stimmung. Auch dies
alles wird beherrscht von unsterblichen Mächten. Endlich wird die
Anschaulichkeit der Darstellung erhöht durch eine oft verschwenberische
Fülle von Gleichnissen, während die Charakteristik der Personen und
Situationen durch Reden gefördert wird.

Valerius Flaccus.

An ein Ereignis der Zeit knüpft das aus der Sage geschöpfte
Epos an, welches zunächst zu betrachten ist. Unter Vespasian hatte
die römische Herrschaft in Britannien festeren Boden und die Schifffahrt auf dem Ocean freiere Bahn gewonnen. Nun erst schienen dem
Römer die Schranken der Welt geöffnet; jetzt schien vollendet, was
einst die kühnen Schiffer der Argo begonnen hatten: aus dem Spiegel
der alten Sage erstrahlte dem Dichter der Glanz der Gegenwart.
Diesen Stoff ergriff C. Valerius Flaccus mit den Zunamen
Balbus Setinus, von dessen persönlichen Verhältnissen leider fast
nichts bekannt ist. Er selbst deutet an (I 5 ff.), daß er dem priesterlichen Collegium angehörte, welchem die Deutung der sibyllinischen
Bücher oblag. In der Widmung seines Gedichtes Argonautica

huldigt er dem flavischen Hause: er ruft die Gunst des Vespasian, des regierenden Kaisers an, dessen Segel derselbe Ocean trägt, der gegen die Julier noch sich empört hatte; er gedenkt der ruhmreichen Er= stürmung Jerusalems durch Titus, und um auch dem jungen Domitian etwas Angenehmes zu sagen, verheißt er eine Darstellung dieser Waffenthat durch ein Gedicht des Prinzen (B. 7 ff.).

Schon um die Mitte des letzten vorchristlichen Jahrhunderts hatte der Gallier Varro (Bd. I 345) eine Uebertragung des Argonautenepos von Apollonios dem Rhodier versucht, vielleicht auch durch die bri= tannische Unternehmung Julius Cäsars angeregt. Valerius legte zwar dasselbe Original zu Grunde, aber nur die groben Umrisse der Er= zählung, den Gang im großen und ganzen behielt er als Leitfaden bei. Die Ausführung ist fast ganz selbständig: was der Grieche ein= gehend dargestellt hat, berührt der Römer nur flüchtig oder übergeht es auch ganz; was jener nur andeutet, wird von diesem ausgeführt. Den gelehrten Kram, geographisches und antiquarisches Detail, hat er größtenteils über Bord geworfen und dem Persönlichen mehr Recht eingeräumt. Jason ist als Held und Anführer stärker herausgearbeitet, allen schlägt der Puls kräftiger, der Rhythmus gemütlicher Empfin= dungen ist mannigfaltiger, Rührung und Zorn, Liebe und Haß sprechen sich wärmer aus, das rednerische Element macht sich mehr geltend. Vor allem zeigt der Römer mehr Verständnis für künstlerische Com= position und Motivierung der Vorgänge. Er hat aber auch große Partien ganz neu hinzugefügt. Mit keinem Wort erwähnt er seinen Vorgänger.

Mannigfache Abweichungen weisen auf Benutzung noch andrer Quellen hin. Mehrere seiner Angaben werden durch die Autorität ansehnlicher Namen, wie des alten Mythographen Heroboros, des Dionysios von Milet, eines Herodot, Eratosthenes, Theopomp bestätigt. Es müssen ihm Auszüge aus der reichen Litteratur über die Argo= nautensage, etwa in Form eines ausgiebigen Commentars zu Apol= lonios, mythographische und chorographische Handbücher zu Gebote gestanden haben. Durch die Möglichkeit des Vergleichs zwischen dem Original und seiner Bearbeitung sind wir in den Stand gesetzt, die Eigenart der letzteren bis in alle Feinheiten festzustellen, die Absichten und den Geschmack des Nachfolgers eingehend zu würdigen. Hier können natürlich nur die Spitzen einer solchen Untersuchung gestreift werden.

Eigen ist dem römischen Dichter von vornherein die Auffassung von der hohen Bedeutung der Argofahrt für die Kultur des Menschengeschlechtes. Jason belehrt seine Gefährten (I 245 ff.), daß sie von Juppiter erkoren seien die Bahn für den Weltverkehr zu brechen, und in ausführlicher Rede eröffnet der Göttervater selbst seinen Beschluß (I 531 ff.): Asiens Blüte sei vorüber, jetzt sei den Griechen beschieden in die Weltgeschichte einzugreifen, dann würden andre Völker an die Reihe kommen, endlich denke er eins auszuwählen, dem er die Zügel auf die Dauer anvertraue. Für diese Entwickelung der Menschheit müßten alle Schranken des Verkehrs zu Lande und zu Wasser geöffnet werden.

Dieser großartigen Perspektive entspricht eine breitere Vorbereitung des epochemachenden Unternehmens. Valerius unterläßt nicht zu berichten, was in der Seele Jasons vorgegangen sei, als er den tückischen Auftrag des Pelias erhalten hatte. Der Ruhm, welcher ihm nach Ueberwältigung des Meeres vom Ufer des Phasis her zuwinkt, diese ewig jugendliche Macht ist es, welche ihm Mut zur Ausführung gibt (I 73 ff.). Alsbald wendet er sich im Gebet an seine beiden Beschützerinnen Juno und Pallas, und beide wenden ihm ihre thätige Hilfe zu: die eine besorgt ihm das Schiff, die andre ruft ihm die Gefährten. Bei Nebendingen hält sich der Römer nicht auf: Jason ist ihm selbstverständlich der Führer, und die Wahl des Hercules kommt gar nicht in Frage. Statt umständlich zu schildern, wie das Schiff flott gemacht wird, beschreibt er das schmucke Fahrzeug mit seinen lustigen Malereien. Die Gemütlichkeit des letzten Abends vor der Abfahrt wird durch den Besuch Chirons belebt, der mit dem kleinen Achill an der Hand vom Gebirge kommt, um von Peleus Abschied zu nehmen (I 255 ff.). Bei Apollonios (I 553 ff.) ist es nur ein flüchtiger Gruß von weitem im Augenblick der Abfahrt: Chiron ist von Thetis begleitet, welche den Kleinen auf dem Arm trägt. Valerius hat in knappen Zügen eine gemüt- und lebensvolle Scene entworfen. Hoch vom Gebirge trabt der biedere Centaur herab, und schon aus der Ferne zeigt er dem Vater seinen hell nach ihm rufenden Jungen. Peleus geht ihm mit ausgebreiteten Armen entgegen, der Sohn springt zu ihm auf und hängt an seinem Halse. Mit großen Augen betrachtet er die Helden, lauscht ihren hohen Worten, das Löwenfell des Hercules beguckt er sich in der Nähe. Peleus aber küßt ihn zärtlich, bittet die Götter, das liebe Haupt zu

bewahren, und gibt dem treuen Erzieher die letzte Weisung, wie er
dem Knaben von Kriegen erzählen, ihn im Jagen und Speerwerfen
üben soll. Nachdem die Sonne untergegangen ist, erfreut Orpheus
die zechenden Genossen durch sein Lied. Aber während er bei Apol=
lonios doktrinär von den Anfängen der Schöpfung und den Zeiten
des Kronos singt (I 496 ff.), erzählt er bei Valerius was näher
lag, von der Flucht des Geschwisterpaares Phrixus und Helle, und
malt das Bild der in den Fluten versinkenden Schwester mit zarten
Farben (I 277 ff.). Und in der Nacht, während die andern schlafen,
tröstet der treue Sohn die bangen Eltern mit ruhigem Zuspruch; ihm
selbst flößt dann im Traume die dodonische Eiche, der Talisman
seines Schiffes, Zuversicht ein (294 ff.). Die Thränen und Klagereden
der Zurückbleibenden, welchen der Rhodier viel früher, schon zur Zeit
der Vorbereitung Platz eingeräumt hat (228 ff.), begleiten passend
den letzten Abschied (315 ff.).

Kurz vor der Abfahrt, als die einzelnen ihre Plätze einnehmen, lernen
wir die Helden kennen (350 ff.). Auch dieser Katalog ist ganz selbständig
in der Anordnung: er führt den Leser, auf der linken Seite des Schiffes
beginnend, von Platz zu Platz, während Apollonios gleich zu Anfang
seines Gedichtes (23 ff.) ohne erkennbares Princip die einzelnen auf=
zählt, wie sie aus ihren verschiedenen Landschaften eintreffen. Auch
in der Auswahl der Namen sowie in der Schilderung der einzelnen
Persönlichkeiten weicht Valerius mehrfach, andren Quellen folgend,
von seinem Vorgänger ab. Besonders mag die Figur des Acastus
hervorgehoben werden. Apollonios zählt ihn einfach unter den Argo=
nauten mit auf (224 f.), ohne zu erklären, wie der Sohn des Pelias
dazu gekommen sei sich an einem Unternehmen zu beteiligen, welches
doch der eigene Vater als todbringend ansah. Bei Valerius ist es
Jason, der den jungen, ruhmlustigen Vetter anwirbt, um damit gleich=
sam ein Unterpfand für die guten Wünsche des Oheims zu gewinnen
(153 ff.). Sie verabreden, daß er den Vater täuschen und sich ohne
Wissen desselben unmittelbar vor der Abfahrt anschließen soll. So
geschieht es (484 ff.). Das gibt dann Stoff für einen tragischen
Abschluß des ersten Buches (693 ff.). Pelias ist außer sich über das
Entweichen des Jünglings und beschließt seine Wut an Jasons An=
gehörigen auszulassen. Vater und Mutter kommen unter Verwün=
schungen den Schergen des Tyrannen durch freiwilligen Tod zuvor,
nur das einzige Kind blutet noch unter ihren Schwertern. Man

glaubt ein Kapitel römischer Kaisergeschichte zu lesen. Die Erfindung weicht von einer anderweitigen Ueberlieferung (bei Diodor) ab. Hiernach hat Pelias, um jeden Nebenbuhler seines Thrones zu beseitigen, erst viel später die Eltern und den kleinen Bruder Jasons aus dem Wege geräumt, als das Gerücht ging, alle Argonauten seien auf der Heimkehr umgekommen.

Die Seefahrt läßt Valerius nicht gleich zu Anfang so glatt verlaufen wie Apollonios (559 ff.); vielmehr kriegen die Helden gleich die Schrecken des Meeres wenn auch in kurzer Probe zu schmecken. Das unerhörte Wagnis empört den grimmen Boreas, er bewegt Aeolus die Winde loszulassen, und nun lernen die kühnen Abenteurer zum erstenmal mit Zagen kennen, was es heißt die Fluten zu versuchen (626), bis dann Neptun mit seinem Dreizack auftaucht und den beiden Göttinnen zu Liebe für diesmal die Wogen glättet: wird er doch oft genug in Zukunft zersetzte Segel erblicken und den Notruf bedrängter Schiffer vernehmen (645 f.).

Im zweiten Buche ist der Männermord der lemnischen Frauen und die Rettungsthat der Hypsipyle (82—310) ausführlich als in sich abgerundetes Epyllion erzählt: bei Apollonios (II 609 ff.) ist die Begebenheit nur in den äußersten Spitzen kurz berührt. Valerius hat das Widerwärtige der Sage teils unterdrückt, teils gemildert. Venus, die den Lemniern zürnt, flößt mit Hilfe der Fama den Weibern den blinden Verdacht ein, daß die gefangenen Thrakerinnen sie aus ihren Rechten verdrängen sollen: unschuldig werden die Männer von den rasenden Rächerinnen niedergemacht. Hypsipyle aber rettet ihren Vater auf ein Boot, welches ihn zu den Tauriern trägt. Dort dient er als Priester der Diana, deren strenger Dienst später durch den Willen des Juppiter Latiaris, der auf dem Berge von Alba thront, nach Aricia versetzt ist (300 ff.). Den römischen Theologen reizte es, diese Verknüpfung des italischen mit altgriechischem Kultus gelegentlich anzubringen. Dagegen ist der Bericht von dem Aufenthalt der Argonauten auf Lemnos, der kein poetisches Interesse bot, bedeutend abgekürzt. Die alte Polyxo, welche in beiden Gedichten zur Aufnahme der Fremden rät, ist hier zum Rang einer Seherin erhoben (316 ff.), wodurch das Ansehen ihrer Stimme mächtig erhöht ist.

Auch die umständliche Aufzählung der folgenden Stationen wird dem Leser erspart. Dafür gibt die Landung am sigeischen Vorgebirge (445) wieder Anlaß zu einer ansprechenden Erzählung, wie

Hercules und Telamon die Königstochter Hesione vor dem Seeungeheuer gerettet haben und von Laomedon um den versprochenen
Preis betrogen sind (451—578). Die der Andromedasage nach-
gebildete Geschichte war schon von Nävius nach unbekanntem Original
als Tragödienstoff bearbeitet worden, und ihre wiederholte Darstellung
auf campanischen Wandbildern zeigt, wie populär sie war. Valerius
ist der einzige, dem wir eine schön ausgeführte Darstellung des Vorganges verdanken. So nahe es lag, die ähnliche Partie der ovidischen Metamorphosen von Andromeda (IV 662 ff.) zu plündern,
ist doch im einzelnen nur der Vergleich der gefesselten Jungfrau
mit einem Marmorbilde (465 ff., vgl. Ovid 674) als Entlehnung
nachzuweisen. Daß diese selbst trotz der peinlichen Situation den
Fremden in längerer Rede (471—492) über das Unglück des Landes
und ihr eigenes Schicksal Auskunft gibt, muß man freilich der rhetorischen Manier des Römers zugute halten.

Im dritten Buch hat die irrtümliche Rückkehr nach Cyzicus
und der mörderische nächtliche Kampf mit den Dolionen, welche einen
Ueberfall der räuberischen Pelasger abzuwehren glauben, dem Nachdichter
ergiebigen Stoff zur Darstellung einer grausigen Metzelei gegeben
(15—361; vgl. Apollonios I 1011—1077). Die eigene Erfindung
kennzeichnet er sofort durch Anrufung der Clio (15 ff.). Kybele hat
das Unheil angerichtet. Sie zürnt dem König Cyzicus und schläfert den
Steuermann Tiphys ein, so daß das Schiff, vom Winde gedreht, in denselben Hafen zurückkehrt. Der panische Schreck der Einwohner, die
nächtliche Verwirrung, die blinde Wut des Kampfes im Dunkeln, dann
das schreckliche Erkennen bei Tagesanbruch und der Jammer der Ueberlebenden ist wirkungsvoll erzählt. Auch die vom Seher Mopsus vor-
geschriebene Sühnfeier und die ernste Lehre von den Folgen vergossenen Blutes (—458) ist des Römers Eigentum.

Ganz selbständig umgestaltet hat Valerius ferner die Erzählung
vom Verschwinden des Hylas (III 481 ff. vgl. Apoll. I 1187 ff.).
Er läßt die Vorgeschichte des Knaben weg, schiebt aber Juno ein,
welche den verhaßten Stiefsohn durch boshafte Veranstaltung um
seinen Liebling bringt. Sie schickt Pallas unter listigem Vorwande
fort, um ungestört zu sein, greift eine der Nymphen, die grade im
Gebirge jagen, heraus und erweckt ihre Begier nach dem schönen
Knaben; diesen aber lockt sie durch einen flinken Hirsch an die verhängnisvolle Quelle. Wie dann Hercules vergeblich den Verlorenen

sucht und unter den Argonauten über der Frage, ob sie auf den starken Gefährten warten oder ohne ihn weiterfahren sollen, Streit ausbricht, wie endlich Hylas den väterlichen Freund im Traum beruhigt und dieser nun seine eigene Straße nach Troja und dem Caucasus einsam weiter zieht (bis IV 82), das alles weicht von der Darstellung des Apollonios (bis I 1362) vielfach und erheblich ab. Indessen verrät eine Andeutung bei Theokrit, daß der Fußmarsch des Hercules nach dem Phasis auf griechischer Quelle beruht.

Reicher im Vergleich zur Vorlage ist im vierten Buch (99 bis 343, vgl. Apoll. II 1—163) das Abenteuer mit Amycus ausgestattet, besonders was dem eigentlichen Kampf vorangeht. Charakter und Lebensweise der wilden Bebryker, die den Cyclopen ähnlich, wird beschrieben. Neptun sieht das Ende seines unholden Sohnes wehmütig voraus und wendet die Augen traurig von der Insel ab. Ein ehemaliger Begleiter eines dem gewaltigen Faustkämpfer Unterlegenen, der einsam zurückgeblieben, begegnet den Ankommenden und warnt sie. Er führt sie zur Höhle des Königs, deren grausiger Anblick beschrieben wird; dieser selbst kommt und fährt sie mit grimmiger Rede an. Was Homer und Vergil (Aen. III 588 ff.) von Polyphem singen, hat zu dieser Erweiterung manche Anregung gegeben.

Die Ankunft des Schiffs am Bosporus gibt Anlaß zu der lieblichen Episode vom Schicksal der Jo (IV 346—421), die bei Apollonios (II 168) nicht einmal erwähnt ist.

Auch die Glanzpartie des alexandrinischen Gedichtes, die Erzählung von den Erlebnissen im Kolchierlande (Apoll. III. IV), hat in der römischen Nachbildung (V 227 ff.) durchgreifende Aenderungen erfahren. Die wichtigste derselben, abgesehen von vielen Abweichungen in der Anordnung und Fassung des Einzelnen, beruht auf der Annahme, daß Aeetes sich mit seinem Bruder Perses verfeindet hat und dieser einen Kriegszug gegen ihn rüstet (III 492 ff. V 265 ff.). Der arglistige König, statt, wie bei Apollonios, die Bitte der Argonauten mit polterndem Zorn abzuschlagen, beschließt die Gunst der Umstände zu benutzen und sich zunächst des Beistandes der Helden für den bevorstehenden Krieg zu versichern. Er macht denselben zur ersten Bedingung und stellt die Gewährung der Bitte scheinbar gefügig für später in Aussicht. Mit jugendlicher Frische stellt sich ihm die Heldenschar zur Verfügung, und ein fröhliches Gelage gibt Gelegenheit, auch die Freunde des Königs einzeln kennen zu lernen (578 ff.).

Der Krieg mit Perses füllt das ganze sechste Buch. Bis auf die mannigfachen Entlehnungen aus Homer und Vergil ist es völlig Eigentum des Valerius. Es wird eröffnet mit einem Völkerkatalog des skythischen Heeres unter Perses (VI 33—170), der mit fremd- artigen Namen und Sittenzügen reichlich ausgestattet ist. In den folgenden Kampfscenen hebt sich besonders der Jazygenkönig Gesander hervor, der seine wilde Skythennatur mit trotzigem Hohn gegen den Argiver Canthus hervorkehrt; dann wird der Streit um Leiche und Waffen des Griechenjünglings, an dem auch Amazonen Teil nehmen, offenbar ein Gegenstück zu dem Kampf um die Leiche des Patroklos, mit grausam grellen Farben beschrieben (317—385). Nicht minder aufregend ist die folgende Scene. Ariasmenus überstürzt mit seinen Sensenwagen wie ein Wolkenbruch die Reihen der Griechen und Kolchier. Da macht Minerva mit dem Medusenhaupt die Pferde scheu, sie kehren um und wüten nun unaufhaltsam unter den eigenen Leuten (386—426). Das eintönige Kampfgetöse wird glücklich unter- brochen durch Juno's Einfall, Medea auf die Stadtmauer zu führen, damit sie von dort auf das Schlachtfeld sehe und Teilnahme für Jason fasse (427 ff.). Bisher haben die Skythen die Hauptrolle ge- spielt, jetzt kommen die Kolchier und die Griechen an die Reihe. Die Heldengestalt des Fremdlings macht tiefen Eindruck auf die Königs- tochter. Dem Kampf wird ein Ende gemacht durch Minerva, welche Perses aus drohender Gefahr in sichere Ferne entrückt (750), wie bei Homer (Il. 20, 325) Poseidon den Aeneas. Juppiter trauert um seinen Sohn Colaxes, den er nicht retten kann (621 ff.), wie dort Zeus um Sarpedon (Il. 16, 433 ff.).

Mit dem siebenten Buch führt den Verfasser der natürliche Gang der Begebenheiten wieder zum Rahmen der griechischen Vorlage zurück. Aber grade hier zeigt sich in der Ausführung des Einzelnen die Ueber- legenheit des Nachfolgers. Zwar die gemütlichen Vorgänge in Medea's Seele, die miteinander streitenden Gefühle jungfräulicher Pietät und leidenschaftlicher Liebe werden in beiden Gedichten psycho- logischer Beobachtung getreu im wesentlichen mit denselben Zügen geschildert, namentlich die Ruhelosigkeit auf nächtlichem Lager und die ängstigenden Träume, wenn auch verschieden, finden sich hier wie dort. Nur hat der Römer in altertümlicher Weise der äußeren Ein- wirkung durch Juno und deren Gehilfin Venus mehr Raum gegönnt. An Stelle der Schwester tritt als Vertraute die Mutter Circe, oder vielmehr Venus in deren Gestalt, plötzlich aus der Ferne eintreffend, um die schlummernde Neigung der Tochter zur Flucht zu verstärken (210 ff.). Mit überlegter Kunst läßt Valerius ihre Liebesflamme nach und nach immer heftiger erglühen. Zuerst begegnet sie, durch schreckliche Traumbilder der eben vergangenen Nacht (V 333 ff.) aufgeregt, auf einem Morgenspaziergang am Ufer des Flusses dem eben angekommenen Fremden, den Juno in strahlender Schönheit über seine Gefährten erhoben hat (363 ff.). Und betroffen, lautlos einige Schritte zurückweichend, staunt sie ihn an, ihn allein, und sein Auge hängt allein an ihr (373 ff.). Wie viel passender ist dieser gegenseitige Zauber der Persönlichkeiten von dem römischen Dichter angebracht, hier bei der ersten Begegnung! Nach Apollonios, dem Ovid (Metam. VII 74 ff.) gefolgt ist, sind sie sich schon einmal begegnet: bei der Audienz im Königspalast, wo Jason der Medea bereits einen tiefen und bleibenden Eindruck gemacht hat (III 451 ff.). Längst hat Eros seine Pfeile abgesendet (275 ff.), und sie ist bereits ganz der wühlenden Liebesqual verfallen (609 ff. 744 ff.). Bei dem Zusammentreffen im Hekateheiligtum, als sie im Begriff ist, dem Geliebten ihr Zaubermittel zu übergeben, kommt jene verzückte Erstarrung (956 ff.) zu spät. Ovid hat es gefühlt und angenommen, daß es Medea gelungen sei, den ersten Eindruck niederzukämpfen: jetzt erst sei die frühere Glut wieder aufgelobert. Und diese entscheidende, verhängnisvolle Zusammenkunft, mit wieviel feinerem Sinn hat Valerius sie ausgeführt! Bei Apollonios ist es heller Morgen. Medea hat auf das sorgfältigste Toilette gemacht (III 828 ff.). Sie kutschiert mit zahlreichem Gefolge von reizenden Jungfrauen durch die Stadt, am Tempel angelangt tanzt sie eine Weile mit ihnen auf der Wiese, bis der ungeduldig Erwartete kommt, und als er nun erscheint, tritt jene wagnerische Scene ein (962 ff.). Bei Valerius (371 ff.) ist es Nacht. Medea tritt von Venus unter sanftem Zureden geführt zagen Schrittes aus den Mauern der Stadt in den dunklen Hain. Noch einmal auf der Schwelle zögert sie, richtet Fragen an Venus, ob sie auch dem bittenden Manne dienen dürfe. Diese antwortet nicht. Geheimnisvolles Schweigen ringsum, die Gottheiten der Berge verstecken ihr Gesicht, die Flüsse wenden sich ab, das Vieh in den Ställen befällt Furcht, auf den Gräbern rauscht es, die Nacht selbst stutzt; in weiter Entfernung folgt zitternd Venus. Und wie sie in den Tempel treten in den Schatten der Hekate, da plötzlich unversehens strahlt Jasons Gestalt hervor, zuerst

bemerkt von der erschrockenen Jungfrau. Iris entfliegt und Venus
gleitet von ihrer Hand. Wie stille Tannen oder Cypressen, deren
Wipfel noch unter keinem Windeshauch sich berührt haben, stehen sich
die beiden gegenüber. Das schöne Bild findet sich auch in der Vor=
lage: ausnahmsweise hat es der Römer beibehalten. Und Jason
statt den Vornehmen gegen die Blöde zu spielen, ihr Ruhm zu ver=
sprechen und das bedenkliche Beispiel der Ariadne vorzuhalten (Apoll.
975 ff.), die doch ihre Gefälligkeit gegen Theseus recht zu bereuen hatte,
ruft vielmehr ihr Mitleiden an, beklagt sich über die Trenlosigkeit
des Vaters, gedenkt der im Kampfe für ihn gefallenen Gefährten und
zeigt seinen unerschütterlichen Entschluß die Gefahr zu bestehen (413
bis 430). Alle edlen Sympathien werden durch diese ergreifenden
und männlichen Worte im Herzen des Mädchens erregt. Aber nicht
sofort ohne weiteres wie bei Apollonios (1013 ff.) holt sie das Zauber=
mittel hervor, sondern in echt weiblicher Art erspart sie dem Schütz=
ling nicht sanfte Vorwürfe wegen seiner Tollkühnheit, er habe doch
auf ihre Hilfe nicht rechnen können, und neckisch fügt sie hinzu: wenn
Pelias ihn noch einmal verderben wolle, ihn auf neue Abenteuer in
andre Städte aussende, solle er auf seine Schönheit nicht vertrauen.
Schon hat sie das Mittel beinahe aus dem Busen hervorgeholt, da
beschwört sie ihn noch einmal: wenn du irgend auf deine Götter eine
Hoffnung setzest oder deine eigene Kraft dich vom Tode retten kann,
so laß mich schuldlos zu meinem armen Vater zurückkehren (431 bis
455). Unter Schluchzen und Thränen, als ob sie Vaterland und
Ehre preisgäbe, liefert sie endlich den Zauber aus (458—460). Das
gegenseitige sentimentale Anschmachten, welches Apollonios unpassender
Weise hier eintreten läßt (1015—1024), hat Valerius wohlweislich
verschmäht. Auch die langweilige Instruktion (Apoll. 1069—1101)
ist auf das knappste Maß zurückgeführt; die magische Handlung, welche
sie vollzieht (463—466), läßt ihre dämonische Figur weit voller
hervortreten. Aber ihr Herz ist schwer, von dem Gedanken an die
Trennung erfüllt, wie sie zurückbleiben wird, wenn jene die Segel
setzen. Und überwältigt vom Schmerz ergreift sie die Hand Jasons
wie zum Abschiede: leise bittet sie, ihrer zu gedenken wie sie seiner
gedenken werde; nach welcher Himmelsgegend sie ausschauen solle,
wenn er fort sei? Er soll sich daheim erinnern, daß er einst in
dieser Lage gewesen sei und sich nicht schämen zu bekennen, daß ein
Mädchen ihn gerettet habe. Ach, keine Thräne netzt seine Augen:

er weiß wohl, daß sie bald durch den verdienten Zorn des Vaters
sterben werde, aber er verleugnet es. „Dich erwartet der Glanz des
Thrones, dich Gattin und Kinder; ich bin dem Untergang preis=
gegeben. Aber ich klage nicht und will freudig für dich das Leben
lassen" (—487). So bricht ihr Gefühl heraus, hoffnungslos gibt
sie sich ihm ganz dahin. Jason aber, gleichfalls von Liebe hingerissen,
beantwortet nicht pedantisch wie bei Apollonios (1077 ff.) Punkt für
Punkt, um mit dem schwächlichen Wunsch zu endigen, daß wie einst
Minos dem Theseus, so Acetes ihm die Tochter geben möge (1100 f.),
sondern er beteuert feurig, daß er nicht ohne sie leben wolle, und
verspricht ihr mit heiligem Schwur ewige Treue und Dankbarkeit
(490—508). Die Wut (Furor), der Rachegeist verstoßener Liebe,
hat den Meineid gehört und der verdienten Strafe geweiht (509 f.).
Wieder ist energisch zusammengedrängt und geschärft was in der
Vorlage dünner und weichlicher hingezogen ist (bis 1130). Und so
ist auch im folgenden die Bewältigung der Stiere und die Saat der
Drachenzähne, wie im achten Buch die Erbeutung des Vließes, be=
trächtlich gekürzt, und manches schleppende Beiwerk weggelassen. Zu
der hütenden Schlange, die ihrer Pflege anvertraut ist, hat die römi=
sche Medea ein persönliches, gemütliches Verhältnis (vgl. VIII 92):
sie nimmt von der Schlafenden zärtlich Abschied und bedauert ihren
Schmerz, wenn sie beim Erwachen das Vließ vermissen werde (94 ff.)

Aus dem achten Buch ist als Neuerung hervorzuheben die
Klagerede der Mutter über Medea's Flucht (140—174). Dagegen
ist die Erzählung des Apollonios (212—240) von der Aufregung in
der Stadt, der Wut des Königs und den Anstalten zur Verfolgung
in wenige Zeilen (134—139) zusammengezogen. Valerius läßt das
Interesse an Medea auch auf der Heimfahrt nicht erkalten. Es ist
ein Bild zum Malen. Sie sitzt einsam fern auf dem Achterdeck
hinter dem Steuermann zu Füßen des goldenen Minervabildes, das
Gewand über die Augen geworfen, weinend, dem künftigen Ehebund
mißtrauend. Die Küsten und Orte der Heimat, an denen sie vorüber=
fährt, scheinen sie zu beklagen, wehmütigen Abschied von ihr zu
nehmen. Kaum erhebt sie das Antlitz zu den Speisen, die ihr Jason
selber reicht (202—216). Bei Apollonios kümmert sich derselbe nicht
viel um seine Retterin, nachdem er sie der Mannschaft kalt als
seine künftige Frau vorgestellt und ihrem Schutz empfohlen hat
(IV 187—205). Valerius erdichtet eine improvisierte Hochzeitsfeier

(217—258). Auf der Insel Peuce, wo der Hister ins Meer fällt, steigen sie ans Land. Hier zuerst eröffnet Jason den Gefährten sein Eheversprechen und erhält ihre Zustimmung. Medea, von Venus selbst bräutlich geschmückt, vergißt ihre Trauer, sie gehen zum Altar, Pollux schwingt die Hochzeitsfackel. Die Jagd liefert den Schmaus: man lagert auf Rasenpolstern, das neuvermählte Paar auf dem goldenen Vließ. Aber die Opferzeichen, die Mopsus im Stillen deutet, verkünden Unheil. Plötzlich wird das Fest unterbrochen durch den Anblick kolchischer Schiffe, deren Führer, Absyrtus, von weitem die Fackel schwingend mit bitterem Hohn sich und seine Leute bei der Hochzeit der königlichen Schwester zu Gaste ladet (259—284). Apollonios behandelt die Verfolgung fast mit der trockenen Gründ= lichkeit eines Geschichtschreibers (303—337), das menschlich Persön= liche tritt ganz zurück. Valerius weiß die drohende Gefahr zur höchsten Spannung auszubeuten. Mit welchem Eifer die Verfolger rudern! Immer näher kommen sie, schon sehen sie die Mündung der Donau und die grüne Insel, und als sie den Mastbaum der Argo erkennen, erheben sie wildes Freudengeschrei. Styrus, Medea's Verlobter, greift nach dem Enterhaken, andre nach Waffen und Fackeln: es ist ein Gewirr von Stimmen, ein Gewimmel auf dem Verdeck. Auch Jason ist beim ersten Anblick des Flammenscheines aufgesprungen, er und die übrigen bewaffnen sich, Medea in dumpfer Verzweiflung und Scham, zu sterben entschlossen, hat sich in der Grotte verborgen, ihr Schicksal erwartend. Da hilft Juno. Sie regt die flüchtige Schar der Winde auf, die nun mit den Kolchierschiffen ihr grausames Spiel treiben. Vergebens prahlt Styrus, vergebens kämpft der Schiffbrüchige gegen die Wogen: schon hat er wieder Boden ge= wonnen, da schluckt ihn eine Sturzwelle, und endlich hat er von der Jungfrau abgelassen (285—368). Aber Absyrtus hat sich auf der andren Seite der Insel festgesetzt und lauert den Flücht= lingen auf. Zum erstenmal wird Jasons Treue auf die Probe gestellt: gibt er Medea preis, so läßt man ihn mit dem Vließ un= angefochten heimkehren. Auch diesen Conflikt hat Valerius schärfer und energischer behandelt. Bei Apollonios wird ein schwächliches Uebereinkommen getroffen: die Königstochter soll als streitiger Besitz im Dianatempel deponiert und einem Schiedsgericht das Urteil an= heimgestellt werden, ob sie nach Hellas geführt werden oder heim= kehren solle (340 ff.). Viel natürlicher erklären bei Valerius die bebrängten Genossen Jasons, daß Meda sie nichts angehe. Solle diese Erinys Europa und Asien in blutigen Krieg verwickeln? Mopsus, der Seher, prophezeit den trojanischen Krieg: ein andrer Entführer werde die Schuld an den Enkeln rächen (385—399). Sie fordern die Auslieferung der Fremden, und Jason schwankt. Medea errät aus seinem Betragen und dem dumpfen Schweigen der übrigen, was im Werke ist. Sie muß sich Klarheit verschaffen, sie nimmt den Gemahl beiseite, aber sie fällt nicht wie bei Apollonios (355 ff.) mit der Thüre ins Haus, sondern sie fordert zunächst ihren Teil an der Beratung (415 ff.). „Ich fürchte nichts, mein treuer Gatte, aber habe Mitleid und halte dein Eheversprechen wenigstens bis in den Hafen Thessaliens: in deinem Hause verachte mich. Deine Genossen haben mir nicht geschworen, sie haben vielleicht ein Recht mich aus= zuliefern, aber dir ist nicht dasselbe erlaubt." Sie ruft sein kriege= risches Ehrgefühl an, dann erst seine Dankbarkeit. Immer mehr über= mannt sie bitterer Schmerz, und endlich bricht, zum erstenmal, ihre dämonische Natur heraus: sie ist in eine rasende, ruhelose Bacchantin verwandelt. Mit den ersten beschwichtigenden Worten, die Jason antwortet, bricht das Werk ab. Bei Apollonios folgt noch die Er= mordung des Absyrtos, dann die übrigen Begebnisse der Rückfahrt, darunter die Einkehr bei Alkinoos, wo die Hochzeit viel glänzender freilich als auf Peuce gefeiert wird (1110 ff.).

Aus der zusammenfassenden Inhaltsangabe zu Anfang des Ge= dichtes (1—4) geht hervor, daß der Verfasser seine Erzählung bis zur Heimkehr und Apotheose der Argo führen wollte. Ob er dafür noch zwei oder gar vier Bücher gebraucht haben würde, kann niemand sagen, da man nicht weiß, in welchem Grade er den vorhandenen Stoff zu kürzen oder durch neue Erfindung auszudehnen beabsichtigte.

Sein Streben nach Selbständigkeit gegenüber dem griechischen Originale geht so weit, daß er sich fast nie ein Gleichnis aus dem= selben aneignet. Weit unbedenklicher macht er bei Homer oder Vergil eine Anleihe, in der Regel scheint er eigener Eingebung zu folgen. Seine Vergleiche nimmt er häufiger als andre aus dem Mythus: Dichterstellen, Darstellungen der Bühne, Kunstwerke der Malerei oder Plastik scheinen ihm öfters dabei vorgeschwebt zu haben. Als der junge Acastus von Pelias vermißt wird, erinnert Valerius an die Aufregung am Hof des Minos über das Entweichen des Dädalus (I 704 ff.). Cyzicus wütet, von Bellona angetrieben, wie der trunkene

Centaur Rhötus (III 65); sein unruhiges Hin= und Herstürmen im
Kampf gleicht den gewaltsamen Bewegungen des in den Abgrund
gestürzten Titanen Cöus, der seine Fesseln zu sprengen sucht (III 224).
Venus in Circe's Gestalt hat zu Gunsten Jasons einen Sturm auf
Medea's Herz gemacht; dieselbe, nun allein gelassen, im Begriff den
verhängnisvollen Schritt zur Rettung des Fremden zu thun, wird
von Bangigkeit ergriffen wie Pentheus im Mänadenaufzug, nachdem
ihn Bacchus im Palast verlassen hat (VII 301). Hier ist eine andre
Wendung der bekannten euripideischen Scene (Bacch. 912 ff.) vor=
ausgesetzt, ein Monolog des Pentheus vor seinem Abgange. Als die
Minyer am Morgen nach dem schrecklichen Blutbade zur Erkenntnis
ihres Irrtums kommen, ergreift sie starres Entsetzen wie Agaue,
als die bacchantische Wut plötzlich von ihr weicht und sie des
Sohnes trauriges Haupt in ihrer Hand erblickt (III 264). Eben=
falls der Bühne entlehnt ist Orestes (vgl. Eurip. Or. 255 ff.), der
in Wahnsinn das Schwert gegen die Furien zieht und endlich er=
schöpft in die Arme der Schwester sinkt (VII 147); vielleicht auch
Athamas, der mit seiner Jagdbeute, dem eigenen Sohn Learchus,
dessen Leiche er über die Schulter geworfen hat, lustig singend heim=
kehrt (III 67). Reizende Bilder liefern die schlanke Proserpina, die
auf blumiger Frühlingswiese mit Pallas und Diana Reigen tanzt
(V 343), und Jo am Meeresstrande, unsicher ob sie hinüber soll,
den Fuß bald vorsetzend, bald zurückziehend, jetzt aber am Nil stehen
die ägyptischen Mütter und winken ihr (VII 111); die Hochzeit des
Hercules mit Hebe (VIII 228). Jason trägt das erbeutete Vließ
wie Hercules, der das Fell des nemeischen Löwen heimbringt und
anprobiert (VIII 125).

Anschauungen des wirklichen Lebens und Erinnerungen an natio=
nale Ereignisse fehlen nicht. Es wird des Bades der Kybele im Almobach
und der darauf folgenden fröhlichen Feier erwähnt (VIII 239), der kürzlich
überstandenen schaudervollen Kämpfe zwischen römischen Legionen, den
Anhängern des Vitellius und des Vespasian (VI 402). Wenn Jason nach
vollbrachter Arbeit mit den Stieren und der Drachensaat verglichen wird
mit Mars, der vom getischen Schlachtfelde her zu Roß einzieht (VII 645),
und der hochzeitlich Strahlende mit demselben Gott, der vom blutigen
Hebrus siegreich heimkehrend seine Venus in Idalium oder Cythera be=
sucht (VIII 228), so dachte der Dichter sicher an die Kriege seiner Zeit
in den stets unruhigen Donauländern, vielleicht an den Dakerkrieg

Domitians, der nach wahrscheinlicher Berechnung im Jahre 89 durch den Triumph abgeschlossen wurde. So wird auch zweimal in Gleich= nissen der Verwüstung von Städten durch plötzlichen Ausbruch des Vesuv gedacht (III 209. IV 507): mit Recht nimmt man an, daß dem Verfasser die Zerstörung von Herculanum und Pompeji (79 n. Chr.) damals in frischem Gedächtnis war.

Nach der Art Vergils benutzt der Dichter gelegentlich die Be= schreibung von Bildwerken, um in bedeutender Kürze unterzubringen, was der Vorgänger unter andrer Einkleidung in gewichtiger Breite vorgetragen hat. So zum Beispiel legt dieser dem Phrixossohn Argos bei der Beratung über den Heimweg einen gelehrten Vortrag über die Gründung von Aea in den Mund (IV 257 ff.), und fügt später, als die Schiffer zum Eridanus kommen, einen längeren Ex= curs über die Heliaden ein (592 ff.). Valerius erzählt, wie Aeetes, der Sonnensohn, dem thessalischen Gast im glänzenden Tempel des Phöbus Audienz erteilt habe. An den Thüren desselben hat Vulcan Vergangenheit und Zukunft von Kolchis dargestellt. Da sah man, wie Sesostris, der Aegypterkönig, den Apollonios (IV 272) nicht nennt, die Geten bekriegt und einen Teil seiner Leute am Phasis ansiedelt; wie die Jägerin Aea von dem verliebten Phasis verfolgt in eine Insel verwandelt wird (eine Sage, die nur hier vorkommt). Man sah die Trauer der weinenden Phaetonsschwestern, die in den Eridanus verrinnen; dann aber, prophetisch dargestellt, den Zug nach dem goldenen Vließ, die Flucht und die ganze Tragödie der Medea bis zu der dämonischen Rache (—454). So hatte Jason noch ahnungslos sein Schicksal vor Augen.

In die religiöse Gedankenwelt des Dichters lassen uns einige interessante Stellen blicken. Zwei Pforten des Tartarus unterscheidet er (I 827 ff.): die eine ist immer offen zum Empfang für Völker und Könige gewöhnlichen Schlages; an die andre darf man nicht rühren; nur selten und dann freiwillig öffnet sie sich, wenn ein sieg= gewohnter Feldherr mit wundenbedeckter Brust kommt oder ein Weiser oder ein heiliger Priester. Sie führt Mercur leisen Schrittes, die Fackel schüttelnd, weit leuchtet von ihr der Weg, bis sie zu den lieb= lichen Gefilden der Frommen kommen, wo die Sonne und der heitre Tag immer dauert, wo Gesellschaften und Chöre von Männern und Lieder sind und andre Freuden, wonach die übrige Schattenwelt nicht mehr Verlangen trägt. Hier gehen Aeson und Alcimede ein. Daß

Valerius bei dieser Schilderung besonders an das flavische Herrscher= haus gedacht habe, ist schon deshalb nicht glaublich, weil er ja dem Vespasian in der Widmung (I. 15 ff.) Vergötterung nach dem Tode zugesichert hat.

Von seinem sittlichen Gefühl zeugt die Art, wie der Seher Mopsus die Argonauten über die Folgen vergossenen Blutes belehrt (III 377 ff.). Wir lösen uns nach dem Tode nicht in Wind und Staub auf: Zorn und Schmerz dauern fort. Wenn die Gemordeten vor Juppiters Thron kommen und Klage führen, so wird ihnen die Pforte des Todes geöffnet und die Rückkehr gestattet. Eine der Schwestern (der Furien) begleitet sie. So ziehen sie über Land und Meer, jeder sucht seinen Schuldigen und plagt ihn mit mannigfacher Seelenqual. Wessen Hände aber ohne bewußte Schuld mit Blut be= fleckt sind, die verlieren alles Selbstvertrauen und verfallen einer trüben Thatenlosigkeit: müßig und mutlos, in Thränen und Verzagtheit welken sie dahin.

Die Schreibart des Dichters ist frei von den eitlen Künsten sententiöser Rhetorik: schwierig und hart wird sie besonders durch eine gewisse, vielleicht gesuchte Nachlässigkeit in der Wortstellung. Prä= positionen und Partikeln werden in freier Willkür gleichsam hin= geworfen wo sie grade ein Unterkommen im Verse finden. Das Streben nach Kürze führt zu gewagten Auslassungen des Hilfszeit= wortes, zu Attraktionen, Gräcismen. Das Bemühen, vergilische Wen= dungen zu variieren, ist nicht immer von sicherem Geschmack geleitet. Uebrigens ist der Ausdruck nicht selten anmutig und von dichterischer Anschaulichkeit, auch in mannigfachen Schattierungen glücklich gefärbt. Der Versbau schließt sich im ganzen dem ovidischen Muster an.

Unvollendet, wie das Gedicht uns überliefert ist, scheint es auch vom Verfasser hinterlassen zu sein. Der Zeitrahmen, innerhalb dessen die Arbeit fällt, umfaßt mehr als ein Jahrzehnt. Wir sahen, daß die Widmung nach der Eroberung Jerusalems (8. Sept. 70) n. Chr.), noch bei Lebzeiten Vespasians († 79) geschrieben ist, daß zwei Stellen des dritten und vierten Buches nach der Zerstörung von Herculanum und Pompeji (79) entstanden sind, daß endlich zwei Stellen der beiden letzten Bücher auf Domitians Triumph über die Daker (89) hinzudeuten scheinen. Als Quintilian sein zehntes Buch schrieb (zwischen 89 und 90), war der Verfasser der Argonautica kürzlich ge= storben. Die bedauernden Worte des Rhetors: „viel haben wir kürzlich an Valerius Flaccus verloren", passen zu der Annahme, daß ein zu früher Tod den begabten Dichter von seinem Werk abberufen hat. Den Mangel der letzten Hand verraten auch gewisse Vergeßlichkeiten und Flüchtigkeiten des Inhalts wie der Form. Um so leichter erklärt sich, daß er so wenig Leser fand. Freilich war auch bald die Zeit vorüber, wo man noch an diesen bis zur Ermüdung ausgesungenen Sagenstoffen Freude hatte.

Silius Italicus.

Das historische Epos alten Stiles nach homerischer und vergilischer Schablone hat noch einen hingebenden Vertreter gefunden in Ti. Catius Silius Italicus, der im Jahre 25 n. Chr. unter Tiberius geboren ist. Von Hause aus Sachwalter, in neronischer Zeit auch öffentlicher Ankläger, wodurch er seinem Ruf geschadet hat, bekleidete er im Todesjahr dieses Kaisers (68) das Consulat. Als Freund des Vitellius erwarb er sich bei den Verhandlungen, welche eine Versöhnung mit Vespasian bezweckten, durch verständige und menschenfreundliche Ratschläge Achtung und Sympathie. Nachdem er als Proconsul, vermutlich unter Vespasian, Asien rühmlich verwaltet hatte, zog er sich vom öffentlichen Leben zurück und widmete seine Muße und seinen Reichtum einer edlen, fast schwärmerischen Pflege litterarischer und künstlerischer Interessen. Ohne Ehrgeiz und ohne Neider lebte er als vornehmer, hochangesehener Mann.

Er besaß eine Anzahl Villen, die er mit Büchern, Statuen, Bildern fast verschwenderisch ausstattete. Immer neue Landhäuser anzukaufen und auszuschmücken war seine Liebhaberei. Vergil und Cicero waren die beiden Sterne der römischen Litteratur, welche dem Redner und Dichter am glänzendsten strahlten. So brachte er eins der Güter des beredten Arpinaten und später die ganz verwahrloste Grabstätte des mantuanischen Sängers an sich (Mart. XI 48 f., VII 63). Diese pflegte er wie ein Heiligtum, den Geburtstag des Dichters feierte er mit Andacht. In beschaulicher Ruhe auf seinem Polster liegend empfing er zahlreiche Besuche: in litterarischen Gesprächen, Studien und schriftstellerischer Arbeit liefen seine Tage friedlich und harmlos dahin. Seine eigenen Verse trug er bisweilen einem gewählten Kreise vor, um das Urteil der Kenner zu vernehmen.

Bei zunehmendem Alter, noch unter Domitian, gab er den Wohnsitz in Rom auf: er zog sich auf die Dauer nach dem schönen Campanien zurück und war auch unter der neuen Regierung nicht zur Rückkehr zu bewegen. Seine zarte, aber zähe Natur hat ihn ein Alter von 75 Jahren erreichen lassen. So hatte ihn das Geschick durch seltene Gunst verwöhnt. Zuletzt verdarb ihm ein unheilbares Gewächs die Lust am Leben: mit unerschütterlicher Entschlossenheit enthielt er sich der Nahrung und gab sich so im Jahre 100 den Tod. Er endete auf seinem Gut bei Neapel. Von zwei Söhnen hatte er den jüngeren, Severus, schon vor Jahren (93 oder 94) verloren; dem älteren und tüchtigeren, welchen er hinterließ, hatte Domitian (vermutlich für das letzte Drittel des Jahres 93) das Consulat verliehen.

Erst nachdem er aus der öffentlichen Wirksamkeit geschieden war, überließ sich Silius seiner dichterischen Neigung, die er mit mehr Hingebung als Talent ausübte. Seine Begeisterung für Vergil hat bei der Wahl des Stoffes offenbar entscheidenden Einfluß geübt. Der Aeneis wollte er ein Gegenstück, eine Art Fortsetzung zur Seite stellen. Daher klingen gleich die ersten Worte der Einleitung an den Eingang des vergilischen Epos an. Der Fluch der sterbenden Dido (Aen. IV 622 ff.), daß zwischen Tyriern und Dardanern ewige Feindschaft herrschen, daß ihr ein Rächer erstehen möge, der mit Feuer und Schwert die verhaßten Ansiedler verfolge, dieser Fluch hatte sich in den punischen Kriegen verwirklicht und Hannibal war der Vollstrecker desselben geworden.

Den harten Kampf mit diesem Erbfeind und den endlichen Sieg über ihn wählte Silius als Stoff für sein langatmiges Gedicht, die Punica, welches in 17 Büchern den neunzehnjährigen zweiten Krieg (535—553) mit Karthago von Anfang bis zu Ende darstellen sollte. Es kam ihm darauf an, die Kraft des römischen Genius, welcher sich aus tiefer Not zu so stolzer Majestät emporgeschwungen hatte, den Heldenmut jener großen Vorfahren, deren Schattenbilder einst Aeneas in der Unterwelt geschaut hatte, und den noch unverdorbenen Geist jener drangsalvollen Zeit der Gegenwart vor Augen zu halten.

Das Werk zerfällt in zwei ungleiche Hälften: den Niedergang

Roms (Buch I—X) und seine Erhebung (XI—XVII). Die ersten
drei Bücher führen den unaufhaltsam vordringenden Feind bis auf
den Boden Italiens. Das erste erzählt den Friedensbruch mit dem
Angriff auf Sagunt, das zweite die Einnahme der Stadt, das dritte
den Alpenübergang. Hier ist ein natürlicher Abschnitt: jetzt erst, am
Eingang des vierten Buches, meldet Fama von der drohenden Gefahr.
Nun folgt Schlag auf Schlag. Die Schlachten am Ticinus, an der
Trebia (IV), am trasimenischen See (V). Durch die Ernennung des
Fabius zum Diktator kommt der Krieg zum Stehen. So füllen das
sechste Buch wesentlich episodische Rückblicke auf den ersten Krieg. Das
siebente ist ganz dem rettenden Verdienst des Zauberers gewidmet und
schließt mit begeisterten Huldigungen für den Retter. Aber im achten
wird Hannibals wankender Mut wieder aufgerichtet, und Varro's Auf=
treten bringt neue Gefahr, die zur Niederlage von Cannä führt. Die
Schilderung dieser Katastrophe nimmt zwei ganze Bücher (IX und X)
ein. Mit dem elften tritt eine Pause ein, welche die Wendung des
Kriegsglückes vorbereitet, die verhängnisvolle Rast der Punier in
Capua. Das zwölfte bringt den Sieg des Marcellus bei Nola und
die glückliche Abwendung des Schreckens, den Hannibal vor den
Thoren Roms erregt. Im dreizehnten erobern die Römer Capua,
und Scipio mustert die Schatten der Vergangenheit wie der ver=
heißungsvollen Zukunft. Nun wechselt der Kriegsschauplatz: in neuem
Eingang wird der Leser nach Sicilien geführt, um die Einnahme
von Syracus zu vernehmen (XIV). Hauptheld der letzten drei Bücher
ist Scipio; nur Claudius Nero, der Besieger Hasdrubals bei Sena,
tritt neben ihm noch hervor (XV). Die Schlacht bei Zama und
der Triumph des Africanus machen den Beschluß.

Natürlich ist Silius kein Geschichtschreiber und will es auch
nicht sein, weit weniger als Lucan. Die politischen Zusammenhänge
und Parteien kümmern ihn nicht. Von oben lenkt Juppiter die Fäden
des Schicksals, einzelne Gottheiten wie Juno oder Venus wirken auf
die Beschlüsse der Sterblichen ein; die Erdenbühne gehört fast aus=
schließlich dem Kriegslärm und den Kämpfern. Eine geordnete, in
sich zusammenhängende Auseinandersetzung von Verhältnissen und Vor=
gängen, eine technisch befriedigende Darstellung von Bewegungen oder
Aufstellungen der Heere und Flotten liegt dem Dichter gänzlich fern.
Unverkennbar im großen und ganzen wie in vielen Einzelnheiten
ist die Anlehnung an Livius, und wie hätte er dieses farben= und

gestaltenreiche Rundgemälde, diesen Schatz rhetorischer Geschichtserzäh=
lung verschmähen mögen? Freilich von einer einfachen Umsetzung der
dritten Decade in Verse konnte keine Rede sein. Auf Vollständigkeit
kam es dem Bearbeiter so wenig an wie auf Genauigkeit. Nur was
ihm für poetische Behandlung geeignet oder verwendbar erschien, bald
ganze Partien, bald einzelne Züge und Gedanken, auch leise An=
deutungen griff er willkürlich heraus, um es auszuführen. Unbe=
kümmert um Chronologie schiebt er Fernliegendes zusammen, ver=
schmilzt zwei oder mehrere verwandte Begebenheiten zu einer einzigen,
macht Sprünge, verschweigt was ihm nicht paßt, wählt unter ver=
schiedenen Angaben die interessantere, wenn sie auch weniger glaub=
haft ist. Als belesener Mann, der sein Werk mit bedächtigem Fleiß
förderte, wird er auch aus anderen Büchern, geschichtlichen, geographi=
schen, antiquarischen gelegentlich geschöpft haben, was wir bei Livius
nicht finden. Die Annalen des Ennius, den er hoch hielt, wird er
wohl gelesen haben: das siebente, achte und neunte Buch derselben
behandelten die punischen Kriege und boten gewiß manches brauchbare
Goldkorn, welches Silius so wenig als Vergil verschmäht haben wird.
Einzelne Spuren führen auf Cato's Origines, Varro's Altertümer.
Anschauungen, die er auf Reisen, als Proconsul in Asien und in
andren amtlichen Stellungen gewonnen hat, kann er verwertet, und
wie vieles mag er durch mündlichen Bericht aus dem Munde ge=
dienter Soldaten und Heimkehrender über fremde Länder und Leute
vernommen haben! Unbedenklich nimmt er zur Ausschmückung und
Füllung seines Werkes was ihm gefällt und wo er es findet. So
verwendet er herodoteische Angaben über die Aegypter für die Beschrei=
bung des Herculestempels in Gades und seiner Satzungen (III 15 ff.).
Die Quelle bei dem Ammonorakel (III 669 f.) wird fast mit den=
selben Worten beschrieben wie bei Pomponius Mela.

Die Charakteristik der Heerführer auf beiden Seiten schließt sich,
wie natürlich, der des Livius an, ebenso wie er für die Reden Ge=
brauch von ihm gemacht hat. Indessen ist diese Abhängigkeit weder
hier noch dort eine sklavische, schließt auch eigene Erfindung nicht
aus (VII 282 ff.). Bisweilen hat eine kurze Andeutung des Histo=
rikers das Motiv zur Ausführung geliefert, z. B. zu den Anreden
an einzelne Krieger vor der Schlacht (V 165 ff.).

Den treulosen Feind haßt der Dichter zwar, wie sich gebührt,
doch kommt Hannibals „ruchlose Tüchtigkeit" (improba virtus I 58)

zu voller Geltung: um so ruhmvoller war ja der Sieg über ihn. Der capuanischen Jugend legt er ein begeistertes Lob seiner Thaten in den Mund (XI 132 ff.). Er selbst vergleicht ihn mit Mars, Achill, mit einem Kometen, einer Sturmflut, einem Tiger (I 433 VII 120. I 461. 468. IV 331). Auch versöhnende Züge edler Menschlichkeit fehlen nicht. Wie schön sind Hannibals Worte an der Leiche des Paulus (X 503), wie erhebend ist die von ihm befohlene Bestattung, welcher er beiwohnt! Nicht Gattin noch Söhne waren zugegen, nicht die Schar der Blutsverwandten, nicht schmückten von hoher Bahre herab Ahnenbilder die Feier. Hannibal allein als Lob= redner ersetzte allen Schmuck. Gehe hin, sagt er, du Zierde Auso= niens, wohin Seelen, die auf mannhafte Thaten stolz sind, zu gehen geziemt. Er beneidet ihn um den ruhmvollen Tod: „mich treibt Fortuna noch in Mühsal umher und läßt nicht erkennen, welches Schicksal mich erwartet.“

Als liebevoller Gatte und Vater zeigt er sich beim Abschied von seiner jungen Frau und dem einjährigen Söhnlein (III 61 ff.) Die Scene ist trotz einiger rhetorischer Aufpolsterung gemütlich ansprechend: freilich darf man sie nicht mit ihrem homerischen Vorbilde (dem Ge= spräch zwischen Hektor und Andromache) vergleichen. Noch einmal ist dieser Ton angeschlagen (IV 763 ff.), wo das Kind dem Moloch zum Opfer fallen soll.

Um die gehäuften Schlachtgemälde genießbar zu machen, mußte der Dichter bemüht sein, eine große Mannigfaltigkeit interessanter Figuren, poetisch wirksamer Einzelkämpfe und ergreifender Schicksale zu sammeln. Dichter, Geschichtschreiber, Erzählungen gedienter Krieger und persönliche Erinnerungen standen ihm zu Gebote, und er hat sie mit großem Fleiß, auch nicht selten mit Kunst und Geschmack aus= genützt. Noch weniger kam es hier auf historische Treue für den einzelnen Fall an, aber mancher überlieferte Zug ließ sich doch ver= werten: der Bojer, der an dem ehemaligen Besieger seiner Nation, an Flaminius, Vergeltung übt (V 644 ff., vgl. Livius XXII 6); das grausige Paar, das ohne Waffen sich mit den bloßen Zähnen gegenseitig totbeißt (VI 41 ff., Livius XXII 51, 9). Ein beglaubigtes Begebnis wurde mit einem andren aus viel späterer Zeit kombiniert und mit dichterischer Freiheit zu einer Art Novelle gestaltet. So erzählt Livius (XXII 42), daß am Tage vor der Schlacht bei Cannä zwei italische Sklaven, die im vergangenen Jahre von Numidern gefangen genommen waren, ausgerissen seien, um sich zu ihren früheren Herren, römischen Offizieren, zurückzubegeben. Vor den Consuln hätten sie die Meldung gemacht, daß Hannibals ganzes Heer jenseits der nächsten Berge im Hinterhalt liege. Hiermit verbindet Silius einen wohl nach derselben Quelle auch von Tacitus (Hist. III 25) berichteten Vorfall, daß in dem Kriege zwischen Vitellius und Vespasian ein Sohn seinen eigenen Vater erschlagen und ihn erst erkannt habe, als es zu spät war. Aus diesen beiden Momenten bildet er folgende tragische Ge=schichte (IX 66 ff.). Der Ehrenmann Satricus ist während des ersten punischen Krieges in Gefangenschaft geraten. In Sulmo hat er Zwillingssöhne noch an der Mutterbrust zurückgelassen. Jetzt ist er als Dolmetscher mit den Gätulern zurückgekehrt und hat sich, von Sehnsucht nach seiner Familie ergriffen, unter dem Schutze der Nacht aus dem Staube gemacht. Da er unbewehrt ist, nimmt er einer der auf dem Felde hingestreckten Leichen die Waffen ab, nicht ahnend, daß es einer seiner Söhne sei, der kurz zuvor von einem Punier nieder=gestreckt war. Der andre Sohn hat eben die Wache vor dem Thor angetreten und sucht den Leib des Bruders, um ihn zu begraben. Da sieht er vom feindlichen Lager her einen herankommen. Er ver=birgt sich hinter einem Grabmal; als er aber bemerkt, daß jener ohne weiteren Begleiter ist, springt er nach und jagt ihm seine Lanze in den Rücken. Dann ereilt er ihn: da er die Waffen des Bruders an ihm gewahrt, gerät er in Wut und durchbohrt den Räuber mit seinem Schwert. In zornigen Worten hat er seinen, des Bruders und der Mutter Namen verraten: der sterbende Vater gibt sich zu erkennen und trägt dem Sohn auf, den Consul Paulus vor einer Schlacht zu warnen. Dann tröstet er seinen unfreiwilligen Mörder mit milden Worten. Der sucht vergeblich das Blut des Verwundeten zu stillen, und als der Vater seine Seele ausgehaucht hat, durchbohrt er sich selbst. Mit seinem Blut schreibt er auf den Schild des Vaters die Warnung: „meide eine Schlacht, Varro" (fuge proelia, Varro), steckt den Schild auf die Spitze einer Lanze und bricht über der Leiche des Vaters zusammen. Am Morgen zieht Varro mit seinen Legionen vorüber. Die Krieger erblicken die Warnungstafel und betrachten die rührende Gruppe; sie zeigen dem Feldherrn die blutigen Worte, der aber weist sie verächtlich ab (IX 244 ff.).

Noch ein andresmal hat sich jene Quelle des Tacitus brauchbar erwiesen. In der Cheruskerschlacht an der Weser, so berichtet dieser

(Ann. II 17), war es geschehen, daß fliehende Krieger in den Wipfeln
von Bäumen Schutz gesucht hatten: aber die einen wurden mit Pfeil-
schüssen heruntergeholt, andre stürzten mit den gefällten Bäumen
zu Boden. Auch zu andrer Zeit kann sich dasselbe zugetragen haben.
Silius (V 475 ff.) führt die Scene aus, beschreibt die gewaltige
Esche und die alte Eiche, die Hast und Angst der feigen Siculerschar,
die einer den andren verdrängend zu den Aesten hinaufklettert, wie
die morschen Zweige unter der Last brechen, einige von den Flücht-
lingen hinabstürzen, andre zitternd vor den Geschossen oben hängen,
bis der Baum unter den Axtschlägen zur Erde stürzt und seine unglücklichen Gäste zerschmettert.

Von treuen Pferden wußten die Alten viel zu erzählen. So soll
das Schlachtroß des Antiochus mit einem Galater, der sich nach dem
Tode des Königs auf seinen Rücken geschwungen hatte, durchgegangen
und in einen Abgrund gesprungen sein, wo es samt dem Reiter umkam
(Plinius Naturgesch. VIII 42, 158). Ein rührendes Gegenstück
liefert Silius (X 449 ff.). Auf dem Schlachtfelde von Cannä liegt
ein Römer in den letzten Zügen. Sein Pferd trägt einen Punier,
der es erbeutet hat; er ist im Gefolge Hannibals, als dieser die Wahlstatt mustert. Es erkennt seinen ehemaligen Herrn von weitem, hebt
die Ohren, wiehert, wirft den Reiter ab und läuft über den blutgetränkten, schlüpfrigen Boden, über Leichenhaufen hinweg zu dem
Sterbenden, beugt Hals und Schenkel zu ihm nieder und bietet ihm
den Rücken zum Aufsteigen.

Wie einst Ennius in der weiten Ruhmeshalle seiner Annalen
den Ahnen vornehmer Familien ihren Platz angewiesen hatte, so
leuchten auch bei Silius neben den großen Feldherrn die abligen
Namen eines Curio, Piso, Galba, Cethegus, Brutus u. s. w. hervor.
Gelegentlich aber liebt er litterarische Berühmtheiten oder deren ver-
meintliche Vorfahren aus der Masse hervorzuheben. Im Heereskatalog
vor der Schlacht bei Cannä wird der Arpinate Tullius genannt,
dessen Nachkomme die Welt mit seiner Beredsamkeit erfüllen und
wütende Kriege durch den Blitz seiner Zunge bändigen werde
(VIII 404 ff.). In der Schlacht fällt ein Mäcenas, Abkömmling
etruskischer Könige (X 39 ff.). Bei Nola tritt ein Pataviner Pedianus
auf, ein Liebling nicht minder Apollo's und der Musen als des Mars
(XII 212 ff.), ein Compliment für den älteren Zeitgenossen des Verfassers, den gelehrten Historiker Asconius Pedianus († 88 n. Chr.),

dessen förderliche Arbeiten über Vergil und Cicero der Verehrer beider hoch geschätzt haben wird. Besonders feierlich, unter Anrufung der Kalliope, wird des Dichters Ennius und seiner in Sardinien bewiesenen Tapferkeit gedacht (XII 387 ff.). Der Stammbaum des jungen Centurionen aus Rubiä, der erst durch ihn berühmt geworden ist, geht, wie dieser selbst sich einst in seinem Gedicht gerühmt hatte, auf den König Messapus zurück; wie Orpheus mit den Argonauten, so ist er mit seinen Messapiern ausgezogen, und steht unter besonderem Schutz Apollo's, der schon weiß, daß Ennius zuerst den Helicon von latinischen Weisen ertönen lassen und Roms Kriege herrlich besingen wird. Sein Pfeil durchbohrt den Sohn des sardinischen Feldherrn Hostis, dessen Tod auch Livius ausdrücklich erwähnt, und vermutlich hatte Ennius selbst einer Waffenthat von sich gedacht. Der junge Siculer Daphnis ist ein Nachkomme des berühmten Hirtensängers (XIV 462 ff.), und in der Schilderung Siciliens wird der Dichter nicht vergessen (XIV 28 ff.); dem Archimedes und seiner Wissenschaft wird bei der Einnahme von Syracus ein glänzendes Denkmal gesetzt (XIV 341 ff. 676 ff.). Sehr bezeichnend endlich ist, daß unter den Schattenbildern, welche Scipio erscheinen, sich auch Homer einfindet (XIII 785 ff.), ganz anders wie nach gewöhnlicher Vorstellung, eine reine Jünglingsgestalt, die über den weißen Hals hinabwallenden Haare mit einer Purpurbinde geschmückt. Sein Antlitz ist göttlich, seine Stirn leuchtet, und viele Seelen folgen ihm bewundernd, mit frohem Ruf. Die Phöbuspriesterin bestätigt, welch hohes Genie in dieser Brust gelebt habe, und Scipio wünscht, daß ein solcher Sänger die Thaten der Römer verewigen möchte: wieviel mächtiger würden sie dann in die Seelen der Enkel eindringen! Wie Alexander preist er Achill glücklich, daß ein solcher Dichter ihn besungen habe. Es ist die Huldigung des spätgeborenen Nachfolgers gegenüber dem unerreichten Meister, in dessen Spuren er wie alle Epiker wandelt.

Einzelne Motive waren schon durch die Situation so nahe gelegt, daß es kaum möglich war, ihnen aus dem Wege zu gehen. Wie hätte er wagen können bei Schilderung der Trebiaschlacht von dem berühmten Muster in der Ilias abzusehen! Auch dort schwillt der Fluß zornig an, Scipio droht ihn zu teilen und seiner Würde zu berauben, aber immer höher steigen die Fluthen und umrauschen den Consul, der Gott erhebt sein Haupt und fordert ihn auf in der Ebene zu kämpfen. Aber Venus ruft den Vulkan, der die Wälder am

Ufer anzündet und den Strom ausdörrt (IV 638 ff.). Wenn Hannibal um seinen verwundeten Bruder Mago besorgt ist und ihn zum Arzt führt, so schwebte jedem Agamemnon und Menelaus der Ilias (IV 148 ff.) vor.

Noch unmittelbarer schmiegen sich die Punica an die römische Vereinigung von Ilias und Odyssee, an die Aeneis an, im Großen wie im Kleinen. Die Rollen der Juno und der Venus sind hier wie dort dieselben: jene begünstigt die Karthager und intriguirt gegen die Römer, diese nimmt sich der Aeneaden an, bittet für sie bei Juppiter und wird von diesem durch glänzende Verheißungen von der Zukunft ihrer Schützlinge getröstet (III 557 ff.). Der Juno dient Tisiphone wie dort Allecto, Juno erbittet eine Frist für Hannibals Leben und rettet ihn aus der Schlacht, indem sie ihm ein Schatten= bild Scipio's entgegenstellt, das er verfolgt, bis es in den Wolken verschwindet (XVII 341 ff. 522 ff.): ganz ähnlich verfährt Juno mit Turnus (Aen. X 606 ff.). Aber Silius nützt das Mittel etwas ab: Juno selbst in der Gestalt eines Hirten führt ihren Schützling in die Irre, um ihn vor einer verzweifelten That zu bewahren (XVII 567 ff.), und schon früher einmal hat sie ihn auf ähnliche Weise vor Paulus gerettet (X 83 ff.). Sie zeigt ihrem Günstling die Uebermacht der Götter auf den Hügeln Roms und überzeugt ihn von der Erfolglosigkeit eines Angriffs (XII 701 ff.), wie Venus den Aeneas die Götter schauen läßt, welche an Troja's Untergang be= teiligt sind (Aen. II 588 ff.). Das letzte Gespräch zwischen Juppiter und Juno (XVII 341 ff.), welches den Schluß des Krieges vorbereitet, ist der Unterredung des Götterpaares am Schluß der Aeneis (XII 791 ff.) nachgebildet. Manche Aehnlichkeit wiederum war durch die Situation gegeben: so der Streit der Parteien im karthagischen Senat (II 270 ff.), verglichen mit der Verhandlung bei Latinus (XI 300 ff.): dort die feindselige Rede Hanno's gegen Hannibal (279 ff.), hier Drances gegen Turnus (336 ff.). Wie nach dem ver= meintlichen Abzug der Griechen die Trojaner aus den Thoren der Stadt strömen und die verlassenen Lagerstätten der Feinde neugierig mustern (II 27 ff.), so die Römer nach dem Abmarsch Hannibals (XII 744 ff.). Bis in Einzelnheiten gleicht die Aufnahme Scipio's bei Syphax (XVI 191 ff.) der des Aeneas bei Euander (Aen. VIII 154 ff.). Zug um Zug wetteifert die Beschreibung des Atlas (I 201 ff.) mit der älteren (Aen. IV 246 ff.). Aeneas betrachtet im Tempel

von Karthago Bilder vom trojanischen (Aen. I 453 ff.), Hannibal
im Tempel von Linternum Gemälde vom ersten punischen Kriege
(VI 653 ff.). Zu solchen Parallelen kommen Anklänge in Beschreibungen von Waffen, Kleidern, Landschafts= oder Schlachtenbildern,
Entlehnung ganzer Verse mit geringer Veränderung, gleiche Anfänge
oder Ausgänge von Versen, zahlreiche Anleihen in der Phraseologie.
Und doch thäte man dem Dichter unrecht, wenn man ihn darum
gering schätzen wollte: er hat damit dem Genius seines anerkannten
Meisters eine jedem Kenner durchsichtige Huldigung dargebracht und
sich als seinen Schüler bekannt. Auch kommt im Großen wie im
Kleinen noch genug auf seine eigene Rechnung.

An Episoden mannigfacher Art läßt er es nicht fehlen. Fast
das ganze sechste Buch, wie gesagt, ist mit Erinnerungen aus dem
früheren Kriege gefüllt. Der größere Teil (62—551) ist dem An=
denken des Regulus gewidmet. Der schwer verwundete Sohn des
verstorbenen Feldherrn nimmt seine Zuflucht zu der bescheidenen Hütte
eines Veteranen, der ein treuer Begleiter des Regulus bis zuletzt ge=
wesen ist. Dieser erzählt seinem Gast von dem berühmten Kampf
mit der Riesenschlange am Fluß Bagrada, von dem Siege des Xan=
thippus und der Gefangennahme des Vaters, von seiner Friedens=
sendung nach Rom, seiner heroischen Treue und furchtbaren Todes=
qual. Für alles wird ihm das verlorene achtzehnte Buch des Livius
als Quelle gedient haben. Noch einmal in demselben Buch (641 ff.)
wird in jenen Wandgemälden von Linternum der erste Krieg von
Anfang bis zum Friedensschluß in Erinnerung gebracht. Und zum
Ueberfluß trägt auch Hannibals Schild, den er von den Spaniern
als Geschenk erhalten hat, Darstellungen gleichen Inhaltes (II 395 ff.).

Durch Ueberläufer, Gefangene, Eingeborene läßt sich Hannibal
manches aus Roms Vorzeit erzählen, was ihm imponieren soll: von
dem trojanischen Palladium, welches von Diomedes dem Aeneas über=
lassen Rom vor feindlicher Einnahme schützt (XIII 30 ff.); die etwas
gewaltsam herbeigezogene Geschichte der Cloelia (X 476 ff.); die
Ruhmesthaten des Fabischen Stammes (VII 20 ff.). Bei Besichtigung
des Apollotempels von Cumä vernimmt er durch einen Capuaner
die Gründungslegende (XII 83 ff.). Er macht eine Art Rundreise in
der Umgegend Neapels: da werden ihm alle Sehenswürdigkeiten vor=
geführt (XII 85 ff.). Seinem schönen Campanien widmet der Dichter
gern hie und da eine sympathische Huldigung. Er rühmt Parthenope

als behagliche Musenstadt, wo sich's gut leben lasse, wenn man sich von den Geschäften zurückgezogen habe (XII 31 f.). Der kunstreiche Citherspieler, den in der Schlacht im Walde eine Lanze getroffen hat, denkt im Sterben an die glücklichen Weinberge seiner Heimat, an sein liebliches Surrentum, wo der Zephyr so wohlig weht (V 464 ff.). Da Hannibal die gesegneten Rebengelände von Falernum durch Brand verwüstet, erzählt der Dichter in gemütlicher Episode (VII 162 ff.), wie Bacchus einst vom alten Falernus gastlich aufgenommen sei und zum Dank das köstliche Naß gespendet habe. Als Freund griechischer Kultur unterläßt er auch nicht bei Gelegenheit die Herrlichkeit von Syracus zu beschreiben, die Pracht seiner Gebäude und Parks, die Fülle stolzer Trophäen und klassischer Kunstwerke hervorzuheben (XIV 641 ff.). Hannibal zieht in das verführerische Capua ein: da gibt die Stadt dem großen Eroberer ein glänzendes Gastmahl, und ein Rhapsode singt zur Cither von den hohen Ahnen des Capys bis zu Juppiter hinauf (XI 270 ff.). So beginnt das entnervende Wohl= leben, dem sich die Punier in der griechischen Stadt hingeben. Venus, um die im Felde Unwiderstehlichen auf ihre Art zu besiegen, bietet die Erotenschar auf, daß sie ihre Pfeile entsenden (385 ff.). Und abermals lauscht Hannibal dem Sänger, der in begeistertem Liede die Zauberkraft der Musik und der Dichtung feiert, wie sie einst Amphion, Arion, Chiron, Orpheus geübt haben (440 ff.).

An dem Zusammenhang der Geschicke des römischen Volkes mit der troischen Sage hält Silius fest. Auf die Gunst der Venus wie auf den Groll der Juno und die Ursachen dieser Parteistellung weist er wiederholt hin, erzwingt wohl auch einen Anlaß, um zur Abwechs= lung einen Mythus im zierlichen Stil des Epyllions einzufügen. Als sich die punische Flotte der italischen Küste nähert, flüchten sich die Nereustöchter erschrocken in die Grotte des Proteus. Der aber erzählt ihnen in anmutiger Ausführung vom Parisurteil und wie seitdem des Aeneas Nachkommen sich der Gunst der Venus er= freuen. Daran knüpft der prophetische Meergreis die Weissagung der Niederlage von Cannä, eröffnet aber auch die Aussicht auf Scipio, den Besieger Hannibals, und auf den Untergang Karthago's (VII 409 ff.). Durch eine mühsame Veranstaltung bahnt sich Silius den Weg, um die Geschichte der Anna zu erzählen, die nach dem Tode ihrer Schwester Dido zu Aeneas geflohen ist und dann im Quell des Numicius ihre letzte Zuflucht und göttliche Ehren gefunden hat (VIII 39 ff.). Hier hängt er ganz von Ovid (Fast. III 523 ff.) ab, nur hat er noch einiges aus Vergils viertem Buch hinzugenommen.

Aetiologische Legenden werden bei der Erwähnung einzelner Oertlichkeiten eingeflochten: beim Uebergang Hannibals über die Pyrenäen das Schicksal der armen Pyrene, an der sich einst Hercules versündigt hat (III 420 ff.): Varro, wie es scheint, lieferte den Stoff. Der Hylassage nachgebildet ist die Geschichte vom schönen Jüngling Trasumenus, den die Nymphe des Sees zu sich herabgezogen hat (V 9 ff.).

Ueberraschend und wahrhaft erquicklich wirkt die hübsche Schilderung des Pan, der von Juppiter nach Capua entsendet ist, um den Siegern Milde ins Herz zu flößen (XIII 326 ff.). Die Auffassung des Gottes als Besänftigers ist ungewöhnlich. Es läßt sich denken, daß die campanischen ebenso wie die arkadischen Hirten ihn hoch hielten, und in Capua müssen ihm besondere Ehren erwiesen sein. Der Dichter schildert die Erscheinung des flinken, mutwilligen Bergwanderers, als hätte er Bilder von ihm vor Augen. Der Fichtennabelkranz beschattet die Schläfen, aus der geröteten Stirn brechen zwei kleine Hörner hervor, die Ohren stehen in die Höhe und ein struppiger Bart fällt ihm vom Kinn herab. Den Hirtenstab hält er in der Hand, die linke Seite deckt ein Rehfell. Wie im Fluge schwebt er, kaum mit seinem Bocksfuß den Boden berührend, auf jähen Felsgipfeln. Bisweilen wendet er sich und beschaut lächelnd das Schwänzchen, das ihm hinten wächst; die Hand vor die Stirn haltend gegen die blendende Sonne überschaut er die Alm, und weithinaus vom heiligen Gipfel seines geliebten Mänalus läßt er die süßen Töne der Hirtenpfeife erklingen, denen die Herden folgen. Man fühlt, wie dem Dichter in Landleben und Gebirgsluft das Herz aufgegangen sein mag.

Wenn man nach dem Herzpunkt des weitschichtigen Gedichtes fragt, so kann es nur die Kraft und Tüchtigkeit des römischen Volkes sein, welche aus schweren Kämpfen siegreich und geläutert hervorgegangen ist und das Recht desselben auf Beherrschung der Welt mit seinem Blute besiegelt hat. Wie wenn am Abend eines Gewittertages durch schwere Regenwolken noch ein Sonnenstrahl durchbricht, so schließt die furchtbare Niederlage am trasimenischen See mit einem Geständnis des Feindes, welches wie eine trostreiche Weissagung klingt. Von Pyrrhus wird erzählt, daß er nach dem Siege bei Tarent das

Schlachtfeld gemustert und bei dem Anblick der gefallenen Römer, die alle mit Wunden auf der Brust, mit dem Schwert in der Hand, noch im Tode mit grimmig drohender Miene dalagen, bewundernd ausgerufen habe: wie leicht wäre mir's mit solchen Kriegern die Welt zu erobern! Dieselben Eindrücke empfängt und dieselbe Bewunderung äußert bei Silius (V 668 ff.) am Schluß des blutigen Tages Hannibal: ein Land, welches von so hochherzigen Männern fruchtbar sei, müsse vom Geschick zur Weltherrschaft bestimmt sein und besiege selbst durch seine Niederlagen den Erdkreis.

Mit schmerzlichem Stolz wird der Tag von Cannä eingeleitet (IX 346 ff.): „möchtest du, Römer, dereinst mit demselben Geiste das Glück tragen, wie damals das Unglück ... Stille die Thränen und verehre die Wunden, aus denen dir ewiger Ruhm erstehen soll; nie wirst du größer sein, Rom." Und nach dem Bericht, wie man den Schlag in der Stadt aufgenommen habe, schließt das zehnte Buch mit dem Hinweis: „das war Rom damals; stand es fest durch Schicksalsbeschluß, daß nachher seine Sitten sich wenden sollten, dann hättest du, Karthago, lieber bestehen mögen!"

Das Gedicht von dem Unglück und der Erhebung Roms will die Grundlagen und Bedingungen römischer Größe, die altehrwürdigen Tugenden der Nation den verderbten Zeitgenossen ins Gedächtnis zurückrufen. Ein Bild echt römischer virtus bietet der Adlerträger, der zum Tode verwundet sich mit schwanken Gliedern fortschleppt, um das Feldzeichen in Sicherheit zu bringen, aber mitten unter Leichenhaufen ohnmächtig zusammenbricht, mit seinem Leibe den Adler deckt, am Morgen erst wieder erwacht, sich mühsam aufrafft und ihn sorgfältig unter die Erde vergräbt, um dann beruhigt zu sterben (VI 14 ff.).

Ueber alles hoch stellt der Dichter die altnationale Tugend der fides, der treuen Gesinnung. Er beklagt, daß sie jetzt auf Erden nur dem Namen nach bekannt sei (I 329). Wo er Gelegenheit findet, läßt er sie entweder als göttliches Wesen reden und einschreiten (II 497 ff. XIII 281 ff.), oder stellt sie im Beispiel vor Augen. Ein Tyrrhener, der am trasimenischen See in Kriegsgefangenschaft geraten, aber milde behandelt und dann freigelassen ist, dient abermals in Sicilien unter Marcellus. Da wird im Kampfe ihm das Leben seines früheren Herrn in die Hand gegeben: sobald er ihn erkennt, der hilflos vor ihm auf dem Boden liegt, hebt er ihn auf und entläßt ihn (XIV 148 ff.). Ein Muster der fides ist Regulus (VI 131), das Gegenteil derselben der Punier, und so ist dem Hanni= bal Scipio vorzugsweise überlegen durch pietas und fides (IX 437). Auch den Griechen gegenüber wird der römische Charakter gepriesen. Der Beweis großmütiger Enthaltsamkeit, welchen Scipio in Spanien durch Rückgabe der königlichen Braut lieferte, begeistert seinen Ver= ehrer Laelius so, daß er seinen Feldherrn über Agamemnon und Achill stellt (XV 268 ff.). Fabius schärft seinen Soldaten als höchste Tugend den Gehorsam ein: durch ihn hat der Römer sein Haupt zu den Sternen erhoben (VII 93 ff.). Und den Sohn lehrt er, daß dem Vaterlande zürnen Sünde sei: keine häßlichere und unverzeih= lichere Schuld folgt dem Sterblichen in die Schattenwelt (VII 555 f.).

Silius war Anhänger der stoischen Philosophie, befreundet mit Annaeus Cornutus, dem Lehrer des Persius, und mit dem berühmten Epiktet, dessen Gleichmut in Unglück und Leiden er bewunderte. In der That ist auch sein Gedicht ein Ausdruck dieser Denkweise. Aber er ist kein Doktrinär wie Lucan, kein Rigorist wie Cato. Das zeigt die Charakteristik des Brutus (VIII 607): „ein freudiger Ernst (gravitas) war dem Manne eigen, Liebenswürdigkeit des Geistes mit Ge= wicht verbunden, Tugend (virtus) ohne finsteren Sinn (tristitia). Er liebte nicht das Lob trockener Strenge, die bewölkte Stirn, suchte aber auch nicht den Ruhm seines Lebens auf dem linken Pfade" (der Lust). Das alte Bild von den beiden auseinandergehenden Wegen, zwischen denen der Mensch zu wählen hat, war in dem berühmten Vortrage des Sophisten Prodikos über Herakles am Scheidewege an= schaulich ausgeführt; Xenophon hat Anlage und Inhalt desselben durch die Aufnahme in seine Denkwürdigkeiten zur weitesten Verbreitung gebracht. Es charakterisiert den jüngeren Scipio als Schüler der griechischen Philosophie, daß er, unschlüssig ob er sich um das schwie= rige Commando in Spanien bewerben solle, die beiden Rivalinnen, Tugend und Lust (Virtus und Voluptas), persönlich erscheinen sieht. Sie führen nach den Grundzügen der alten Vorlage einen richtigen Redekampf vor ihm auf, letztere unterliegt, weissagt aber, daß ihre Zeit schon noch kommen, daß die gelehrige Roma dereinst wetteifern werde, ihr zu dienen (XV 18—128).

Auch der ältere Scipio im Schattenreich preist in stoischem Geiste die virtus als ein Gut, welches in sich selber den höchsten Lohn trage. Aber er ist nicht unempfänglich für die edelste Lust, den Ruhm: ein füßes Gefühl sei es doch selbst für die Manen, wenn sie erfahren, daß nicht Vergessenheit ihren Namen aufzehre (XIII 663). Mit schöner Begeisterung bekennt Hannibal der Gattin, daß er nicht verzichten möge auf diese ewige Fortdauer im Munde der Menschen: nur wenigen, welche der Vater der Himmlischen für die ätherischen Räume bestimmt, verleiht ihr feuriger Geist dieses Geschenk (III 133 f.).

Stoischem Grundsatz ist der Dichter auch durch sein freiwilliges Scheiden aus dem Leben gefolgt: „wie kann man den Tod fliehen, da er mit der Geburt beginnt!" (II 223 f. III 134 f.). Mit Chrysippos teilt der Schatten des Appius Claudius die Gleichgiltigkeit gegen weitläufige Bestattungsförmlichkeiten (XIII 457 ff.). Eigentümlich, zum Teil wohl von platonischen Vorstellungen beeinflußt, ist die Lehre der Sibylle von den zehn Thoren der Unterwelt, durch welche ebensoviele Klassen Gestorbener einziehen.

So ermüdend das über 12 000 Hexameter umfassende Werk als Ganzes erscheinen mag, so verdient es doch nicht die Geringschätzung, mit der es von den Neueren behandelt wird. Ein milder und erleuchteter Geist lebt in ihm, der Verfasser ist noch erfüllt von den Grundsätzen, welche Rom groß gemacht haben. Der Wahrheit seiner Gesinnung und Empfindung glaubt man, weil ihm der gespreizte Stelzengang Lucans fremd ist. Im Gegenteil fällt sein Ausdruck nur zu oft ins Trockne und Nüchterne. Was ihm an frischer Gestaltungskraft fehlte, hat er durch Fleiß zu ersetzen versucht. Eine große Menge von Gleichnissen steht ihm zu Gebote, und er führt sie meist mit Geschmack aus, ohne Ueberladung. Freilich verdankt er die Mehrzahl seinen Vorgängern, vor allen Homer und Vergil, die meisten sind aus dem gemeinsamen Schatz von Anschauungen im Bereich der Natur, der Tierwelt, des täglichen Lebens genommen. Bemerkenswert ist vielleicht, daß nicht wenige und zwar, soweit ersichtlich, dem Dichter eigentümliche, der Jagd und dem Fischfang entlehnt sind: der Besitzer ansehnlicher Villen und Parks konnte hier leicht Beobachtungen sammeln. Etwas ungeschickt ist einmal ein vergilisches Gleichnis verwendet. Hier wird der Kriegseifer des Aeneas mit dem Sieden des Wassers im Kessel verglichen (Aen. VII 462 ff.): bei Silius (V 603 ff.) bläst Hannibal rauchenden Atem aus dem Munde, und seine Stimme braust wie kochendes Wasser im Kessel. So streift es sogar die Grenze des Lächerlichen, wenn es heißt, der letzte Hauch eines zu Boden gestreckten Riesen habe eine Staubwolke

aufgewirbelt. Und noch öfter sucht der Verfasser durch aufgebauschten
Ausdruck und Wortschwulst den an sich dünnen Klang seines Organs
zu verdecken. Auch von dem Vorwurf der Pedanterie, übermäßiger
Vollständigkeit und Lehrhaftigkeit ist er nicht freizusprechen. Die geo=
graphischen Excurse über Libyen (I 189 ff.) und Spanien (I 220 ff.)
sind für das Verständnis der Erzählung recht entbehrlich. Abscheulich
ist die Aufzählung der grausamen Martern, womit die Punier den
Mörder des Hasdrubal, einen Sklaven, strafen (I 171 ff.). Und
wie übel angebracht ist der von Chrysippos entlehnte lange Vortrag
über die verschiedenen Arten der Leichenbestattung bei allen möglichen
Völkern, womit Scipio den ungeduldigen Schatten des Appius Clau=
dius unterhält! (XII 466 ff.)

Die Sprache des Silius ist trotz der Abhängigkeit von Vergil,
die er durch Variation im Einzelnen zu verdecken sucht, doch weit von
der Klarheit und Reinheit des Meisters entfernt. Bildung wie Ge=
brauch einzelner Wörter ist nicht immer glücklich gewagt; in syntakti=
schen Verbindungen ist Eigenheiten des griechischen Sprachgenius, wie
sie Horaz in der Lyrik sich erlauben durfte, viel eingeräumt. Der Vers
fließt schlecht und recht, ohne Anmut und Glanz, ohne den feinen
Schliff der großen Vorgänger.

Die behagliche Ruhe, mit welcher Silius seine Muße zwischen
Arbeit und geselligem Lebensgenuß teilte, die Sorgfalt, welche er auf
sein Werk verwendet hat, und der beträchtliche Umfang desselben
zwingt von vornherein zu der Annahme, daß es ihn eine längere
Reihe von Jahren hindurch beschäftigt haben muß. Im Dezember
des Jahres 88 finden wir ihn bereits mitten in der Arbeit: Martial,
der ihm damals als Saturnaliengeschenk das vierte Buch seiner Epi=
gramme (IV 14) verehrt hat, kennt den Plan des im Entstehen be=
griffenen Gedichtes. Im Winter 92 las man jedenfalls einen be=
deutenden Teil des Epos (Martial VII 63). Die huldigende An=
rede an Domitian im dritten Buch der Punica (V. 607 ff.) setzt die
Beendigung des sarmatischen Feldzuges voraus (V. 616 f.), ist also
frühstens im Spätherbst 92 geschrieben. Dagegen wird der Dichter
den Ausfall auf blutige Tyrannen im dreizehnten Buch (V. 601 ff.)
schwerlich bei Lebzeiten des gefürchteten Herrschers († 96) gewagt
haben. Wenn er am Schluß des vierzehnten Buches die Milde des
Mannes rühmt, welcher der Welt Frieden geschenkt habe und die Raub=
lust der Soldaten in Schranken halte, so kann er füglich nur Nerva

gemeint haben, der seit 97 regierte. Seine drei letzten Lebensjahre mag der Rest des Werkes in Anspruch genommen haben. Und grade diese letzten Bücher tragen unverkennbare Spuren der Eile oder der Ermüdung. Die Darstellung wird immer trockener und spröder. Der Faden reißt bisweilen jählings ab, und jeder Uebergang der Erzählung wird vermißt. Zu einer letzten Durchsicht des Ganzen und eigenhändiger Herausgabe ist der Verfasser schwerlich mehr gekommen. Die Recitation einzelner Teile wird schon in den achtziger Jahren begonnen haben. Daß übrigens alles nach der Schnur gefertigt sei, ist nicht gesagt. Einzelne Partien können sehr wohl zunächst außerhalb des jetzigen Zusammenhanges aphoristisch entstanden sein.

Die lateinische Ilias.

Für die Schule oder jedenfalls für anspruchslose Leser ist die lateinische Ilias bestimmt gewesen, welche in wenig mehr als 1000 Herametern alle 24 Bücher des homerischen Epos in sehr ungleichmäßigem Auszuge abfertigt. Jene älteren Uebersetzungen oder Bearbeitungen aus republikanischer Zeit (Bd. I 302) waren schon wegen ihrer altertümlichen Sprache nicht mehr recht genießbar. Für den Handgebrauch und den Unterricht mochte eine lesbare Neugestaltung ganz erwünscht sein. Die vorliegende ist freilich gar dürftig und ungleichmäßig ausgefallen. Sie beginnt mit wörtlicher Uebersetzung der ersten 10 Verse, dann aber wird sie zu einer bald mehr, bald weniger gedrängten Inhaltsangabe: in einzelnen Büchern (Gesandtschaft an Achill, Kampf bei den Schiffen, Heldenkampf des Menelaus) schrumpft sie auf wenige (10, 6, ja 3) Verse zusammen, in andren dehnt sie sich bis zu hundert und anderthalbhundert aus. Weder in den einzelnen Thatsachen noch in ihrer Darstellungsweise und Anordnung hält sie sich streng an die Vorlage. Der Verfasser erlaubt sich — absichtlich oder aus Nachlässigkeit — willkürliche Aenderungen, verdirbt die reinen Umrisse des griechischen Gedichtes durch unpassende Züge und Erweiterungen, verzichtet nicht auf dichterischen und rhetorischen Schmuck. Reden, bisweilen von ziemlichem Umfange, werden eingeflochten: aber sie schließen sich nicht einmal dem Gedankengang, geschweige dem Wortlaute des Urtextes an; weit entfernt von homerischem Geist riechen sie nach der Schule (32 ff. 88 ff. 257 ff. 715 ff. 818 ff. 1028 ff.). An Gleichnissen ist kein Mangel, sie sind teils dem homerischen, teils dem vergilischen Schatz entlehnt, aber in anderm Zusammenhang an= gebracht (207 ff. 396 ff. 417 ff. 488 ff. 500 ff. 939 ff.). Eine kurze Musterung, welche nicht erschöpfend zu sein braucht, mag einige der auffallendsten Abweichungen vom Original hervorheben

Gleich im Anfang wird die schmerzliche Stimmung des ab= gewiesenen Priesters Chryses grell ausgemalt (27 ff.). Der Streit zwischen Agamemnon und Achill erfolgt erst nach Rückgabe der Chryses= tochter und Wegführung der Briseis (74 ff.). Im zweiten Buche wird überhaupt keine Heeresversammlung gehalten und der versuchende Vor= schlag des Atriden heimzukehren fällt ganz aus: nur die Führer werden berufen und erklären sich zum Kampf bereit (131 ff.). Nestor, nicht Odysseus erzählt das Vorzeichen von der Schlange in Aulis (147 ff.). Hector, nicht Antenor, schlägt den Trojanern vor, Helena zurückzugeben, und alle stimmen sofort zu (636 ff.). Statt Machaon heilt Podalirius (vielleicht weil er bequemer in den Vers ging), die Wunde des Menelaus (351). Agamemnon, nicht Ulixes, tötet den Demokoon (372 f.). Den Adrastus, welcher bei Homer vergeblich um Gnade bittet, nimmt Menelaus gefangen und hebt ihn (echt römisch) für seinen Triumph auf (539 ff.). Aus eigenem An= triebe, nicht auf den Rat des Helenus, ordnet Hector den Bitt= gang der Frauen an (543 ff.). Antilochus trägt die Leiche des Patroclus zu Achill (839 f.), während er bei Homer nur die Trauer= botschaft bringt, die Leiche aber von Menelaus und Meriones ge= tragen wird.

Die Auswahl des Stoffes verrät wenig Sinn für Phantasie und Anmut, für Gemüt und Humor. Die Götterscenen sind teils aus= gelassen, z. B. die Liebesbezauberung Juppiters und sein Erwachen, teils auf das dürftigste Maß zusammengezogen. Uebergangen ist in der Regel das rein Menschliche, Persönliche, Beratungen, Familien= gespräche wie zwischen Hector und Andromache oder Helena, auch die Mauerschau. Dagegen entspricht es der Gewöhnung des römischen Lesers an pathetische Gefühlsäußerungen, daß im letzten Buch noch vor der eigentlichen Leichenfeier eine Klage der Hecuba und der Andromache um Hector hinzugedichtet ist (1017 ff.); und daß sich, als der Scheiterhaufen brennt, die Gattin mit dem kleinen Astyanax in die Flammen stürzen will (1058 ff.).

Für den Römer ist besonders bezeichnend, daß er fast ausschließlich die Kämpfe berücksichtigt, wobei er sich in der Anordnung, in Einzelumständen, in den Wechselreden manche Freiheiten herausnimmt, z. B. in den Partien über Patroclus' Tod (813 ff.), über den letzten Kampf Hectors (957 ff.). Bei dessen erstem Auftreten wird seine Rüstung in ihren einzelnen Teilen beschrieben (227 ff.). Gegen die Sitte der Heroenzeit durchreitet Agamemnon hoch zu Roß die Schlachtreihen (496). Daß Ajax, der Tydide, einen Feldstein mit Leichtigkeit schleudert, den nicht zwei Männer, „wie jetzt die Sterblichen sind", zu tragen vermöchten, genügt dem Bearbeiter nicht: er zieht Vergils Hyperbel vor, wonach kaum zwölf junge Männer ihn vom Boden heben könnten (461). Das Gespräch zwischen Glaucus und Diomedes ist seines gemütlichen Reizes entkleidet (553 ff.), und statt des ungleichen Waffenwechsels findet einfacher Austausch der Schilder statt. Eine ähnliche Wiedererkennung ist gegen Ende der Kampfscene zwischen Ajax und Hector sehr übel eingeflickt (621—626).

Sehr gewissenhaft werden aus der Boioteia die Namen der griechischen Heerführer und die Zahl ihrer Schiffe verzeichnet (161 ff.), sogar die Summe derselben wird am Schluß (221) hinzugefügt, aber die Anordnung ist willkürlich geändert. Auch die troischen Helden werden aufgezählt (233 ff.), und aus eigenen Mitteln, d. h. aus der Aeneis, fügt der Verfasser zuletzt noch den Coröbus hinzu (249).

Auch in den Kämpfen ist doch manches unverhältnismäßig dürftig behandelt, z. B. die Teichomachie, von der nur der Schluß erwähnt ist (758—771), die Heldenthaten Agamemnons (741—757). Dagegen durfte nach der Schablone der epischen Kunst eine Beschreibung von Bildwerken nicht fehlen. Demnach verweilt der Verfasser mit Behagen bei den neuen Waffen, welche übrigens Achill sich selbst von der Mutter erbeten hat (855). Dieselben werden wie die des Aeneas bei Vergil nicht im Olymp, sondern in der Schmiede des Aetna gefertigt, und wie dort wird der Schild beschrieben, während der Beschenkte ihn betrachtet; die Bilder sind anders geordnet, auch selbstständig ausgeführt, namentlich die Darstellung von Himmel, Meer und Erde (860 ff.). Auch die Leichenspiele sind aufgenommen, aber in veränderter Reihenfolge (1008 ff.).

Als Nachkomme der Aeneaden hat der römische Verfasser über

wiegende Sympathien für die Trojaner: sie würden die Listen der Danaer besiegt haben, wenn nicht die Schicksalssprüche gewesen wären (250 f.). Nur Paris wird mit harter Ungunst behandelt. Die liebens= würdigen Züge, welche mit seiner Schuld versöhnen, sind weggelassen; das Liebesgespräch zwischen ihm und Helena (320 ff.) hat einen ge= meinen Anstrich. An Ennius' Alexander erinnert die Scheltrede Hectors (257 ff.), der höhnisch des Sieges bei den Spielen gedenkt, welchem der unbekannte Hirtenjunge die Wiedererkennung und ver= hängnisvolle Aufnahme in das väterliche Haus verdankte.

Man sieht, der Verfasser hat das griechische Heldengedicht nach dem Geschmack und Bedürfnis seiner Nation und seiner Zeitgenossen zurechtmachen wollen. Auf treue Wiedergabe des Originals kommt es ihm nicht an; er verzichtet nicht auf das Vergnügen, unter der Hand selber etwas den Homer zu spielen, sein eigenes Licht leuchten zu lassen. Auch hat er dafür gesorgt, daß sein Name dem findigen Leser nicht verborgen bleibe, durch Anwendung des alexandrinischen, bei den Römern zuerst von Ennius (Bd. I 50) geübten Kunststückes der Akrostichis. Die Anfangsbuchstaben der ersten acht Verse des Gedichtes ergeben nämlich den Beinamen Italicus, die der letzten acht schließen ab mit dem Worte scripsit. Damit nimmt der Ver= fasser von dem ganzen Aufgebot göttlicher Wesen, welche ihm bei seinem schweren Werke geholfen haben, Abschied: von Calliope und den übrigen Pieriden, von Pallas und Phöbus. Daß nun der Dichter Silius Italicus gemeint sei, läßt sich nicht beweisen, ja kaum wahr= scheinlich machen, freilich auch nicht gradezu widerlegen. Einen Anhalt zur Zeitbestimmung bietet die eingeflochtene Bemerkung (V. 899 ff.): „wenn Neptun nicht den Aeneas vor Achill geschützt hätte, damit er später als Flüchtling in Latium Troja wieder aufrichtete und sein hehres Geschlecht zu den Gestirnen emporsendete, so wäre uns der Ursprung (d. h. der Ahnherr) eines schönen Stammes verloren ge= gangen." Man versteht diese etwas geschraubten Worte als Huldi= gung für das julische Herrschergeschlecht, und da dieses mit Nero's Tode (68 n. Chr.) erlosch, so setzt man die Abfassung des Gedichtes vor diesen Zeitpunkt. Damit ist die Möglichkeit gegeben es Silius zuzuschreiben, wenigstens als Jugendarbeit. Aber eine Vergleichung der sprachlichen und metrischen Eigenheiten ist einer solchen Annahme nicht günstig.

Daß die Verse der lateinischen Ilias eleganter gebaut sind als die der Punica, könnte man dem schülerhaften Eifer des Jünglings zuschreiben. Aber sollte der Dichter jenes großen Epos wirklich in seiner Jugend so geist= und seelenlos, so langweilig und armselig ge= wesen sein wie dieser Homer? Die Armut seines sprachlichen Ver= mögens ist gradezu bettelhaft. Er hat seine Phrasen, die sich noch dazu, namentlich in Versausgängen, wiederholen, besonders aus Vergil und Ovid, zum kleineren Teil auch aus Horaz, Seneca u. a. so zusammengesucht, daß man den Eindruck eines Flickwerks erhält. Warum soll man den Ruf des ehrenwerten Silius mit diesem öden Machwerk, welches noch dazu so wenig Pietät gegen die Majestät der homerischen Muse verrät, belasten? Irgend ein Pädagog, der den Auftrag hatte, ein Lesebuch für Anfänger herzustellen, mag die hand= werksmäßige Leistung verantworten.

***

Statius.

Der anziehendste und begabteste Dichter der domitianischen Zeit, der uns auch in das gesellige Leben derselben anmutig einführt, ist P. Papinius Statius, um das Jahr 40 n. Chr. in der herr= lichen Parthenope (Neapel) geboren, wo die süßesten Reize der Natur sich mit der Blüte griechischer Kunst und Kultur vereinigten. Fern vom geschäftigen Treiben und Streben der Reichsstadt, fern von Juppiter und seinen Blitzen ließ sich's hier in allem, was schön ist, schwelgen. Die Familie stammte aus Velia, dem alten Sitz griechi= scher Philosophie. Der wenig bemittelte Vater war klassisch gebildet und selbst dichterisch begabt. Schon in früher Jugend und später noch oft hat er bei den Dichterwettkämpfen, welche seit Augustus (2 n. Chr.) jedes fünfte Jahr in Neapel abgehalten wurden, Erfolge gehabt. Ein vielseitiger Kenner griechischer Poesie zog er als Lehrer der Rhetorik und Dichtkunst beider Sprachen zahlreiche vornehme Schüler, und dieser Wirkungskreis wurde noch glänzender, als er nach Rom übersiedelte. Auch den Sohn, die einzige Frucht, wie es scheint, seiner glücklichen Ehe mit Claudia, einer römischen Witwe, hat er selbst ausgebildet und noch erlebt, wie derselbe im neapolitanischen Agon wiederholt Kränze davontrug (Silv. V 3, 225 ff., vgl. II 2, 6).

Es war außer der Kenntnis griechischer Sage zunächst die Technik
der improvisierten Gelegenheits- und Parabepoesie, welche er dem
Sohn übermittelte, denn er selbst übte sie und ihr galten auch jene
musischen Wettkämpfe. So hat er unmittelbar nach dem durch die
Vitellianer verursachten Brande des Capitols (69 n. Chr.), „schneller
als die Flammen selbst" den zerstörten Juppitertempel in einem
Trauer- und Trostgedicht beklagt. Auch den Untergang der campanischen Städte durch den Ausbruch des Vesuv im Jahre 79 gedachte er zu besingen (Silv. V 3, 205). Nur der plötzliche Tod,
welcher den erst Fünfundsechzigjährigen bei voller geistiger Frische
dahinraffte, kann ihn daran verhindert haben.

Der Sohn hing mit aufrichtiger Verehrung an seinem väterlichen Lehrer und hat seinem Andenken in einem drei Monate nach
dem Tode begonnenen längeren Trauergedicht (Silv. V 3) Ausdruck
verliehen. Grade, weil er sich besondere Mühe damit gegeben hat,
ist es weniger gelungen: er hat seiner Neigung zu deklamatorischer
Uebertreibung (vielleicht im Sinn seines Meisters) recht die Zügel
schießen lassen. In Alba, wo er ein kleines Gut besaß, hat er es
verfaßt, und da der Vater auch dort bestattet war, wird wohl schon
dieser es erworben haben. Die Mutter war schon früher gestorben.

Gewiß verdankte der junge Statius den ausgedehnten und vornehmen Verbindungen seines Vaters in Neapel und dessen Umgegend
wie in Rom die Beziehungen, welche ihm den Zutritt in eine nicht
geringe Anzahl angesehener und reicher Häuser erschlossen. Nicht
wenige dieser Gönner machten in Mußestunden selbst ihren Vers:
vor allen der Epicureer Pollius Felix aus Puteoli, Villenbesitzer in
Sorrent (Silv. II 2. III 1); demnächst der reiche Manilius Vopiscus
in seiner tiburtinischen Villa (Silv. I 3); der junge Patricier Stella
(etwa 89 Prätor: I 2), der eine Taube, wie einst Catull den Sper-
ling besungen hat; der Stadtpräfekt C. Rutilius Gallicus (I 4), der
Ritter und Senator Septimius Severus aus Leptis in Afrika (IV 5).
Bei andren läßt sich wenigstens Teilnahme und Geschmack voraus-
setzen. So nach des Dichters eigenem Zeugnis bei dem gastfreien
Atebius Melior (II 1. 3. 4) und dem Legionscommandeur Mäcius
Celer (III 2). Litterarisch thätig als Verfasser einer Weltgeschichte
war auch C. Vibius Maximus (IV 7), der im Jahre 93 (bis 95,
wie es scheint) in Dalmatien die dritte Cohorte der Alpentruppen
commandierte. Gerichtsreden scheint der Senator Plotius Grypus

(IV 9) veröffentlicht zu haben. Auch der reiche Flavius Ursus (II 60) genoß den Ruf eines beredten Anwaltes. Als warmer Litteraturfreund ist durch Quintilians Widmung bekannt der Curator der latinischen Straße, Vitorius Marcellus (IV 4). Ein Kunstkenner war Novius Vindex (IV 6), und die Witwe Lucans, Polla Argentaria (II 7), gehörte durch ihren verstorbenen Mann zur Poetenzunft.

Es ist durchweg eine sehr wohlhabende und angesehene Gesell= schaft, in welcher man den Dichter sich bewegen sieht. Mit der Zeit, vielleicht bald nach dem Tode des Vaters, ist er auch dem Kaiser und seinem Hofstaat näher getreten. Schon im Dezember des Jahres 83 beschreibt er ein Volksfest im Amphitheater, welches Do= mitian gegeben hat (I 5). Nach eigener Versicherung ließ er sich's angelegen sein, auch allem Zubehör des kaiserlichen Hauses den Hof zu machen, „denn wer ehrlich die Götter verehrt, liebt auch ihre Priester" (V Vorr.). Zu ihnen gehört der junge Claudius Etruscus (I 5. III 3), der Sohn eines Freigelassenen, welcher sich zum Ritter und Finanzminister emporgeschwungen hatte, dann (nach 84) freilich vorübergehend in Ungnade gefallen war, und der kaiserliche Kabinets= chef Flavius Abascantus (V 1), gleichfalls ein Freigelassener. Seine Frau war aber von edler Abkunft und mit der des Statius be= freundet.

Daß ein persönliches Verhältnis desselben zu den namhaften Dichtergenossen seiner Zeit nirgends bei ihm hervortritt, ist nicht zu verwundern, denn sie brauchten einander gegenseitig nicht und hatten nichts von einander zu hoffen, eher standen sie einander im Wege. So teilte Statius mit Martial manche seiner römischen Gönner (wie Stella, Claudius Etruscus, Atedius Melior, Novius Vindex, Vibius Maximus, auch Polla Argentaria), und in der Behandlung des gleichen Anlasses, wie vermutlich auch in den Häusern jener gastfreien Herren sind sie mehrfach zusammengetroffen. Wie sie sich übrigens im Leben miteinander vertragen haben, darüber schweigt die Ge= schichte.

Beide Dichter betrieben eben berufsmäßig das Geschäft bestellter und natürlich bezahlter Gelegenheitspoesie. Sie vertraten in höherem Sinne die ehrenwerte Klasse unsrer heutigen Zeitungsberichterstatter und der im vorigen Jahrhundert noch mehr geschätzten, jetzt aus= sterbenden Braten= und Festpoeten. In jener Zeit, wo die Musen noch traulicheren Verkehr mit den Sterblichen pflogen, wo persönliche

Eitelkeit oder vielmehr das Verlangen nach Unsterblichkeit des Namens
sich naiver gehen ließ, mochte wer es haben konnte freudige und
traurige Familienerlebnisse, schönen Besitz und rühmliches Thun gern
in Versen verewigt sehen, welche zunächst im Kreise der Angehörigen
und Freunde die Runde machten, um später gesammelt und veröffentlicht noch weiter hinaus zu schallen. So hat Statius wie ein
poetischer Hauskaplan und Chronist Geburt und Hochzeit, Genesung
und Tod selbst eines Papageien, Beförderung und ersten Haarschnitt,
was immer in angesehenen Häusern seiner Bekanntschaft die Herzen
erhob oder drückte, mit seiner teilnehmenden, immer wohlgestimmten
Leier (chelys) begleitet. Wer eine schöne Villa, ein luxuriöses Bad,
ein Heiligtum neu gebaut hatte, wer einen hübschen Kunstgegenstand
oder etwa einen merkwürdig gewachsenen Baum in seinem Park
besaß, sah es gern, wenn das Pracht- oder Wunderwerk poetisch
geweiht, dem Staunen oder Mitgenuß von Zeitgenossen und Nachkommen empfohlen wurde. Man lud den gefälligen Herold zur Besichtigung ein, zog ihn zu Tisch und sah der gesicherten Unsterblichkeit
mit Behagen entgegen. Selbst der Kaiser verschmähte keineswegs,
daß seine Gnade und Freigebigkeit verherrlicht, wenn ein neu errich-
tetes Bild seiner Göttlichkeit besungen oder die Uebernahme des Con-
sulats, mochte es auch bereits das siebenzehnte sein, mit Posaunen-
stößen begrüßt wurde.

Ein Haupterfordernis bei so vielseitigen Ansprüchen war Schnelligkeit: noch heiß von dem unmittelbaren Eindruck mußte die Begeisterung
heraussprudeln, ungebrochen, aus dem Vollen sollten die Töne des
Herzens sich Luft machen. Solchem Anspruch zeigte sich Statius
vollauf gewachsen. Technisch vorzüglich geschult besaß er in hohem
Grade die Gabe, Gemüt und Phantasie rasch in die erforderliche
Stimmung zu versetzen: er war ein virtuoser Improvisator. Während
der Mahlzeit hat er wie in einem glänzenden Toast das prachtvolle
Bad des jungen Claudius Etruscus, bei dem er grade zu Gast war,
beschrieben (I 5); den neu erbauten Herculestempel in Sorrent hat
er sofort nach seiner Besichtigung besungen (III 1). Ein zahmer Löwe
ist in der Arena gefallen: unmittelbar darauf überreicht der teilnahm-
volle Zuschauer dem Kaiser, der unter den Zuschauern zugegen war,
einen Nachruf an die verunglückte Bestie (II 5). Einem kaiserlichen
Mundschenken sind zum erstenmal die Haare verschnitten, der ambrosische Schmuck soll in edelsteinverzierter Goldbüchse an Aesculap in Perga-

mum verſandt werden: ehe dies noch geſchehen, las der Knabe die er=
betene Verewigung des feierlichen Aktes (III 4). Nach den ſogenannten
Siegen über Chatten und Daker (89 n. Chr.) wird auf dem Forum ein
ehernes Reiterbild Domitians enthüllt: am folgenden Tage iſt das
freilich vorher beſtellte Weihegedicht (I 1) in den Händen des Herr=
ſchers. So iſt die glänzende Beſchreibung einer tiburtiniſchen Villa
(I 3) an einem Tage fertig geworden; nur zwei hat ein mehr als
doppelt ſo langes Hochzeitsgedicht (I 2) erfordert, und längere Zeit
verſichert der Verfaſſer auf keins der im erſten Buch vereinigten
Gelegenheitsgedichte verwandt zu haben. Einmal, da er von ſeinem
Albanum aus einem neapolitaniſchen Freunde zur Geburt eines dritten
Sohnes gratuliert (IV 8), beſchwert er ſich, daß er zu ſpät kommen
müſſe, weil kein Eilbote mit der freudigen Nachricht zu ihm geſandt
ſei. Nur das Trauergedicht auf Priscilla, die Gemahlin des Aba8=
cantus (V I), iſt erſt im zweiten Jahr nach ihrem Tode verfaßt, in
dieſem Falle natürlich mit größerer Sorgfalt.

Die Schnelligkeit der Herſtellung ſchloß beſondere Tiefe der
Studien und ſorgfältigere Durcharbeitung des Stoffes aus. In einem
verhältnismäßig beſchränkten Kreiſe von Wörtern, Wendungen, Bildern,
die ihm ungeſucht zu Gebote ſtanden, bewegt ſich der Verfaſſer. Es iſt
die gangbare kleine Münze aus der Schule der Poetik und Rhetorik,
die er ohne Scheu vor Wiederholungen ausgibt. Auch das Gerüſt
ſeines Aufbaues ſtand ihm für verſchiedene Fälle in den weſentlichen
Beſtandteilen feſt, und zur Ausfüllung wurde ein gewiſſer Vorrat
von Motiven und Ornamenten verwendet, doch mußte der geiſtreiche
Kopf immerhin mit mannigfachen Variationen und hübſchen indivi=
duellen Zügen das Schema anmutig und friſch zu beleben.

Beſonders für Trauergedichte wurde die Kunſt des gemütvollen
Mannes vielfach in Anſpruch genommen: Väter, Mütter, Söhne hat
er getröſtet (II 1, 30 ff.). Aus der großen Menge ſolcher Leiſtungen
iſt eine ziemlich beträchtliche Zahl auch in unſre Sammlung auf=
genommen (II 1. 6. III 3. V 1. 3. 5). Zögernd und mit zarter
Schonung tritt der Freund an den Leidtragenden heran, nicht um
ſeiner Klage Einhalt zu thun, ſondern um ſie zu billigen und
zu teilen. Die gemeinſame Erinnerung an den Abgeſchiedenen ge=
ſtaltet ſich zu einer Lobrede auf denſelben oder zu einem Abriß
ſeines Lebens. Die lange ehrenvolle Laufbahn eines emporgekom=
menen Freigelaſſenen wird ausführlich dargelegt. Der geprieſenen

Vorzüge würdig war denn auch die Bestattung; dem Verlust ent=
sprechend ist der Schmerz des Trauernden und die Teilnahme
andrer. Dies alles, auch die Todesstunde, wird je nach den
Verhältnissen mehr oder weniger gründlich ausgeführt. Jetzt erst
kommt der Trost zu Worte; aber statt philosophischer Gemeinplätze
wird an die volkstümlichen Vorstellungen angeknüpft: die zuversichtliche
Hoffnung wird ausgesprochen, daß dem teuren Schatten ein freund=
licher Empfang in der Unterwelt bereitet, daß er unten mit Angehö=
rigen, Freunden, Gleichgesinnten verkehren werde, und endlich die
Bitte, er möge dem Hinterbliebenen in Träumen erscheinen und ihn
mit milder Ansprache laben, oder auch das Gelöbnis treuen Andenkens.
Den eigentlichen Kern dieser Trostgedichte bildet natürlich das Lob
des Verstorbenen. Es sind keine bedeutenden Persönlichkeiten, deren
Andenken hier gefeiert wird. Um so berechtigter ist die Hervorhebung
kleiner Züge. Wie hübsch zum Beispiel ist das heitere Geplauder des
zwölfjährigen Knaben, eines Lieblingsclaven des Atedius Melior,
sein schalkhaftes Spiel bei Tisch, seine zärtlichen Grüße am frühen
Morgen, beim Gehen und Kommen geschildert (II 1, 53 ff.); wie
rührend die Vorstellung (Mercur meldet es soeben), daß der Kleine,
bei den Schatten angelangt, aus der unheimlich fremden Menge einen
ehemaligen edlen Hausfreund herausfindet, sich erst schüchtern fern
hält, bis auch dieser ihn erkennt, emporhebt, liebkost, und wie sie
dann traulich von ihren Teuren droben sich miteinander unterhalten
(V. 189 ff.). Wie ansprechend das Bild der braven Matrone Pris=
cilla, die ihre einfache Pflichttreue und biedere Gesinnung bewahrt
hat auch nachdem der Gemahl es zu einem hohen Hofamte gebracht
hat, die wie eine apulische Bauersfrau dem Vielbeschäftigten, wenn er
vom Bureau heimkommt, sein bescheidenes Mahl·rüstet (V 1, 117 ff.).

Auch in den übrigen Gelegenheitsgedichten spielt das Persönliche
eine Hauptrolle; aber in der Einkleidung muß sich Geist und Er=
findungsgabe bewähren. Dem Zeitgeschmack entsprechend geht es
dabei nicht ohne Vermittelung göttlicher Wesen ab; stammt doch jede
Kraft und Begabung des Sterblichen von oben und steht unter dem
Schutz einer himmlischen Macht: auf ihr Zeugnis sich zu berufen,
ihren Beistand in Anspruch zu nehmen, ziemt dem bescheidenen Dichter.
So muß den liebevollen Sohn, der aufrichtig um den Tod des Vaters
trauert, Pietas trösten, jetzt ein seltener Gast auf Erden (III 3, 1 ff.).
Calliope nimmt den kleinen Lucan gleich nach der Geburt an den

Busen und hält eine lange Rede über seine ruhmvolle Zukunft, seine Werke und seine dereinstige treffliche Frau, für welche das Gedicht (II 7) bestimmt ist. Venus findet den kleinen Earinus in Pergamum an den Altären Aesculaps spielend und bricht in Lobsprüche über seine Schönheit aus; darauf bringt sie ihn nach Rom und führt ihn fein ausgeputt dem Kaiser zu (III 4, 32 ff.). Sie wohnt auch dem feierlichen Akt des Haarschneidens bei. Da sitzt der schöne Page, mit dem seidenen Frisiermantel um die Schultern; Amoretten sind mit Kamm, Schere und Spiegel um ihn beschäftigt, Venus aber nimmt die abgeschnittenen Locken auf und besprengt sie mit Wohl= gerüchen (V. 86 ff.), — eine Scene, die den Pinsel eines Wat= teau hätte reizen können. Kein geringerer als Eurtius taucht aus der Tiefe des Forums auf, um das Reiterbild Domitians zu be= wundern und diesen selbst schmeichelnd zu begrüßen (I 1, 78 ff.). In den Elffilbern, welche den Bau der neuen kaiserlichen Straße von Sinueſſa nach Puteoli feiern (IV 3: Sommer 95), erhebt erſt der Vulturnus ſtaunend ſein blondes Haupt, um ſich zu bedanken, daß er jetzt rein gehalten werde und zu einem anſtändigen Fluß gemacht ſei, der ſtattlich zwiſchen feſten Ufern dem Meer zufließe (V. 72 ff.). Dann aber tritt die cumäiſche Sibylle aus ihrer Grotte hervor und übernimmt an des Dichters Statt den Lobgeſang auf den Kaiser. Sie natürlich hat das Erſcheinen des Gottes, der Brücken und Wege bauen werde, vorhergeſehen, und verkündet ihm obendrein in überſchwänglichen Worten langes Leben, be= ſtändige Jugend, Triumphe im Orient (124 ff.). Am 1. Januar des Jahres 95 ergreift Janus das Wort, um als Feſtredner dem Kaiser beim Antritt ſeines Conſulates zu huldigen (IV 1). Bei der Beſchreibung eines Bades (I 5) müſſen außer Vulkan, dem Ober= heizer, die Najaden helfen, welche die latiniſchen Hügel und die Waſſer= leitungen tränken: iſt es doch ihre Wohnung. In dem Gedicht auf den Tod eines Papagei's (II 4), welchem die ovidiſche Elegie (Am. II 6, vgl. Bd. II 230) zum Vorbild gedient hat, iſt die unent= behrliche Lobrede in Form einer Nänie eingelegt, welche alle rede= begabten Vögel im Chor anſtimmen ſollen.

Iſt der Gefeierte am Leben und ſelbſt Dichter, ſo weiſt der Sänger wohl die Hilfe der gewohnten Götter ganz ab und will alle Begeiſterung nur jenem ſelbſt verdanken (I 4). Aber die größte Ge= ſellſchaft von Himmliſchen ladet er wie billig zur Hochzeit ein (I 2).

Da kommen alle neun Musen mit Fackeln vom Helicon, mit ihnen
als zehnte, denn der Bräutigam Stella ist erotischer Dichter, die
Elegie, eine mutwillige Person, wie sie Ovid vorstellt, mit einem zu
kurzen Fuß (Bd. II 237). Venus selbst, wie man es in antiken
Bildwerken sieht, führt die Braut, welche die Augen niederschlägt und
in holder Unschuld errötet; Phöbus Bacchus Mercur, die regelmäßigen
Helfer für Musiker, bringen Kränze; Amor und die Grazien über-
schütten den Bräutigam, während er die weißen Glieder der ersehnten
Gattin umarmt, mit Blumen und Wohlgeruch. Aber die profane
Schar der Glückwünschenden, welche das Atrium füllt, ist begierig zu
hören, wie nun eigentlich der lange erwartete Bund, der Gegenstand
des Stadtgespräches, endlich zustande gekommen sei. Da muß die
liebliche Erato helfen, von ihr weiß es der Dichter. Und so hören
wir ein kleines Epos im anmutigsten Rococostil. Eines frühen
Morgens lag Venus, eben erwacht, behaglich auf ihrem Lager in der
Milchstraße, von Amoren umgeben, die ihrer Befehle harrten, und
dachte vorläufig an nichts. Da ergreift einer der flottesten unter den
Buben den günstigen Augenblick, um in vertraulicher Ansprache bei
der schönen Mutter ein gutes Wort für den jungen Patricier einzulegen, den er vor Jahren mit einer vollen Ladung aus seinem
Köcher getroffen, während er die Dame nur obenhin mit der Fackel
gestreift habe. Gar beweglich schildert er die Liebesschmerzen des
Armen: aus Mitleid habe er selbst ihm bisweilen die feuchten
Augen mit lieblosendem Fittich getrocknet, hebt auch hervor, wie
verdient sich derselbe durch seine Liebeslieder um die Göttin gemacht habe. Schlachten und Heldenthaten könnte er besingen, aber
er zieht es vor, die Myrte in den Lorbeer zu flechten. Venus
erwidert mit einer begeisterten Lobrede auf die Dame (sie ist Witwe
und trägt Bedenken ein zweites Ehejoch auf sich zu nehmen). Der
junge Mann begehre Großes und Seltenes, aber er solle sie haben,
zumal die begehrte selbst schon milder gestimmt sei. Nun ruft die
Holde ihr Schwanenpaar, Amor spannt an, setzt sich vorn auf die
mit Edelsteinen geschmückte Deichsel, und so fahren sie durch die
Wolken gradewegs vor das Haus der Dame in Rom. Es ist ein
prächtiger Palast, Venus glaubt in einem ihrer berühmten Tempel
zu sein. Sie treffen die schöne Besitzerin auf ihrem Ruhebett, und
nun hält ihr die Göttin eine Standrede, worin sie wie eine richtige
Brautwerberin ihr zunächst die Pflicht auseinandersetzt, die Jahre der

Jugend nicht unfruchtbar verstreichen zu lassen, dann aber das Lob ihres Verehrers singt, nicht ohne der glänzenden Laufbahn zu gedenken, welche er teils schon zurückgelegt, teils noch vor sich hat: es ist eben eine in jeder Beziehung annehmbare Partie. So bringendem Antrage von höchster Stelle kann natürlich die reizende Witwe nicht widerstehen: sie bekennt, daß die glühenden Gedichte des jungen Herrn (an Asteris), die in der ganzen Stadt gesungen werden, ihr Herz bereits gerührt haben. Und nun ist es Zeit, dem Erhörten, der den Hafen erreicht hat, Glück zu wünschen. „Was war das für ein hellleuchtender Tag, als sie dir das Jawort gab! im Himmel glaubtest du zu sein." Als nun Amor und Bacchus bemerkten, daß die Hochzeit bevorstehe, haben sie sich aufgemacht mit Geschenken. Und es folgt die Beschreibung des festlichen Tages: die Nacht mag der Gatte selbst besingen, soweit es gestattet ist. Glückwünsche, zu denen alle Dichter eingeladen werden, machen den Beschluß des liebenswürdigen Gedichtes, eines erfreulichen Zeugnisses, daß man auch damals noch an echtes eheliches Glück glauben durfte.

Ein andresmal macht Apollo den Vermittler. Keinem Geringeren als ihm wird die Genesung des Stadtpräfekten verdankt (I 4). Er weilte grade in Turin, wo er einen heiligen Hain besitzt, in der Heimat seines Schützlings, der zugleich Redner und Dichter ist. Dort erfuhr er von der schweren Erkrankung des pflichttreuen Mannes, der sich überarbeitet hatte. Alsbald ruft er seine Jünger, die dortigen Aerzte auf, mit ihm zu gehen und dem Leidenden zu helfen. Unterwegs erzählt er ihnen ausführlich Lebensgeschichte und Verdienste des Patienten, und grade noch zu rechter Zeit wird der Treffliche vom Tode gerettet. Gewiß hat er einen Turiner Arzt consultiert und ihm verdankte er seine Herstellung.

Als besonders gelungen in Anlage und Gesamtstimmung erscheint das Weihgedicht für den Herculestempel auf der Höhe von Sorrent (III 1). Wie die Alten mit der übergewaltigen Figur des gutmütigen Weltpioniers auf vertraulichem Neckfuß standen, so stellt sich auch gleich bei der Bewunderung seines neuen Heim eine leise humoristische Stimmung ein. Wer gönnte nicht dem Umhergetriebenen, Abgemübeten, von der zornigen Stiefmutter Verfolgten eine behagliche Ruhestätte, eine anständige Wohnung? Und wirklich, während seine alte dürftige Strandhütte kaum verschlagenen Schiffern und Fischern eine kümmerliche Unterkunft bot, sieht er jetzt von erhabener Burg auf das Meer und den Junotempel herab: es ist, als stiege er von neuem aus den Flammen des Oeta zum Aether empor. Nun soll er kommen, den grimmen Bogen und Köcher, die blutige Keule und das Löwenfell ablegen und sich's auf dem Purpurkissen bequem machen: hier darf er sich eine Güte thun und so heiter schwelgen wie einst bei der Auge oder bei den fünfzig Töchtern des Thestius, wo er in einer unvergeßlichen Nacht Hahn im Korbe war. Wie aber dieser kühne Neubau entstanden ist, das läßt sich der Dichter von Calliope er= zählen, und drollig wird Hercules aufgefordert, ihren Gesang auf der gespannten Saite seines Bogens zu begleiten. Gewiß hat es dem Stifter des Tempels, dem reichen Pollius Felix und seiner Familie viel Spaß gemacht sich an jenes Gartenfest erinnern zu lassen, wel= ches durch ein plötzliches Gewitter gestört wurde. Da floh die ganze Gesellschaft in die höchst armselige Kapelle des Hercules, welche das nächste Obdach bot: Tische, Polster, Speisen samt Dienern wurden dahingeschafft; es war sehr eng und unbequem. Das war dem biedren Hercules peinlich: er nahm den Hausherrn gemütlich unter die Arme und stellte ihm vor, er sei doch sonst so freigebig, habe sich eben eine herrliche Villa gebaut, nun möge er auch ihm endlich zu einem anständigen Hause verhelfen; auf das alte sehe Stiefmutter Juno (die gleichfalls einen Tempel in Sorrent hatte) mit verächtlicher Schadenfreude herab. Er verspricht auch selbst beim Bau zu helfen. Das läßt sich Pollius nicht zweimal sagen. Alsbald wird der Plan gemacht und die Arbeit begonnen: ein geschäftiges Treiben der Leute entwickelt sich. In dunkler Nacht aber hilft Hercules seinem Ver= sprechen gemäß die Felsen sprengen, daß es auf Capri wiederhallt; und wenn am Tage die Arbeiter kommen, wundern sie sich über das gewaltige Werk. Nun, im zweiten Jahr, ist alles fertig, und Spiele werden gefeiert, welche den großen griechischen nichts nachgeben, denen die Nereiden als Zuschauerinnen beiwohnen und die gesamte Um= gegend bis Neapel hin. Auch Hercules wird eingeladen sich zu be= teiligen. Wenn er noch Hesperidenäpfel hat, möge er sie Frau Polla in den Schoß schütten: sie könnte ihm, würde sie wieder jung, ge= fährlich werden wie einst Omphale. Und nun zum Schluß steht der Gerufene wirklich (im Bild) auf der Schwelle, um seine neue Woh= nung zu beziehen. Er dankt und schüttet Segensprüche über das Ehepaar, über Kinder und Enkel, und verheißt dem Tempel ewige Dauer.

Auch für Abschiedsgedichte (sogen. Propemptica: vgl. Bd. I 342) war die Anlage durch griechische Muster und römische Nachbildungen gegeben. Da Mäcius Celer im Begriffe steht, nach Syrien abzu= gehen (93 n. Chr.?), um dort ein Legionscommando anzutreten, wünscht ihm Statius glückliche Reise (III 2). Gleich der Eingang erinnert in gewissen Wendungen des Gedankens und selbst der Worte an die horazische Ode (I 3), welche dem scheidenden Vergil Lebewohl sagt. Aber während der Lyriker die persönlichen Züge auf das knappste Maß zurückdrängt vor allgemeinen Betrachtungen, tritt hier das Persönliche breit in den Vordergrund. Noch liegt das Schiff am Ufer, die Stunde des Abschiedes ist gekommen. Nach einem Gebet an alle Mächte des Meeres mahnt der günstige Wind an die Abfahrt: nun wird es Ernst. Das Tau wird gelöst, die Landungsbrücke ab= gebrochen, der rauhe Kapitän macht den Umarmungen und Küssen ein Ende. Statius ist der letzte, welcher zögernd das Schiff verläßt. Nun blickt er ihm nach, bis es den Augen entschwindet. Wie gern wäre er mit ihm gezogen, um im Lager an seiner Seite zu sein wie Phönix bei Achill! Aber wenigstens seine sorgenden Gedanken folgen dem Freunde. Zum guten Empfange empfiehlt er ihn der Isis: sie soll helfen, daß er die Länder des Orients mit all ihren Merkwürdigkeiten nach Wunsch kennen lerne; hier folgt nach der Weise dieser Geleitgedichte ein kleiner Abriß derselben. Und zum Schluß die Hoffnung auf freudiges Wiedersehen und die Fülle gegen= seitiger Mitteilungen.

Von unschätzbarem Wert durch echte Lokalfarbe und Anschaulich= keit sind die Schilderungen, welche Statius von Gesehenem und Mit= erlebtem liefert. Er ist der angenehmste Führer durch entzückende Landschaften und glänzende Anlagen. Die wundervolle Bucht von Sorrent mit ihrem Kranz von Villen und Tempeln und dem heiter bewegten Leben der Bewohner breitet sich vor unsren Augen aus; wir wandeln durch den schattigen Porticus vom Ufer zur Höhe hinauf, bewundern die großartige Bewältigung der Natur durch die Kunst und Kühnheit des Baumeisters, atmen den Duft griechischen Geistes (II 2). Wie anschaulich steht die tiburtinische Villa da (I 3): die originelle Lage an beiden Ufern des Anio, der Park mit seiner erfrischenden Kühle und Ruhe. Wir treten in die inneren Räume, genießen die wechselnde Aussicht aus den Fenstern, werden auf die Kunstwerke, die Mosaikfußböden, die getäfelten Decken, den gewaltigen

Baum in der Mitte des Hauses aufmerksam gemacht. Dann treten wir weiter hinaus, um Teiche und Grotten, den Wasserfall, den Obstgarten zu beschauen, und scheiden mit dem behaglichen Eindruck, wie schön sich's da müsse leben und studieren lassen. Ein andresmal machen wir ein glänzendes Volksfest, von Domitian zu den Satur-nalien des Jahres 83 im Amphitheater veranstaltet, mit, den ganzen bunten Wechsel von Genüssen und Unterhaltungen vom frühen Morgen bis in die späte Nacht (I 6).

Der Improvisator ersetzt, was seinen Stoffen an Bedeutung und seiner Darstellung an Gedanken fehlt, durch lobernde Begeiste-rung, durch überstiegene Einfälle und Vergleiche. Fortwährend müssen Götter und Heroen die Kosten der Dekoration bestreiten. Man darf diesen schimmernden Flitterstaat nicht schwerfällig, die Hyperbeln nur nicht wörtlich nehmen, sondern als galante Complimente, die mit halb ironischem Lächeln geboten und ebenso entgegengenommen werden. Kann man einem feinsinnigen Kenner und Sammler etwas Angenehmeres sagen, als daß ein berühmtes, von ihm erworbenes Kunstwerk nun endlich in die rechten Hände gekommen sei? Es handelt sich um eine lysippische Bronzestatuette des Hercules (IV 6). Welche Wanderungen hat sie durchgemacht, wie vornehme Herren gehabt! Der makedonische Alexander hat sie auf seinen Kriegszügen mit sich geschleppt, Han-nibal und Sulla haben sie besessen. Jetzt erst genießt der vielgeplagte Alcide seine Ruhe, und der treffliche Vindex kann ihm noch obendrein zur Leier von seinen unsterblichen Thaten vorsingen: er wird wohl eine Herakleis verfaßt oder geplant haben. Oder wer wird es dem ritterlichen Hausfreunde verdenken, wenn er die schöne Braut Vio-lentilla mit seinen Huldigungen überschüttet (I 2)? Sie zu erringen lohnte sich, und wenn es Herculesarbeiten oder ein Wettrennen mit Oenomaus gekostet hätte. Sie strahlt unter ihresgleichen hervor wie Venus unter den Nereiden; sie hätte, wie die Schaumgeborene selbst bekennt, mit dieser zugleich aus dem Meer auftauchen und in ihrer Muschel sitzen können. Apollo hätte Daphne, Bacchus Ariadne um sie laufen lassen; Juppiter wollte schon eine Verwandlung an-nehmen und zu ihr hinabsteigen, nur auf Juno's Bitten hat Venus es zu verhindern gewußt. Der Bräutigam hat ein schöneres Los gezogen als Paris oder der Geliebte der Eos: seine Liebes-glut übertrifft denn auch die eines Hippomenes oder Leander. Nun sollen alle Elegiendichter Lieder zu seiner Hochzeit liefern: Philetas

und Callimachus, Properz, Ovid und Tibull würden darin gewett=
eifert haben.

Der lebhafte Neapolitaner nimmt eben den Mund immer recht
voll zum Ueberfließen, so daß er, wenn er ernsthaft sein will, nicht
immer geschmackvoll bleibt. Es ist schon nicht mehr erträglich, wenn
er den Bätis in Lucans Heimat berühmter nennt als den Meles,
an dessen Ufer Homer geboren sein soll, und Mantua verbietet sich
mit ihm zu messen; wenn er den frühen Tod jenes Dichters so be=
klagenswert findet als den Alexanders, des Achill und des Orpheus
(II 7, 33 ff. 93 ff.). Aber komisch wirkt die erhabene Vorstellung,
daß die bereits zu den Sternen versammelte liebe Familie des Do=
mitian, Sohn Bruder Vater und Schwester nächtlicher Weile her=
niedersteigen, auf dem Nacken des ehernen Riesenpferdes auf dem
Forum Platz nehmen und dort zärtliche Küsse austauschen werden
(I 5, 94 ff.). Leider kennt auch seine persönliche Unterwürfigkeit
vor dem Herrscher keine Grenzen. Vor seinem Antlitz vollends ver=
sinkt er in demütiger Andacht und schwärmerischem Entzücken. Be=
sonders die abgenutzte Rhetorik der Schmeichelei brauchte immer
stärkere Reizmittel, um den verwöhnten Ansprüchen zu genügen.

Unübertreffliches in diesem schweifwedelnden Hofschranzenton
leistet das Verdauungsgedicht (IV 2) zum Dank für eine erste Ein=
ladung zur kaiserlichen Tafel. Dem Glücklichen ist gewesen, als läge
er mitten in den Sternen bei Juppiter, und Ganymed reiche ihm
den Becher. Mit diesem Tage erst beginnt sein Leben. Es ist ihm
vergönnt den Herrscher der Welt in der Nähe bei Tisch zu sehen, und
es ist ihm erlaubt nicht aufzustehn! Ueber die Pracht des Saales,
dessen Säulen den Himmel stützen könnten, staunt selbst Juppiter:
die Himmlischen freuen sich, daß der Kaiser so schön wie sie wohnt,
und also keine Eile hat zu ihnen hinaufzusteigen. Zwei, dreimal so
alt als Vespasian möge er werden.

Die meisten dieser poetischen Huldigungen sind in Hexametern ab=
gefaßt, welche dem hauptsächlich erzählenden und darstellenden Inhalt
entsprechen. Einigemal (I 6. II 7. IV 3. 9) hat der Verfasser die leichtere
Form der Elfsilbler gewählt. Catullischen Ton schlägt er am Satur=
nalienfest an (IV 9), um sich scherzhaft zu beschweren, daß er für ein
elegantes Büchlein (doch wohl eigener Gedichte) als Gegengeschenk
zwar auch ein Buch, aber was für ein langweiliges erhalten habe, —
philosophische Betrachtungen des alten Brutus! Jede wohlfeilste Näscherei

wäre ihm lieber gewesen, und zur Auswahl zählt er eine ganze Ladung
solcher Herrlichkeiten auf. Seiner Verehrung für Lucan, dessen An=
denken er am Geburtstage des längst Verstorbenen feiert (II 7), glaubt
er keinen stärkeren Ausdruck geben zu können, als durch Verzicht auf
den Hexameter, den Vers des großen Meisters (Vorr.). Ein paarmal
hat er sich auch in lyrischen Formen und horazischer Manier versucht.
Er grüßt im Frühling von seinem albanischen Landgut aus den
Ritter Septimius Severus, der selbst Dichter, vielleicht gar Lyriker
war, in alcäischen (IV 5), und in sapphischen Strophen gratuliert
er einem Offizier, der in Dalmatien steht, zur Geburt eines ersten
Sohnes (IV 7). Aber die Verse klingen matt und der Inhalt ist flach:
gut, daß es bei diesen Proben mangelnder Begabung geblieben ist.

Als der Vater starb, war Statius bereits ein angehender Vier=
ziger, aber erst seit kurzem hatte er, auf Anregung und gleichsam
unter den Augen desselben (V 3, 238) eine große, ernste Aufgabe
unternommen, das Heldenepos von Theben (Thebais).

Ein großes Epos desselben Titels und Stoffes hatte Ponticus,
der Freund des Properz und Ovid, geplant (Bd. II 204. 229. 341)
und, da Ovid ihn als berühmten Epiker nennt, wohl auch zustande
gebracht. Auch Lynceus (Bd. II 172) hat sich vielleicht an dieser
Aufgabe versucht. Von griechischen Dichtern ist sie in verschiedenen
Perioden, von uralter bis in die hellenistische Zeit hinein wiederholt
behandelt worden. Die harten, schaurigen Grundzüge der Sage waren
bereits in der kyklischen Thebais ausgeprägt und dem Sänger der
Ilias wohlbekannt. Antimachos hat sie mit gelehrtem Fleiß ins
Breite ausgeführt, und in seine Fußstapfen hauptsächlich sind die
Nachfolger getreten. Auch für Statius wird die Thebais des Anti=
machos als Quelle ausdrücklich von dem alten Erklärer angegeben,
und dieses Verhältnis ist in gewissen Grenzen gradezu selbstverständ=
lich, so wenig auch die dürftigen Ueberreste der griechischen Vorlage
den Nachweis im Einzelnen gestatten.

Das über 9000 Hexameter umfassende Gedicht des Statius zer=
fällt in zwei große Hälften: die Vorbereitungen zum Kriege füllen
die erste, in der zweiten tobt der Kampf um Theben. Von jener
sind die drei ersten Bücher den Ereignissen gewidmet, welche zum
Kriege geführt haben. Das erste der Verbannung des Polyneikes
und seiner Aufnahme bei Adrast. Im zweiten wird der Bund

des argivischen Königs mit Polyneikes und Tydeus, seinen beiden
Schwiegersöhnen besiegelt, und die Sendung des letzteren an den
Hof des Eteokles führt zur Kriegserklärung. Ein blutiges Vorspiel
ist dann der Kampf des Heimkehrenden mit den fünfzig Thebanern
im Hinterhalt. Im dritten Buch vergeht die Zeit über Stimmungen,
schwankenden Beratungen und Rüstungen. Mit dem Frühling des
dritten Jahres erhebt Bellona ihre Fackel. Aber über Sammlung
und Marsch des argivischen Heeres kommt auch die zweite Triade
nicht hinaus, denn das fünfte Buch füllt die Episode der Hypsipyle,
das sechste ist den Leichenspielen in Nemea zum Andenken des kleinen
Archemorus gewidmet. Nun aber wird Juppiter selbst ungeduldig,
und Mars erhält Befehl zum Losschlagen. Dies geschieht im siebenten
Buch, welches mit den Heldenthaten des Amphiaraus und seinem
Untergang schließt. Unbekümmert um die Ueberlieferung der Sage
hat der römische Dichter bei der Anordnung der großen Schlacht=
scenen und ihrer Haupthelden die Wirkung auf die Zuhörer und ihre
Steigerung im Auge gehabt. Die eigentliche Schlacht wird erst mit
dem Auszug der sieben thebanischen Führer im achten Buch eröffnet:
in ihm spielt Tydeus die Hauptrolle. Das neunte schildert den Kampf
im und am Fluß Ismenus: Hippomedon und Parthenopäus fallen.
Eine Pause der Ermattung und Niedergeschlagenheit tritt ein, ehe
sich in der letzten Triade die Geschicke vollziehen. Im zehnten Buch
gehen die Argiver, nachdem ein nächtlicher Ueberfall über die schlafen=
den Feinde gelungen ist, zu weiterem Angriffe vor: sie bestürmen die
Stadt, aber Kapaneus, der die Mauer erklimmen will, wird vom
Blitz Juppiters hinabgeworfen. Nun vollzieht sich im elften Buch der
frevelhafte Bruderkampf. Zuletzt, im zwölften, treten die Frauen ein
für die Bestattung der Leichen, und Theseus mit seinen Athenern
verficht die Rechte edler Menschlichkeit.

Mit der Vorgeschichte hält sich Statius nicht auf. Er streift sie
in den ersten Versen der Einleitung: soviel genügt, um den düsteren
Hintergrund zu kennzeichnen. Nicht einmal die Veranlassung zu den
Flüchen des Oedipus, womit die eigentliche Erzählung sofort losbricht,
ist klar angegeben. In sein Gebet an Tisiphone drängt der Alte
die Erinnerung an seine schaudervolle Vergangenheit zusammen. Die
Grundzüge der alten Sage, wie sie schon in der Ilias (IV 370 ff.)
Agamemnon dem Diomedes ins Gedächtnis zurückruft, sind bewahrt,
namentlich die vorbereitende Gesandtschaft des Tydeus, der tückische

Ueberfall auf dem Heimwege, und die Vernichtung der fünfzig Meuchel=
mörder bis auf Maion, der allein als Unglücksbote zurückkehrt (II 527 ff.).
Dagegen sind die Charaktere der feindlichen Brüder so unterschieden,
wie die vertiefte Auffassung der Tragödie es gelehrt hatte. Die
übrigen Heerführer der Argiver sind wesentlich nach alter Ueberlieferung
gezeichnet: der gastfreie, milde, maßvoll gesinnte Abrast; der weise
Amphiaraus; der kraftstrotzende, unbändig wilde Tydeus, der sich
kurz vor dem Tode noch an der Hirnschale des Melanippus labt
(VIII 751 ff.); Capaneus, der Verächter der Götter, das Vor=, nicht
das Nachbild des vergilischen Mezentius. Ungestüm drängt er trotz
der Warnungen des Sehers zum Kriege (III 600 ff. 648 ff.). Unter
Lästerungen Juppiters erklimmt er Thebens Mauer und wird durch
dessen Blitzstrahl von der Leiter herabgestürzt, eine rauchende Leiche.
Auch die Persönlichkeit des Parthenopäus entspricht wie dem Namen
so der alten Auffassung. Aber dieses Bild hat der Dichter mit offen=
barer Vorliebe aus eigenen Mitteln noch feiner ausgeführt (IV 246 ff.
584 ff. VI 562 ff. 638). Es ist als hätte ihm Ovid seinen Pinsel
geliehen. Welch entzückende Erscheinung, dieser eben erblühende, fast
noch knabenhafte Held des arkadischen Waldgebirges, dessen reine
Schönheit alle Nymphen, ja Diana selbst bezaubert. Eben keimt
ihm längs den rosigen Wangen unter der Wolke der noch nicht ge=
schorenen Locken ein leiser Hauch des ersten weichen Flaumes (seinem
Mannesdrang nicht rasch genug). Der Glanz seiner herrlichen Glieder
stellt sich dar, als er die Chlamys ablegt und sich zum Wettlauf be=
reitet; aber er ist nicht eitel und wehrt die Bewunderer unwillig ab.
Unter den übrigen strahlt er wie Hesperus. Und welch ritterliche
Figur in der Schlacht! Nach seiner Art malt der Dichter (IX 683 ff.)
Roß und Reiter mit Schmuck und Rüstung bis ins Einzelne aus
und wie gut der kriegerische Ernst dem strahlenden Antlitz stehe.
Zart und rührend dagegen ist das Bild des zum Tode verwundeten,
kindlich seine Abschiedsworte mit dem letzten Gruß an Atalante
(877 ff.), die ferne Mutter, die ihn vergeblich zurückzuhalten suchte
(IV 309 ff.). Er solle warten, hatte sie gebeten, bis er ihr nicht
mehr ähnlich sehe; hatte ihn erinnert, wie sie erst kürzlich sich ge=
ängstigt habe, als er auf der Jagd vor dem Angriff eines Ebers
bleich in die Kniee gesunken und nur durch ihren Bogen gerettet sei.

Die Tragödien des thebanischen Sagenkreises sind nicht unbenutzt
geblieben. So glaubt man die schrillen Angstrufe des Chors aus den

äschyleischen „Sieben" zu vernehmen, wenn Statius schildert, wie,
nachdem der Feind dicht vor die Thore gerückt ist, auf den Burghöhen
und in den Straßen der Stadt ein wirres Getümmel und Geschrei
sich erhebt, wie die aufgeregten Gemüter schon überall Eisen und
Feuerbrände zu sehen, Fesseln zu fühlen glauben, wie Dächer und
Tempel und Altäre von Klagenden umlagert werden, die Hallen der
Häuser von Weibergeheul erzittern, während erschreckte Kinder, ohne
zu wissen worum es sich handelt, dazwischen weinen; wie andre Frauen
ihre Männer zum Kampf antreiben, ihnen die Waffen reichen u. s. w.
(X 560 ff.).

In den Phönissen des Euripides besteigt Antigone mit ihrem
Pädagogen die Mauer und läßt sich von ihm die feindlichen Heer=
führer zeigen. Ein Gegenstück hierzu ist die Mauerschau in der
Thebais (VII 243 ff.). Auch hier befragt das Königskind einen alten
Diener des Hauses, Phorbas, ehemaligen Waffenträger des Laius;
aber es sind die Namen der befreundeten Hilfstruppen und ihrer
Führer, worüber sie Auskunft verlangt. Denn es wird erst Heerschau
vor der Stadt gehalten, und der Dichter hat die übliche Liste der
thebanischen Kriegerscharen in diese Form gekleidet. Auch das Motiv
der Begegnung des Polynices mit Jocaste hat dieselbe Tragödie des
Euripides geliefert, aber wiederum ist die Ausführung ganz ver=
schieden. Dort folgt Polynices einer Einladung der Mutter in die
Stadt, und sie veranstaltet eine Aussprache zwischen den Brüdern.
Hier (VII 474 ff.) begibt sich dieselbe in Begleitung ihrer Töchter
zu dem verbannten Sohn, um ihn zu einem Gang mit ihr in die
Stadt und einer Unterredung mit Eteokles zu bewegen. Beinahe wäre
es ihr gelungen, wenn nicht Tydeus Einspruch erhoben und der Aus=
bruch zweier bisher zahmer Tiger des Bacchus die Leidenschaften ent=
fesselt hätte (564 ff.). Schon in dem oben (S. 71) besprochenen drama=
tischen Bruchstück der Phönissen war Jocaste, von Antigone geleitet,
zwischen die Schlachtreihen getreten und hatte noch im letzten Augen=
blick die Brüder zu versöhnen versucht. So bietet die Erzählung des
Statius eine Art Vermittelung zwischen dem einen und dem andern
dieser Vorgänger.

Gewiß waren ihm auch die „Schutzflehenden" des Euripides
bekannt, aber nur im großen und ganzen deckt sich mit ihnen im zwölften
Buch die Intervention des Theseus zu Gunsten der argivischen
Frauen. Das Drama erforderte, daß die Bittenden einen gewissen

Widerstand zu besiegen hatten. In ihm führt Adrastos das Wort,
im Epos Euadne; dort ist Theseus zunächst abgeneigt, er tadelt den
gegen den Willen der Götter unternommenen Heereszug; erst die be-
weglichen Vorstellungen des Chors und die Gründe seiner Mutter
Aethra stimmen ihn günstig. Im Epos ist er entrüstet über Creons
barbarisches Verbot und sofort bereit einzuschreiten. Er schickt Phe-
geus mit einem Ultimatum nach Theben und folgt ihm mit dem
Heer auf dem Fuße. Den Erfordernissen dramatischer Handlung
genügt Euripides, indem er den thebanischen Herold mit dem Ultimatum an Theseus eintreffen läßt, als dessen Gesandter sich eben
auf den Weg machen will. Das Ergebnis der Verhandlung auf der
Bühne ist sofortiger Krieg. Von dem lebhaften Botenbericht über
die Schlacht bei Euripides hat Statius keinen Gebrauch gemacht: er
concentriert seine Erzählung auf die Thaten des Theseus und
seinen Kampf mit Creon, der fällt, wovon der Bote schweigt.
Auch hat sich der Römer den festlichen Einzug des Siegers in die
frohlockende Stadt nicht entgehen lassen (er wird ausdrücklich eingeladen: 784), während Euripides als besonderen Zug echt attischer Mäßigung preist, daß Theseus darauf verzichtet habe. Dagegen drängt der
Epiker den Schlußbericht von der Bestattung der argivischen Heerführer
in wenige Verse, zusammen, mit Recht, denn von Leichengepränge
und Totenklagen hatte man schon übergenug vernommen.

Einen höchst abstoßenden Eindruck macht die Gestalt des Oedipus.
Der bittere, verhärtete Pessimismus, welchen Seneca ihm beigelegt
hatte, ist zum Wahnsinn verzweifelter Bosheit gesteigert. Seine Flüche,
mit denen das Gedicht anhebt, ergehen sich in ausschweifender Rhetorik.
Besonders widerlich aber und gewiß nicht aus alter Quelle entlehnt
ist sein Erscheinen bei dem nächtlichen Gelage, welches die Thebaner
aus Freude über den Untergang des Amphiaraus anstellen (VIII 240 ff.).
Rein gewaschen und gekämmt, mit heller Miene soll er aus seinem
Verließ herausgetreten, sich gesprächig und teilnehmend unter die
Gäste gemischt, mit ihnen gegessen haben. Und woher seine Freude?
nicht über den Erfolg der Thebaner, sondern über den Krieg an sich
freut er sich; den Sohn lobt und ermuntert er, aber ohne ihm den
Sieg zu wünschen: die erste Saat des Frevels erwägt er in stillem
Wunsche. Mit Phineus, der sich zum erstenmal wieder nach Ver-
treibung der Harpyien behaglich zu Tisch setzt, vergleicht ihn der
Dichter: also Mord und Greuel sind die Speisen des alten Sünders.

Erst am Schluß nach der entsetzlichen Katastrophe kehren natürlichere Gefühle in sein verhärtetes Gemüt zurück (XI 580 ff.). Mühsam stolpert der Unglücksgreis an Antigone's Hand über das Schlachtfeld. Angesichts der Leichen kommen ihm Thränen, und er bereut seinen Haß. Leider versteigt er sich zu dem abgeschmackten Wunsch, seine Augen wieder zu erhalten, um sie abermals auszustechen (614 f.). Nun will er sich wenigstens den Tod geben, aber sorglich hat Antigone alle Waffen beiseite geschafft. Creon, der neue König, verbannt ihn: da flammt der alte Geist noch einmal in grimmiger Abschiedsrede auf.

Auch für die Episode, welche die Argiverhelden mit Hypsipyle erleben (Tod des kleinen Opheltes, Schmerz und Zorn der Eltern. Verteidigung der unvorsichtigen Wärterin, Wiedererkennung zwischen Mutter und Söhnen, Stiftung der Gedächtnisfeier für Archemorus), hat Statius eine Tragödie, die gleichnamige des Euripides benutzt, deren Bruchstücke noch denselben Gang der Handlung erkennen lassen. Das Spiel des zurückgelassenen Kindes im Grase war dort in einem reizenden Liede geschildert worden. Wie manche der kleinen Züge, welche uns entzücken, mögen aus griechischer Quelle, vielleicht den Aetia des Kallimachos, entlehnt sein: wie die Wärterin das weinende Kind niedersetzt und mit Blumen und freundlichem Geflüster tröstet, wie der Kleine dann, sich selbst überlassen, bald klagend, nach der Amme rufend, bald lächelnd und kindische Worte stammelnd von Blume zu Blume kriecht, und mit offenem Munde, ahnungslos, Himmel und Wald anstaunt, bis er endlich müde, das gerupfte Gras in den Händchen, einschläft (IV 779 ff. V 502 ff.). Wie dramatisch ist dann der Wortwechsel zwischen dem ergrimmten Lycurgus und den fremden Helden, die sich der bedrohten Dienerin annehmen; die Schärfung des Konfliktes bis zum erbitterten Kampf, endlich die versöhnende Lösung durch die Erkennung von Seiten der Söhne (das euripideische Motiv) und die Weisheit des Sehers (V 650 ff.)!

Was aber Hypsipyle selbst erzählt, die Geschichte des lemnischen Männermordes (V 28—498), hatte bereits Valerius Flaccus dem zweiten Buch seiner Argonautica episodisch eingefügt. Hier hat Statius zeigen wollen, was er nach dem Vorgänger in eigener Erfindung und Darstellung zu leisten vermöge. Hatte dieser die Eifersucht auf die gefangenen Thrakerinnen zum Hauptmotiv der grausigen That gemacht, so tritt dasselbe hier ganz in den Hintergrund. Vielmehr ist es die Erbitterung der jahrelang von ihren Männern verlassenen Weiber, welche dem Antrage der rasenden Polyxo auf Rache Eingang verschafft. Wie Lysistrate beruft sie ihre Leidensgenossinnen, die ihr stürmisch folgen, auf die Akropolis, und stellt ihnen mit glühenden Worten die Oede ihres Witwenstandes vor: sie zeigt ihnen den Weg zur Erneuerung der Venus (110). Der Hinweis auf die eben heim= kehrende Flotte und der flüchtig hingeworfene Argwohn, daß die Un= getreuen am Ende gar noch Gattinnen mit sich führen möchten (142), bringt die Wut nur zu vollem Ausbruch, und spornt zur That. Indem nun Hypsipyle Selbsterlebtes und Gesehenes mit Grausen erzählt, gewinnt alles an stimmungsvoller Lebendigkeit und Anschau= lichkeit. Zögernd läßt Juppiter die Nacht vom Olympus herabsinken, spät gehen die Sterne über den benachbarten Inseln auf. Lemnos allein liegt in dichtem Nebel (181 ff.). Nach Schmaus und Trank und traulichem Gespräch an der Seite der festlich geputzten Weiber umfaßt der Schlaf, von stygischem Tau befeuchtet, die dem Tode geweihte Stadt. Nur die Frauen wachen, jede trägt ihre Erinys in der Brust, wie hyrcanische Löwinnen, die vom Hunger getrieben die Herde umschlossen halten. Und nun geht das Gemetzel los, in ein= zelnen Bildern mit grausamer Wollust beschrieben. Aus dumpfem Schlummer halb erwacht umarmt da einer seine Mörderin und stammelt mit brechenden Augen an ihrem Halse hängend zärtliche Töne; da steht eine mitleidige Schwester weinend am Lager des Zwillingsbruders, als die grimmige Mutter von der Leiche des Gatten kommend sie mit harten Drohungen anläßt und dem blühenden Jüng= ling ihr Schwert in den Leib stößt. Und weiter gibt die Flucht der Hypsipyle mit Thoas Gelegenheit, das blutige Mordgemälde mit satten Farben weiter auszuführen. Bacchus, Vater des Thoas, be= gegnet den irrenden und weist ihnen den sicheren Weg zum Meere. Künstlichere Anstalten macht Flaccus: da führt Hypsipyle als Bacchus= priesterin das Bild des Gottes (so hat sie den Vater verkleidet) hin= aus, um es in der Salzflut zu reinigen. Ganz eigen ist dem spä= teren Dichter die Schilderung der Scham und Reue, welche die Thäterinnen schon am Tage befällt, und der furchtbaren Oede auf der verwaisten Insel. Desto mehr wirkt die Ankunft der Fremblinge auf dem wunderbaren Schiffe, welche sie für Thraker halten, die kriegerischen Anstalten der Weiber, welche Pallas erröten, Mars lächeln machen. Der Kampf, welcher der Aufnahme der Argonauten vorausgeht, war in den „Lemnierinnen" des Sophokles vorgekommen. Als dann die fünfzig leuchtenden Helden als Gastfreunde der Reihe nach von der Brücke ans Land springen, da erscheinen sie natürlich den lemnischen Witwen wie Götter. So, denken sie, schreiten die Un=sterblichen aus den Thoren des Himmels, wenn sie zu den Aethiopen wandern, um an ihrem Tisch zu schmausen. In begeisterter Er=innerung ziehen die einzelnen vor den Augen der Königin vorüber, und auch der kleine Hylas macht ihr Spaß, der getreue Knappe, der stolz ist unter Keule und Köcher des Hercules zu schwitzen und mit seinem Herrn kaum im Laufe Schritt hält, obwohl dieser seinen rie=sigen Leib nur langsam vorwärts bewegt. Die Schilderung des Flaccus (I 110) und die klassische Stelle vom kleinen Julus, der seinem Vater „mit ungleichen Schritten" folgt (Verg. Aen. II 723), ist hier hübsch combiniert.

Aus dem Garten hellenistischer Poesie mag die megarisch=argi=vische Sage von Coröbus genommen sein, welche Adrast episodisch erzählt (I 557—672): sie stand im ersten Buch der Aetia des Kalli=machos. In allen thatsächlichen Angaben stimmt die Erzählung des Statius am genauesten mit Pausanias (I 43). Auch verschweigen beide den Namen des Apollonsohnes Linos, der doch bei Kallimachos gewiß die eigentliche Hauptperson der Legende war.

Ein Wahn der Eitelkeit war es, wenn der Verfasser seine Thebais wenn auch in noch so bescheidener Ferne der Aeneis zur Seite zu stellen wagte, jenem echt nationalen Gedicht von Roms göttlichem Beruf diese von Blut und Frevel starrende fremde Schauergeschichte, welche dem Volk weder dauernde Erhebung noch Erwärmung bieten konnte. Unverkennbar freilich schimmert das große Vorbild hindurch. Schon in der Zwölfzahl der Bücher und deren Gliederung in zwei Doppeltriaden, in der Einteilung des Stoffes, in der Behandlung gewisser Partien, Motive und Figuren, welche durch das Schema des heroischen Epos gefordert sind, macht es sich geltend, auch im Schmuck der Darstellung, in Gleichnissen, in den Formeln der Rede und den Versschlüssen.

Einmal hat Statius ausdrücklich zum Vergleich aufgefordert. In jener Nacht, wo nach dem Muster der Ilias von Seiten der Argiver ein Ueberfall auf das Lager der Thebaner unternommen wird, wagen sich aus eigenem Antrieb zwei treue Gesellen, ein Arkader und ein Aetolier, auf das Schlachtfeld, um die Leichen ihrer Führer

Tydeus und Parthenopäus abzuholen und zu bestatten (X 347 ff.). Aber auf dem Rückwege werden sie von einer feindlichen Patrouille eingeholt und fallen nach wackerer Gegenwehr. Dem Arkader, der sich aufs Bitten gelegt hatte, war Verrat angesonnen: da durchbohrt er sich selbst und stürzt über seinem Herrn zusammen. Der Dichter spricht die Hoffnung aus, daß Nisus und Euryalus bei den Schatten dieses andre Paar als Gefährten nicht verachten werden, daß auch ihm ein dauerndes Andenken gesichert sei. Und man muß einräumen, daß diese That aufopfernder Pietät ethisch höher steht als der Beutezug der beiden Freunde. Dennoch ist das Verhältnis treuer Waffen= brüderschaft bei Vergil (Aen. IX 176 ff.) schöner dargestellt.

Politische Beziehungen auf das eigene Volk und die Gegenwart wären gefährlich gewesen. Nur selten und fast unmerklich wird sie gestreift. Am deutlichsten im Eingang (I 144 ff.) durch die Be= trachtung, wie einfach und harmlos damals noch im Vergleich zu jetzt Sitten und Ansprüche gewesen seien, wie wenig der Streit um den thebanischen Königsthron bedeutet habe im Vergleich zu dem Kampf um die Weltherrschaft, und wie dennoch die Grundlagen sittlicher Gemeinschaft darüber vernichtet seien. Nach dem Leben gezeichnet sind die Höflinge, welche sich dem kommenden Herrscher zuwenden, den Machtlosen einsam stehen und abziehen lassen (I 166 ff. II 312 ff.), dann die murrenden Reden der Mißvergnügten über den jährlichen Regierungswechsel (hic imperat, ille minatur 196). Das Verlangen, die Zukunft zu erfahren, Zeichendeutung, Astrologie und Magie er= klärt der Verfasser für eine Krankheit, von der das goldene Zeitalter noch frei war: das sei die Quelle von Furcht und Zorn, von Ver= brechen und Hinterlist und maßlosen Wünschen (III 551 ff.). Dennoch gibt er etwas auf Vorzeichen und tadelt den Leichtsinn, der sie nicht beachtet und so die schädliche Macht der Fortuna verstärkt (VI 934 ff.). Eine wahre Flut von Prodigien schüttet er vor dem Argiverheer auf dessen Marsch gegen Theben aus (VII 402 ff.).

Von der ersten Götterversammlung (I 197 ff.) möchte man glauben, sie sei einer Staatsratssitzung unter Domitian nachgebildet. Nach höfischer Etikette wagen die übrigen sich nicht zu setzen, ehe nicht Vater Juppiter mit gnädiger Handbewegung sie dazu auffordert. Eine Schar von niederen Seitenverwandten, Flüsse, Winde u. dergl. füllt den goldenen Raum. Die himmlische Majestät ist sehr zornig über die Sünden der Menschheit; sie hat unwiderruflich beschlossen,

Argos und Theben zu strafen, und verschmäht nicht, die Sünder selbst verführen zu lassen. Er ist nervös und blutdürstig; wie Seneca's Theaterkönige prahlt und befiehlt er (III 218 ff.). Wie ein un= gnädiger kaiserlicher Erlaß an den Minister klingt der ungeduldige Befehl, welchen er durch Mercur an Mars überbringen läßt: er soll sofort seine Pflicht thun oder seine Stelle niederlegen (VII 6 ff.).

Während übrigens die Götter des alten Olymp ziemlich schablonen= haft behandelt werden, zeichnet der Dichter den Kriegsgott als den Obermeister seiner Bühne durch eine Glanzstelle aus, deren Wirkung freilich durch die Ueberladung mit Einzelnheiten sehr beeinträchtigt wird. Der unholde Gott ist in dem rauhen Thrakien daheim. Dort= hin also geht die Reise des Gesandten. Sie wird anschaulich be= schrieben: wie Mercur aus dem nördlichen Himmelsthor heraus= tritt, reißen ihn sofort die ewig dort gelagerten Wetterwolken und der frische Zug des Nordwindes vorwärts, auf seinen goldenen Mantel prasselt der Hagel hernieder und die arkadische Mütze schützt ihn schlecht. Nun kommt er zum Abhang des Hämus, wo er in düsterem Walde mit Grauen das Haus des Mars erblickt: alles starrt von Eisen, eine Horde allegorischer Unholde springt ihm entgegen, lärmt drinnen, wo finster in der Mitte Virtus steht, während frohlockend die Wut und in Waffen mit blutiger Miene der Tod dasitzt. Auf den Altären nur Blut von Kriegen und Feuer aus dem Brand er= oberter Städte. Gefangene Völker, Trümmer von Thoren und Schiffen, leere Streitwagen und unter ihnen zertretene Gesichter bilden die Giebelzier, in Eisen getrieben, und überall das Bild des strengen Mars, Vulcans Werke. Da zittert der Boden, der Hebrus brüllt in tosender Brandung; das Vieh, welches sich im Thal tum= melt, schäumt in Erwartung; die ehernen Riegel der Thore springen auf, und Mars selbst erscheint auf seinem Wagen, blutig, aber schön, hinter ihm Beute und weinende Scharen, Bellona lenkt die Rosse.

Wenn diesem prahlerischen Schaustück gleichsam als Titelblatt für die folgenden Kämpfe eine gewisse Berechtigung nicht fehlen mag, so hat die noch mehr ausgepinselte Schilderung des Schlafgottes nur den Zweck die bekannte Leistung Ovids (Met. XI 583 ff. Bd. II S. 308) zu überbieten. Auch hier schickt Juno die Botin Iris zu dem trägen Gesellen: er soll die thebanischen Wachen vor den Thoren einschläfern, um ihren Argivern einen Ueberfall zu erleichtern (X 73 ff.). Wie Ovid und seinen Grundzügen folgend schildert nun Statius die Grotte des

Schlafgottes. Die Schwelle bewachen Ruhe, Vergessenheit, Trägheit; im Vorraum sitzen stumme Mußestunden und Stillschweigen: sie wehren Winde ab, verbieten den Zweigen zu rauschen und nehmen den Vögeln die Stimme. Drinnen hat Vulcan wie im Hause des Mars tausend Bilder des Gottes gebildet, an seine Seite ist die Lust geschmiegt, sein Höfling ist die Arbeit, die zur Ruhe neigt; hier lagert er bei Bacchus, dort bei Amor, tief im Innern auch bei dem Tode. Ringsum Träume von mannigfachem Antlitz, wahre mit falschen gemischt. Der Gott selbst liegt frei von Sorgen unter dem feuchten Gewölbe auf Decken, die mit einschläfernden Blumen gepolstert sind; das Lager ist warm von seinem faulen Körper, schnaubend haucht er schwarzen Dampf aus; die eine Hand hält die von der linken Schläfe herab=wallenden Haare, die andre läßt das Horn sinken. Nicht eher er=wacht er, als bis ihm Iris alle ihre Strahlen tief in die trägen Augen gesenkt hat. Ihren Auftrag schärft sie ihm zwei= und dreimal ein und schlägt ihm dabei auf die Brust. Sie selbst fühlt sich beim Austritt beschwert und erfrischt ihr ermattetes Licht mit reichlichem Regen. Der Schlaf hat als Antwort nur genickt. Nun aber legt er Flügel an Füße und Schläfen, wirft die vom Nachtwind ge=bauschte Chlamys um und zieht still durch den Aether. Sein Wehen streckt alle Tiere zu Boden; wo er vorüberfliegt, erschlaffen Meer, Wolken, die Gipfel der Wälder; es fallen mehr Sterne vom Himmel. Zuerst merkt das Feld seine Ankunft durch plötzliche Finsternis, all die zahllosen Stimmen verstummen; wie er mit seinen feuchten Schwingen sich über dem Lager niedergelassen hat, da schwimmen die Augen und die Hälse lösen sich, und mitten in der Rede brechen die Worte ab: sie lassen Schilde und Lanzen aus der Hand fallen, die Gesichter senken sich auf die Brust. Endlich mögen auch die Pferde nicht mehr stehen und die Feuer erlöschen.

Die Allegorie ist das Lieblingskind der römischen Phantasie; die prahlerische Rhetorik der Kaiserzeit hat es vollends groß gezogen und keiner von allen huldigt ihr in solchem Uebermaß als Statius. Ein ganzer Haufe solcher frostiger Gespenster ist z. B. im Gefolge des Mars: einen schickt er gleich unterwegs von Korinth voraus, den Schrecken (Pavor), ein trugvolles Ungetüm mit unzähligen Stimmen, Händen und Gesichtern, dem bereitwillig alles, auch das Unsinnigste, geglaubt wird. Durch eine Staubwolke erregt er im Lager der Argiver den fieberhaften Wahn, daß die Thebaner anrücken (VII

108 ff.). Alle Regungen und Entschlüsse des Menschen sind durch solche Wesen höherer Art beherrscht. Ohne sie kommt weder im Guten noch im Bösen etwas zu stande: die Handelnden sind wie Marionetten mit aufgezogenem Uhrwerk im Innern.

So ist es Virtus in Person, welche den jungen Menöceus zu dem Entschluß begeistert, sich für die Vaterstadt zu opfern (X 629 ff.). Freudig springt sie hinab von der Seite Juppiters, an dessen Thron sie steht, um selten, sei es nach dem Gebot des allmächtigen Vaters, sei es nach eigener Wahl sich in menschliche Herzen zu senken. Die Sterne, welche sie selbst am Himmel geschaffen hat (zur Belohnung unsterblicher Thaten), machen ihr Platz: sie betritt die Erde, das Antlitz immer hoch erhoben. Aber sie dämpft die Würde und Strenge der Miene und nimmt die Gestalt der Tiresiastochter Manto an. Die übergroßen Schritte lassen die Göttin erkennen, wie sie Hercules in Weiberkleidern zur Belustigung der Omphale verrieten (632 ff.). So verkündet sie dem jungen Helden Apollo's Willen. Wie eine Cypresse, in die der Blitz geschlagen ist, flammt er auf (674 f.), und als die Erscheinung plötzlich zu den Wolken emporwächst, ruft er der Göttin nach, daß er ihr folge. Wie in den Phönissen des Euripides (970 ff.) täuscht er den Vater, der ihn mit dringenden Vorstellungen zu überreden sucht, das göttliche Gebot nicht zu achten, sich zu schonen, durch scheinbare Zustimmung (687 ff.).

Die Hauptrolle aber spielt in diesem Epos des unnatürlichen Hasses die Oberfurie der Unterwelt, Tisiphone, die gleich zu Anfang von Oedipus als Vollstreckerin seiner Flüche angerufen wird. Ihre grausige Erscheinung trübt den lichten Tag und macht den Atlas erbeben. Sie erfüllt die Herzen der Brüder mit Herrschgier, Selbstsucht und Zwietracht. Aber für den letzten frevelhaften Zweikampf ruft sie die Megära zu Hilfe (XI 57 ff.). Fern in einsamem Thal läßt sie sich nieder, bohrt mit ihrem stygischen Schwert in den Boden, murmelt den Namen der Abwesenden und hebt die Hauptschlange ihres Haares empor. Deren Zischen, wovon Erde, Meer und Himmel erschrecken, vernimmt Megära. Sie steht grade bei Dis, während der eben angekommene Capaneus von der ganzen Gesellschaft gelobt wird und seinen Schatten in stygischer Flut badet. Alsbald steigt sie zur Schwester empor, welche ihr bekennt, nachgrade sei sie müde, unter dem Lichte des Himmels ermatte allmählich ihre Fackel, ihre Schlangen werden schläfrig. Zu dem bevorstehenden Hauptwerk soll Megära mit frischen Kräften sich ihr gesellen. Sie teilen die Rollen: Tisiphone behält die Führung in Theben, Megära übernimmt den Verbannten und seine Genossen. Als Juppiter sie erblickt (er weiß was bevorsteht), fordert er die Himmelsbewohner auf, die Augen von dem grausigen Schauspiel abzuwenden. Polynices, von schweren Gedanken bewegt, hat im Traum seine Gattin als Trauernde ge= sehen, aber noch weiß er es nicht sicher zu deuten: die Furie berührt dreimal mit erhobener Geißel seine gepanzerte Brust, da überkommt ihn die Glut, er lechzt nach dem Blut seines Bruders und erklärt Adrast in wilder Rede, er wolle ein Ende machen. Schon beginnt der milde Zuspruch des älteren ihn zu besänftigen, aber die Eumenide in Gestalt eines Kriegers treibt ihn zur Eile durch die Botschaft, schon nahe Eteokles. Und noch einmal bedarf es ihrer Dazwischen= kunft, als es der Schwester Antigone schon fast gelungen ist, durch rührende Ansprache von der Mauer herab den feindlichen Bruder zu erweichen. Plötzlich stößt die Eumenide Eteokles aus dem Thor heraus, und nun ist der Kampf unabwendbar (XI 354 ff.).

Die ganze Hölle so zu sagen wird aufgeboten, als nun wirklich die Brüder einander gegenübertreten (XI 403 ff.). Jedem der beiden steht eine Furie zur Seite, die ihn stachelt. Dreimal donnert der gierige Herrscher der Unterwelt und dreimal erbebt der Boden, selbst die Götter der Waffen entfliehen: Virtus verschwindet, Bellona löscht ihre Fackeln, Mars und Minerva enteilen. Auf hohen Dächern eine zuschauende Menge, alle in Thränen. Greise klagen, das erleben zu müssen, da stehen Mütter mit nackter Brust und wehren ihren Knaben hinzuschauen. Pluto öffnet sein Thor und schickt die Manen der verdammten Ahnen herauf: sie sitzen auf den heimatlichen Bergen in düstrem Kreise und freuen sich, daß ihre Verbrechen noch überboten werden. Mit berechnetem Zögern zieht der Dichter den Zusammen= stoß immer noch hin. Noch einmal sprengt Adrast zwischen die Gegner und redet ihnen zu, aber vergeblich: da wendet er seinen Arion und verläßt die Stätte. Selbst den Angriff vereitelt Fortuna noch zweimal: die Rosse weichen seitlich ab und die Speere verfehlen ihr Ziel. Schon ist man hüben und drüben geneigt den Massen= kampf zu erneuern. Pietas, welche bisher einsam und an ihrem Berufe verzweifelnd in entlegenem Teile des Himmels gesessen hatte, will den Augenblick benutzen und springt hinab (ein weißer Streif

in den schwarzen Wolken zeichnet ihren Pfad): alsbald wird alles
sanfter und frieblicher gestimmt, die Brüder selbst beschleicht ein
Schauer, die Göttin als Krieger eilt hin und her und redet zum
Guten. Aber barsch tritt ihr Tisiphone entgegen und weist sie fort:
jetzt sei es zu spät; wo sie denn früher bei all ben Greueln des
thebischen Hauses gewesen sei? Pietas entweicht beschämt, mit ver=
hüllten Augen, und nun endlich bricht mit verstärktem Grimm der
mörderische Kampf los. Dieser ist mit grausamer Anschaulichkeit,
weit brastischer als bei Euripides, beschrieben. Zuerst wird nur das
Pferd des Eteokles verwundet, aber er selbst hält das rinnende Blut
für sein eigenes ebenso wie der frohlockende Gegner. Nun aber sitzen
beide ab, und es beginnt ein furchtbares Handgemenge. Durch die
geschlossenen Helme blitzen die haßglühenden Augen einander an,
dumpfe Laute der Wut ertönen statt des Signals der Tuba. Wie
zwei Eber mit gesträubten Borsten gehen sie gierig aufeinander los.
Nun bedarf es der Furien nicht mehr: diese stehen bewundernd zur
Seite. Den töblichen Stoß empfängt zuerst Eteokles: er wankt zurück,
vom höhnenden Gegner verfolgt. Noch ein schwacher Lebensfunke
glimmt in ihm, den benutzt er zum letzten Truge. Er stürzt von
selbst; während aber der Bruder sich über ihn beugt, um ihn der
Waffen zu berauben, richtet er heimlich das Schwert auf und bohrt
es ihm ins Herz, so daß der Getroffene über der Leiche seines Mörders
zusammenbricht.

Die Gabe farbenreicher Darstellung und wirkungsvoller Erzählung
wird man dem Verfasser der Thebais wahrlich nicht absprechen können;
auch Sinn für künstlerische Anordnung läßt der Aufbau des Ganzen
wie seiner Teile nicht vermissen. Vorspiel, Rüstung, Kampf, Kata=
strophe entwickeln sich langsam in wohl abgemessenen Stufen; einer
der gewaltigen Bundesgenossen nach dem andern geht dahin, bis die
Reihe an die Urheber kommt. Trotz seiner Neigung zum Gräßlichen
entläßt der Dichter seinen Leser nicht, ohne den haarsträubenden Ein=
brücken einen weichen, versöhnlichen Nachklang folgen zu lassen.
Statt der grimmen Krieger erscheinen im letzten Buch trauernde
Frauen auf dem Schauplatz, um ihre Liebespflicht an den Toten zu
üben. Während die übrigen sich zunächst nach Athen um Hilfe
wenden, begibt sich Argia mutvoll durch alle Gefahren und Schrecken
auf das Schlachtfeld, um die Leiche ihres Gatten Polynices trotz
Creons Verbot zu bestatten. Luna leuchtet ihr auf Juno's Bitte und

schickt ihren Begleiter, den Schlummer, über die thebanischen Wächter. Während sie in zärtlichen Betrachtungen an der Leiche des Gatten versunken ist, kommt von der andren Seite zu gleichem Zweck Antigone; es gibt eine ergreifende Erkennungsscene, und als sie bei gemeinsamer Liebesthat ergriffen werden, wetteifern sie wie Orestes und Pylades bei Pacuvius die Schuld und ihre Folge auf sich zu nehmen.

Dem greuelvollen und fluchbeladenen Theben aber tritt die hehre Gesittung Athens und seines edlen Königs Theseus gegenüber. Dem berühmten „Altar der Gnade" (Clementia) auf dem Markte, an dem einst die Enkel des Herakles vor ihrem Verfolger Eurystheus Schutz gefunden haben und jetzt aufs neue die trauernden Frauen Erfüllung frommer Bitte erwarten, ist eine schöne Beschreibung gewidmet (XII 481 ff.). Und wie diese Friedensstätte in wohlthuendem Gegensatze steht zu dem blutigen Schlachtfelde vor Theben, so der heitere Triumphzug des Besiegers der Amazonen (519 ff.) zu dem unseligen Ausgang des Bruderkrieges.

Noch manche anziehende Partie ist dem Dichter gelungen. Grade seine Frauengestalten sind mit seiner Hand gezeichnet; wo sie auftreten, werden auch Herzenstöne von echtem Klang angeschlagen. Wie schön erzählt er von dem sterbenden Atys, der sich vom Schlachtfeld zu Ismene, seiner Verlobten, ins Haus tragen läßt: ihr Name allein schwebt auf seinen erkaltenden Lippen, zu ihr erhebt er die letzten Blicke, und sie drückt ihm die Augen zu (VIII 636 ff.). Originell ist die Figur des jungen Nymphensohnes Crenäus, der in den Fluten seines Großvaters Ismenus geboren sich so fröhlich in seinem Elemente tummelt, bis auch er im Kampf erliegt und die Wellen seinen Leib hinabtragen; dann der Schmerz der Mutter, ihr angstvolles Suchen, bis die Nereiden ihr die Leiche bringen, deren liebevolle Bestattung ihr letzter Trost ist (IX 316 ff.).

Statius ist ein flotter, wenn auch nicht immer exakter Erzähler, seine Schilderungen und Reden sind aus dem Vollen geschöpft, aber nur zu oft ermüden sie durch Ueberladung. Kein Moment will er sich entgehen lassen. So schildert er, wie der Kampf am Schlachttage allmählich entbrennt (VIII 386 ff.). Erst die Spannung. Der Zorn hält die Hände bereit am Schwertgriff und an der Lanze, das pochende Herz will den Panzer sprengen. Selbst die Pferde schäumen, äußern mit Wiehern und Bäumen ihre Kampflust. Jetzt von beiden Seiten der Angriff, erst allmähliche Annäherung, dann Zusammenstoß

und Handgemenge: Schild an Schild, Fuß an Fuß (wie schon Ennius
nach Homer sang). Noch ist der Anblick schön, noch glänzen die
Waffen, und die Wagen haben ihre Herren. Aber bald bricht das
Unwetter los, die Geschosse fliegen und verdunkeln den Tag u. s. w.
Es ist eine Flut von Farben, ein Getöse von Worten, und doch sind
nur die altbewährten Züge der Vorgänger verbreitert und variiert,
was den Eindruck schwächt, statt ihn zu steigern.

Aus dem Erhabenen ins Kleinliche oder aus dem Furchtbaren
ins Gewöhnliche verfällt die Darstellung, wo von der Ankunft des
Amphiaraus in der Unterwelt und der Ueberraschung ihrer Bewohner
berichtet wird (VIII 1 ff.). Plötzlich stand unter den Schatten der
gewappnete Krieger, noch schwitzend von der Schlacht, bestaubt, mit
Blutstropfen am Schilde. Erst bei seinem Anblick reißen die Parcen
den Faden ab, der bleiche Fährmann aber murrt über die Verletzung
seiner Gerechtsame durch solche Eröffnung eines neuen Verkehrsweges.
Pluto, der grade Gerichtssitzung hält, erschrickt über das plötzlich ein=
brechende Himmelslicht, denkt an plötzlichen Ueberfall von Seiten
eines seiner Brüder, und nimmt Gelegenheit, in längerer, schulmäßig
ausgearbeiteter Rede alle schon erlittenen Eingriffe in seine Rechte
aufzuzählen. Diesen neuen Ueberfall soll Tisiphone rächen, indem
sie die feindlichen Brüder und ihren Verbündeten zu unerhörten
Freveln an den Göttern aufreize. Amphiaraus aber beschreibt, wie
ihm bei der unerwarteten Niederfahrt zu Mute gewesen sei, versichert
gemütlich, daß er nichts dafür könne, keinerlei Ansprüche auf An=
stellung als Prophet in der Schattenwelt mache, und bittet nur um
exemplarische Bestrafung seines treulosen Weibes, wenn es dereinst
unten ankommen werde.

Die Bestattung des Archemorus und die Sühnfeier für die ge=
tötete Schlange samt allen vorbereitenden Anstalten wird mit einer
Umständlichkeit beschrieben, als ob ein offizieller Berichterstatter die
Exequien eines regierenden Hauptes zu schildern hätte (VI 25 ff.).
Die Aufrichtung und Ausschmückung des Paradebettes erfolgt langsam,
Stufe für Stufe; alle einzelnen Baumarten des uralten Waldes,
welche für den Scheiterhaufen der Schlange gefällt werden, sind auf=
gezählt; was alles für Kostbarkeiten, feste Gegenstände und Flüssig=
keiten in den Flammen knistern, zischen und prasseln; endlich die
militärischen Ehrenbezeugungen und Ehrengaben. Wie umständlich
wird auch das Amphitheater beschrieben, in dem die Spiele statt=

finden follen (VI 255 ff.)! Nicht nur die Wettfahrer, sondern ihre edlen Roffe werden einzeln vorgeführt, über ihre Herkunft und Geschichte wird berichtet. Anschaulich weiß dann der Kenner des Circus von der erwartungsvollen Stimmung vor Beginn des Rennens zu erzählen: wie die Pferde in die Zügel beißen, mit den Hufen an die Schranken schlagen, wie sie schnauben und wiehern und stampfen (389 ff.). Sehr überflüssig zählt Amphiaraus in langer Reihe vergleichend die berühmtesten Orakelstätten auf, während er im Gebet an Juppiter die Zuverlässigkeit der von ihm gesendeten Vogelzeichen preist (III 471 ff.).

Ueberreichlich ist die Erzählung mit schulmäßig gedehnten Reden ausgestattet. Aber der Verfasser hat sich Mühe gegeben, sie auch in der Form individuell und der Situation angemessen zu gestalten. So drückt sich die Leidenschaft des Tydeus, als er in der Versammlung die Argiver zum Krieg aufreizt, durch häufige Anwendung der Anaphora aus (III 348 ff.). In heftiger Erregung brechen die Redner öfters mitten im Satz ab (III 87. 280. 647. X 730). In lebhaftem Meinungsaustausch werden wie im Drama kurze abgerissene Worte gewechselt (XI 257 ff.).

Von Gleichnissen wird in verschwenderischer und deshalb abstumpfender Weise Gebrauch gemacht, besonders zur Veranschaulichung der Affekte: ihre Zahl ist dreimal so groß als in der Aeneis. Dabei sind Wiederholungen freilich nicht vermieden und mancherlei Anleihen bei Vorgängern gemacht, abgesehen von den großen Schatzkammern Homers und Vergils vereinzelt auch bei Lucan und Valerius Flaccus. Aber die Ausführung bewahrt immer eine gewisse Selbständigkeit. Den viel ausgebeuteten Sphären des Tierlebens und der Naturerscheinungen zu Lande und zu Wasser sind wie immer viele Vergleichungen entnommen. Demnächst sind Schiffer, Hirten und Jäger herangezogen, während das häusliche Leben ganz leer ausgegangen ist. Dem schon berührten Geschmack der Zeit entsprechen Hinweise auf die Götterwelt und den Sagenschatz, woraus anschauliche Bilder und feste Typen durch darstellende und dichtende Kunst geboten waren. Wenn Ide, die Mutter der Thespiaden, welche das Schlachtfeld nach den Leichen ihrer Söhne durchsucht, nicht eben ansprechend mit einer thessalischen Hexe verglichen wird, die nachts mit der Fackel aus Leichenhaufen einen Toten zur Erweckung auswählt (III 140 ff.), so gedenkt man der Erichtho aus

Lucan. Schöner wird Argia, welche die Leiche ihres Gatten Polynices sucht, neben Ceres gestellt, die um ihre Tochter Proserpina
den Erdkreis durchirrt (XII 270 ff.; vgl. Ovid Metam. V 438 ff.).

Die Trauer der Argiver über das Verschwinden des Amphiaraus
erinnert den Dichter an die Stimmung der Argonauten nach dem
Verlust ihres Steuermanns Tiphys (VIII 212), d. h. an die schöne
Stelle bei Valerius Flaccus (V 22 ff.). Eteokles, der vor dem letzten
Zuge opfernd angesichts der düstren Vorzeichen seine Angst noch
zurückdrängt, gleicht dem Hercules, der am Altar bereits die Glut
des Nessusgewandes fühlt, den Schmerzensschrei noch einen Augenblick zurückdrängt (XI 234 ff.): dieser Zug findet sich bei Ovid (Met.
IX 163). Hellenistischer Anschauung entstammt der Triumphzug des
Bacchus am Ganges, dem hyperbolisch der Einzug des Theseus in
Theben an die Seite gestellt wird (XII 787 ff.). Begeisterung,
leidenschaftliche Trauer, fliegende Hast, unaufhaltsames Voranschreiten
wird mehrfach mit der Schwärmerei von Bacchusverehrern oder Dienern
der Kybele verglichen.

Am sympathischsten wirken immer die aus dem täglichen Menschenleben entlehnten Gleichnisse, denen wirkliche Beobachtung zu Grunde
liegt. Manchesmal hat der Dichter erlebt und mitangesehen, wie es
beim Antritt einer Seereise zugeht: die Vorübungen mit dem Boot
auf stillem Wasser, eh' es zum erstenmal sich in Gefahr begibt (VI
19); den letzten schweren Abschied der Angehörigen vor der Abfahrt
(IV 24); die geschwellten Segel und die schwimmenden Ruder der
Flotte, wenn sie bei frischem Winde den Hafen verläßt (VII 139).
Interessant ist auch das Bild von den beiden Schiffen, die sich bei
Südwind nachts ineinander verrannt haben und vergeblich im Dunkel
miteinander ringen, bis sie alle beide fest auf dem Grund sitzen (XI
520 ff.).

Zweimal scheint der Dichter auf bestimmte Ereignisse seiner Zeit
anzuspielen, ohne daß wir sie näher zu bestimmen vermögen. Wie
der Thebaner unter den Händen des Tydeus und von dessen Last er-
drückt zusammenstürzt, gedenkt er des Arbeiters im spanischen Berg-
werk, der vom einstürzenden Schacht begraben wird (VI 855 ff.).
Einen Fall auswärtiger Tagespolitik glaubt man berührt zu sehen,
wenn die gemischten Gefühle des zum Nachfolger des Amphiaraus
gewählten jungen Thiodamas verglichen werden mit der Stimmung
eines parthischen Prinzen, der unerwartet als Knabe auf den Thron

berufen ist (VIII 286 ff.). Mit auffälliger Breite wird ausgeführt,
welche Bedenken und Sorgen dem jungen König zu schaffen machen.
Leider sind die Nachrichten über den in Betracht kommenden Zeitraum
zu spärlich, um eine Beziehung auf eine bestimmte Persönlichkeit zu-
zulassen.

Zwölf Jahre lang hat Statius, wie er selbst am Schluß seines
Werkes angibt, an den zwölf Büchern der Thebais gearbeitet, und
es liegt kein triftiger Grund vor daran zu zweifeln: es entspricht der
bedächtigen Langsamkeit, mit welchem die gewissenhaften Dichter des
Altertums ihre Schöpfungen, von denen sie Unsterblichkeit ihres
Namens hofften, reifen ließen; und ein gewaltiges Studium ist sicher
auch in dieser niedergelegt. Einzelne Teile hat der Verfasser nach
und nach, wenn sie ihm vollendet schienen, vor einem gewählten
Kreise vorgelesen, und man hörte ihn mit Begeisterung (Silv. V 3,
215 Theb. XII 812 ff.). Er hatte ein angenehmes Organ, die
glänzenden Schilderungen und lebhaften Reden in seinen Dichtungen
gewannen gewiß durch kunstvollen Vortrag bedeutend an Wirkung. Es
war ein Fest für die Litteraturfreunde Roms, wenn sie wieder einmal
nach längerer Pause ein Stück der beliebten Thebais zu hören be-
kamen. Man strömte in hellen Haufen hinzu, und die Sitze brachen
fast unter dem Sturm des Beifalls. Daß auch Kritik und Opposition
sich geltend machte, kann nicht verwundern. Schon vor der Veröffentlichung des Ganzen waren Teile des Gedichtes in Italien verbreitet und wurden eifrig gelesen. Auch Domitian hatte Kenntnis
davon genommen.

Die schmeichlerische Widmung an ihn in der Einleitung des
ersten Buches ist natürlich zuletzt geschrieben: sie setzt den schmachvollen Triumph des Kaisers nach den dacischen Feldzügen (89 n. Chr.?)
voraus. Mehrfach spricht der Verfasser in seinen vermischten Gedichten (I Vorr. 5, 8. III 2, 142 f.) von der Thebais, die er in
Arbeit habe. Mit dem letzten Buch war er beschäftigt, als Mäcius
Celer nach Syrien abging. (Silv. III 2, 40 f. 142 f.). In einem
nicht erhaltenen Brief an Vibius Maximus, der sich dafür interessierte, hatte er sich über die Ausgabe ausgesprochen (IV Vorr.
7, 25 ff.). Dies mag geschehen sein, ehe der Gönner nach Dalmatien
aufbrach, um dort ein Commando zu übernehmen (93). Im Sommer
95 lag das Werk wohl schon geraume Zeit hinter ihm (Silv. IV 4, 87).
Jedenfalls ist es noch in Rom fertig geworden.

Aus der Hand des Kaiſers hatte er im Lauf dieſer Jahre (wir
wiſſen nicht in welchem, ſicher erſt nach dem Tode des Vaters) eine
Auszeichnung empfangen, deren er wiederholt mit Stolz gedenkt
(Silv. III 5, 28. IV 2, 64. 5, 22). Bei Gelegenheit des albaniſchen
Wettſtreites hatte er ein Gedicht zur Verherrlichung der germaniſchen
und daciſchen Schlachten des Herrſchers vorgetragen (Silv. IV 2, 64),
und war dafür von demſelben mit dem goldenen Olivenkranz belohnt
worden. Aber eine ſchmerzliche Enttäuſchung mußte er erleben, da
ihm (im Jahre 94?) der höhere Preis, der goldene Eichenkranz des
kapitoliniſchen Wettkampfes verſagt wurde (Silv. III 5, 31. V 3, 230).

Dieſe Niederlage ſcheint ihm den Aufenthalt in Rom verleidet
zu haben. Er begann zu altern und ſehnte ſich nach Ruhe. So
beſchloß er ſich in ſeine ſchöne campaniſche Heimat, nach Neapel
zurückzuziehen. Aber ſeiner guten Frau Claudia, einer geborenen
Römerin, wurde es ſchwer ſich von dem anregenden Leben in der
Weltſtadt zu trennen. Da hatte der brave Gatte Mühe, durch ver-
ſtändige und liebevolle Vorſtellungen ihren Widerſpruch zu beſiegen.
Den Inhalt ſolcher ehelichen Unterhaltungen hat er in einem ſeiner
liebenswürdigſten Gedichte, einer poetiſchen Anſprache (sermo) an die
Frau niedergelegt (III 5). Grade die anſpruchsloſe, bürgerliche
Schlichtheit des Tons gereicht ihm zu beſonderer Zierde. „Warum,“
hebt er etwas neckiſch an, „biſt du mir ſo traurig bei Tag und bei
Nacht? Daß die Liebe zu einem andern dich aufregt, habe ich doch
nicht zu fürchten: ich kenne deine Treue. Müßte ich zwanzig Jahre
in Kriegen und auf Meeren umherirren, du würdeſt tauſend Freier
ohne viel Federleſens fortjagen. Aber woher die Wolken auf der
Stirn? weil ich müde in meine Heimat zurückkehren und mein Alter
dort in Ruhe zubringen will? Am Circus und Theater hängt doch
dein Herz nicht; und gar zu weit will ich dich auch nicht entführen“. Und nun erinnert er die langjährige treue Lebensgefährtin,
ſeine erſte Jugendliebe, an alles was ſie bisher miteinander geteilt
haben, Freude und Leid, wie er neulich, als er todkrank war, durch
ihren Anblick geneſen ſei, rühmt die Treue, die ſie ihrem erſten
Gatten bewieſen habe und ihrer früh verwittweten Tochter beweiſe.
Auch in Campanien werde dieſelbe einen würdigen Mann
finden. Begeiſtert ſchildert er die Schönheit ſeiner Heimat, das
Klima, die idylliſche Ruhe, die Tempel und Theater, das rege litera-
riſche Leben und die entzückenden Ausflüge in die Umgegend. Er

schließt etwas kleinmütig mit der Zuversicht, daß die Gattin ihm wenigstens folgen, daß ihr ohne den Gatten Rom nicht gefallen werde. Das letzte Wort scheint eben doch noch nicht gesprochen zu sein. Im Frühling etwa des Jahres 95 wird der Umzug statt= gefunden haben. Reichtümer nahm Statius nicht mit. Seine Haupt= einnahme hat er aus dem Erlös jener schon (S. 56) erwähnten Libretti zu Pantomimen bezogen: eins davon war Agaue betitelt.

Der Heimgekehrte muß sich in der stillen, wonnigen Umgebung recht erfrischt gefühlt haben. Denn es währte nicht lange, so nahm er sich ein zweites großes Heldenepos vor, aber einen weit reizvolleren, dankbareren Stoff. Die Thaten und Schicksale des Achilles wollte er besingen, und zwar in vollem Umfange, von dem Versteck des Knaben auf der Insel Skyros bis zu seinem Tode, oder wohl noch weiter bis zu seiner Verklärung auf Leuke. Viel wußte schon das alte Epos von Abenteuern des Peliden außer seinem „Zorn" zu er= zählen, von zarten wie von kriegerischen. Manche derselben hatte das Drama mit Vorliebe ausgeführt. Namentlich die Entdeckung des verkleideten Jünglings auf Skyros hatten Sophokles sowohl wie Euripides auf die Bühne gebracht; besonders aber gefiel sich die hellenistische Dichtung in der novellenhaften Darstellung erotischer Erlebnisse des Gewaltigen. In einer Sammlung idyllischer Er= zählungen und Scenen stand ein Epyllion von der „Hochzeit des Achill und der Deidamia", von dem leider nur der anmutige An= fang (etwas über 30 Verse) erhalten ist. Ovid spielt mit dem heitren Motiv in seiner schlüpfrigen Weise, und eine Reihe campanischer Wandgemälde, welche die Erkennungsscene sehr lebendig darstellen, beweist, wie bekannt und beliebt die Geschichte grade in der Heimats= gegend des Statius war.

Was von seinem Gedichte fertig vorliegt, zeigt das Talent des Verfassers von der besten Seite und läßt uns lebhaft bedauern, daß es nicht weiter gediehen ist. Er hat sich die liebenswürdige Kunst der hellenistischen Kleinmaler vortrefflich angeeignet und mit seiner gemütlich schalkhaften Erzählung ein wahres Kleinod geliefert. Einige Motive sind derselben mit den Auffassungen bei Sophokles und Euripides gemeinsam. Sie beginnt wie die Aeneis mit einer Meeres= scene. Thetis von ihrer krystallenen Wohnung aus gewahrt zu ihrem Schrecken die Schiffe des Paris, der mit seinem Raube durch den

Hellespont rudert. Sofort ahnt sie den bevorstehenden Krieg, die un=
vermeidliche Beteiligung ihres Sohnes, und gedenkt der düstren
Prophezeiung des Proteus, daß sie ihn verlieren werde. Auf dem
Wege zu Juppiter, den sie wenigstens um Aufschub bitten will, be=
gegnet sie Neptun, der in heitrer Laune, umspielt von Tritonen und
Nereiden (ein reizendes Bild: 52 ff.) vom gastlichen Tisch des Oceanus
heimkehrt. Vergeblich beschwört sie ihn die Schiffe des Phrygiers
durch Sturm zu vernichten. Er belehrt sie, daß der Krieg zwischen
Europa und Asien vom Schicksal beschlossen sei, schmeichelt ihrem
Mutterstolz durch Hinweis auf die glänzenden Thaten, welche ihr
Sohn verrichten werde, verheißt übrigens ihr bei der Heimkehr der
Griechen Genugthuung zu geben (—80). Thetis ist betrübt und denkt
auf ein andres Mittel. In drei Stößen schwimmt sie nach Thessalien
und begibt sich zu Chiron, Achills Erzieher. Seine gemütliche Höhle
wird beschrieben, wo neben Musik nur das friedliche Studium von
Heilkräutern getrieben wird. Er erwartet seinen Zögling von der
Jagd zurück, und bereitet eben am Herdfeuer das Mahl. Die Göttin
empfängt er draußen auf dem Felde mit höflichem Kratzfuß und
nötigt sie einzutreten. Sie frägt nach dem Sohn, erzählt von schweren
Träumen und Sorgen um ihn, Proteus habe ihr geraten, fern am
Meeresstrande Sühnungen mit ihm vorzunehmen, er soll ihr den
Knaben mitgeben: eine fromme Notlüge, um den Widerstand des
Alten zu umgehen. Aber der ist ganz froh, den Burschen, der an=
fängt ihm über den Kopf zu wachsen, mit guter Manier loszuwerden;
schon beklagen sich die Centauren der Nachbarschaft über seine Ge=
waltthätigkeiten; es steckt etwas von Theseus und Hercules in ihm
(—158). Da kommt er selbst, begleitet vom Kameraden Patroclus,
ein köstlicher Bengel: eine Mischung beginnender Männlichkeit mit
kindlichem Liebreiz, mit den Zügen der Mutter und schon so groß wie
sie, ein jugendlicher Apollo. Die Freude erhöht seine Schönheit, denn
eben hat er eine Löwin erlegt und bringt die Jungen, mit ihren
Klauen spielend. Wie er aber die Mutter erblickt, wirft er die
Bestien fort und schließt jene heftig in seine Arme (—177). Mit
raschem Sprunge taucht er in den Fluß und kühlt die heißen Wangen,
Chiron kämmt ihn, reibt ihm Brust und Schultern. Dann geht es
zu Tisch; der musikalische Wirt sorgt für Unterhaltung und läßt
seinen Schüler Heldenlieder zur Cither vortragen, zuletzt das von der
Hochzeit der Mutter, welches der zwischen Freude und Sorge ge=

teilten ein Lächeln abgewinnt. Endlich begeben sie sich zur nächtlichen Ruhe, Achill nach seiner Gewohnheit traulich an die Schulter des Meisters geschmiegt (—197). Thetis aber überlegt in einsamer Nacht auf dem Felsen stehend, wo sie ihr Kind verbergen soll, wie ein Vogelweibchen ängstlich ein Nest wählt. Viele Orte verwirft sie, da fällt ihr ein, sie habe neulich Mädchenscharen vom Hofe des Lyco= medes am Ufer spielen gesehen. Der Platz gefällt ihr. Sie ruft ihr flinkes Delphinengespann, läßt es in der Nähe des Ufers halten, und trägt (die starke Göttin!) den tief schlafenden Knaben beim Schein des Vollmondes an die stille Küste. Chiron, eine Thräne unterdrückend, nimmt Abschied. Fort geht es, und lange noch verfolgt er die letzten Spuren im Wasser. Wald und Berg, Fluß und Grotte fühlen sich verlassen; die Faune vermissen die Lieder des Knaben, und die Nymphen weinen um ihre getäuschten Hoffnungen (—241).

Bei Sonnenaufgang landen Mutter und Sohn in Skyros. Erst jetzt wacht Achill auf, sieht sich verwundert in der fremden Gegend um. Thetis klärt ihn über ihre Absicht auf und bittet ihn liebevoll, sich für kurze Zeit die Verkleidung gefallen zu lassen. Habe doch Hercules, Bacchus, Juppiter selbst sie nicht verschmäht, Chiron solle auch gewiß nichts davon erfahren. Aber Achill sträubt sich wie ein junges Pferd, dem der erste Zügel angelegt werden soll (—282). Da kommt ein mächtiger Gott der bedrängten Mutter zu Hilfe. Skyros feiert grade das Frühlingsfest zu Ehren der Pallas, und die Töchter des Lycomedes sind vor die Stadt an das Ufer gezogen, um das Bild der Göttin mit Blumen und Laub zu schmücken, lauter schön aufgeblühte Jungfrauen. Aber vor allen strahlt Deidamia, der Pallas selbst vergleichbar, wenn diese Schlangen und Helm ablegt. Achill, dessen Herz bisher noch von keiner Regung wußte, fängt Feuer und brennt in heller Liebesglut; er wird blaß und rot, nur die Scheu vor der Mutter hält ihn zurück, das Opfer zu stören. „Ist es nun so schlimm," sagt sie, „mit diesen Mädchen zu tanzen und zu spielen? welches Glück, wenn ich noch einmal einen zweiten Achill am Busen tragen dürfte!" Er wird allmählich zahm und läßt sich als Mädchen herausputzen, lernt Gang und Sprechweise, und die kindliche Anmut, die trotz der Kraft seinem Wesen noch beiwohnt, macht die Täuschung leicht (—337). Die Mutter stellt ihn dem Könige vor als Achills Schwester, dem Bruder ähnlich in Aussehen und Wesen, mit amazonen= haften Neigungen, die ihr abgewöhnt werden sollen. Thetis wünscht,

daß Lycomedes das wilde Mädchen zu weiblicher Arbeit und Sitte
anhalte, zu einer ehrbaren Hausfrau erziehe, sie nicht im Walde und
besonders nicht an der nach den neuesten Erfahrungen so unsicheren
Küste umherschweifen lasse (—362). Der würdige Pädagog, eine Art
Pensionsvater, fühlt sich durch das ihm geschenkte Vertrauen sehr
geschmeichelt, die Töchterschar mustert die neue Genossin mit be=
wundernden Blicken und nimmt sie in ihren Kreis auf. Die besorgte
Mutter aber, ehe sie sich von ihrem Liebling trennt, hat ihm noch
auf der Schwelle manche vertrauliche Lehren ins Ohr zu flüstern (—396).

Unterdessen rüstet sich Griechenland eifrig zum Kriege (ein kleiner
Völkerkatalog fehlt auch hier nicht: 406 ff.); nur Thessalien seufzt,
daß Peleus zu alt und Achill noch nicht reif sei. In Aulis, wo sich
das Heer sammelt, wird der junge Held, auf den man die größte
Hoffnung setzt, von allen vermißt. Protesilaus interpelliert den
Calchas, wo der Vermißte stecke. Der Seher, von prophetischer Ver=
zückung ergriffen, hat eine Vision, welche das Rätsel löst. Diomedes
und Ulixes machen sich auf, um wo möglich den Säumigen herbei=
zuschaffen (—559).

Mit ovidischer Kunst wird der Verkehr zwischen Achill und Dei=
damia geschildert, wie der Verliebte sich ausschließlich zu ihr hält,
mit ihr tändelt, ihr Musikstunde gibt, ihre Finger beim Citherspiel
führt, ihren Gesang (Lieder von Achill studiert sie) mit Küssen belobt.
Und sie unterweist ihn im Weben und Spinnen, in weiblichem An=
stand und wundert sich über seine männliche Stimme, das Gewicht
seiner Hand, sein ganzes leidenschaftliches Gebaren, und läßt ihn
doch nicht zum Bekenntnis kommen (— 592). Bacchische Orgien der
Weiber von Skyros, wobei Achill als Mänade sich auszeichnet, geben
Anlaß zu einer nächtlichen Liebesscene: der Chor der Sterne lachte
und die Hörner der zarten Luna erröteten. Er gibt sich der Ge=
liebten zu erkennen, sie vertraut ihr Geheimnis der hilfreichen
Amme (—673).

Monate sind vergangen, da landen die Abgesandten des Griechen=
heeres auf der Insel. Ulixes stellt sich und seinen Begleiter dem
König vor, ihr Auftrag sei, die Küsten zu rekognoscieren. Sie werden
gastlich aufgenommen, und der schlaue Ithaker durchspäht unter dem
Schein der Bewunderung Haus und Hallen, wie ein Jäger mit seinem
Molosserhund seine Beute erspäht (— 749). Mit Erlaubnis des Vaters
kommt die neugierige Töchterschar und nimmt auf den Polstern

Platz. Trotz der ungünstigen Beleuchtung entdeckt doch das scharfe
Auge des Ulixes an dem unruhigen, lecken Blick den jungen Achill.
Im Gespräch mit dem König schildert er beredt die allgemeine Teil=
nahme Europa's an dem Krieg gegen Asien, und beobachtet, mit wie
gespannter Aufmerksamkeit der Jüngling ihm zuhört, der aufgesprungen
wäre und sich gemeldet hätte, wenn nicht Deidamia zu rechter Zeit mit
ihm aufgebrochen wäre (818). Am andern Morgen führen die Mädchen
den Fremden zur Augenweide einen bacchischen Tanz vor, wobei sich
Achill sehr ungebärdig benimmt. Im Palast breitet Diomedes die
mitgebrachten Gastgeschenke zu freier Auswahl aus: die übrigen wählen
Thyrsusstäbe, Handpauken, Bänder, aber Achill, wie er den kunstvoll
getriebenen Schild erblickt, der an die Lanze gelehnt ist, wie ihm gar
sein Bild aus dem glänzenden Metall entgegentritt, vergißt alle An=
weisungen seiner Mutter, wie ein gezähmter Löwe, dem Eisen ins
Auge blitzt, plötzlich wild wird und sich auf seinen Bändiger wirft.
Da tritt Ulixes an ihn heran und raunt ihm zu: „wir kennen dich;
die Griechenflotte erwartet dich: mach' ein Ende!" Zugleich erschallt
der schmetternde Ton der Tuba: die Mädchen entfliehen erschreckt,
Achill aber zerreißt sein Weiberkleid und greift zu den Waffen. Auf
einmal scheint der junge Kriegsheld beide Fremde zu überragen: ge=
waltig ausschreitend, als ob er Hector herausforderte, steht er da.
In männlich gehaltener Rede gibt er sich dem König zu erkennen,
wirbt um die Hand der Tochter und erklärt freimütig, daß er sie
bereits erobert habe: wie hätte sie ihm widerstehen können? Ja er
legt ihm den kleinen Enkel zu Füßen. Und als der Großvater nach
einigen Bedenken sich in das Unabänderliche gefügt hat, kommt auch
Deidamia verschämt zum Vorschein und erhält Verzeihung (—920).
Ein Bote wird zu Peleus geschickt, um Schiffe und Mannschaft für
den Sohn zu fordern; auch Lycomedes beteiligt sich mit einer beschei=
denen Beisteuer zum Kriege. Das junge Ehepaar aber genießt eine
erste und letzte Nacht. Der zärtlichen Gattin wird die schnelle Tren=
nung gar schwer: am liebsten zöge sie mit. Wie manche Troerin, viel=
leicht Helena selbst, wird sein Herz gewinnen! Er schwört ihr Treue,
verspricht ihr bei siegreicher Heimkehr Phrygiens Schätze, aber die Winde
trugen seine Worte hinweg, sie sollten unerfüllt bleiben (—960).

Das zweite Buch beginnt mit der Abfahrt von Skyros. Die
in den Begebenheiten notwendig eintretende Pause wird ungezwungen
durch Gespräche der neuen Waffengefährten an Bord ausgefüllt.

Ulixes erzählt kurz, fast im Plauderton, von dem Anlaß zum Kriege, dem Parisurteil und der schändlichen Entführung. Achill, von Diomedes aufgefordert, schildert naiv, behaglich einzelnes ausmalend, seine Erziehung bei Chiron, wie er sich in Wäldern und Bergen getummelt und geübt habe. Wenn er abends blutbespritzt von der Jagd auf Bären und Säue, auch wohl Tiger und Löwen, heimkam, prüfte der Alte erst seine Waffen, dann erst ließ er ihn zum Kuß. Dann die mannigfachen Waffen= und Leibesübungen; auch gegen den reißenden Spercheios Stand zu halten hat er gelernt; Discuswerfen und Ringen war ihm Erholung wie Citherspielen. Dazu endlich die Unterweisungen in der Heilkunde und der Gerechtigkeit. Alles zusammen das Ideal kräftiger Erziehung für Fürstensöhne und künftige Feldherren. Hier bricht leider das liebenswürdige Werk ab, welches auch durch künstlerische Selbständigkeit einen bedeutenden Fortschritt über die Thebais hinaus bezeichnet.

In manchen seiner kleinen Gedichte aus dieser Periode gedenkt der Verfasser gelegentlich seiner neuen Arbeit (IV 7, 23. 4, 94), ja es schwebt ihm bereits vor, wie er eine Probe davon in Rom öffentlich vortragen werde (V 2, 160 ff.). So frisch fühlte er sich, und so wenig empfindlich auf die Dauer war er über die erfahrene Zurücksetzung, daß er gleichzeitig schon an ein großes Poem über die Kriegsthaten des Kaisers dachte (IV 4, 95). Und wirklich hat ein alter Erklärer des Juvenal ein Epos des Statius, betitelt bellum Germanicum, gelesen. Die vier Hexameter, welche er daraus anführt, scheinen der Schilderung eines Kriegsrates entnommen zu sein, welche Domitian mit seinen vertrauten Räten abhielt. Es wäre doppelt zu beklagen, wenn diese höfische Dichtung am Ende gar der Beendigung der Achilleis im Wege gestanden haben sollte.

Das Geschäft der leichten Gelegenheitspoesie wurde indessen nach wie vor betrieben. In Rom hatte Statius begonnen eine Auswahl dieser flotten Kinder des Augenblicks zu sammeln und nach und nach zu veröffentlichen. Er hat sie mit einem Modeausdruck seiner Zeit unter dem Titel „Wälder" (silvae) zusammengefaßt, zunächst im Gegensatze zu wohlgepflegten Gärten, um das naturwüchsige, gleichsam wild aufgeschossene, improvisierte zu bezeichnen. Spätere haben auch den Begriff bunter Mischung des Inhaltes hineingelegt. Der römischen Zeit entstammen die drei ersten Bücher. Jedem derselben ist eine prosaische Widmung an je einen der gefeierten (Stella, Ate=

dius Melior, Pollius Felix) voraufgeschickt, worin über Veranlassung und Absicht der einzelnen Nummern kurze Andeutungen gemacht sind. Natürlich nehmen auch die auf sie bezüglichen Gedichte den Ehrenplatz ein: nur der Kaiser hat den Vortritt (I 1).

Der Dichter dachte anspruchslos genug von diesen Kleinigkeiten und setzte ihr Hauptverdienst in die Schnelligkeit ihrer Geburt. Aber die scharfe Luft der Kritik in Rom blies sie doch etwas rauh an: mißfällige Stimmen über die Herausgabe kamen ihm zu Ohren. Es war kein Geringerer als Quintilian, der sich soeben im zehnten Buch seiner „Anweisungen“ (X 3, 17) mißbilligend über solche leichtfüßige Kinder des Augenblicks ausgesprochen hatte, freilich ohne einen Namen zu nennen. Durch den gemeinsamen Freund Vitorius Marcellus wird Statius auf dieses Urteil aufmerksam gemacht sein. Dennoch wollte er sich die harmlose Freude an diesen Beiwerken nicht nehmen lassen und veröffentlichte in Neapel noch ein viertes Buch, ebenfalls mit einer prosaischen Vorrede, und grade an den genannten Vitorius, versehen, worin er die Herausgabe zu rechtfertigen sucht. Nicht weniger als drei Gedichte an den Kaiser stehen voran, natürlich alle schon früher demselben überreicht, die beiden ersten auch noch in Rom geschrieben (1: zum 1. Januar 95), aber die Hendekasyllaben zu Ehren der Via Domitiana (3) stammen erst aus Neapel (Sommer 95). Ihnen schließt sich eine Epistel (4) aus derselben Zeit an, welche auf dem eben eröffneten kürzeren Weg zu Vitorius Marcellus in Rom wandern soll, ein ziemlich matter Versuch in horazischer Manier, wie auch eine der beiden mittelmäßigen Oden (7) in Neapel entstanden ist: die andre (5) und der Glückwunsch an den Neapolitaner Julius Menecrates, den Schwiegersohn des Pollius Felix (8), stammt aus Alba. Die frischsten Nummern dieses Buches (6. 9) gehören noch der römischen Zeit an. Im Ganzen versiegte dem alternden Dichter, wie es scheint, allmählich und über gewichtigeren Arbeiten jene flüssige Ader der Improvisation. Zwar besitzen wir noch ein fünftes Buch der „Wälder“, aber zur Herausgabe desselben ist der Verfasser wohl nicht gekommen, denn die prosaische Vorrede enthält nur eine kurze Widmung des ersten, wohl noch in Rom gearbeiteten Gedichtes an Abascantus, das dritte ist nicht endgültig durchgearbeitet, das fünfte und letzte gar nur ein Bruchstück.

Das Trauergedicht auf den Vater nämlich (V 3), dessen erster Entwurf drei Monate nach dem Tode desselben entstanden ist, hat

der Verfasser nach seiner capitolinischen Niederlage (!1) einer
Ueberarbeitung unterzogen und nicht abgeschlossen, denn es enthält
Widersprüche. Am Schluß der Sammlung steht das Fragment einer
leidenschaftlichen Klage über den Tod seines Pflegesohnes. Es war
ein Findelkind. Schon dem Säugling hatte er die Freiheit gegeben,
ihn wie einen eigenen Sohn zärtlich aufgezogen: nun erst, da er den
geliebten Knaben verlieren mußte, fühlte er sich verwaist und ge=
brochen. Der so viele getröstet hatte, vermochte nur schluchzende
Worte für sein Trauerlied, aber keinen Trost zu finden. Seine Ehe
war kinderlos geblieben; die Frau hatte aus erster Ehe eine Tochter,
welche ebenfalls früh Witwe geworden ist (III 5, 60). Diese war
musikalisch und sang die Verse des Stiefvaters zur Cither (III 5, 65).
Vielleicht ist das tiefempfundene kleine Gedicht an den Schlaf (4) ein
Denkmal dieser schmerzbewegten Zeit. Sieben Nächte hat der Arme
kein Auge zugethan. „Womit hab' ich's verdient," fragt er auf
seinem Lager den sanftesten von allen Göttern, „daß ich allein deine
Gaben entbehre? Die ganze Welt, selbst die Flüsse und das Meer
ruhen in tiefem Schweigen. Vielleicht stößt dich eben einer zurück,
der in den Armen seines Mädchens liegt. Von da komme zu mir:
du brauchst deine Flügel nicht ganz über meine Augen zu schütten
(darum mag die glücklichere Menge bitten); berühre mich nur mit
der äußersten Spitze deiner Rute, oder schwebe flüchtig an mir vor=
über."

Fragt man, wem unter seinen Vorgängern Statius am meisten
geistig verwandt gewesen sei, so ist unbedingt Ovid zu nennen. Mit
ihm hat er gemeinsam den Sinn für Kleinmalerei, die Schwäche
nicht aufhören zu können; auch in der spielenden Anmut und Leichtig=
keit der Produktion kommt er jenem näher als andre. Aber sein
Geschmack ist nicht selten getrübt durch das eitle Bestreben zu über=
bieten, Farbe und Ausbruck zu steigern, durch künstlich figurierte
Wendungen den verwöhnten Sinn zu reizen und so den Mangel an
tieferen Gedanken zu ersetzen. Wie er durch die griechischen Formen der
Eigennamen seiner Rede einen vornehmen Klang zu geben versucht,
so liebt er auch griechische Constructionen. Die Abweichungen vom
Gebrauch der klassischen Dichter und andre Einzelheiten zu ver=
zeichnen ist hier nicht der Ort.

Martialis.

Neben dem wohlhäbigen und angesehenen Statius spielte in der Gesellschaft eine ziemlich untergeordnete Rolle sein Zeitgenosse M. Valerius Martialis. Er war in Bilbilis, einer blühenden, durch den Betrieb von Eisenwerken bekannten Stadt im tarraconensischen Spanien geboren, nach wahrscheinlicher Berechnung etwa im Jahre 42 n. Chr., nach eigener Angabe am 1. März. Hier genoß er seine Jugendbildung. Um das Jahr 64 kam er nach Rom. Unbemittelt wie er war ergriff er auf Zureden von Freunden um des Erwerbes willen zunächst das Geschäft eines Rechtsanwaltes (V 16, 5 f.), aber er fühlte nicht den geringsten inneren Beruf dazu und hat es jedenfalls so lässig und verdrossen betrieben, daß nichts dabei herauskam. Vergebens hat u. a. Quintilian, der angesehene Professor der Beredsamkeit, den Landsmann, als er schon lange kein Jüngling mehr war, zu größerem Eifer ermahnt (II 90). So oft er auch in späteren Jahren sich sein bescheidenes Lebensideal ausmalt, nie vergißt er hervorzuheben, daß er von Rechtshändeln unbehelligt zu sein wünsche. Dennoch fehlt es nicht an Spuren, daß er dauernd eine gewisse Praxis als Advokat geübt hat. Gelegentlich ergeht er sich in Klagen über schlecht zahlende, wortbrüchige Klienten, über hartnäckige Prozessierer. Daß die Beredsamkeit mehr als die Dichtkunst einbringe, sah er wohl ein und predigt er auch gelegentlich einem Genossen (I 76). Aber wie so viele seiner Zeit war er arbeits- und erwerbsscheu, vielleicht auch zu anständig, um sich für faule Sachen sonderlich ins Zeug zu legen.

> Ausgemacht hatten wir für den Proceß zweitausend Sesterzen.
>   Tausend nur hast du geschickt, Sextus: wie kommst du dazu?
> „Hast ja kein Wörtlein gesagt und hast den Proceß mir verloren."
>   Um so schlimmer, ich ward obendrein leider noch rot. (VIII 17.)

Martials Neigung und Begabung war von früher Jugend an, Verse zu machen, aber zu größeren Dichtungen fehlte ihm wenn nicht die Kraft, so doch Ausdauer und Ernst. Zudem schienen ihm jene vielbehandelten Stoffe der griechischen Mythenkreise langweilig und jede Art gelehrter Dichtung pedantisch. Die Aetia des Kallimachos waren für ihn der Inbegriff öder Grammatikerpoesie. Ermahnte man ihn sich an eine große schriftstellerische Aufgabe zu machen, so erwiderte er, er warte auf einen Mäcenas: ohne einen solchen sei auch kein Horaz oder Vergil möglich (V 20). Er will, ohne sich anzustrengen, leben, d. h. das Leben genießen, und keinen Augen=blick davon verlieren, sich nicht auf ein morgen vertrösten, das dem Verlangenden immer wieder entschwindet (V 58. 64). Uebrigens ist er bescheiden in seinen Ansprüchen, denn er hat keine starken Be=dürfnisse. Aller Mühen und Sorgen des Tages überhoben zu sein, bei gesichertem Auskommen und guter Gesundheit in Muße und Frieden mit guten Freunden schlendernd, plaudernd, scherzend, Natur genießend, ohne Ausschweifung und Ehrgeiz dahin zu leben, gut zu essen, zu trinken, zu schlafen, — mehr verlangte er nicht, aber auch nicht weniger (vgl. X 47). Diejenige Freiheit, welche durch Entsagung erkauft werden muß, war nicht nach seinem Geschmack. Vielmehr empfand er es mit Bitterkeit, daß für Geister seines Schlages nicht besser ge=sorgt sei.

In Rom fand der junge Mann angesehene Landsleute, deren Häuser ihm offen standen, aber weder in der Familie des Seneca noch im Kreise der Pisonen scheint er recht heimisch geworden zu sein: zu seinem Schaden schloß er sich innig einem unbemittelten Ritter aus seiner Heimat an, der erst im dritten Jahrzehnt ihres Umgangs zu Macht und Reichtum gelangte, aber auch dann den Erwartungen seines alten Freundes nicht entsprach (IV 40). Noch in späteren Jahren verehrt er die Witwe Lucans als seine Patronin (regina: VII 21—23. X 64). Als schriftstellerische Genossen aus seiner Heimat rühmt er (I 61) den allzeit heiteren, vielseitigen Dichter (III 20) Canius Rufus aus Gades, der als witziger Erzähler im Poetenklub (schola poetarum: III 20, 8. 64) glänzte; ferner den Stoiker (I 8) De=cianus aus Emerita, dessen reiner Gesinnung und treuer Freund=schaft in warmen Versen (I 39) und in der Widmung des zweiten Buches ein Denkmal gesetzt ist; auch den Gerichtsredner (I 49, 35) Licinianus aus Bilbilis.

Groß war die Menge von Poeten jedes Ranges, mit denen Martial nach und nach in Berührung kam. Wir wollen nur einige namhaft machen. Eine Respektsperson, aber dem Gegner langatmiger Epopöen gewiß nicht sympathisch war Silius Italicus (IV 14. VII 63. XI 48 f.). Desto wärmer bekennt er sich zu Juvenal (VII 24) als dessen Pylades, da ein Rechtshandel bevorstand, der beide Collegen als Vertreter feindlicher Parteien miteinander in

Conflikt zu bringen drohte. Mit Statius teilte er die Freundschaft des Stella, dessen Stärke in der Elegie bestand (IV 6, vgl. V 11). Viel gelesen (VII 29) waren auch die Elegien des Voconius Victor, der nach lockerer Junggesellenzeit später in den Hafen der Ehe eingelaufen ist (XI 78). Nachahmer Vergils in ländlichen Gedichten und Verfasser eines Gigantenepos war Julius Cerialis (XI 52). Ein wahrer Leidens- und Stimmungsgenosse war Flaccus aus Patavium (nicht der Verfasser der Argonautica). Ihm schüttet Martial gelegentlich die Bitterkeit seines Herzens über die Kargheit der Musen aus (I 76, vgl. 61, 4). Viele Leser fanden die Satiren des Freigelassenen Turnus, von denen zwei Hexameter über Lucusta, die Giftmischerin im Dienste Nero's, erhalten sind. Sein Bruder Scävus Memor, der einmal im capitolinischen Agon bekränzt ist, schrieb Tragödien. Wir besitzen einige Worte aus einem anapästischen Chorliede: troische Frauen klagen (wie bei Euripides) leidenschaftlich vor Hecuba über Troja's Fall. Tragiker und Lyriker zugleich war ein sonst verschollener Varro (V 30); den albanischen Kranz hat ein gewisser Carus davongetragen (IX 23 f.). Auch eine Schar schlechter Poeten begegnet uns, die zum Teil recht boshaft verspottet werden. Nur über Statius herrscht tiefes Stillschweigen, und sogar in den wegwerfenden Aeußerungen über mythologische Gedichte (IV 49. VIII 3. IX 50. X 4. 21) werden alle möglichen andren Stoffe dieser Art erwähnt, nur nicht der der Thebais, obwohl deren Abfassung und allmähliches Bekanntwerden grade in die Hauptperiode der Epigramme fällt. Vermutlich würde es Martial auch mit manchen seiner vornehmen Gönner, welche auf Statius etwas hielten, verdorben haben, wenn er direkte Ausfälle auf diesen veröffentlicht hätte.

Senatoren und Ritter in großer Zahl, auch Centurionen sind unter den Personen, mit welchen er in Beziehung stand. Ein geselliges Talent ersten Ranges von munterster Laune, schlagfertigstem Witz, scharfer Beobachtung, großer Begabung das Kleine und Alltägliche drollig und drastisch darzustellen, bieg- und schmiegsam, fand Martial gewiß leicht und schnell Eingang in die Häuser der Vornehmen und Reichen, wurde ein gesuchter Gast und Kamerad. Er gehörte zu den Leuten seiner Zeit, welche „nicht gern zu Hause speisen". So geriet er in die weder ehrenvolle noch einträgliche Bahn des Klienten, in jenen geschäftigen Müßiggang, dessen Tagesordnung mit den demütigen Morgenvisiten begann und im erwünsch-

ten Fall abends an fremder Tafel endete. Hier war sein Arbeits=
feld. Zu den Kosten der Unterhaltung hatte er mit seinen pikanten
Scherzen beizutragen, welche aus der Tageschronik und dem Klatsch
der Stadt Stoff und Anregung empfingen. Die Gattung war nicht neu.
Catull, Marsus und andre hatten sie längst in die Mode gebracht.
Aber so aus dem Vollen hat kein Römer vor= und nachher das
Feuerwerk epigrammatischer Kleindichtung spielen lassen.

Wenn bei Kränzen und Salben Bacchus ausgelassener seine
Wirkung übte, holte der versgewandte Nachtischredner seine beißenden
und prickelnden Scherze aus der Tasche und gab sie den aufgeräumten
Gesellen, die in der Verdauungsstimmung waren, zum besten. Es
war ein pikanter Liqueur, der die Nerven reizte: je stärker, desto besser.
Man rief Bravo, Abschriften wanderten in Bäder, Tabernen, andre
Gesellschaften, nach auswärts, wie neue Operettencouplets wurden
diese Delikatessen des Witzes von Ohr zu Ohr getragen. So ver=
breitete sich der Ruf des geistreichen Virtuosen: er kam in die Mode
und wurde unentbehrlich gewiß lange, ehe er selbst etwas durch den
Buchhandel veröffentlicht hatte.

In der That ist dies erst ziemlich spät und auf besonderen An=
laß geschehen. Zur Einweihung des flavischen Amphitheaters ver=
anstaltete Titus im Jahr 80 n. Chr. eine lange Reihe glänzender
Spiele: Tierkämpfe, Gladiatoren, Jagden, Seegefechte u. s. w., alles
in raffinierten, zum Teil nie dagewesenen Formen. Eine Anzahl
der merkwürdigsten Scenen und Bilder dieses wunderbaren Festes,
darunter sehr barocke und grauenvolle, verherrlichte Martial in einem
Kranz schnell hingeworfener, aber höfisch gesalbter Epigramme, welche
er in einem nicht vollständig erhaltenen Buch (de spectaculis) ge=
sammelt dem Kaiser als Huldigung zum Andenken überreichte. Drei
derselben dienen als Einleitung. In überschwänglichem Tone wird
der Bau selbst als einer, der die größten Weltwunder übertreffe, ge=
priesen (1). Rom ist sich selbst wiedergegeben: wo früher Nero's
goldenes Haus mit seinen weitläufigen Anlagen die Stadt verschlang,
vergnügt sich jetzt das Volk (2). Und welch buntes Gewimmel von
Zuschauern aller Nationen, die trotz des Sprachgewirrs sich einstimmig
zu dem „Vater des Vaterlandes" bekennen (3)! Dann folgt die
Reihe der Schaustellungen von der Abstrafung der verhaßten Dela=
toren an: alles, auch das Scheußlichste, wird mit derselben beifälligen
Andacht in den beliebten Hyperbeln als das non plus ultra von

Herrlichkeit erhoben. Denn das ist für den panegyrischen Stil dieser Zeit charakteristisch, daß man sich nicht mehr begnügt das Bewunderte dem Höchsten gleichzusetzen, sondern daß alles bisher Bekannte über= boten sein muß. Selbst die Herrlichkeit des Kaisers übertrifft wo möglich den Glanz Juppiters, die Heroen des Mythus vollends und alle Wunder der Sage werden durch die Leistungen der Gegenwart verdunkelt. So stellt ein Tierkämpfer Carpophorus alle Arbeiten des Hercules (27) und den Jagdruhm Meleagers (15) in Schatten. Die Dichtung von Orpheus, von dem Zauber seiner Leier und seinem blutigen Ende ist zur Wahrheit geworden: man sah eine Wandeldekoration und ihn selbst von einem Bären zerfleischt (21). Eine trächtige Sau, welche durch einen Speerwurf von einem Jungen entbunden wird, regt den Witz des Dichters zu vierfachem Erguß an (12—14). Ein Elephant, der dem Kaiser seine Reverenz macht, ist nicht etwa dazu abgerichtet, sondern seine Empfindung gibt ihm ein was er zu thun hat.

Zu keiner Zeit des Jahres war der Bedarf an zierlicher Klein= poesie größer als im Dezember, an dem allgemeinen Freudenfeste der Saturnalien. Einen Hauptbestandteil dieser heiteren Feier, welche sich seit Caligula auf fünf Tage erstreckte, bildeten öffentliche und private Schmausereien. Man lud einander zu Gaste, und da man nicht den ganzen Kreis seiner Bekannten bei sich sehen konnte, so bezeugte man seinen guten Willen wenigstens andeutend durch die Uebersendung eines guten Bissens, wie man in Griechenland aus= wärtigen Gästen nach dem Begrüßungsmahl des ersten Tages an den folgenden Tagen allerhand Lebensmittel (Hühner Eier Obst Gemüse u. dergl.) unter dem Namen von Gastgeschenken (Xenia) zusandte. Und wie die Maler des sogenannten Stilllebens diesen Namen auch auf ihre bildlichen Darstellungen solcher Küchenvorräte erstreckten, so konnten Verse, welche dergleichen leckere Festgaben begleiteten und erläuterten, mit demselben Namen sinnreich bezeichnet werden.

Da es aber nicht jedermanns Sache ist, solche Begleitverse treffend zu erfinden und zierlich zu gestalten, so kam ein so gewandter und witziger Künstler wie Martial einem in weiten Kreisen empfun= denen Bedürfnis entgegen, wenn er einen Vorrat davon anfertigte. Nach glücklicher Beendigung des Chattenkrieges (84) fand er es an der Zeit, dem bekannten Verleger Quintilians, Tryphon, ein solches Büchlein zum Verkauf zu überlassen. Es war in doppelter

Ausstattung zu haben: das bessere Exemplar zu 4 Sesterzen (etwa
80 Pfennigen), das geringere zu zweien: der, welchem seine Mittel
nicht mehr erlaubten, mochte die Sammlung selbst als Geschenk ver=
wenden. Sie enthält außer drei einleitenden Gedichten 124 Einzel=
disticha, meist Hexameter und Pentameter, nur je einmal sind zwei
Hinkiamben (61) und zwei Elfsilbler (81) willkürlich eingestreut. Die
Anordnung ist bis zu einem gewissen Grade systematisch und stellt
eine wohlgefüllte Vorratskammer für alle Erfordernisse und Gänge
einer üppig ausgestatteten Tafel dar. Sie beginnt mit Weihrauch zum
Tischgebet für langes Leben des Kaisers (4). Es folgen Gewürz, Hülsen=
und Kornfrüchte, Gemüse, wie sie zur Vorkost (gustatio) gehören, aller=
hand Obst, Käse, pikante Delikatessen, die unentbehrlichen Eier. Später
kommen leichtere Fleischgerichte, namentlich Geflügel, auch ausländi=
sches, dann Seetiere, Wild, Saucen und Honig. Den Beschluß
machen Weine, Salbe und Rosen, die für den Kaiser auch im Winter
wachsen (127): denn mit ihm beginnt und schließt der Distichenkranz.
Die Verse wollen nichts sein als ein harmloses Spiel der Festlaune.
Gegen hochnäsige Kritik verwahrt sich der Verfasser ausdrücklich, da
sie gegenstandslos sein, sich gegen ein Nichts richten würde (2). Es
sind Etiketten, deren Reiz in der Mannigfaltigkeit gefälliger Wen=
dungen besteht. Der Aufwand an Geist und Witz ist mäßig, aber
die Form stets rund und nett. Unter allen Vierfüßlern wird dem
Hasen der Preis erteilt wie den Drosseln unter den Vögeln (92).
Ein Kranz von Drosseln gefällt dem Dichter besser als einer von
Rosen oder kostbarer Narde (51). „Fragst du, unter welchem Consul
dieser Falerner gekeltert ist? unter keinem" (111), nämlich, wenn man
es glauben will, noch in der Königszeit. Die Herkunft, die Selten=
heit aller möglichen guten Dinge wird gerühmt. Die Echtheit des
Weines von Vienna verbürgt der Name des Lieferanten, der ihn von
dort geschickt hat (107). Edlen Nektar (Honig) hat von den Wäldern
der Pallas die Freibeuterin des Hymettus gesendet, die Biene (104).
Bescheidenen Hühnern wird eine Entschuldigung mitgegeben: „besäße
ich Perlhühner und Fasanen, so solltest du sie haben; jetzt nimm mit
dem Geflügel meines Hofes vorlieb" (45). Den Rüben gereicht zur
Empfehlung, daß sie nach altem Dichterwort Speise des Romulus
im Himmel sind (16). Die Wurst stellt sich selbst vor als Tochter
der picenischen Sau: zur Polenta werde sie als Kranz gereicht (35).
Der Eber wird mit dem ätolischen verglichen, der einst des Diomedes

Aecker verwüstete (93); der Hirsch erinnert an den des Cyparissus bei Ovid oder der Silvia in der Aeneis (96). Der Fasan erzählt, daß ihn zuerst das Argoschiff vom Phasis übers Meer gebracht habe (72). Die Auster bekennt, sie sei neulich trunken vom Lucrinersee bei Bajä angekommen und dürste jetzt, üppig wie sie sei, nach der edlen Sauce, dem garum (82). Die Verbindung dieser kostbaren Würze mit Spiegeleiern wird in appetitlicher Form beschrieben (40). Probleme werden aufgestellt: „sage mir, warum eröffnet der Lattich jetzt unser Mahl, der zur Zeit unsrer Großväter es zu beschließen pflegte" (14)? Den Knoblauchfäden wird die Lehre mitgegeben, nach ihrem Genuß nur mit geschlossenem Munde zu küssen (18). Die Salbe gibt zu der Ermahnung Anlaß, sie wie den Wein keinem Erben zu hinterlassen (126). Auch zu höfischen Complimenten findet sich Gelegenheit. Frech und frostig ist was von der Gans gesagt wird. „Diese hat den Tempel des Donnerers gerettet: wunderst du dich? noch hatte ihn kein Gott gebaut" (74), nämlich Domitian, unter dessen Regierung im Jahre 82 der Bau des capitolinischen Juppiter= tempels vollendet ist, und der ihn schützt. Mit Cäsar beginnt (4) und schließt (127) der Distichenkranz.

Gleichzeitig, höchstens vielleicht ein Jahr später, erschien zu der= selben Zeit ein zweites Büchlein ähnlicher Art. In Privatgesell= schaften wurden am Saturnalienfest Geschenke (apophoreta) für die Gäste ausgelost. Jedes der gezogenen Lose enthielt eine An= weisung auf einen bestimmten Gewinn: man machte sich wohl den Scherz, je zwei gleichartige, aber von ungleichem Werte zu gruppieren. Auch für solche Anweisungen hat Martial weit über 200 Doppel= zeilen (wieder größtenteils Hexameter und Pentameter, ausnahms= weise und vereinzelt Elffilbler) gedichtet, welche die einzelnen Gegen= stände beschreiben. Sie füllen das vierzehnte Buch, und sind nach ausdrücklicher Angabe des Verfassers (1, 5 f.) paarweise so geordnet, daß abwechselnd eine reiche und eine dürftige Gabe einander ent= sprechen, z. B. ein Leuchter von korinthischem Erz und einer von Holz (43. 44), Papagei und Rabe (73. 74), Ringe und ein Behälter dafür (122. 123). Die Auswahl ist so reichlich, daß der Leser einen ganzen Bazar aller möglichen Gegenstände des täglichen Bedarfs wie des feinsten Luxus (vom Zahnstocher und Kamm bis zu Bildwerken von Gold und Marmor, ja bis zum lebendigen Diener) durchmustert, und unverkennbar ist auch hier, daß eine planmäßige Anordnung

nach gewissen Fächern und Gruppen zu Grunde liegt, z. B. Schreib=
materialien, Spiele, Gegenstände der Toilette, des Bades, der Palästra,
Beleuchtungsapparat, Hausgerät aller Art, Möbel, Gefäße, Garberobe,
musikalische Instrumente, Bildwerke anstatt der für die Saturnalien
herkömmlichen Puppen, Bücher und endlich auch lebendiger Besitz,
Tiere wie Sklaven. Nur ist beim Abschreiben manche Umstellung
und manche Lücke eingetreten, so daß Zusammengehöriges auseinander=
gerissen und ein und das andre Gegenstück ausgefallen ist. Dagegen
hat der Verfasser selbst nicht selten denselben Gegenstand mit einer
doppelten, ja einmal mit einer dreifachen Aufschrift versehen. Die
Mannigfaltigkeit der Gaben und ihre Eigentümlichkeit hat auch dem
Dichter dankbarere Motive als im vorhergehenden Buche geliefert.
Die Sense (34) rühmt den sicheren Frieden (nach dem Chattenkriege,
84), demzufolge sie aus der Hand des Kriegers in die des Landmannes
übergegangen sei. Ein Fläschchen aus Rhinoceroshorn (53) gibt sich
für das Tier aus, welches neulich (im Jahre 80: Sp. 9. 22) in der
Arena den Stier als Ball in die Höhe geworfen habe. Eine goldene
Victoria wird dem kaiserlichen Sieger vom Rhein (der von dort, 84,
den Namen Germanicus heimgebracht hat) ohne Los verehrt und ein
Trunk auf sein Wohl hinzugefügt (170). Der Papagei erwartet von
seinem künftigen Herrn weiteren Sprachunterricht; von selbst habe
er gelernt zu sagen: Caesar, have (73)! Eine Peitsche gibt Anlaß
zum Spott über die Purpurpartei des Circus (55). Bei den Ringen
(122) gedenkt der Dichter der schönen Zeiten, wo freigebige Gönner
noch öfter ihren Klienten den Ritterring (mit dem dazu gehörigen
Vermögen) verliehen. Die Nachtlampe (39), die Vertraute des „süßen
Lagers", verspricht unverbrüchliche Verschwiegenheit. Knuspriges Ge=
bäck aus Rhodus (68) mag der zornige Herr seinem Diener zu beißen
geben, statt ihm die Zähne mit der Faust auszuschlagen. Bei der
Toga wird unvermeidlich der Morgenvisite (salutatio) und des Tisch=
geldes (sportula) gedacht (125). Die Klingel (163) mahnt an das
Zeichen, womit die Stunde der öffentlichen Bäder angekündigt wird.
Ein Buckliger in Terracotta (182) bringt den Verfasser auf die Ver=
mutung, Prometheus habe Mißgestalten dieser Art im Saturnalien=
rausch geknetet. Lucan (194) erklärt:

> Manche behaupten, ich sei kein rechter Dichter, indessen
> Wer mich verkauft, der Buchhändler, er hält mich dafür.

Bom Stenographen (208) wird gerühmt, daß seine Hand schneller als die Zunge des Redenden sei, deſſen Worte ſie aufzeichne. Den Schluß ſollte wohl das „Ochſenherz" (219) machen, eine Attrappe, die der Verfaſſer ſich ſelbſt zugedacht hat:

> Anwalt biſt du und arm und Verſe noch ſchreibſt du, die keinen
> Groſchen dir bringen: ſo nimm was du beſitzeſt, das Herz.

Nachgerade war Martial ſo bekannt, das Begehren nach ſeinen Verſen (I 1) ſo lebhaft geworden, daß der ſpekulative Buchhändler Q. Pollius Valerianus die früheren jugendlichen Verſuche des beliebten Epigrammatiſten zuſammenbrachte und feilbot (I 113). Seine Freunde trieben ihn an (II 6), die neueren Blüten ſeines Witzes, welche in der Welt verſtreut waren, geſammelt herauszugeben, was um ſo bringender geboten war, da bereits Leute auftraten, welche die erhaſchten Blätter für ihr eigenes Gewächs ausboten (I 52. 63). Daß dies nicht ſelten das Los ſolcher fliegender Blätter war, beſtätigt die Warnung des Plinius (Briefe II 10, 3) an einen ſeiner dichtenden Freunde. Mancher ſchien zu glauben mit dem Ankauf eines Exemplars das Autorrecht erworben zu haben (I 66. 72. II 20). Ein Plagiarius, der die fremden Verſe noch dazu ſchlecht vorlas (I 29. 38), war frech genug ein ganzes Buch unter ſeinem Namen erſcheinen zu laſſen, in dem alles von Martial war bis auf eine Seite, deren Erbärmlichkeit allein genügte, den Dieb zu verraten (I 53).

Durch ſolche Freibeuterei ſah ſich der Dichter gradezu gezwungen, zur Wahrung ſeines geiſtigen Eigentums mit der Herausgabe ſeiner Kleinigkeiten vorzugehen, und zwar veröffentlichte er, wie es ſcheint, gleich einen Doppelband, der ſpäter in zwei Einzelbücher (I und II) zerlegt nochmals erſchien. Die anſpruchsloſe Sammlung war (etwa im Jahre 85, zwiſchen Chatten- und Dakerkrieg) als Pergamentbuch im Laden des Freigelaſſenen Secundus (I 2), das erſte Buch als elegante Rolle bei Atrectus (I 117) zu haben. Nicht ohne Zagen bekennt der Verfaſſer ſie in die Welt zu entlaſſen, er fürchtet die ſcharfe Kritik der Römer: „Jünglinge, Greiſe und Knaben haben hier eine Naſe wie ein Rhinoceros". Dem lauten Beifall folge ſchonungsloſer Hohn (I 3, 5 ff.). Vorſorglich macht er für Unklarheiten und ſtiliſtiſche Fehler den Abſchreiber verantwortlich (II 8), und gibt dem Leſer gleich ſelbſt das Geſamturteil ein (I 16):

Gutes ist hier zu lesen, auch Mittelmäßiges, mehr noch
Schlechtes. So geht es einmal: anders entsteht ja kein Buch.

Dem Ganzen hielt er für nötig eine prosaische Vorrede beizugeben,
welche etwaigen Bedenken gegen den freien Ton zu begegnen sucht.
Die zum zweiten Buch ist persönlich an den Freund Decianus gerichtet und will nur erklären, daß der Leser eben mit einer Vorrede
verschont werden solle. Dieser Publikation sind von nun an im
Durchschnitt Jahr für Jahr 9 weitere Bücher (III bis XI) gefolgt.
Das zehnte (zuerst an den Saturnalien 95 erschienen) arbeitete
Martial nach dem elften (vom Jahre 96) zu einer zweiten Ausgabe
um, die erst nach Trajans Thronbesteigung (Mitte 98) herauskam.
Manches war ausgeschieden, das Beibehaltene von frischem gefeilt,
der größere Teil neu (X 2). Eine förmliche Widmung in Form
einer prosaischen Vorrede trägt nur das erste Buch und zwar an
Domitian, da der größere Teil der Epigramme dem Ruhm des
Kaisers geweiht ist. Zum Ueberfluß wird es auch noch durch eine
artige Verbeugung geschlossen (82). Aber vielen seiner Freunde und
Gönner hat der Verfasser durch Uebersendung eines oder mehrerer
seiner Bücher eine besondere Aufmerksamkeit erwiesen und durch Bei-
gabe einer poetischen Ansprache wertvoll gemacht. Das war der
Weg den Gedichten günstige Aufnahme und ihrem Verfasser eine
greifbare Anerkennung, die er so nötig hatte, zu sichern. Nachdem
er erfahren hat, daß Domitian seine Gedichte lobe (IV 27), wagt
er ihm zuerst (Ende 89) das fünfte Buch mit einem Gedicht (1)
durch den Kämmerer Parthenius (6) zu übersenden; in besonderen
Versen bittet er den kaiserlichen Bibliothekar Sextus, seinen Büchern
ein Plätzchen neben Pedo Marsus Catull einzuräumen (5): er hat
also seine sämtlichen bis dahin erschienenen Werke eingesandt. Am
Schluß des siebenten (99) begnügt er sich den einflußreichen Höfling
Crispinus um einige empfehlende Worte zu bitten, wenn seine
Gedichte bei Hofe gelesen werden sollten.

Dem ersten Buch ist ein Wegweiser zu dem glänzenden, gast-
freundlichen Hause des C. Julius Proculus beigegeben (70): der
beschriebene weite Weg soll den Verfasser entschuldigen, daß er nicht
selbst seine Aufwartung mache. Das dritte, welches aus der Fremde
kommt, geht an den Dichter Faustinus (2) und an den innig ver-
bundenen, alten Freund Julius Martialis mit herzlichem Gruß
auch an die Frau (5). Das vierte erhält Silius Italicus zu den

Saturnalien des Jahres 88 (IV 14), und als besonders feiner Kenner, dessen Urteil der Verfasser vor allen schätzt, Apollinaris (IV 86). Demselben empfiehlt der Dichter das siebente (26) und das elfte Buch (15). Dem Severus, Sohn des Silius Italicus, schickt er zu gemeinschaftlicher Durchsicht mit Plinius (also vor der Veröffentlichung) das fünfte (80). Das siebente erhält Cäsius Sabinus (97) und der Rechtsanwalt Fuscus (28); es wird nach Beendigung des Sarmatenkrieges dem jungen Marcellinus (80) und dem Cäcilius Secundus (84), die beide noch unter Waffen im Norden stehen, gesandt. Das achte eilt noch ungebunden sozusagen nach Narbo zu dem zeitigen Bürgermeister Arcanus (72), das neunte läuft dem Verfasser voran mit einem kurzen prosaischen Gruß an Toranius (Vorr.), und geht außerdem an M. Antonius Primus in Tolosa (99). Auch das zehnte erhalten mehrere: Macer, der Curator der appischen Straße, zu den Saturnalien (17), Plinius (19), Frau Sabina in Ateste, offenbar eine verehrte Gastfreundin (93). Bisweilen erfolgen auch größere Sendungen. So erhält der schon genannte Julius Martialis zu den Saturnalien des Jahres 92 ein eigenhändig verbessertes Exemplar der sieben ersten Bücher (VII 17); auch der Centurio Pudens erbat sich eine solche Revision (VII 11). Dem Consular L. Appius Norbanus Maximus, der den Aufstand des Antonius Saturninus in Obergermanien unterdrückt hat, verehrte Martial sämtliche Gedichte (Buch IV—VIII), welche er während der sechsjährigen Abwesenheit des Feldherrn (88—94) verfaßt hatte (IX 84); dem juristischen Kollegen Restitutus schenkte er zu seinem Geburtstage als sein bestes vermutlich die zehn ersten Bücher (X 87). Auch dem oben erwähnten Sabinus in Umbrien gehen mehrere Bücher auf einmal zu (IX 58).

Den zufälligen Umständen ihrer Entstehung werden die einzelnen Gedichte die Wendung an eine bestimmte Person verdanken. Diese Gewohnheit, welche sich durch die ganze Sammlung hindurchzieht, verleiht jeder Bemerkung einen individuelleren Ton und für die Eingeweihten vielleicht noch eine eigentümliche Beziehung. Epigrammbücher, sagt der Verfasser, dürfen 'nicht dick' sein: in einer Stunde muß der Abschreiber mit einem fertig werden, der Leser darf nicht ermüden. Bei Tische, während sich der heiße Punsch abkühlt, muß man es zu Ende lesen können (II 1). Martial liebt es von seinen „Büchlein" zu sprechen: selten enthalten sie etwas mehr, meist weniger als 100 Gedichte, und die Gesamtzahl der Verse steigt von 600 selten über 800 hinaus. Der Inhalt ist in jedem, um dem Ueberdruß vorzubeugen, bunt gemischt. Versuchen wir wenigstens einen Ueberblick über diese Mannigfaltigkeit der Stoffe zu gewinnen.

Auf besonderen Anlaß, auch auf Bestellung hat Martial viele seiner Epigramme gemacht, daher auch eine Anzahl davon in den Motiven mit gewissen Gedichten des Statius zusammenfallen. Für Anlässe der Freude (Geburtstag Genesung Hochzeit Bartabnahme Beförderung) und der Trauer stand seine Kunst in ihrer knappen Form noch in viel weiterem Umfange zu Diensten als die des vornehmeren Zeitgenossen. Da ist zunächst eine große Auswahl von Grabschriften für Kinder (sechs= und siebenjährige Mädchen) und junge Leute aus dem Sklavenstande, Lieblinge ihrer Herrschaft, die ihnen einen warmen, ja bisweilen überschwänglichen Nachruf widmet. Solche in der Familie geborene und sorgfältig aufgezogene Sprößlinge ersetzten ja dem Herrn nicht selten leibliche Söhne und Töchter (I 88. 114. 116). Man muß sich an die stille, von freundlichen Parkanlagen umgebene Grabstätte versetzen, um die Stimmung solcher Denksprüche nachzuempfinden. Ein leiser Scherz ist nicht ausgeschlossen. Da liegt ein Knabe, der als Barbier eine so leichte Hand hatte, daß die Erde, mag sie ihn auch noch so sanft bedecken, nicht leichter sein kann (VI 52). Andre dieser Grabschriften gelten dem Andenken von Offizieren, die in der Fremde, an der Donau, in Kappadokien, Aegypten umgekommen sind, einer Mutter von fünf Knaben und fünf Mädchen, die sie überleben, eines zugleich verstorbenen Ehepaares, eines Mimen, eines Pantomimen, eines Wagenrenners, einer Hündin, die auf der Jagd von einem Eber getötet ist; endlich zwei spöttische auf eine alte Schwätzerin und auf eine andre Vettel.

In reicher Auswahl werden Kunst= und Schauwerke aller Art geschildert, von einem Stück Holz, welches, als Reliquie von der Argo gilt, oder einem Bernsteinstück mit eingeschlossener Ameise bis zur Juno des Polyklet, in Copie, und dem Marmorbilde der im Jahre 89 verstorbenen Julia, der Tochter des Titus. Da sind schöne Gefäße mit getriebener Arbeit, mannigfache Porträts aus Gegenwart und Vorzeit, auch eines wohlerzogenen Hündchens, dessen Vorzüge zur Erbauung aller Liebhaber ein mit Catulls Passer wetteiferndes Lobgedicht verewigt, historische Scenen wie der Tod der Arria und des Pätus, Darstellungen aus der Mythologie wie Phaethon oder

der Adler mit Juppiter, Priapusbilder und sonstige Gartenskulpturen.
Am kaiserlichen Teich, in dem zu angeln verboten war, scheint das
Bild eines blinden libyschen Bettlers gestanden zu haben. Martial
erklärt als Ursache dieser Blindheit die Uebertretung des Verbotes
und ermahnt, man solle sich begnügen die heiligen Fische zu füttern
und dann seines Weges ziehen: eine hübsche Warnungstafel, vielleicht
bestellt vom Oberaufseher (IV 30).

Das Hauptfeld und die eigentliche Bedeutung Martials besteht
aber in der Beobachtung und Wiedergabe der Wirklichkeit. Rom soll
sich in seinen Gedichten selbst erkennen: nicht Gebilde der Sage,
sondern das Leben und den Menschen soll man in ihnen finden
(VIII 3. X 4). Was Juvenals grimmige Sittenbilder in weiterem
Rahmen und vollerem Ton darstellen, findet sich zum großen Teil
auch in diesen luftigen Witzblättern mit leichteren Strichen niedergelegt. Der Epigrammatiker fixirt die Wahrnehmung, den Einfall
des Augenblicks. Was Tag und Stunde bringt, erregt seine Aufmerksamkeit und wird, wenn es der Mühe wert ist, durch ein treffendes
Wort gekennzeichnet.

Eine schallende Ohrfeige, die einer vor Zeugen erhalten hat,
boshafter Klatsch, Anekdoten, Kunststücke eines Jongleurs, Schauspiele
der Arena, Unglücksfälle werden verzeichnet. Ein gezähmter Löwe ist
in der Arena plötzlich wild geworden und hat zwei Knaben zerfleischt:
er sollte von der römischen Wölfin gelernt haben, wie man mit
Knaben umgeht (II 75). Ein spitzer Eiszapfen ist vom Bogen einer
Wasserleitung herabgefallen und hat einem hinaufsehenden Jungen
die Kehle durchbohrt, in der er geschmolzen ist: wo ist man sicher
vor dem Tode, wenn Wassertropfen einem den Hals brechen (IV 18)?
Das Gebaren des stutzerhaften Freigelassenen im Theater, der sich
auf den vordersten Reihen bläht, erregt die Aufmerksamkeit. Was
mögen die Pflästerchen auf seiner Stirn bedeuten? nimm sie weg, so
wirst du es lesen: Brandmale (II 29). Der neue Theatererlaß (vom
Jahre 89), wodurch die ersten 14 Sitzreihen aufs neue den Rittern vorbehalten wurden, gab zu manchen überraschenden Zwischenfällen Anlaß, welche den schadenfrohen Beobachter belustigten, wie wenn der
unberechtigte Eindringling, der eben noch groß gethan hat, von dem
unbarmherzigen Aufseher fortgewiesen, weiter und weiter nach hinten
gedrängt wird u. s. w. (V 8. 14. 23 vgl. 38).

Gerichtssaal und Dichterklub, Reden und Recitationen', die Er-

scheinungen der Litteratur boten Stoff für Lob und Spott: das Epi=
gramm vertrat die Stelle der Recension. Ein Redner wird so frostig
befunden, daß er zur Abkühlung eines heißen Bades dienen könnte
(III 25); einem andern, der in zehn Stunden neun Worte heraus=
bringt, wird zugerufen: „wie stark bist du im Schweigen!" (VIII 7)
„Warum umwickelst du deinen Hals mit Wolle?" wird einer gefragt,
der auftritt, um zu recitieren. „Für unsre Ohren würde sie besser
passen" (IV 41). Ein andrer, wenn er recitiert oder plädiert hat,
pflegt vom Freunde zu verlangen, er solle ihm die Wahrheit sagen,
denn nichts höre er lieber: ihm wird die Wahrheit eröffnet, daß er
nicht gern die Wahrheit höre (VIII 76). „Du lobst nur tote Poeten,"
wird einem Bewunderer der Alten erwidert; „verzeih, so viel ist mir
dein Lob nicht wert" (VIII 69).

Eine Gallerie von Charakterbildern zieht an uns vorüber: der
Geck, der alles hübsch, aber nichts gut macht; der Nörgeler (V 28);
der Käufer, der sich die feinsten Waren vorlegen läßt, sie peinlich
mustert und schließlich mit einer elenden Kleinigkeit abzieht (XI 32);
der Allwissende (IX 53), der Geheimnisvolle (I 89), der Schwätzer (III 64),
der Zudringliche, dessen Küssen man nicht entgehen kann (XI 98),
der κόλαξ (XII 72), der Antiquitätennarr (VIII 6), vor allen das
Geschmeiß der heuchlerischen Erbschleicher (XI 55), und der Erblasser,
der sie einstweilen ausbeutet, der z. B. Wechselfieber vorgibt, um
sich an Delikatessen, die er von ihnen erwartet, eine Güte zu thun
(II 40).

Am meisten wird das Laster des Geizes gegeißelt, denn es ist
dem armen Poeten, der auf die Freigebigkeit des Reichen angewiesen
ist, vor allen verhaßt. Da hat Nävolus die Truhe voll der schönsten
Kleider, genug, um eine ganze Tribus damit zu versorgen, aber nicht
ein paar Lumpen gönnt er dem frierenden Freunde, die er doch nicht
einmal sich, sondern nur den Motten entziehen würde (II 46). Jener
Nabob führt Tag und Nacht das Sprüchwort, den Freunden ist alles
gemeinsam (κοινὰ φίλων) im Munde, aber wie er es ausführt zeigt
der Vergleich zwischen ihm und dem dürftigen Clienten (II 43).
Calenus war bei bescheidenen Mitteln freigebig, alle seine Freunde
wünschten ihm eine Million. Nun hat er sie unerwartet geerbt und
ist wie verwandelt, so daß er weder sich noch andren etwas
gönnt. „Mögest du noch zehnmal so reich werden: dann wirst du
verhungern" (I 99). Ein Geldmensch beugt der Gefahr, ange=

pumpt zu werden, durch Klagen über angebliche Schulden vor (II 44).

Ziel und Glanzpunkt des Tages ist für den armen Schlucker die Mahlzeit am fremden Tisch. An die Komödie erinnert jener Unglückliche: seine Stirn ist bewölkt, noch zu später Tagesstunde läuft er die Säulenhalle auf und ab, seine stumpfe Miene verschweigt ein trauervolles Geheimnis, die Nase stößt fast auf den Boden, er schlägt die Brust und rauft das Haar. Gestorben ist ihm niemand, die ganze Familie ist wohlauf, alles in bester Ordnung. Was hat er denn? er speist zu Hause (II 11). Die unermüdlichen und doch vergeblichen Irrgänge eines solchen Parasiten werden geschildert (II 14. 27), seine beflissenen Beifallsrufe, wenn er den Herrn reden oder vorlesen hört, wie er die Serviette mit Resten vollpackt, die er mit nach Hause nimmt (II 37. VII 20). Er kommt drei Stunden zu früh: „komme lieber morgens, denn für das Frühstück ist es zu spät" (VIII 67). Ein Vornehmthuender seufzt über jede Einladung und nimmt sie doch an (II 69). „Nasica ladet mich ein, wenn er weiß, daß ich selbst Gäste habe. Entschuldige mich: ich speise zu Hause" (II 79). Oft kommen die Enttäuschungen und Demütigungen des Gastes zur Sprache. „Eine gute Salbe hast du gestern deinen Gästen vorgesetzt, das gebe ich zu, aber nichts zu beißen. Wer nicht speist und nur gesalbt wird, kommt mir wie ein Toter vor" (III 12). Der mager Abgespeiste entschädigt sich durch eine appetitliche Liste von Leckerbissen, die er erwartet hatte (I 43). Die Abschaffung der Geldspende für den Morgenbesuch und deren Ersatz durch die wieder eingeführte Naturalverpflegung am Tisch des Patrons hat zur Folge, daß sich der Client die unwürdigste Abfütterung gefallen lassen muß, während der Herr an derselben Tafel schwelgt. „Warum speise ich ohne dich, wenn ich doch mit dir speise?" fragt er (III 60); „werde ich eingeladen, um zu speisen, oder um dich zu beneiden?" (IV 68.) Mit der Galle des Satirikers wird beschrieben, wie sich der aufgeblasene Protz an eigener Tafel angesichts des Clienten benimmt (III 82).

Außerdem nehmen unter den geselligen Verpflichtungen Besuche und Geschenke eine wichtige Stelle ein. Ueberlaufen oder vernachlässigt zu werden, beides ist unangenehm, und immer lästiger werden in der weitläufigen Stadt jene leeren Höflichkeitserweisungen; dazu die wachsende Concurrenz. Der in dreißigjährigem Dienst ergraute Veteran sträubt sich nachgerade gegen die aufreibende Gefolgschaft, der sich ein Neuling zu unterziehen hat (III 36). Er schlägt seinen Freigelassenen als Stellvertreter vor, der es viel besser machen werde: für alles, was der Freigelassene nicht kann, stellt er sich zur Verfügung (III 46). Freund Decianus hat sich öfters vor dem Besuchenden verleugnen lassen. Der Abgewiesene schreibt ihm, zwei Milien betrage der Weg, hin und zurück vier. „Um dich zu sehen, verdrießen mich die zwei nicht; um dich nicht zu sehen, einen Gang von vier Milien zu machen verdrießt mich" (II 5). Wie beneidenswert einen Freund in nächster Nachbarschaft zu haben, dem man aus dem Fenster die Hand reichen kann! „Aber dieser Nachbar ist mir so fern wie jener Freund, der jetzt am Nil commandirt. Einer von uns beiden muß wegziehen, wenn wir uns sehen wollen" (I 86).

Geschenke werden am Geburtstage, an den Saturnalien, am Verwandtenfest erwartet und sind von dem, der darauf angewiesen ist, jederzeit ersehnt. Seine eigenen Gaben sind Angelhaken für lohnende Beute. Ist er bescheiden, so beschränkt er sich auf Kleinigkeiten (einen Kranz, Nüsse oder Aepfel), der Poet hilft sich mit seinen Gedichten. Man beschwert sich, wenn ein Gegengeschenk ausgeblieben ist, beklagt die zunehmende Verschlechterung der Zeiten. Eine Abrechnung über den Ertrag der letzten zehn Jahre ergibt ein stetiges Sinken, tiefer kann es nicht mehr gehen: es ist Zeit wieder zum Anfang zurückzukehren (VIII 71). Man spottet über den Haufen von Armseligkeiten, der sich an den Saturnalien auftürmt (VII 53), über den Rechtsanwalt, der sich mit dergleichen brüstet (IV 46). Ein Glückspilz, der im Poetenklub mit Geschenken und Erbschaften renommiert, wird zur Ruhe verwiesen: wenn er nicht schweigen kann, soll er wenigstens erzählen was man hören mag (IV 61). Die Freigebigkeit wird als bestes Sparmittel empfohlen, denn nur was man dem Freunde schenkt, ist dem Glückswechsel nicht unterworfen, ist bleibender Besitz (V 42).

Nur muß man es nicht wie Postumus machen, der seine Wohlthaten selber auspoſaunt; „so oft ich einem davon erzählen will, fällt er mir ins Wort: ja er hat mir's selber gesagt" (V 52). Die mehr oder weniger verschämten Bettelverse, zu denen der Verfasser ohne Erröten herabsteigt, lassen erkennen, wie wenig man in seiner Sphäre sich an dergleichen Unwürdigkeiten stieß. „Ich habe kein Geld", vertraut er dem Collegen Regulus, „es bleibt mir nur übrig etwas zu verkaufen: kaufst du etwas?" (VII 16.) Dem Freunde Q. Ovidius schreibt

er: „ich wollte dir etwas zum Geburtstage schenken, aber du verbietest
es, ich muß gehorchen; so möge denn geschehen was uns beiden Freude
macht: schenke du mir etwas" (IX 53). Peinlicher berührt es, wenn
er dem Landsmann Rufus erzählt: „neulich musterte mich jemand
von Kopf zu Fuß wie ein Sklavenhändler oder Gladiatorenmeister,
und fragte mich dann: bist· du Martial, dessen Witze jeder kennt?
ich lächelte und gab es zu. Warum trägst du denn so schlechte
Mäntel? fragte er mich, und ich antwortete: weil ich ein schlechter
Poet bin". Damit ihm nun dergleichen nicht wieder passire, soll
ihm Rufus gute Mäntel schenken (VI 82). Dem kaiserlichen Käm=
merer Parthenius dankt er entzückt für eine weiße Toga, läßt aber
durchblicken, daß er nun erst recht einen neuen Mantel darüber brauche
(VIII 28), und nach Verlauf eines Jahres meldet er, daß die schöne
Toga abgenutzt sei (IX 49).

Besonders wird er nicht müde, in mannigfachen Variationen
die milde Hand des Kaisers anzugehen, aber der Erfolg entsprach
seinen Liebesmühen wenig. Das Dreikinderrecht, um das er an=
gehalten (II 91), erhielt er als Musenpreis schon unter Titus, wie
es scheint, und Domitian hat es bestätigt (II 92. III 95,5 f. IX 97,5 f.).
Wenigstens sicherte es ihn vor gewissen Nachteilen, welche den Kinder=
losen trafen, und ersparte ihm das Ehejoch (II 92, 3). Die Würde
eines Militärtribunen, die er einmal dem Namen nach für ein halbes
Jahr bekleidet hat (III 95, 9), gab ihm den Rang eines Ritters,
leider ohne das entsprechende Vermögen. Darum hatte er allen
Grund, unter dem Vorwand, seine Neider zu ärgern, um mehr zu
bitten (IV 27). Er legt dem hohen Herrn nahe, seine Regierung
durch die Ausübung der schönsten Tugend, der Wohlthätigkeit, zu
krönen (V 19). Aber ein Gesuch um einige tausend Sesterzen wurde
ihm in Gnaden einstweilen abgeschlagen. Von Pallas läßt er sich
vertrösten: was noch nicht gegeben, sei damit nicht verweigert (VI 10).
Leise klopft er wieder an (VI 87. VII 60). Endlich bittet er nur
noch um die Gunst, bitten zu dürfen (VIII 24).

Keine Gelegenheit läßt er vorübergehen, ohne dem Herrscher
seine Huldigung und unterthänige Dankbarkeit darzubringen. In den
ersten neun Büchern ist gleich zum Eingang eine Anzahl solcher
Schmeichelepigramme wie Rosen auf den Weg gestreut, aber auch die
folgenden Seiten sind reichlich mit ihnen gespickt. So wird z. B. das
vierte Buch zum Geburtstag Domitians (24. October 88) mit dem

Glückwunsch eröffnet, daß ihm gegeben sein möge, noch oft die Kränze
in Alba und auf dem Capitol zu verteilen und, was viel verlangt
ist (aber was wäre für solchen Gott zu viel?), Säcularfeste zu feiern.
Wiederholt werden die Erlasse des großen Censors zur Verbesserung
der öffentlichen Sitten gebührend gepriesen (VI 2. 4. 7. IX 6. 8),
auch die Erweiterung der Straßen durch Entfernung der vorgebauten
Tabernen (VII 61). Wenn der Kaiser im Felde ist, wird der
Feind um das Glück beneidet ihn zu sehen: Schrecken und Hoch=
genuß hat er von dem Anblick seines Gesichtes (VII 5). Jubelnd
wird das Gerücht von der bevorstehenden Rückkehr des Siegers be=
grüßt (VII 6, vgl. 7. 8). Das achte Buch vollends, welches Do=
mitian nach der Rückkehr aus dem Sarmatenkriege (im Jahre 93)
überreicht ist, strotzt von unterthänigen Hochgefühlen. Da wünscht
sich Vater Janus trotz seiner vier Gesichter noch mehr Augen, um
den Einzug des siegreichen Kaisers zu sehen (2, vgl. 8). Das Volk
im Circus hat ihn mit Jubelgeschrei, welches bis zum Rhein und
zur Donau schallte, begrüßt und darüber die Rennpferde vergessen:
„keinen Feldherrn hat Rom wie dich, Cäsar, geliebt, auch dich nicht,
und mehr kann es dich nicht lieben, wenn es auch wollte" (11). In
der Nacht vor dem Einzuge scheint dem Ungeduldigen der Morgen=
stern unbegreiflich zu zögern: Cäsar soll nur kommen, mögen die
Sterne auch still stehen, bei seinem Erscheinen wird dem Volk der Tag
nicht fehlen (21). Die große Speisung im Amphitheater wird der
Mahlzeit Juppiters nach dem Siege über die Giganten verglichen
(50). Der kaiserliche Palast spottet der Pyramiden: alle sieben Berge
Roms scheinen übereinandergetürmt höher als Pelion und Ossa, er
ragt in den Aether hinein, dem Himmel gleich, aber immer noch
kleiner als sein Herr (36). Und der Tempel des flavischen Ge=
schlechtes, auf der Stelle, wo des Titus Tochter Julia beigesetzt ist
und einst das Geburtshaus Domitians gestanden hat! Als Juppiter
ihn sah, hat er über sein angebliches Grab auf Creta gelacht, und
bei Tische mit seinen Kindern Nektar zechend gesagt: „seht, wie viel
mehr es sagen will, Cäsars Vater zu sein" (IX 34). Domitian hat
so viel für die Götter gethan, daß sie in seiner Schuld sind. Würde
eine Auktion im Olymp veranstaltet, so würde sich zeigen, daß sie
bankrott sind und nicht einmal ein Zwölftel ihrer Schuld abtragen
können. „Du mußt eben Geduld haben, Augustus: die Kasse Jup=
piters ist zahlungsunfähig" (IX 3). Der Vergleich des Kaisers mit

Hercules, dessen Züge er sich gern beilegte, fällt sehr zu Ungunsten
des letzteren aus (IX 64. 65. 79). An der appischen Straße stand
von alters her ein kleiner Herculestempel: nicht weit davon hatte
Domitian einen neuen mit seinem Bilde in Gestalt jenes Gottes
erbaut. Jetzt huldigt der kleinere Alcibe dem größeren. „Wenn du
zu deiner Zeit so ausgesehen hättest, so hättest du dem Eurystheus
Befehle erteilt." Und was sind die Verdienste des Hercules gegen
die Cäsars (sie werden gegenübergestellt)! Für sie genügt die Gott=
heit des Hercules nicht: dem Vater vom Capitol muß er sein Antlitz
leihen.

Das unermüdliche Bombardement mit Schmeicheleien scheint die
kaiserliche Festung doch nicht bezwungen zu haben, denn von persön=
lichem Dank des begeisterten Dichters selbst für die kleinste greifbare
Gabe ist nichts zu lesen. Höchstens könnte man folgende Erklärung
als Antwort auf eine Einladung zur Tafel verstehen, wenn es nicht
vielmehr eine verschämte Bitte darum ist: „wenn ich zugleich von
Cäsar und von Juppiter eine Einladung erhielte, so würde ich, selbst
wenn es zu den Sternen näher als zum Palatium wäre, an die
Oberen den Bescheid erlassen: sucht euch einen andren Gast für den
Donnerer, mich hält hier mein Juppiter auf Erden fest" (IX 91).
Und so mag er sich zu dem herzhaften Trunk „unsterblichen Falerners"
auf das Wohl des Cäsar Germanicus, den er sich vom schönen Mund=
schenk mischen läßt (IX 93), als Gast desselben aufgeschwungen haben;
wie er das Wohl des (späteren Statthalters von Baetica) Instantius
Rufus an dessen Tafel trinkt, indem er sich für die schöne Metall=
schale bedankt, die er von ihm als Geschenk erhalten hat (VIII 51).

Auf einen grünen Zweig ist Martial, so lange er in Rom war,
nicht gekommen, wenn es ihm auch nicht ganz so schlecht gegangen ist,
wie er sich zuweilen anstellt. Daß er von dem Verkauf seiner Schriften
durch die Buchhändler Vorteil zog, ist kaum zu bezweifeln, aber eben=
sowenig läßt sich die Höhe dieser Einnahme ermessen. Offenbar spricht er
aus eigener Erfahrung, wenn er einem Ankömmling erklärt, daß er in
Rom weder als Anwalt noch als Dichter noch als Client auf sichere
Versorgung hoffen dürfe (III 38, vgl. V 56), daß nicht Rechtschaffen=
heit, sondern Niedertracht allein Glück mache (IV 5). Noch im Jahre 89
wohnte er zur Miete, drei Treppen hoch, in einem Hause „zur Birne"
auf dem Quirinal mit der Aussicht auf die Säulenhalle des Agrippa,
in der Nähe des Floratempels. Es war eine geräuschvolle Gegend.

Das Geschrei eines Schulmeisters in der Nachbarschaft störte ihm den Morgenschlaf, so daß er den Anbruch der Sommerferien ersehnte. Spätestens seit dem Jahre 92 besaß er dort ein kleines Haus mit bescheidenem Garten, der nichts Rares trug. Aber schon viel früher (in den Jahren 83/84) lesen wir von einem kleinen Weingut bei Nomentum im Sabinerlande, in geringer Entfernung von Rom. Man nimmt an, daß er es der Freigebigkeit Seneca's verdankte. Freilich klagt der Besitzer über Dürre des Bodens: außer dem Herrn trage er nichts, und was er verzehren wolle, müsse er in der Subura kaufen. Um der Trockenheit in den Gärten beider Grundstücke ab=zuhelfen, bat er den Kaiser um Gewährung einer Leitung von der nahen Aqua Marcia (IX 18 vom Jahre 94): aber wir erfahren nicht, daß sie ihm wie dem Statius bewilligt sei. Von oben drang der Regen durch das Dach der Villa. Dem half Freund Stella mit einer Ladung Ziegeln ab, aber statt des Dankes erfolgt die Klage: „du deckst die Villa, aber nicht den Besitzer, der einen Mantel im Dezember braucht" (VII 36). So unscheinbar das Gütchen war, zog er doch gern hinaus: wenigstens konnte er sich dort ausschlafen. Auch hatte er befreundete Nachbarn, mit denen sich ein behagliches Wort reden ließ, Nepos und Q. Ovidius, der einst (im Jahre 65) den Cäsonius Maximus, Freund des Philosophen Seneca, unerschrocken in die Verbannung nach Sicilien begleitet hatte. Ab und zu lud er doch auch in der Stadt einen und den andren guten Kameraden, selbst eine kleine Gesellschaft bis zu sieben Personen zu einer frugalen Mahlzeit: den wenig versprechenden Speisezettel schickt er in launigen Versen voraus (V 78. X 48. XI 52). Ein andresmal dagegen geht er der gewohnten Feier seines Geburtstages verdrießlich aus dem Wege, um nicht die Mühen der Bewirtung zu haben (XII 60). Oefters war er krank: Fieber, Nerven= und Magenleiden haben ihn heimgesucht und vor der Zeit zum Greise gemacht (X 96). Im Jahre 89.90 war er sogar dem Tode nahe (VI 68). Damals oder bei ähnlichem Anlaß vielleicht ist es gewesen, daß er den Besuch des Arztes Symmachus und die kalten Hände der 100 Schüler, welche seinen fieberhaften Leib betasteten, so unangenehm empfunden hat (V 9).

Grade in den zunächst vorhergegangenen Jahren war er viel außerhalb Roms gewesen. Als er das dritte Buch seiner Epigramme schrieb (87/8), hatte er sich aus Ueberdruß am römischen Clienten=

leben nach Forum Cornelii (Imola, zwischen Bologna und Rimini, an der ämilischen Straße in Gallia togata) zurückgezogen. Von da machte er, zum Teil zu Wasser, vermittelst der Pokanäle und der Lagunen, Ausflüge nach Ravenna und nördlich bis nach Aquileja hinauf. Hier und an der Seeküste von Atinum (zwischen Aquileja und Patavium), deren prächtiger Villenkranz mit Bajä wetteiferte, gefiel es ihm bei milden Gastfreunden so gut, daß er dort die Tage seines Alters zuzubringen gedachte, wenn ihm dereinst vergönnt sein sollte, sein eigener Herr zu sein. Die Villa seines Freundes Faustinus in Bajä, deren ländliche Reize er so anziehend beschreibt (III 58), war ihm wohl schon durch früheren Aufenthalt bekannt. Im Jahre 88 finden wir ihn wieder am Lucrinersee (IV 30. 57) und am Fuße des Vesuv auf dem Boden der verschütteten Städte Pompeji und Herculanum (IV 44). Aber die Sommerhitze treibt ihn fort: er zieht dem Faustinus nach und sucht die Kühle von Tibur auf (IV. 57, 9 f.). Einen köstlichen Mai hat er noch einmal bei demselben in Anxur (Terracina) verlebt (X 51): desto drückender war ihm nachher der Aufenthalt in Rom (X 58).

Immer hing er noch an seiner spanischen Heimat. Wenn ein Landsmann dorthin reist, schwelgt er in den Bildern, die seiner Er=innerung vorschweben, in der Aufzählung der barbarischen Ortsnamen, die seinen Ohren so wohl klingen (I 49). Besonders gern denkt er an die kühlen Ströme, die Wälder mit ihren Jagdfreuden, und an das ungenierte, behagliche Leben in der Provinz (IV 55). Nach vierunddreißigjähriger Trennung faßte er den Entschluß dorthin zu=rückzukehren. Hatten sich doch nach Domitians Tode (18. Sept. 96) die geselligen und höfischen Verhältnisse in Rom gar sehr geändert. Mit dem bisherigen Günstlingswesen hatte es ein Ende, die früheren Gönner waren unter der neuen Regierung beiseite geschoben. Mit sauersüßer Miene gesteht sich der ergraute Client, daß seine Schmeiche=leien keine Ohren mehr finden, nachdem der „allergerechteste Senator" und Imperator sich nicht mehr „Herr und Gott" nennen läßt und die „bäurische Wahrheit" vom Styx heraufgeführt hat (X 72). Martial hat den Versuch gemacht, sich Nerva zu empfehlen. Durch Parthenius ließ er ihm eine Auswahl aus dem zehnten Buch (erster Ausgabe) und dem elften überreichen (XII 11. 5). Von einem Epi=gramm, welches der Verfasser wohl aus Scham nicht in die ver=öffentlichte Sammlung aufgenommen hat, ist das letzte Distichon durch einen alten Erklärer Juvenals erhalten. Darin widerruft er seine frühere Begeisterung für Domitian. „Flavisches Haus, wieviel hat dein dritter Erbe dir (von dem erworbenen Ruhm) genommen! Fast wäre es ebenso gut gewesen die beiden ersten (Vespasian und Titus) gar nicht zu besitzen" (wenn man dafür mit dem dritten verschont geblieben wäre). Einige qualmende Weihrauchkörner, welche der alte Höfling der neuen Aera opferte (XI 4. 5. XII 6. 15), verfingen nicht. Auch die Teilnahme des Publikums erkaltete. Man interessierte sich mehr für Rennpferde und Jokeys (XI 1). Eine katzenjämmerliche Stimmung kam über den Dichter. Er gestand sich, daß er nicht berühmter sei als ein gewisses Circuspferd (X 9). Der 56jährige müde Togaträger, der froh sein mußte, wenn er mit seinen Visiten den ganzen Tag über seine lumpigen 100 Cuadranten verdiente, sah mit Resignation, wie ein Scorpus, der siegreiche Wagenrenner, in einer Stunde 15 schwere Beutel Goldes davontrug. Er wollte ja weiter nichts mehr als schlafen (X 74). Dem alten Gönner Avitus, der des Dichters Bild in seiner Bibliothek aufgestellt hatte, setzt er den Unterschied zwischen Rom und seiner Heimat, nach der es ihn mächtig zieht, in bitterem Tone auseinander (X 96). „Hier hat man für teures Geld Hunger und den ruinierenden Markt, dort den Tisch, der mit den Reichtümern des eigenen Feldes bedeckt ist. Hier nutze ich in einem Sommer vier und mehr Togen ab, dort hält mir eine für vier Herbste aus." Noch lebten einige zum Teil zärtlich geliebte Jugendfreunde dort, nach denen er sich sehnte (X 20). Einem von ihnen Namens Flavus ließ er in Begleitung des zehnten Buches (zweiter Ausgabe) seiner Epigramme (im Jahre 98) durch muntere Elffilbler in catullischem Stil (104) den Auftrag zugehen, Quartier in Bilbilis für ihn zu besorgen. Er hofft auf guten Empfang von seiten seiner Mitbürger, die ja stolz auf ihn sein können wie die Veroneser auf ihren Catull (X 103). Von einigen seiner Getreuen nahm er innigen Abschied, so von dem braven Macer, der gleichzeitig zu einem Commando nach Dalmatien abging (X 78). Mit Julius Martialis hält er Abrechnung über die guten und schlechten Stunden, die sie 34 Jahre lang zusammen verlebt haben, und findet doch, daß die guten überwiegen (XII 34). Nicht ohne Wehmut empfiehlt er dem Nachfolger Marius die Bäume, die Altäre und Götterbilder seines Gütleins (X 92). Den Landsmann Maternus aber, dem er seine Abreise ankündigt, fragt er mutwillig und schadenfroh, ob er

etwas in die Heimat zu bestellen habe (X 37). Der jüngere Plinius
versah den Scheidenden mit Reisegeld (Briefe III 21), aus Erkennt=
lichkeit für die Ehre, welche ihm der Dichter durch Uebersendung
des zehnten Buches seiner Epigramme und ein respektvolles Widmungs=
gedicht (X 19) erwiesen hatte.

Wie glücklich fühlte sich anfangs der rommüde Client a. D. in
seinem luftigen Bergstädtchen. Von hier schrieb er an seinen ehe=
maligen Collegen, den Satiriker Juvenal: „während du vielleicht
rastlos in der lärmenden Subura einherirrst, oder den Aventin er=
klimmst und in der Toga schwitzend deine Besuche bei den Vor=
nehmen machst, hat mich mein Bilbilis wieder aufgenommen und zum
Bauer gemacht. Ich erfreue mich eines gewaltigen, ruchlosen Schlafes
bis in den Tag hinein und hole alles nach, was ich dreißig Jahre
lang mir davon abgebrochen habe. Die Toga kenne ich nicht mehr.
Steh' ich auf, so empfängt mich das lustige Herdfeuer und ein reich=
liches Frühstück. Dann meldet sich ein hübscher Jägerbursch" u. s. w.
(XII 18). Er gab sich gründlicher Faulheit hin. Wagte ein rat=
bedürftiger Client den ehemaligen Rechtsanwalt morgens um seine
Hilfe anzugehen, so wurde er wohl barsch abgefertigt: „ich bin hier,
um mich auszuruhen," erklärt er; „soll ich auch hier wachen, so geh'
ich lieber nach Rom zurück" (XII 68).

Das Beste war, daß ihm endlich die Sehnsucht nach behäbigem
Wohlstande gestillt wurde. An der geistreichen Marcella gewann er
eine freigebige Gönnerin, die ihm ein prächtiges Gut schenkte. „Dieser
Hain," ruft er entzückt aus (XII 31), „diese Quellen, dieser schattige
Weingarten, diese Wasserleitung, die Wiesen und der Rosenflor, der
es mit Pästum aufnimmt, die Kohlpflanzung, die im Januar grünt,
der Aal, der im Bassin schwimmt, der Taubenschlag, das alles sind
Geschenke meiner Herrin. Wenn mir Nausicaa die Gärten ihres
Vaters überlassen wollte, so könnte ich zu Alcinous sagen: ich ziehe
die meinigen vor." Dazu schenkte dem Glücklichen ein Freund Aelius
ein kleines Fuhrwerk zum Selbstkutschieren, was ihm große Freude
machte (XII 24). Den Verkehr mit der edlen Marcella schätzte er
hoch. Er bewundert ihre Bildung und ihren Geschmack: man sollte
sie für eine vornehme Römerin halten.

> Du machst linder die Sehnsucht mir nach der herrlichen Reichsstadt:
> Rom erschaffst du allein, edle Marcella, mir hier (XII 21).

In der That fehlten ihm denn doch in der „Einsamkeit der
Provinz" sehr die unersetzlichen Vorzüge jener einzigen Stadt. Er
vermißte sein gewohntes Publikum, die Fühlung mit dem Zuhörer,
die Feinheit des Verständnisses und Urteils, vor allem die anregenden
Motive des Lebens, Bibliotheken, Theater, Gesellschaften, wo man
genießend unwillkürlich sich bildete, kurz die ganze geistige Atmosphäre,
an die er gewöhnt war. Dazu kam auch hämische Kritik und Miß=
gunst der lieben Landsleute, ein und der andre bösartige Widersacher,
viel kleinliche Philister: es war schwer dabei Tag für Tag guten
Humor zu behalten. So ging ihm die Zeit unfruchtbar dahin, über
drei Jahre lang hörte man nichts von ihm. Erst im Dezember des
Jahres 101 gab die Ankunft des Terentius Priscus die Anregung,
dem Freunde, den er seinen Mäcenas nennt (XII 4), in wenig Tagen
(natürlich zum Teil aus älteren, noch römischen Beständen) ein Buch
(das zwölfte) als eine Empfangsmahlzeit zusammenzustellen. Dem
unbeholfen gezierten Stil der Widmungsepistel in Prosa merkt man
die gedrückte Stimmung des Verfassers und seine Entwöhnung von
der hauptstädtischen Ausdrucksweise an. Auch das einführende Geleit=
gedicht (3) verrät eine gewisse Wehmut, an ovidische Trauer leise
anklingend. Sein Buch wird als Fremdling in die Stadt kommen,
in der doch so viele seiner Brüder wohnen. Es mag in die öffent=
liche Bibliothek einziehen oder lieber in Stella's prächtiges Haus; der
wird es verbreiten und selbst mit Rührung lesen. „Einen Titel brauchst
du nicht: zwei oder drei Verse mag man lesen, so werden alle rufen,
du kommst von mir."

Als Martial seinen 57sten Geburtstag beging, hatte er sich
noch 18 Jahre gewünscht (X 24). So weit hat er es nicht ge=
bracht. Ueber das Jahr 101 reichen die Lebensäußerungen von
ihm nicht hinaus. Der jüngere Plinius erzählt in einem Briefe
(III 21), der spätestens im Jahre 104 geschrieben sein kann, daß er
vom Tode des Dichters vernommen habe. Er rühmt ihn als einen
geistreichen und witzigen Kopf, in seinen Schriften findet er viel Salz
und Galle, aber nicht weniger Gutmütigkeit (candoris). Das stimmt
vollkommen zu den eigenen Bekenntnissen des Dichters. Epigramme
ohne eine jener beiden Würzen findet er mit Recht fade und lang=
weilig: er lobt sich den prickelnden Chierwein (VII 25). Ernste Ge=
danken, Sprüche gereifter Lebensweisheit, Betrachtungen, die in die
Tiefe gehen, liegen ihm fern. Als seine eigenste Muse verehrt er

Thalia, die scherzhafte. Er verbittet sich strenge Leser: nicht unter Sorgen und Geschäften des Tages wollen seine Scherze vernommen sein, sondern abends und nachts bei der Mahlzeit, wenn Bacchus im besten Zuge ist, auch an der kaiserlichen Tafel in der zehnten Stunde, und nicht massenweise hintereinander, sondern einzeln, in kleinen Dosen (IV 8. 29. 82. X 19).

An die anrüchige Gattung lasciver Bosheiten und erotischer Unflätereien waren die Römer seit Catull leider so gewöhnt, daß Verse dieser Tonart als unentbehrliche Würze der Tischunterhaltung gesucht waren, und Martial hat dieses Bedürfnis in nur zu ausgiebigem Maße mit unverkennbarem Behagen und meisterlichem Geschick befriedigt. Gleich in der Vorrede zum ersten Buch befürwortet er, Epigramme würden für solche geschrieben, welche die Floraspiele zu besuchen pflegen. Zum Vorlesen in der Schule, sagt er spöttisch, seien sie nicht bestimmt, sondern für Männergesellschaft (I 35. III 68). Er beruft sich auf seine Vorgänger. Lucans Witwe erinnert er zu seiner Rechtfertigung an die übermütigen Verse ihres verstorbenen Gatten (X 64). Auch den Kaiser bittet er, bei seinen Scherzen die strenge Herrschermiene abzulegen, wie er ja auch die Unanständigkeiten des Mimus mit ansehe. Von alters her seien ja auch bei Triumphzügen derbe Soldatenschwänke gestattet, und „lateinisch", d. h. grade heraus zu sprechen könne nicht verwehrt sein. Wie Catull und Ovid versichert der Verfasser, nur sein Buch sei ausgelassen, sein Lebenswandel ehrbar (I 4). Dichtgedrängt füllen dergleichen Zoten den Schluß des dritten Buches. Hier wird die Matrone verabschiedet, aber der schlaue Menschenkenner argwöhnt, sie werde grade den Rest um so eifriger studieren (III 68. 86). Er scheint doch Anstoß erregt zu haben. Wenn er auch auf die, welche für „Knaben und Jungfrauen" schreiben, verächtlich herabsieht (III 69. I 67), so stimmt er doch selbst, gewiß auf höhere Weisung, im fünften Buch einen zahmeren Ton an (V 2), und auch im achten läßt er aus Respekt vor dem Kaiser die „nackte Wahrheit" hinter der keuschen Pallas zurücktreten (VIII 1 und Vorr.). Einen neuen Anlauf zu der alten Frechheit nahm er unter Nerva, ja er behauptet sogar, daß es unter ihm erlaubt und gern gesehen sei (XI 2). In einer lustigen Zechgesellschaft stimmt er den ungebundenen Saturnalienton wieder an (6); das ganze Buch soll der guten Sitte spotten (15. 16), und zur Abfertigung etwaiger Rigoristen wird ein

ſchmutziges Epigramm des göttlichen Auguſtus citiert (20). Ganz ſo
ſchlimm wird es übrigens im Verlauf des Buches nicht („nicht jede
Seite gehört der Nacht, einiges kann man auch morgens leſen", 17);
dagegen findet ſich gegen den Schluß des zwölften wieder ein Haufen
von Schmutz.

Glück und Leid natürlicher, herzergreifender Liebe ſcheint Martial
nicht einmal vorübergehend gekannt zu haben. Er hat gefühlt was
ihm fehlte. „Wenn du meiner Thalia", vertraut er einem Freunde,
„Kraft und Schwung geben und Gedichte von ewiger Dauer haben
willſt, ſo ſchaffe mir eine Liebe. Cynthia hat Properz, Lycoris Gallus
zum Dichter gemacht, Tibull verdankt ſeinen Namen der Nemeſis,
Lesbia hat Catull begeiſtert" (VIII 73). Aber einer tiefen, idealen
Leidenſchaft war er nicht fähig, und das cyniſche Ausſehen des
ſtruppigen Geſellen (X 65, 7 f.) wird ihn den Weibern auch nicht
eben empfohlen haben. Für die Reize ſchöner Knaben war er empfäng=
lich (VIII 46. IX 56).

So viel und ſo unbarmherzig er auch ſpottet, weiſt er doch
den Verdacht der Bosheit mit großer Befliſſenheit von ſich. Heilig
verſichert er ſeinen Freund Fauſtinus, daß ſeine Gedichte keinen
perſönlich verletzen ſollen, und beklagt ſich, daß man ihm giftige
Pfeile, wie ſie Archilochus gegen Lycambes abſchoß, unterſchiebe
(VII 12, vgl. V 15). Dringend bittet er ſeine Freunde, wenn ihm einer
dergleichen zuſchreibe, laut und beharrlich zu erklären: das hat mein
Martial nicht geſchrieben (VII 72. X 33). Feierlich verwünſcht er
jeden, der ehrbare Frauen oder Würdenträger in frechen Verſen ver=
letze (X 5). Als ſeinen Grundſatz erklärt er, die Perſonen zu ſchonen,
nur über Fehler im allgemeinen zu ſprechen (X 33, 10). Aber ſeine
Invektiven ſehen doch bloßen Abſtraktionen nicht ähnlich. Schon durch
das Geſetz war die Verſpottung Lebender unter ihrem wahren Namen
verpönt, nur Verſtorbene durften genannt werden. So ſind denn
alle Bosheiten bei Martial, ſo perſönlich ſie auch gemeint ſein mögen,
maskiert. Erſonnene, zum Teil typiſche Namen in großer Anzahl
laſſen nicht erraten, wer, ja ob überhaupt immer eine beſtimmte, oder
ob unter gleicher Maske auch immer dieſelbe Perſönlichkeit gemeint
ſei. Vergeblich forſchte die Neugier danach. „Ich werde euch nicht
ſagen, ſoviel ihr mich auch darum bittet, wer Poſtumus in meinem
Büchlein ſei" (II 23). Ein Quintus hat ein Diſtichon (III 8) auf ſich
bezogen: der Dichter bietet ihm zur Genugthuung an, Sextus ſtatt

Quintus zu setzen (11). Auch wenn er in erster Person spricht, meint er keineswegs immer sich selbst, ebensowenig wenn er Abscheuliches von seiner Frau sagt, ist seine Gattin zu verstehen, denn er war nie verheiratet. Er führt nur einen andren redend ein, einmal z. B. den Kaiser (1 5).

Die Bedeutung und den Wert seiner Kleinigkeiten hat Martial nicht grade überschätzt. Natürlich meint er es nicht ernsthaft, wenn er den Schwamm für das einzige durchgreifende Mittel gegen die Mängel seiner Gedichte erklärt und findet, daß ihnen nur ihr Recht geschehe, wenn sie schwimmen oder durch den Regen ausgelöscht werden (I 5. III 100. IV 10. IX 58). Marsus und Catull sind seine Meister: ihnen will er nicht allzuweit nachstehen (VII 99, 7. X 78, 16); aber es ärgerte ihn, wenn jemand die Wirkung seiner Epigramme durch den Vortrag aus den Schriften dieser Dichter beeinträchtigte (II 71); wenn die Alten den Lebenden vorgezogen wurden, obwohl er sich sagt, daß es immer so gewesen sei (V 10, vgl. VIII 69. XI 90). In Wahrheit konnte er sich mit Catull nur in der Form, in der drastischen Lebhaftigkeit der Darstellung, in der Schärfe des Witzes messen, aber die höhere, warm beseelte Dichternatur des Veronesers hat er nicht. Sein höchstes Ziel ist pikante Unterhaltung, zu gefallen, belacht, von dem Centurio im Lande der Geten gelesen, selbst in Britannien citiert zu werden (XI 3). In seinem Herzen geht nichts vor, was ihn von Grund aus ergriffen, was er ausschütten und künstlerisch gestalten möchte. Daher kann uns der Mensch wenig innerliche Teilnahme erwecken. Nur den Virtuosen, den Kleinkünstler vermögen wir zu bewundern.

Gegen Kritik war er doch empfindlich (I 91. V 33. VI 64) und leicht geneigt Mißgunst zu argwöhnen (VI 61, vgl. VIII 61. IX 97). Nicht mit Unrecht fand man, daß manche seiner Scherze zu lang seien (I 110. III 83). Wirklich thut er, wenn er einmal im Zuge ist, in der Ausführung leicht des Guten zuviel. Solchen Tadler findet er gut zum Wagenschmieren, weil ihm nichts schnell genug gehe (II 77). Er beruft sich auf Marsus und Pedo, die zweiseitenlange Epigramme gemacht hätten, verbittet sich den Gast, der an einer reichbesetzten Tafel sich nur die Leckerbissen herauspicke und das Brot verschmähe (X 59). Einem anderen, der sorgfältige Durcharbeitung vermißt, erwidert er, seine Speisen sollen den Gästen munden, nicht den Köchen (IX 81). Einem dritten, der die lobenden und freund=

lichen Stücke (etwa die höfischen Schmeicheleien?) langweilig gefunden hat, giebt er den Rat, Vaticaner Wein zu trinken, weil ihm nur Essig schmecke (X 45).

Mit Recht giebt er zu bedenken, ein paar hübsche Doppel- oder Vierzeilen zu machen, sei keine Kunst, aber ein ganzes Buch von Epigrammen zu schreiben, das sei schwer (VII 85). Uebersieht man nun die ungeheure Masse von mehr als anderthalbtausend Epigrammen mit 8—9000 Versen, so erscheint in der That die schier unerschöpflich sprudelnde Ader seiner glänzenden Laune einzig und unvergleichlich. Einer seiner Widersacher scheint ihn beharrlich mit Schmähversen verfolgt zu haben. Zunächst straft er ihn mit Verachtung. „Ich höre, daß Cinna Verse gegen mich schreibt. Der schreibt nicht, dessen Gedichte niemand liest" (III 9). Er gönnt ihm nicht die Ehre einer ernsten Erwiderung. „Soviel du mich auch anbellst, so werde ich dir doch nicht den Gefallen thun, dich berühmt zu machen" (V 60 vgl. XII 61). Aber endlich schwillt ihm doch die Galle übermächtig. In einer langen Reihe zornglühender Hexameter bedroht er den Wicht mit Repressalien (VI 64). Wie eine Fluchlitanei, aber in gewaltigem Periodenstrom rauscht die geharnischte Kriegserklärung einher. Mit starkem Selbstbewußtsein beruft er sich auf den Beifall, welchen seine Bücher in hohen und höchsten Kreisen finden, und droht seine Bärenklauen gegen den unberufenen Kläffer herauszukehren. Die ungewohnte Form, die übrigens auch von Dichtern der griechischen Anthologie gelegentlich angewandt ist, und die Länge des Scheltgedichtes wurde getadelt, so daß der Verfasser sich zu einer spöttischen Rechtfertigung in Distichen (65) bewogen fand.

Daß in einer solchen Masse von Nummern sich auch manche Null befindet, kann niemand befremden, und der Verfasser selbst hat es, wie wir sahen, schon im ersten Buche freimütig zugestanden. Ein andresmal biegt er den Vorwurf, daß seine Bücher „ungleichmäßig" seien, mit glücklichem Wortspiel um, indem er antwortet, das sei kein Tadel, schlecht sei vielmehr ein „gleichmäßiges" (d. h. eintöniges) Buch (VII 90). Auch wurden ihm die Stoffe zum Teil aufgegeben: er mochte sehen, was sich daraus machen ließe. Einmal beklagt er sich, daß ihm jemand tote Themen stelle und sich wundere, daß nichts Lebendiges dabei herauskomme (XI 42).

Auch die Wiederholung desselben Motivs in verschiedenen Variationen barf ihm nicht als Beweis der Armut ausgelegt werden. Es war vielmehr unter Poeten wie unter Rhetoren eine Aufgabe der Kunst, denselben Vorwurf in verschiedenen Wendungen mannigfach beleuchtet zu gestalten. Ein solches Thema ist z. B. der Löwe, welcher den Hasen im Maul trägt, mit ihm spielt, ihn laufen läßt und wieder hascht, ohne ihn zu verletzen, ein Kunststück, welches bei den kaiser= lichen Schauspielen im Amphitheater Aufsehen erregt hatte. Der Hase wird mit Ganymed verglichen (I 6); der Löwe gehört dem Kaiser, darum ist er so großmütig (14); das Blut des Hasen lohnt ihm nicht, der Hase ist so sicher vor ihm wie ein bakischer Knabe vor Cäsars Waffen (22); wenn er den Bissen der Hunde entgehen will, so mag er nur in den Rachen des Löwen flüchten (48); ver= gebens suchst du den Ruhm, seine Beute zu werden (51); er merkt gar nicht, daß er etwas in den Zähnen hat (60). Diese Leistung geht über alle andren Dressuren wilder Tiere, die in der Arena vorgestellt werden: das ist nicht angelernt, der Löwe weiß, wem er dient (104).

Ein Verurteilter muß in der Arena die Rolle des Mucius Scävola spielen, der vor Porsena seine Hand auf das Kohlenbecken legt. Auch dieser Stoff wird mannigfach variiert. Porsena war schwächer als Mucius: er konnte den Anblick nicht ertragen und be= fahl dem Helden, seine Hand aus dem Feuer zu nehmen. Ihr Irr= tum, da sie den König verfehlte, hat ihr durch jene andre That größeren Ruhm eingetragen, als wenn sie ihr Ziel erreicht hätte (I 21). „Sieh," heißt es ein andresmal, „wie seine Hand in dem erschreckten Feuer herrscht; als sein eigener Zuschauer weidet er sich an ihrer Vernichtung; wäre nicht gegen seinen Willen eingegriffen worden, so war er bereit, auch die linke zu opfern. Nach solcher Probe mag ich gar nicht wissen, was die Hand früher geleistet hat" (VIII 30). Diese frostige Rhetorik widerruft aber drittens (X 25) der nüchterne Hinweis auf die Notlage des armen Delinquenten: „wenn man mit dem Feuertode bedroht wird und es heißt: verbrenne deine Hand, so ist es eine noch größere Leistung zu sagen: ich thu's nicht."

Als eine Art Wettkampf zwischen Martial und Statius kann wenigstens der heutige Leser die beiderseitigen Gedichte für den gleichen Fall betrachten. Die Verschiedenheit der Gattungen bedingt natürlich eine verschiedene Behandlung: bei Statius breiter epischer Vortrag, hymnenartig mit novellenhafter Erfindung und mythologiſchem Apparat, bei Martial lebendiger Realismus mit hyperboliſchen Schnörkeln ver= ziert, in eine zierlich gedrechſelte Spitze auslaufend. In dem Epi= gramm auf die Bronzeſtatuette des Hercules (IX 43) kehren dieſelben Elemente wieder, welche Statius (Silv. IV 6) verwendet hat: Be= ſchreibung des Kunſtwerkes, Name des Künſtlers, frühere Beſitzer, die Einkehr in ein Privathaus und deſſen Würdigkeit; ſelbſt feinere Züge wie die Gaſtlichkeit des Molorchus, die Bildung des Linder. Aber abgeſehen von der epiſchen Einleitung bei Statius, welche die Be= trachtung des Tafelſchmuckes vorbereitet, lieſt ſich das Gedicht des= ſelben wie ein begeiſtertes Loblied auf den Beſitzer und ſeinen Be= ſitz, während die Diſtichen Martials den Charakter einer Unterſchrift für das Kunſtwerk haben. Den kaiſerlichen Mundſchenk Earinus, deſſen Haarſchur Statius mit feierlicher Grazie als eine Art Staats= aktion ausmalt (Silv. III 4), hat Martial im neunten Buch für eine Reihe ſchmeichleriſch liebkoſender Scherze auserſehen. Dreimal (11. 12. 13) ſpielt er auf das anmutigſte mit dem wohlklingenden Namen, deſſen Silben ſich leider durchaus nicht in das Versmaß fügen wollen: während Statius ihn ganz verſchwiegen hat, umſchreibt Martial die Bedeutung desſelben mit allen Reizen, Düften und Süßigkeiten, welche der Frühling bietet, läßt ihn durch Nebeneinanderſtellung der drei andren von Jahreszeiten entlehnten Namen erraten, rühmt ihn als den ſchönſten, einzig für das kaiſerliche Haus geſchaffenen. Die Haare, ein Weihgeſchenk für Aesculap, feiert er im Stil des Votivſpruches (16. 17), der Akt ſelbſt aber erregt den Neid des himmliſchen Ganymed. Dieſer trägt bei Juppiter auf die gleiche Feier für ſich an, wird aber von ſeinem ätheriſchen Herrn zur Ruhe verwieſen. „An Cäſars Hofe ſind tauſend Diener wie du, ich habe nur dich: wer ſoll mir den Nektar miſchen, wenn dir geſchorenes Haar ein männliches Anſehen gibt?" (36)

Mit jenen litterariſchen Freibeutern, die ſich mit ſeinen Federn ſchmückten, hat Martial zeitlebens, auch auf der Höhe ſeines Ruhmes noch zu thun gehabt. Dieſe kleinen, vereinzelten Schnurren und Ein= fälle, die von Ohr zu Ohr gingen, waren eben, wie geſagt, gar zu angreifliche Ware, ſchwer zu hüten. Wie leicht mochte ſich dieſer und jener, der in der Geſellſchaft oder in der Leſewelt gern eine Rolle ſpielen wollte, ein und das andre Stück oder auch eine ganze Handvoll mit kühnem Griff aneignen und in ſeine eigene Ware zur

Erhöhung ihres Wertes einschmuggeln! Einer dieses Gelichters ist es, dem Martial vorstellt, vergeblich schnalle er sich den einen Fuß des Schnellläufers Labas an, wenn sein andres Bein von Holz sei (X 100). Verächtlich zeichnet er einen Winkelpoeten, der ihm seine Gassenhauer unterschieben wolle (X 3). Ein Jude, der ihn bestahl, deckte sich erst gaunerhaft durch abschätzige Kritiken (XI 94). Daß ein Subler in Corduba wagen durfte, des berühmten Dichters Bücher als die seinen vorzutragen (XII 63), wird keinen Wunder nehmen, der den Unterschied zwischen Stadt und Provinz erwägt. Selbst in Rom werden nicht viele imstande gewesen sein, gestohlenes Gut in den Gedichtbüchern, die feil geboten wurden, zu unterscheiden.

Gelehrt ist Martial nicht. Es begegnet ihm sogar, daß er Catull und Vergil als Zeitgenossen zusammenbringt (IV 14, 13 f.), daß er Arpi und Arpinum verwechselt (IV 55, 3). Auch den Grammatikern zwar will er gefallen, aber die Hilfe von Grammatikern, d. h. gelehrter Commentare zum Verständnis seiner Schriften, weist er ab. Ueber Altertümler des Stils macht er sich mit Recht lustig (XI 90). Dennoch verrät seine Kunst das Studium griechischer Vorbilder. Nicht wenige von seinen Stoffen und Motiven sind Gemeinplätze der epigrammatischen Dichtung und finden sich, wenn auch in andrer Ausführung, bei Dichtern der Anthologie wieder: z. B. die Ermahnung, das Heute zu genießen, Polemik gegen gelehrte Poesie, Grammatiker und Altertümler, Spott über Redner, die Kapitel vom Geiz, von Mahlzeiten und Parasiten (wenn auch lange nicht so in den Vordergrund tretend), ferner Häßlichkeit von Weibern, die Alte, welche noch die Junge spielt, selbst der ungeschickte Barbier, um von den eigentlichen Aufschriften für Bildwerke, Handschriften u. s. w. und vollends von erotischen Dingen gar nicht zu reden. Namentlich hat offenbar Lucillius, der unter Nero dichtete, für Einiges die Anregung gegeben. Andres findet sich in der hadrianischen Zeit bei Straton, dem berüchtigten Verfasser päderastischer Gedichte, wieder, woraus auf gemeinsame Vorlage zu schließen ist. Martial aber hat das fremde Gut sich völlig zu eigen gemacht, hat griechische Elemente in römische Form umgegossen, bald den Stoff reicher ausgeführt, bald dem Ganzen eine andre Wendung gegeben.

Die Beweglichkeit seiner witzigen Phantasie, der Reichtum der ihm zuströmenden Vorstellungen verführt ihn nur leicht zu einem fast ermüdenden Uebermaß. Er wie Lucillius (Epigr. 70) machen sich über

die winzige Kleinheit eines Landgütchens lustig (XI 18). Der Grieche
begnügt sich mit drei prägnanten Worten in ebenso vielen Distichen:
der Besitzer habe sich aus Hunger an einer fremden Eiche (er selbst
besaß keinen Baum) aufgehenkt; für das Grab reichte sein eigener
Grund und Boden nicht aus, sondern es mußte vom Nachbar ein
Stück hinzugekauft werden; hätte Epicur diesen Acker gekannt, so
würde er (mit unnachahmlichem Wortspiel) als die Urelemente nicht
Atome, sondern Aecker genannt haben (πάντα γέμειν ἀγρῶν εἶπεν ἂν,
οὐκ ἀτόμων). Martial dagegen nimmt die Sache nicht so tragisch.
Er hat das Gütlein nicht gekauft, sondern geschenkt bekommen, und
vor dem Antreten dieses Besitzes untersucht er in 27 neckenden
Elfsilblern, ob man das ein Gut nennen könne, dessen Kleinheit er
durch schier endlose, freilich sehr ergötzliche Aufzählung aller möglichen Dinge, Gewächse, Tiere u. s. w., die jenen Raum ganz aus-
füllen oder zu groß für ihn sind, anschaulich macht, um endlich gleichfalls mit einem Wortspiel aus eigenem Ideenkreise zu schließen: statt
dieses Grundstückes möchte er sich lieber ein Rundstück (wie die Ham-
burger sagen, d. h. ein Butterbrot), statt des praedium ein prandium
ausbitten.

In der Erfindung drastischer Vergleiche und belustigender, namentlich niederziehender Hyperbeln ist Martial ein würdiger Nachfolger der Komödie: wenn er z. B. einem plumpen Spaßmacher, der
sich für witzig hält, klar macht, zu welcher Sorte von Gassengesindel
er gehört (I 41), oder die Dünnheit eines ihm geschenkten goldenen
Schälchens ermißt (VIII 33), oder das Aussehen eines abgenutzten
Mantels veranschaulicht (IX 57), oder ein Bouquet von üblen Gerüchen zusammenstellt (IV 4. VI 93), oder das Aroma der Küsse eines
schönen Knaben beschreibt (III 65. XI 8), oder in tragischem Tone
schildert, was man unter dem Messer eines ungeschickten Barbiers
zu leiden und zu befahren hat (XI 84). Das non plus ultra von
grobkörniger Karikaturmalerei ist die Predigt an eine bejahrte Dame,
die noch heiraten will (III 93). Mit einem Wort zeichnet er ein
Gesicht: „du siehst aus, als ob du unter dem Wasser schwömmst"
(II 87). An die Komödie erinnert u. a. auch die Auseinandersetzung
des jungen Mannes mit seinem Pädagogen, der ihn immer noch
schulmeistert (XI 39), oder die Vorstellung an die geschenksüchtige Geliebte (XI 50). Eine Probe köstlichen Humors ist die Schilderung
elenden Gerümpels, womit ein armer Schlucker am 1. Juli auszieht.

„Was suchst du eine Wohnung?" fragt er ihn zum Schluß. „Du kannst
sie umsonst haben, nämlich an der Brücke", als Bettler (XII 32).

Meisterlich versteht er den Aufbau seiner kleinen Kunstwerke.
Oft ist es witzige Beantwortung einer Frage, Lösung eines Rätsels,
erregte Erwartung und Aufschluß, wie sich Lessing ausdrückt: je kürzer
der Schluß, desto besser. Kein römischer Dichter, abgesehen von der
Komödie, hat das Wortspiel so gepflegt wie Martial, aber davon
vermag weder Umschreibung noch Uebersetzung einen Geschmack zu
geben (z. B. I 79. III 13. 16. VI 17. VIII 62. X 27). Oft hält
er durch drastische Schilderung oder Vergleiche, selbst in pathetischem
oder sentimentalem Ton, den Leser hin, führt ihn wohl auch irre,
um ihn zuletzt mit einer ungeahnten Spitze, ja mit dem Gegenteil
des Erwarteten zu überraschen. Sehr heiter erzählt er, wie Bassus
mit Lebensmitteln aller Art, die ein Landgut jedem zu bieten pflegt,
nicht etwa in die Stadt, sondern — in seine unergiebige Villa hinaus-
zieht (III 47). Bewundernd zählt er die Herrlichkeiten einer Luxus-
villa auf, die alles hat, nur keinen Platz zum Essen und zum Schlafen;
und schließt mit dem Ausruf: quam bene non habitas! (XII 50).
Der reiche Apollinaris zieht seinen Landsitz in Formiä allen übrigen
vor: die frische Seeluft, die Bequemlichkeit des Angelns vom Sofa
aus, und die Fülle leckerster Fische, die sich von selbst bieten, wird
gepriesen. Aber wie viel Tage im Jahr erlauben ihm seine Geschäfte in Formiä zuzubringen? Glücklich seine Diener, welche genießen, was für die Herrschaft bestimmt ist! (X 30).

Martial hat Sinn für Natur und landschaftliche Stimmung.
So recht von Herzen kommt ihm die Freude an dem schönen Besitz
seines Freundes Julius Martialis (IV 64). Da liegen diese Hesperidengärten am Abhange des Janiculus in reiner, sonniger Luft,
wenn das Thal unten Nebel deckt, und des Hauses Giebel steigen
sanft zu den Sternen empor. Die sieben Hügel und ganz Rom kann
man übersehen, nach Alba und Tusculum und weit ins Gebirge hinein das Auge schweifen lassen. Offen liegen die belebten Landstraßen
und der Tiber an der mulvischen Brücke; man hört aber kein Knarren
der Räder, kein Geschrei der Schiffsleute. Und in diesem Hause
welch edle Gastlichkeit: man glaubt sich bei Alcinous oder Molorchus.

Dieselben metrischen Formen, welche sich in der griechischen Epi-
grammendichtung bewährt haben und den Römern seit Catull geläufig waren, verwendet auch Martial überwiegend: das elegische

Diſtichon, Elfſilbler und Hinkiamben. Durch elegante Behandlung
des Hexameters und Pontameters zeichnen ſich das Buch der Schau=
ſpiele und die beiden Saturnalienbücher (XIII und XIV) aus, weil
hier jedes Diſtichon für ſich ein beſonderes kleines Kunſtwerk ſein
ſollte. Auch ſonſt übertrifft er Catulls noch weniger geübte Technik
bedeutend an Reinheit und Gewandtheit, ohne härtere Formen ſo
ſorgfältig wie namentlich Ovid zu vermeiden. Den bloßen Hexa=
meter hat er in größeren Gedichten nur zweimal angewendet (I 53.
VI 64), zweimal beſteht das Ganze aus einem einzigen Hexameter
(II 72. VII 98); ebenſo vereinzelt hat er zwei (VI 12) und drei
(XI 77) iambiſche Trimeter, und zwei ſotadeiſche Verſe (III 29) ver=
bunden. Der epodiſchen Compoſition des Horaz und der Catalepton
ſchließen ſich einigemal iambiſche Strophen aus Trimeter und Dimeter
an (I 49. III 14. IX 77. XI 59); einmal kommt der Choliambus mit
dem Dimeter vor (I 61). Künſteleien wie Galliamben, rückläufige
oder wiederhallende Verſe weiſt er ausdrücklich von ſich ab (II 86),
dagegen macht er von jenen Figuren des Refrains, welche dem Epi=
gramm einen liedartigen Anſtrich geben, häufigen und geſchickten
Gebrauch. Grade dies hat er von Catull gelernt, aber er iſt weit
über ihn hinaus gegangen. Um nur beiſpielsweiſe einiges heraus=
zugreifen: derſelbe Vers beginnt und ſchließt ein Gedicht (II 6. IV 89.
VII 26, vgl. X 36), ein Diſtichon (I 32); Anfang und Ende jedes
Diſtichons wird durch dieſelben Worte gebildet (IX 97 ſechsmal hinter=
einander), die Pentameterſchlüſſe wiederholen ſich (II 18, dreimal
hintereinander), derſelbe Name ſteht am Anfang aufeinanderfolgender
Verſe (V 24 fünfzehnmal, vgl. I 109, 1—5); dieſelbe Ausſage kehrt
in jedem Satzgliede wieder (III 26, vgl. II 7), die beiden letzten
Verſe ſind identiſch bis auf das Schlußwort (I 107, 22 f.). Un=
möglich iſt, alle in die Technik des Verſes miteingreifenden Kunſt=
formen des epigrammatiſchen Stiles, welche von helleniſtiſchen Dichtern
erfunden ſind, hier zu verzeichnen.

Es liegt im Charakter dieſer leichtbeſchwingten Kinder geiſtreicher
Laune, daß ſie mit Erinnerungen an ältere bekannte Dichtungen
ſpielen. Nicht nur wörtliche Anführungen, ſondern in großer Menge
bewußte Anſpielungen und Nachbildungen einzelner Verſe laſſen ſich
nachweiſen: einen beſonderen neckiſchen Reiz gewinnen ſolche Anklänge,
wenn ſie parodiſch in ganz andrem Sinn und Zuſammenhange als
im Original angebracht ſind. In den Diſtichen lehnt ſich Martial

am liebsten an Ovid an. Auch die spätesten Arbeiten desselben hat
er im Gedächtnis. Manche Zeile und Halbzeile hat er fast unver-
ändert von ihm entlehnt. Nicht selten beginnt er ein Gedicht mit
ovidischen Worten, auch Versschlüsse, besonders die zweite Hälfte des
Pentameters bildet er in nicht geringer Zahl nach ihm. Im iambischen und phaläcischen Versmaß ist natürlich vor allen Catull bevor-
zugt. Uebrigens werden auch die Priapeen, sowie in den Distichen
Vergil und Horaz, Tibull und Properz, Lucan und Silius, die
Eklogen des Calpurnius für den poetischen Sprachschatz verwendet.
Aber nicht allein die Phraseologie, sondern auch gewisse Gemeinplätze
und Motive hat Martial von römischen Vorgängern entlehnt, z B. die
beliebte Unterscheidung zwischen persönlichem Lebenswandel des Dichters
und seinen Versen, die sich bei Catull wie bei Ovid findet; die vertrauliche Anrede an das eigene Buch, die Entschuldigung etwaiger
Fehler; die Warnung an eine Schöne, mit schlechten Zähnen zu lachen
(ausgeführt nach Ovid), die Ausfälle auf Hungerleider (nach Catull).

Auf den Schliff und die Anschaulichkeit der Sprache kann nur
im allgemeinen hingewiesen werden. Die Biegsamkeit und Prägnanz
des Lateinischen kommt zu voller Geltung in dem Grade, daß sie
jedem Versuch getreuer Uebersetzung trotzt.

Alles in allem genommen bieten Martials Epigramme nicht nur
unschätzbare Bilder des Lebens: sie sind in ihrer Art unübertroffene
Leistungen einer geistreichen und pikanten Kleinkunst, Gemmen in
Versen. Keiner vor und nachher hat es ihm an Fruchtbarkeit und
Geschick auf diesem Gebiet gleich gethan. Plinius hat Recht, wenn
er dem Einwand (der sich bis jetzt nicht bewährt hat), die Verse
Martials würden vielleicht nicht ewig leben, mit der Anerkennung be-
gegnet, er habe sie doch geschrieben, als sollten sie ewig leben.

Durch Martial (X 35. 38) lernen wir eine gleichzeitige Dichterin
kennen, deren pikante Naivetät ihn entzückt hat. Sulpicia hatte
15 Jahre lang mit ihrem Gatten Calenus in glücklichster Ehe gelebt. Nachdem er gestorben war (spätestens im Jahre 98), pflegte
sie das Gedächtnis ihrer ehelichen Zärtlichkeit durch Gedichte, welche
(im Stil und auch in den Formen des Catullus und Calvus) die ge-
nossenen Freuden in gesunder Sinnlichkeit, unschuldig zugleich und
schalkhaft besangen. Sie waren dem geliebten Manne gewidmet und

bezeugten die unverbrüchliche Treue, welche die Witwe ihm über das Grab hinaus bewahrte. Die charaktervolle Leidenschaft dieser inter= essanten Frau erinnerte an Sappho, Ton und Gesinnung ihrer Ge= dichte waren so edel und rein, daß Martial sie grade keuschen Mädchen und treuen Ehemännern warm empfiehlt: natürlich lag ihm der Ge= danke an prüde Leser fern. Noch im vierten und fünften Jahr= hundert wurden sie gelesen und galten Männern wie Ausonius und Apollinaris Sidonius für klassisch.

Untergeschoben ist ihr ein schlecht stilisiertes, langweiliges Gedicht in 70 Hexametern, eine Klage über die Regierung Domitians, nament= lich über die von ihm befohlene Ausweisung der Philosophen, welche auch ihren Calenus, wie es scheint, bedrohte. Die Muse beruhigt sie mit der Weissagung, daß dem Tyrannen ein nahes Ende bevor= stehe. Das Machwerk soll am Ende des 15. Jahrhunderts in einer jetzt verlorenen Handschrift des Klosters Bobbio gefunden sein und ist nur in Drucken vorhanden. Dem Verfasser sind die persönlichen Verhältnisse der Frau nicht unbekannt gewesen, aber ihren Geist wiederzugeben ist ihm nicht gelungen.

Viertes Kapitel.

Zeitalter des Trajanus.

———

Unter Trajans milder Regierung atmete der gefesselte Geist der Gebildeten und selbständig Denkenden wieder auf. Selbst die am härtesten verfolgten Philosophen, die zum Teil durch verbissenen Doktrinarismus, zum Teil auch durch muckerhafte Umtriebe ihren Stand in Verruf und Gefahr gebracht hatten, durften sich wieder rühren. Die Empfänglichkeit und Schreibseligkeit vieler unter den Gebildeten war groß. Man beherrschte beide Sprachen, schrieb auch große Gedichte, nicht bloß kurze Tändelverse, in griechischer Sprache. So las der jüngere Plinius, einer der eifrigsten und bewandertsten Litteraturfreunde seiner Zeit, von dem Consular Arrius Antoninus, Großvater des Kaisers Antoninus Pius, Epigramme und Jamben, die er den Versen eines Callimachus und Herobas (des Mimiambendichters) an die Seite stellt (Br. IV 3, 3 zwischen den Jahren 102 und 105). Einige jener Epigramme hat er sogar ins Lateinische übertragen (Br. IV 18, vgl. V 15). Caninius Rufus beabsichtigte (in den Jahren 108. 109) ein Epos von Trajans Dakerkrieg in griechischer Sprache zu schreiben, und Plinius (Br. VIII 4) findet die Wahl des großartigen, selbst an phantastischen Motiven reichen Stoffes äußerst glücklich. Da sei von der Leitung neuer Flüsse zu erzählen, von der Anlage neuer Brücken (über den Ister), von Lagern an Bergesabgründen, von Vertreibung eines unverzagten Königs (Decebalus) aus seinem Palast, ja aus dem Leben (Unterwerfung 102, Tod 107), von zwei Triumphen. Schwierig sei nur der gewaltigen Erhabenheit der Dinge im Stil gerecht zu werden.

Welch erwünschten Commentar zur Trajansſäule würde ein ſolches Epos liefern, wenn es geſchrieben und erhalten wäre! Selbſt der 77jährige Conſular Veſtricius Spurinna machte (im Jahre 101) lyriſche Gedichte in griechiſcher und lateiniſcher Sprache, von deren Süßigkeit, Anmut, Heiterkeit und Reinheit Plinius entzückt iſt (Br. III 1, 7).

Für Umfang und Schnelligkeit der Verbreitung litterariſcher Erzeugniſſe war durch die hochgeſteigerte Sitte der Recitationen, die Leichtigkeit der Vervielfältigung von Handſchriften und des buchhändleriſchen Vertriebes überreich geſorgt. Keine Gattung von Schriften, ſoweit ſie ein größeres Publikum überhaupt intereſſieren konnten, war von den Hörſälen ausgeſchloſſen: da vernahm man Senats= und Gerichtsreden, Geſchichtswerke, Epen und Lehrgedichte, Komödien und Tragödien, lyriſche (auch ohne Chor und Lyra) und kleine Scherz= gedichte. Es fehlte nicht an reichen Herren, welche Räume ihres Hauſes für ſolche Genüſſe der höheren Geſellſchaft zur Verfügung ſtellten. War es doch auch die wohlfeilſte Art, den Nimbus eines Mäcen zu erwerben. Von Titinius Capito, Kabinetsſekretär unter Domitian, Nerva und Trajan, können wir glauben, daß er ein auf= richtiger und freigebiger Freund und Förderer der Litteratur war. Er pflegte das Andenken großer römiſcher Staatsmänner der Republik, eines Brutus Caſſius Cato mit Begeiſterung, ſtellte Bilder von ihnen in ſeinem Hauſe auf und ſchilderte ihr Leben (oder Ende?) in Verſen, welche Plinius (Br. I 17, 3) trefflich findet.

Ueberſchwänglich mit Dichtern geſegnet war ſchon das erſte Re= gierungsjahr Trajans (97). Den ganzen April verging faſt kein Tag ohne Recitation. Kein Wunder, daß die Hörer überſättigt waren und ſich ſäumig zeigten. Viele der Eingeladenen zogen es vor, in benachbarten Lokalen zu plaudern, ſich berichten zu laſſen, ob es ſchon angegangen, ob ſchon ein gutes Stück vorüber ſei. Dann erſt kamen ſie verdroſſen und zögernd, und blieben nicht einmal bis zu Ende, ſondern entfernten ſich vorher, die einen verſtohlen, die andern ganz ungeniert. Nur der gute Plinius, der mit den meiſten jener Dichter befreundet war, hatte ſeine helle Freude an der Blüte der Litteratur und verſäumte keinen Vortrag (Br. I 13, vgl. 10). Er ärgerte ſich, wenn er unter dem Publikum Zuhörer gewahrte, die aus Hochmut oder Gleichgültigkeit keine Miene verzogen, ſtumm und regungslos daſaßen. Keinem verſagte er ſeinen Beifall und glaubte

damit sich selber am meisten zu ehren (Br. VI 17). Bei aller Be=
wunderung der Alten gehörte er nicht zu denen, welche auf die Talente
ihrer Zeit verächtlich herabsahen, schon weil er selbst die Mode des
Dichtens mitmachte und seinen Teil Anerkennung dafür beanspruchte
(Br. VI 21).

Nicht ohne Selbstgefühl, mit fast kindlicher Harmlosigkeit erzählt
der 45jährige Mann, wie leicht ihm das geistreiche Spiel von jeher
geworden sei (Br. VII 4). Schon als 14jähriger Knabe hat er eine
griechische Tragödie gemacht (wenigstens nannte man sie so). Auf
der Rückkehr von seinem ersten Kriegsdienst durch widrige Winde im
ägäischen Meer aufgehalten hat er dieses und die Insel Ikaria, wo
er sich aufhielt, in elegischen Versen besungen. Ein andresmal hat
er sich in Hexametern versucht. Viel später, bereits als hoher
Würdenträger, kam er wieder in einer müßigen Stunde auf die
Spiele seiner Jugend zurück. Auf seiner laurentinischen Villa hat
er sich eine Schrift des Asinius Gallus, Vergleichung des Asinius
Pollio mit Cicero, vorlesen lassen und ein lascives Epigramm des
letzteren an seinen Freigelassenen Tiro. Während der Siesta, da er
nicht einschlafen kann, fällt ihm ein, daß es nicht übel sei, auch in
dieser Art von Zeitvertreib dem Beispiel großer Staatsmänner zu
folgen. Diesem Entschluß gibt er sofort in einem schnell hinge=
worfenen hexametrischen Gedicht Ausdruck, welches er seinem Leser
mitzuteilen nicht unterläßt, obwohl es recht mittelmäßig ist. Mit
gleicher Leichtigkeit hat er dann Elegien und Jamben aus dem Aermel
geschüttelt. Der Beifall von Freunden in der Stadt hat ihn er=
muntert, sich auch in andren Versmaßen zu versuchen. Besonders
auf Reisen, auch auf der Jagd, im Bade und bei Tische legt er
seine wechselnden Stimmungen, Scherz Liebe Klage Zorn, und die
Eindrücke des Gesehenen und Erlebten in Versen nieder (Br. I 6.
IX 36, 6). Nach catullischer Weise brachte er hier auch Litterarisches
zur Sprache. So kündigte er mit lobpreisenden Worten das baldige
Erscheinen suetonischer Schriften an (Br. V 10). Gelegentlich gibt
er in einem seiner Briefe (VII 9) auch ein Epigramm in elegischen
Distichen zum besten, welches empfiehlt, den Geist durch mannigfache
Uebungen wie Wachs geschmeidig und gelenkig zu erhalten. Endlich
entschloß er sich nach dem Beispiel so vieler einen besondren Band,
betitelt Hendekasyllaben, zusammenzustellen. Er schickte ihn (in
den Jahren 102—105) zur Beurteilung und Sichtung an seinen

Verwandten Plinius Paternus (Br. IV 14), und gab ihn nach einiger
Zeit heraus. Mit der Aufnahme war er zufrieden. Seine gute
Frau, welche an allem, was den Gatten beschäftigte und zu seinem
Ruhm beitragen konnte, den innigsten Anteil nahm, sang seine Lieder
zur Cither nach eigener Composition. Allgemein wurden sie gelesen,
abgeschrieben, selbst von Griechen zur Cither oder Lyra vorgetragen
(Br. IV 19, 4).

Freilich ließen sich auch Stimmen von Freunden vernehmen,
welche es mißbilligten, daß der würdige Consular nicht nur mit
solchen Tändeleien seine Mußestunden vergeude, sondern sie auch
öffentlich recitiere. Gegen den einen Vorwurf deckt er sich mit der
Berufung auf eine lange Reihe großer Staatsmänner und Schriftsteller,
deren Beispiel er folge; den Vortrag rechtfertigt er als ein Mittel, von
sachverständiger Kritik vor dem Abschluß und der Herausgabe Nutzen
zu ziehen. Man höre, wie langsam und bedächtig er seine Schriften
zur Herausgabe vorbereitet (Br. VIII 17, 7). Erst geht er sein
Concept selbst durch, dann liest er es zweien oder dreien vor, hierauf
gibt er es andren zur Durchsicht und Kritik; deren schriftliche Bemerkungen erwägt er, wenn er selbst unsicher ist, mit einem und dem
andren; endlich recitiert er es vor einer größeren Menge, und dann
erst geht er daran, das Ganze nochmals aufs schärfste durchzufeilen.
So unterzog er sich auch selbst aufs liebenswürdigste der Durchsicht
fremder Manuskripte, selbst erster Entwürfe und unfertiger Bruchstücke (Br. III 15. VIII 4, 6). Mit Hören hat er seinen Freunden
nicht wenig zugemutet. So hat er im heißen Monat Juli 108 oder
109 zwei Tage hintereinander ein Buch vermischter Gedichte in verschiedenen Versmaßen recitiert, ohne eins zu überschlagen (Br. VIII
21). Er ließ sich also durch jene Tadler nicht abschrecken, dafür erhielt er auch ferner von andrer Seite Complimente und Ermunte-
rungen, denen er gern nachgab (Br. IX 16. 25). Desto ernstlicher
bekümmert ihn die Eröffnung seiner Freunde, daß er schlecht vorlese,
besonders Verse (Br. IX 34). Er stellt also einen seiner Freigelassenen an seiner Statt an, freilich einen Neuling. Aber wie soll
nun er selbst sich während des Vortrags verhalten? Soll er stumm
und regungslos dabei sitzen oder wie andre den Vorleser mit leisem
Gemurmel, mit Augen und Hand begleiten? Er fürchtet ein ebenso
schlechter Tänzer (d. h. Pantomime) als Vorleser zu sein.

Seiner unermüdlichen, wenn auch ziemlich kritiklosen Empfänglichkeit für alles Neue, was die schöne Litteratur seiner Tage bot, verdanken wir die Kenntnis mancher interessanten Erscheinung, die ohne ihn der Vergessenheit völlig anheimgefallen wäre. Rührend ist die eindringliche Wärme, womit er Zurückhaltende (wie den Octavius Rufus) aufmuntert, hervorzutreten (Br. II 10, vgl. I 7, 5), wie er den ersten Erfolg des jungen Calpurnius Piso begrüßt (Br. V 17). Derselbe hat (105 oder 106) ein gelehrtes, reich abgestuftes Gedicht von Sternbildern (καταστερισμοί) in elegischen Distichen recitiert. Plinius berichtet seinem Spurinna ganz hingerissen von der Schönheit des Werks wie des Vortrags: er hat den jugendlichen Dichter herzlich abgeküßt und ihn mit Lobsprüchen und Ermahnungen, so fortzufahren, überschüttet. Durch ihn hören wir von dem Ritter Passennus Paulus aus Affifi, der (im Jahre 106 oder 107) Elegien im Stil seines Landsmannes und Vorfahren Properz vorgetragen, später sich mit gleichem Glück und ebenso engem Anschluß auf die horazische Lyrik geworfen hat (Br. VI 15. IX 22); ferner von entzückenden Gedichten im Stil des Catull und Calvus, welche der vielseitige Pompeius Saturninus (Br. I 16, 5) und der junge Serius Augurinus verfaßt haben. Von letzterem teilt er mit Schmunzeln Hendekasyllaben mit, in welchen seine eigenen als klassisches Muster und moralische Schutzwehr gepriesen werden (Br. IV 27). Am merkwürdigsten ist was wir über Vergilius Romanus erfahren (Br. VI 21). Er hat (im Jahre 106 oder 107) eine lateinische Komödie nach dem Muster der altattischen recitiert. Alles, was Plinius zu ihrem Lobe sagt, bestätigt, daß sie wirklich aristophanischen Charakter hatte. Wahre und erdichtete Namen lebender Persönlichkeiten waren verwendet, Lob und Tadel traf Fehler und Verdienste von Zeitgenossen: Plinius selbst war durch warmes Lob ausgezeichnet. Bitterkeit und Süßigkeit, Feinheit und anmutiger Witz war mit Kraft und Größe vereinigt. Für den liberalen Geist der trajanischen Regierung ist nichts bezeichnender als dieser geniale Versuch, dessengleichen auch die kühnsten Dichter der Republik nicht gewagt haben. Daß es bei der einen Probe geblieben ist und diese auch nur eine kleine Zuhörerschar angezogen hat, thut der Neuheit des Gedankens keinen Eintrag. Derselbe Mann hat auch Stücke Menanders und andrer Dichter der neueren Komödie bearbeitet: man könne diese Arbeiten mit plautinischen und terenzischen auf eine Linie stellen, rühmt Plinius. Außerdem hat er Mimiamben in jenem

lebensvollen, fein abgetönten Conversationston verfaßt, wie ihn diese
Gattung verlangt. Und dieser talentvolle, vielseitige Dichter war doch,
wie es scheint, wenig bekannt.

Die menandrische Komödie im Original und in lateinischem
Gewande war in der Zeit Trajans und seiner Vorgänger Mode.
Man wußte ihre Feinheit zu würdigen, wenn auch nicht zu erreichen.
Mit Recht hat man neben Vergilius Romanus den melancholischen
Bürgermeister (IIvir quinquennalis) der alten Hirpinerstadt Aeclanum,
Pomponius Bassulus gestellt, der in iambischen Senaren seiner
Grabschrift (CIL. IX 1164) erzählt, er habe vor langer Zeit, um
seine Muße nicht wie blödes Vieh hinzubringen, einige Stücke Me-
nanders übersetzt und auch einige Komödien selbständig gedichtet.
Durch Kummer und körperliche Schmerzen habe er aber die Freude
am Leben verloren und sich den Tod gegeben.

Juvenalis.

Von dem ganzen großen Dichterschwarm dieser Zeit hat der einzige Juvenal, den Plinius und Statius nicht einmal nennen (vielleicht weil er nicht vornehm genug war), die Jahrhunderte überlebt,
und wir können mit dieser Wahl der Nachkommen wohl zufrieden
sein. Wenn man seine Satiren nach denen des Persius liest, hat
man ein Gefühl, als ob man aus enger Klosterzelle auf die belebte
Straße einer Großstadt träte. Es wimmelt von Menschen im Einzelnen und in Gruppen: ein buntes Treiben von scharfer Sonne beleuchtet, kaum vermögen die Augen all die aufregenden Bilder zu
erfassen. Der Dichter selbst sucht sich von der überwältigenden Macht
der Eindrücke, welche auf sein sittliches Gefühl einstürmen, durch Darstellung derselben zu befreien. Die „Entrüstung" packt ihn, während
er dem Leben um ihn herum zusieht: sie ist es, welche ihm seine
Verse eingibt (I 79). Lange, während der ganzen Zeit der domitianischen Regierung hat er wie Tacitus geschwiegen, oder doch nichts
veröffentlicht: jetzt bricht der Strom der unterdessen angesammelten
Stimmung mit elementarer Gewalt hervor. Sind auch die politischen Zustände zur Zeit gebessert, so ist doch die Krankheit, welche

faſt ein Jahrhundert hindurch immer zunehmend die Geſellſchaft ver=
giftet hat, keineswegs gehoben. Wenn alſo der Satiriker auch erklärt,
er wolle ſeine Angriffe auf die Toten beſchränken (I 170), und lebende
Perſönlichkeiten zu nennen ſtreng vermeidet, ſo ſind es doch nicht
minder die Zeitgenoſſen, deren Laſter und Verkehrtheiten er wie einſt
Lucilius geißelt, und der Gegenwart hält ſeine Satire den Spiegel vor.

Es iſt recht wenig, was ſich über die Lebensumſtände des hoch=
intereſſanten Dichters mit einiger Sicherheit feſtſtellen läßt, denn
Suetons Biographien reichten nicht über die neroniſche Periode hinaus.
An ſeine Stelle tritt ein Erklärer aus viel ſpäterer Zeit, deſſen an
ſich dürftiger und unzuverläſſiger Bericht in einem Haufen verwor=
rener und widerſpruchsvoller Auszüge uns vorliegt.

In der belebten Volskerſtadt Aquinum iſt D. Junius Juvenalis
geboren in den erſten Regierungsjahren Nero's (etwa 55 oder 56 n. Chr.).
In der Rhetorſchule gebildet hat er wie Martial, der ihm befreundet
war (VII 24. 91), lange Zeit in Rom den Beruf eines Sachwalters
ausgeübt, aber kaum mit viel größerem Erfolg. Wie jener hat er
auch die undankbaren Beſchwerden geſelliger Höflichkeitspflichten ge=
tragen (Martial XII 18) und weiß von den Demütigungen des
armen Hausfreundes wie von der gedrückten Stellung des Litteraten
ein Lied zu ſingen. Daß er aber ſelbſt darunter gelitten, deutet er
nirgends an. Erſt unter Trajan, nach der Verurteilung des Conſulars
Marius Priscus (100 n. Chr.), zu Anfang des zweiten Jahrhunderts
hat er begonnen Satiren zu ſchreiben oder doch zu veröffentlichen.
Er war damals kein junger Mann mehr (I 25), zwiſchen 40 und
50 Jahre alt.

Kaum zu entwirren ſind die Nachrichten über die militäriſche
Laufbahn des Dichters und ſeine ſpäteren Schickſale. Im Anfang
unſres Jahrhunderts iſt von italieniſchen Gelehrten der (in ver=
ſchiedenen Abſchriften etwas variierende) Text einer angeblich aqui=
natiſchen Steininſchrift veröffentlicht worden, deren Original ſich im
Jahre 1846 nicht mehr finden ließ. Es iſt die Weihinſchrift eines
Altars, den ein Junius Juvenalis der Lokalgöttin von Aquinum,
der Ceres gewidmet hat. Und wirklich wurde dort die Göttin des
Getreideſegens unter dem Beinamen Helvina (von der goldgelben
Farbe der Aehren) verehrt (III 320), wie auch die gens Helvia
ebenda angeſeſſen war und in Ehren ſtand. Die beigefügten Titel laſſen
einen hochangeſehenen Mann erkennen: er nennt ſich Tribun (wenn

die Ergänzung richtig ist) der (ersten) Cohorte der Dalmater, Duumvir quinquennalis und Opferpriester des göttlichen Vespasianus († 79). Demnach war er einmal Mitglied der höchsten Stadtbehörden in Aquinum, was wenigstens zeitweilig dauernden Aufenthalt daselbst, auch Bestreitung von Ehrenausgaben für Opfer und Spiele voraus= setzte. Nach der Reihenfolge der Titel zu schließen hat er vorher das militärische Commando bekleidet, und zwar pflegte die erste Cohorte der Dalmater in Britannien zu stehen. Wenn Juvenal ge= legentlich (II 159 ff.) hervorhebt, daß römische Waffen über die Küsten Irlands und die eben eroberten Orkneyinseln und Nordbritannien hinausgedrungen seien, so beweist dies natürlich noch nicht, daß er selbst dort gewesen ist. Am Schluß der dritten Satire spielt er scherzhaft auf seine Offizierscharge an: sein Freund Umbricius ver= spricht, wenn Juvenal in Aquinum Satiren schreibe, wolle er, von Cumä kommend, als Abjutant (adiutor . . caligatus) ihm dabei helfen. Den Tribunen waren adiutores beigegeben, und auch caligatus ist amtliche Bezeichnung eines Unteroffiziers, der unter dem Ritter steht: die Tribunen aber hatten Ritterrang. Auch die erste Satire schließt mit einem militärischen Bilde. Ist also jener Stein echt und von dem Dichter Juvenal gesetzt, so muß derselbe in früheren Jahren, ehe er seine Satiren schrieb, vielleicht nach der Abberufung Agricola's (84), Militärtribun gewesen und sich später wenigstens ein Jahr lang in seiner Vaterstadt aufgehalten haben. Dort war er auf eigenem Grund und Boden angesessen (III 318 ff.). Aber weder die Echtheit oder Zugehörigkeit jener Inschrift noch die Schlüsse, welche daraus gezogen werden, sind über jedes Bedenken erhaben. Unzweifelhaft ist, daß Juvenal das römische Stadtleben und die Zustände der domitiani= schen Zeit aus eigener langjähriger Erfahrung genau kannte, daß er namentlich im Dezember 92 in Rom mit Martial verkehrte und da= selbst noch 98 dauernd lebte, als dieser nach Spanien zurückgekehrt war.

Obschon Kind einer italischen Landstadt, vielleicht eben deshalb, hat Juvenal ungeteilte Sympathie für den Vollblutrömer alten Schlages. Er haßt den niedrigen Emporkömmling aus der Fremde und seine gemeinen Künste, verachtet aber auch die entartete vornehme Gesell= schaft der Einheimischen wie den ungroßmütigen Geldmann. In der Aufwallung seines sittlichen Zornes ruft er wohl einmal den Stamm= vater der Stadt an, was aus seinen Enkeln geworden sei (II 127 III 67). Die männlich edle Gesinnung der Vorfahren, die Einfalt und Unschuld des altbürgerlichen Lebens sind die Ideale seiner Seele. Am eigenen bescheidenen Herd oder fern von Rom, unter noch un- verdorbenen Kleinstädtern oder naiven Landleuten fühlt er sich am wohlsten.

Selten, aber desto inniger empfunden und mit liebenswürdigem Humor gezeichnet unterbrechen idyllische Bilder echter Natur den bitteren Ernst seiner Betrachtungen. Er ist kein Philosoph, aber auch kein Altgläubiger: verwerfen doch selbst die Knaben das Märchen von der Unterwelt (II 149 ff.). Wie der Lauf der Welt zur Zeit ist, gilt ihm in der Gegenwart Fortuna als die mächtigste Gottheit (VII 197). Seine sittlichen Grundsätze sind streng, aber nicht steif; sie leuchten mehr aus seinen entrüsteten Schilderungen hervor ohne weitläufige Bekenntnisse, nur bisweilen gibt er seiner Gesinnung positiven Ausdruck in warmen poetischen Worten oder kernigem Spruch, weder sentimental noch gekünstelt. Daß er wie alle in der Rhetorschule gebildet ist, verleugnet er natürlich nicht: er verdankt ihr einen guten Teil seiner Kunst, ohne daß er geschraubte oder eitle Manier angenommen hätte. Wenn er warm wird, ver- schmäht der ehemalige Redner nicht eine mäßige Fülle, aber oft ist seine Darstellung wie in Erz gegossen, jedes Wort hat sein volles Gewicht: gediegene Kürze bei voller Klarheit. Nicht selten erinnert die Prägnanz des Ausdrucks an Tacitus. Die Schilderungen sind außerordentlich reich, aber nicht überladen, freilich grell und schonungs- los. Aber das ist das Recht des Satirikers. Er ist so wenig Ge- schichtschreiber wie der Komödiendichter.

Juvenal begründet sein Auftreten und kündigt die Grundstim- mung, welche ihn beherrscht, an in der ersten seiner Satiren, welche das Programm für alle ist. Er ist es satt, immer die passive Rolle des Zuhörers in poetischen Recitationen zu spielen, will auch einmal zu Worte kommen und für alle bisher geübte Langmut Vergeltung üben. Als Realist hat er einen gründlichen Ueberdruß an jenen mythischen Stoffen, welche in Epos und Drama immer und immer wieder verarbeitet werden, wie an den abgedroschenen Gemeinplätzen poetischer Schilderei. Ihn bewegt das Spott und Entrüstung heraus- fordernde Leben und Treiben vor seinen Augen, und zum Belege deutet er mit raschem Finger, als ob er sie im Gedränge an sich vorüberziehen sähe, auf eine dichte Reihe von Erscheinungen, welche sein Blut in Wallung bringen. Gleichsam paarweise treten sie auf:

der Unmann, der Hochzeit macht, und die jagende Amazone; der reich gewordene Barbier und der ehemalige Nilsklave, der jetzt den großen Herrn spielt; Delator und Erbschleicher; der unredliche Vormund und der räuberische Statthalter, der des Richterspruches spottet; der Ehemann, der um einer Erbschaft willen der Kuppler seiner eigenen Frau ist, und der Junker, der eine Offiziersstelle haben will, nachdem er sein Vermögen in Pferden und seine Zeit mit Kutschieren vergeudet hat; der Urkundenfälscher, der sich in offener Sänfte behäbig breit macht, und die vornehme Matrone, die ihren Gatten durch Gift beseitigt hat und den Weibern der Familie ihre Kunst mit Erfolg beibringt.

Das sind die Bilder, welche sich dem Römer in der Gegenwart aufdrängen: sie treiben ihn unwiderstehlich zur Satire; denn ihr Gebiet ist das wirkliche Leben mit allen seinen Leidenschaften, Lastern und Thorheiten, und nie gab es eine größere Menge dieses Stoffes. Nie war die Spielwut und die Ueppigkeit ärger. Im Gegensatz zu dem übermütigen Protzen wird der höhere Bettel jener Zeit, der demütigende Akt der Sportelverteilung an die Schar vornehmer und gemeiner Morgenbesucher mit dramatischer Anschaulichkeit dargestellt, und der mühselige, undankbare Dienst der Clienten, während den einsamen Prasser zur Strafe der Schlag rührt. Also die Ernte für den Satiriker ist reif: frisch daran! In dieser Probe hat er zugleich gezeigt, wie er zu zeichnen und zu treffen vermag. Freilich muß er sich dem Druck der Gesetze fügen, welche persönliche Ausfälle mit schwerer Strafe bedrohen. Dem Einwande des Freundes, der ihm peinliches Gericht in Aussicht stellt, muß er nachgeben und sich begnügen seine Figuren aus der Schar der Toten zu wählen.

Ein umfassendes, fast systematisch angelegtes Bild von dem Leben in der Stadt Rom gibt sodann die dritte Satire, neben der ersten von allen, wie uns scheint, die großartigste und gelungenste. Umbricius (vielleicht so genannt, weil er im Schatten, im Dunkel lebt), ein Altrömer, dem es in der eigenen Heimat unerträglich geworden ist, hat beschlossen fortzuziehen und seinen Wohnsitz im stillen Cumä zu nehmen. Während nun der Reisewagen bepackt wird, wandert der scheidende Freund mit dem Verfasser noch einmal zum lieblichen Thal der Egeria hinab, das freilich auch bereits seine natürliche Weihe eingebüßt hat, und macht seinem Herzen Luft, indem er ausführt, warum er als unabhängiger Ehrenmann das Leben in Rom nicht länger aushalten könne. Mögen gemeine Streber hier gedeihen: er versteht sich nicht auf Lügen, Schmeicheln und arge Heimlichkeiten. Ein gutes Gewissen geht ihm über alles Gold. Rom ist eine Stadt der Griechen und der Orientalen geworden. Sie haben den treuherzigen Bauer der alten Zeit verdorben, haben sich in die Häuser eingenistet und durch ihre wunderbare Anstelligkeit unentbehrlich gemacht. „Alles versteht so ein hungerndes Griechlein. Befiehlst du, so steigt er in den Himmel. Das war kein Maure oder Sarmate oder Thrakier, der sich Flügel angelegt hat, sondern ein geborener Athener." Als unübertreffliche Schmeichler und Schauspieler, scham- und treulos, schlagen sie den ehrlichen Bürger aus dem Felde. Ehre, Ansehen, Glauben verschafft nur das Geld, der Arme in schlechten Kleidern wird verspottet: nichts Härteres hat die Armut an sich, als daß sie die Leute lächerlich macht. In Rom ist es dem Verdienst noch schwerer als anderswo sich emporzuarbeiten, denn alles ist teuer. Einfach und anspruchslos kann man nur in Landstädten leben, wo nur der Tote auf der Bahre die Toga trägt, und an hohen Festtagen Honoratioren und die kleinen Leute gemütlich, ohne Prunk im Theater versammelt sind und sich naiv den Eindrücken des Schauspiels hingeben. In Rom will alles bezahlt sein, und die armen Clienten sind noch gezwungen, die Lieblingssklaven ihrer Gönner zu beschenken. Und die Wohnungen! Die Gefahr des Einsturzes der himmelhohen Häuser, die Feuersbrünste. Der arme Dichter in seinem Dachstübchen verliert die ganze ärmliche Habe, und niemand entschädigt ihn: der reiche Erblasser dagegen wird, noch während es bei ihm brennt, von allen Seiten mit kostbaren Geschenken überhäuft, so daß er ein gutes Geschäft macht und in den Verdacht kommt, er habe selbst sein Haus angesteckt. Für die Jahresmiete eines dunklen Loches kann man in Sora oder Fabrateria ein hübsches Haus mit Garten haben, wo man Gemüse für hundert pythagoreische Vegetarianer ziehen kann. „Es will etwas heißen, wo, in welcher Zurückgezogenheit es auch sei, sich zum Herrn auch nur einer Eidechse zu machen." Der Straßenlärm in Rom stört den Schlaf, und welche Gefahren hat der Fußgänger in den Straßen zu bestehen! Im Menschengedränge wird man unter die Füße getreten. Die hochbepackten Lastwagen schwanken über den Köpfen. Fällt einer um und stürzen die Marmorblöcke über die dichte Menge, so wird sie zu Brei zerquetscht. Unterdessen wird zu Hause der Tisch für ein fröhliches

Diner hergerichtet, während der verunglückte Herr bereits am Ufer des Acheron sitzt und sich vor dem grimmen Charon fürchtet, weil er nicht einmal den unentbehrlichen Fährgroschen im Munde hält. Bei Nacht aber bedrohen den Wanderer in den Straßen Roms die offenen Fenster, aus denen Gefäße stürzen oder Becken entleert werden, die rohen Angriffe betrunkener Raufbolde, wobei der ordentliche Mensch den kürzeren zieht, oder vagabondierende Banditen, die sich aus den pomptinischen Sümpfen in die Stadt ziehen, wenn sie von dort ver= trieben sind. Also fort von hier, ehe die Schwäche des Alters das Leben ganz wertlos macht! Und der Dichter gibt dem scheidenden recht: „ich ziehe selbst Prochyta (das einsame Felseneiland) der Subura vor." Die Bitterkeit der höchst anschaulichen Schilderungen ist gedämpft durch eine stille Wärme sehnsüchtigen Lebensgefühls.

Auch Juvenal erfrischt sich gern in seinem geliebten Aquinum. Auch in Rom lebt er, ohne Anspruch wie ohne die Mittel den großen Herrn zu spielen, in vornehmer Genügsamkeit. An Festtagen sieht er einen und den andren gleichgesinnten Freund bei sich, den er mit den Erzeugnissen seines tiburtinischen Gutes (XI 65), einem saftigen Böcklein aus eigener Herde, selbstgezogenen Spargeln, Eiern und Hennen, und köstlichem Obst einfach, aber behaglich, nach der Väter Art bewirtet. In der Form einer Einladung an Persicus schildert die elfte Satire ein gemütliches pranzo dieser Art, und dem Ver= fasser wird selbst so wohl dabei, daß er seines zornigen Spottes über die Gegenwart fast ganz darüber vergißt. Er labt sich lieber am Rückblick in die Zeiten eines Curius, Fabius und Cato, und malt mit warmen Tönen die Unschuld und männliche Treuherzigkeit der Vorfahren, welche erbeutete Becher der Griechen zerbrachen, um Roß und Helm mit den metallenen Bildern zu zieren; denen die Götter noch näher standen, wenn auch Juppiters Statue wie ihre Schüsseln von Thon war. So verschmäht auch Juvenal den Prunk und Tand der Gegenwart, kostbares Tafelgerät, elegante Bedienung, üppige Musik und Tanz bei Tisch: kein Vorschneidekünstler, kein phrygischer Ganymed, sondern schlichte, unverdorbene Bauernburschen warten auf, und Vorträge aus Homer und Vergil dienen zur Unter= haltung. In heiterem Behagen soll der Freund mit ihm die Stunden genießen, Sorgen und Aerger abschütteln; aus der Ferne vom Circus her, wo ganz Rom am Megalesientage den Spielen zuschaut, hört man das Beifallsgeschrei der Menge, wenn die Grünen gesiegt haben

Auch diese Leidenschaft liegt hinter ihnen: sie genießen inzwischen die
Frühlingssonne und freuen sich, daß sie heute, am geschäftsfreien
Tage, ausnahmsweise eine Stunde früher sich die Erquickung des
Bades gönnen dürfen.

Wie empörend sind dagegen die Demütigungen, welche der arme
Client am Tisch seines reichen, hoffärtigen Herrn sich gefallen läßt!
Mit grimmigem Hohn, ohne einen Sonnenstrahl des Humors, wird
ein solches Gastmahl in der fünften Satire beschrieben. Der Verfaſſer will das Schamgefühl der Parasiten, ihren Stolz wecken, daß
sie ihre Freiheit, wenn auch unter Entbehrung, diesem schnöden Dienste
vorziehen. In schroffen Gegensätzen wird der Reihe nach gegenübergestellt was der Gastgeber bei Tisch sich selber gönnt und wie er den
armen Schlucker abfertigt. „Er hat Recht, der so mit dir umgeht.
Wenn du dir alles gefallen läßt, so verdienst du es auch. Du wirst
dir noch wie ein Sklave den Schädel kahl scheren lassen und Schläge
hinnehmen: eines solchen Mahles und eines solchen Freundes bist du
würdig.“ Von einem Mahle dieser Art erzählt Plinius mißbilligend
in einem seiner Briefe (II 6): der haushälterische Wirt unterscheidet
drei Klassen von Gästen an seiner Tafel und drei Stufen gleichzeitiger Bewirtung: einige Auserwählte, die geringeren Freunde, die
Freigelassenen.

Als pikantes Gegenstück kann die Verhandlung mit dem unzu-
friedenen Hausfreunde gelten (IX), der mit gleicher Hingebung die
unnatürliche Wollust des Herrn wie dessen Sehnsucht nach Kindern
befriedigt hat und sich bitter beklagt, daß seine treuen Dienste ihm
so wenig Lohn von dem geizigen Patron eingetragen haben, daß ihm
seine besten Jahre verstreichen, ohne daß Fortuna seine Wünsche er-
hört und ihm für sein Alter einen bescheidenen Wohlstand bereitet,
wie er ihn beanspruchen darf. Das cynische Zwiegespräch ist mit
kalter Jronie durchgeführt; der Verfasser, welcher als teilnehmender
Freund den gemeinen Kerl zur Rede stellt, behauptet durchaus seine
sachliche Ruhe und fällt mit keinem direkten Ausdruck seines moralischen Urteils aus der Rolle.

In der bitteren Klage über die gedrückte Stellung des Litteraten-
standes und den dürftigen Ertrag litterarischer Arbeit trifft Juvenal
mit seinem Collegen Martial zusammen, und daß sie nicht übertrieben
ist, bestätigen zum Teil die mitleidigen Aeußerungen eines Zeitgenossen
im Gespräch über die Redner (9 f.). Die siebente Satire beleuchtet

dieses Elend. Sie ist ein Notschrei an den Kaiser (Trajan) als den einzigen, der in dieser banausischen Zeit den Musen noch einen wohl= wollenden Blick schenkt, die einzige Hoffnung für ihre Jünger. Die Mäcenaten der augusteischen Zeit sind ausgestorben, die reiche und vornehme Welt der Gegenwart hat für Unterstützung so brotloser Künste wie Poesie, Geschichtschreibung, Beredsamkeit, Grammatik und Philologie kein Geld. Sie finden sich mit Beifall und schönen Worten ab. Die Lehrer und Vertreter dieser Grundlagen der allgemeinen Bildung fristen ein kümmerliches Dasein. Eine Geliebte zu beschenken oder einen zahmen Löwen zu kaufen und zu füttern, dazu reichen die Mittel eines Vornehmen, aber der Magen eines Poeten verschlingt zu viel. Er muß sich mit dem mageren Ruhm begnügen, wenn er nicht von Hause aus reich ist, oder wie Statius Libretti für das Ballett schreiben. Der Tänzer und Schauspieler bringt es zu Einfluß und Reichtum. Selbst der Rechtsanwalt, der doch mit seiner Bered= samkeit dem bürgerlichen Leben dient, steht sich hundertmal schlechter als ein Circuskutscher. Freilich thut er, als hätte er große Einnah= men, aber nur in Gegenwart des Gläubigers. In Wahrheit bringt ihm aller Aufwand seiner Lungen und seiner Gewandtheit herzlich wenig ein, einen mageren Schinken, ein Fäßchen Thunfische, ein paar Flaschen sauren Wein. Um die Concurrenz mit vornehmen Collegen zu bestehen, muß er über sein Vermögen den großen Herren spielen und den Bankrott riskieren, denn die Clienten sehen auf kostbare Kleider, Ringe am Finger, große Dienerschaft. Wer sein Talent verwerten will, der mag nach Gallien oder Afrika gehen. Man sieht, daß auch Juvenal in diesem Beruf keine Seide gesponnen hat, vielleicht weil er zu anständig war, vielleicht fehlte es ihm auch an Eifer, denn sicher waren seine Interessen geteilt. Ganz anders freilich klingt Apers fanatische Lobrede auf den Beruf des Anwalts (Gespräch von d. R. 5—8).

Und vollends der Lehrer der Rhetorik! welch saure, langweilige Arbeit, immer denselben Kohl wieder aufzutragen, die abgedroschenen Themata, Tyrannenmord, Hannibals Ueberlegungen nach Cannä u. dgl. immer von neuem den harten Köpfen beizubringen und den Undank des eitlen Vaters zu ernten! Selbst um das elende Honorar müssen sie noch prozessieren. Nur die Musiklehrer sind in der Mode und werden hoch bezahlt. Auf den Bau der Villa, auf Vorschneider und Koch werden große Summen verwendet. Nur Lieblingskinder

der Fortuna wie Quintilian bringen es im Beruf eines Rhetors zu
Wohlstand, dem Glücklichen steht eben die Welt offen, aber der ist
seltener wie ein weißer Rabe. Auch von dem idealen Lohn, der
Pietät dankbarer Schüler ist nicht mehr die Rede.

> Götter, o macht die Erde doch leicht den Schatten der Ahnen!
> Duftender Crocus und ewiger Frühling umblühe die Gräber!
> Sie verehrten den Lehrer noch hoch wie den eigenen Vater (207 ff.).

Noch schmäler ist der Lohn des Grammatikers für seine nächtlichen
Studien und die Unterrichtsstunden bei qualmenden Kerzen; und auch
dazu kommt er selten ohne polizeiliche Hilfe. Desto strenger sind
die Väter in ihren Forderungen an den Lehrer. Alles soll er am
Schnürchen haben: wie die Amme des Anchises hieß, wieviel Krüge
sicilischen Weines Acestes den flüchtigen Trojanern geschenkt hat, und
dergleichen mehr. Obendrein soll er für die Sitten so vieler Knaben
verantwortlich sein und sie wie ein Vater erziehen.

Die schematische Disposition des Gedichtes schadet der künstlerischen Wirkung ein wenig. Hätte der Verfasser dem Kaiser persönlich
näher gestanden, so wäre die Berufung an seine Huld auch wohl
wärmer ausgefallen, und er würde kaum versäumt haben noch einmal
zum Schluß sich an ihn zu wenden. So bricht er mit einem harten
Sarkasmus ab und läßt den hoffnungsvollen Ton des Einganges
vergessen.

Seine herbe Natur mag den Großen und Mächtigen eher aus
dem Wege gegangen sein. Von Domitian spricht er (freilich nach
dessen Tode) mit Haß und Empörung. Er gedenkt des Widerspruchs
zwischen der Strenge der kaiserlichen Ehegesetze und den Lüsten ihres
Urhebers (II 29 ff.), der entwürdigenden Behandlung des Senats,
des wütenden Vernichtungskampfes gegen die ersten Familien (IV
150 ff.). „Als der letzte Flavier den schon halbentseelten Erdkreis
vollends zerriß", heißt es am Anfang der vierten Satire. In einer
Staatsratssitzung auf dem Albanum wird hier unter dem Vorsitz
Domitians feierlich beraten, was mit einem Riesenfisch anzufangen
sei, der bei Ancona gefangen und dem Kaiser verehrt ist. Mit Hohn
wird erzählt, wie der Fischer, der in ängstlicher Eile die weite Reise
gemacht hat, zur Audienz vorgelassen wird und seine Beute, die dem
Fiskus verfallen ist, mit unterthänigen Worten überreicht. Erst nach
ihm werden die Senatoren von dem langen Liburnersklaven befohlen:

„lauft, er hat schon Platz genommen." Die bleiche Angst im Gesicht treten sie ein. Jeder einzelne dieser Herren wird mit scharfen Zügen gezeichnet: u. a. der glatte Crispus, der nie gegen den Strom geschwommen ist und es so selbst an jenem Hofe zu 80 Jahren gebracht hat; der Dickbauch Montanus, der parfümierte Crispinus, der lächelnde Schurke Pompeius, der blutdürstige blinde Catullus Messalinus, eine Figur, wie jene Bettler, die auf der ansteigenden Landstraße von Aricia neben den Wagen herlaufen und den Reisenden Kußhände nachwerfen. Keiner seiner Collegen staunte den Fisch begeisterter an: er sprach zur Linken gewandt, während das Tier ihm zur Rechten lag. Aber der kluge Veiento gibt ihm nichts nach: wie ein fanatischer Bellonapriester gerät er in Verzückung über das Wunder, er erklärt es für das Vorzeichen eines glänzenden Triumphes über die Britanner. Am besten weiß der erfahrene Gauch Montanus den Leckerbissen zu würdigen: er beantragt eine eigene ungeheure Schüssel zu bauen, welche das Ungetüm in voller Größe zu fassen vermöge. Das wird beschlossen und damit die possenhafte Sitzung aufgehoben.

Aus dem vollen Leben geschöpft ist auch die Strafrede an die adlige Jugend (VIII). Was helfen Stammbäume (so beginnt sie), wenn die Nachkommen sich in ihrem Leben der großen Vorfahren nicht würdig erweisen?

> Mögen den Ahnensaal Wachsbilder in Menge auch schmücken
> Ringsumher: vollzähliger Adel ist einzig die Tugend.

Ohne Adel der Gesinnung will der vornehme Name nicht mehr sagen, als wenn man einen Zwerg zum Scherz Atlas nennt. Der hochmütige Junker ohne Verdienst gleicht einer Herme. Dem jungen Ponticus werden gute Lehren gegeben, wie er seinem Stande Ehre machen, wie er namentlich als Statthalter einer Provinz sich aller Ungerechtigkeiten und Erpressungen enthalten soll. Dagegen wird mit gewohnter Schärfe das Gebaren eines Lateranus und seiner Genossen geschildert: der Sport des Kutschierens, das Lungern in niedrigen Kneipen, die Erniedrigung auf der Bühne als Schauspieler, in der Arena als Gladiatoren. Einem Nero wird Seneca, einem Catilina Cicero gegenübergestellt. An die unsterblichen Thaten andrer Plebejer wird erinnert, eines Marius, Decius u. s. w. „Besser dein Vater ist Thersites und du gleichst einem Achill, als wärst du Sohn

eines Achill und glicheſt einem Therſites", und am Ende läuft der
Urſprung auch der altadeligſten Familie auf einen Hirten oder noch
etwas Niedrigeres hinaus. Mehr als in den bisher beſprochenen
Satiren tritt neben dem Tadel und Spott das paränetiſche Element
hervor. Ausnahmsweiſe richtet der Verfaſſer ſein ermahnendes Wort
an einen lebenden Sproß des juliſchen Geſchlechtes, Enkel der
Druſustochter Julia. Man ſieht, noch hat er den Stand, deſſen ent=
artete Glieder er züchtigt, nicht verloren gegeben, er hofft ihn noch
zu retten und zu den Vorbildern der großen Vergangenheit zurück=
zuführen.

Am ſchärfſten geht er mit den geſchlechtlichen Sünden, welche
das Mark der Nation angreifen, zu Gericht. Den Muckern, welche
unter dem Schein des ſtrengen Stoicismus ſchändliche Laſter bergen,
reißt er die Maske vom Geſicht (II). Im Anſchluß hieran verbreitet
er ſich über die Entartung des Männergeſchlechts. Viel ſchlimmer
als emanzipierte Weiber ſind Männer, die der Natur zum Hohn
Weiber ſpielen, eine Krankheit, die anſteckt. Was iſt aus den Hirten
Latiums, aus der Stadt der Scipionen und des Camillus geworden!
eine Schule des Laſters ſelbſt für Orientalen.

Juvenal muß ein leidenſchaftlicher Weiberfeind und (wie Lucilius)
Verächter der Ehe geweſen ſein. Für Perſönlichkeiten wie Cynthia
oder Lesbia hat er keinen Sinn gehabt (VI 7 f.). Studiert hat er
die Schwächen und Sünden der Frauen ſeiner Zeit gründlich, und
das Ergebnis in der blutigen ſechſten Satire niedergelegt, welche
die längſten der übrigen etwa um das dreifache an Umfang (zwiſchen
600 und 700 Hexameter) übertrifft. Sie iſt die herbſte Frucht ſeines
Geiſtes, ermüdend und abſchreckend durch die feindſelige Härte der
Stimmung und die bis ins Ekelhafte geſteigerte Nacktheit der Schil=
derungen. Längſt und unwiederbringlich iſt die Unſchuld der ſaturni=
ſchen Zeit verloren; jetzt zu heiraten iſt der ſchlimmſte Wahnſinn,
jeder Selbſtmord vernünftiger. Was dann von den Schattenſeiten
der Ehe vorgetragen wird, um davon abzuſchrecken, ſtimmt in vielen
Punkten mit den Erwägungen überein, welche Theophraſt in ſeiner
Schrift über Heiraten geltend gemacht hatte. Die Ausführungen
freilich tragen faſt durchweg, die paar mythiſchen Beiſpiele abgerechnet,
echt römiſche und zeitgenöſſiſche Färbung und zwar greßlſter Art.
Unbarmherzig geht der Verfaſſer mit dem ſchönen Geſchlecht ins
Gericht: kein gutes Haar läßt er an ihm. Die Liſte der Schand=

thaten, Laster und Unliebenswürdigkeiten der Gattinnen sowie der
Leiden, Gefahren und Enttäuschungen der Gatten läßt an Vollstän=
digkeit nichts zu wünschen übrig. Selbst die böse Schwiegermutter
fehlt nicht. Den rhetorischen Charakter seiner Darstellung verrät der
Verfasser unwillkürlich selbst, wenn er einmal Quintilian anruft,
ihm zu helfen (280). Er widerspricht und überbietet sich selbst, wenn
er anfangs (45 ff.) die Ehe verwirft, weil es keine oder ganz wenige
ehrbare Frauen mehr gebe (höchstens noch auf dem Lande, in den
Bergen, allenfalls in Gabii oder Fidenä, kaum einzelne in Rom), und
später (161 ff.) erklärt, daß er eine untadelige, mit allen Vorzügen
ausgestattete Frau, wie etwa die Gracchenmutter Cornelia, am aller=
wenigsten möge. Er bricht eben über alle den Stab, doch nimmt er
seine Beispiele und Belege vorzugsweise aus vornehmen und höchsten
Kreisen bis in die kaiserliche Familie hinauf. Den Ursprung des
Sittenverfalls leitet er aus der Sicherheit vor auswärtigen Feinden,
aus dem Glanz und dem Reichtum Roms her: die römische Armut
ist verloren (286 ff.). Das Geld zuerst hat fremde Sitten (der
Griechen und Orientalen) eingeführt. Mit Abscheu liest man von
den Bacchanalien und geheimen Orgien der Weiber (300 ff.). Herrsch=
sucht und kalte Grausamkeit vereint die Gestrenge, für die der Sklave
kein Mensch ist. Sie befiehlt den Unschuldigen ans Kreuz zu schlagen
und widerlegt jeden Einspruch mit dem schnöden Wort: hoc volo,
sic iubeo; sit pro ratione voluntas (223). Auch ihre kleineren
Schwächen werden mit finsterem Hohn, glaubhaft und lebensvoll genug,
aber ohne einen versöhnenden Schimmer von Humor dargestellt: Eitel=
keit, Putzsucht, Verschwendung, böse Laune bei der Toilette, welche
die arme Kammerzofe zu büßen hat, Ziererei mit griechischer Mode
und Sprache, Schwärmerei für Musik und Musiker, literarische Ueber=
bildung, Amazonenspielerei. Besonders breit ist der alle Kreise ver=
hängnisvoll beherrschende Zug zum Aberglauben ausgeführt: die Ab=
hängigkeit von ausländischen Bettelpriestern, von Propheten= und
Zaubergesindel, das Studium der Astrologie (508 ff.). Zuletzt steigt
die Satire auf den Kothurn und gedenkt der weiblichen Ungeheuer
der Tragödie. Leider sind sie nicht auf Dichtkunst und Bühne be=
schränkt: an lebendigen Beispielen aus der Gegenwart fehlt es nicht;
nur morden sie nicht heroisch mit dem Beil wie Klytämnestra, sondern
vorsichtig mit Gift.

Die sechste Satire ist in einer Gestalt überliefert, welche eine
künstlerisch überlegte Anordnung in ganz ungewohntem Grade ver=
missen läßt. Während Juvenal sonst seinen Stoff grabezu mit schul=
mäßiger Sorgfalt übersichtlich disponiert und auch wo das Schema
nicht ganz offen zu Tage liegt, in sanften und sicheren Uebergängen
von einem Teile zum andren gleitet, ist hier Zusammengehöriges aus=
einandergerissen, Verschiedenartiges schroff und roh nicht zusammen=
gefügt, sondern übereinander gepackt, als ob einzelne Zettel nur
vorläufig in ein gemeinsames Behältnis geworfen wären und der
orbnenden Hand entbehrt hätten. Daß dem Verfasser ein festeres
Gefüge, wie es sich gehört, vorschwebte, verraten dem Aufmerksamen
zum Ueberfluß auch jetzt noch gewisse Spuren von Bindegliedern und
Fugen. Unmöglich kann er in dieser Unform sein Gedicht selbst
herausgegeben haben. Nur zweierlei bleibt übrig. Entweder hat er
es eben in diesem unvollkommenen, zufälligen Zustande hinterlassen,
und erst nach seinem Tode ist es, wie es grabe vorlag, von dem,
welcher die Einteilung in Bücher vornahm, in die Sammelausgabe
der Satiren aufgenommen worden. Oder ein unglücklicher Zufall,
Auflösung und Verwirrung von Blättern der Urhandschrift, hat die
ursprüngliche Ordnung zerstört. Einen solchen Vorgang mit überall
zwingenden Gründen zu jedermanns Ueberzeugung nachzuweisen ist
mit unsren Mitteln freilich nicht mehr möglich. Aber auch bei der
ersten der beiden Annahmen bleibt das Recht, ja die Pflicht der Kritik
bestehen, wenigstens den Versuch einer Herstellung der vom Verfasser
beabsichtigten Anordnung zu wagen. Wie problematisch freilich ein
solches Unternehmen ist und sein muß, liegt auf der Hand, da ja
sehr wohl denkbar ist, daß nicht einmal der Verfasser schon den Grund=
riß seines Gebäudes in allen Teilen festgestellt hatte. Aber auch in
solchem Notbau kann es gelingen, wenigstens einige Partien in richtigen
Zusammenhang zu bringen.

Von den bisher besprochenen Satiren unterscheidet sich die andre
Gruppe (X. XII—XV) in höchst auffallender Weise. Die scharfe
Charakteristik römischer Zustände und Persönlichkeiten tritt ganz zurück;
außer leeren Namen, die wie Schatten vorüberhuschen und zum kleine=
ren Teil aus jener ersten Hälfte wiederholt sind, werden aus der
älteren Geschichte und aus der Mythologie Beispiele beigebracht, wie

sie der Rhetorschule geläufig sind. Höchstens an die Zeit des Claudius wird einigemal erinnert (X 329. XIV 330), aus der des Tiberius wird Sejan verwertet (X 63), an die des Domitian wird nicht gerührt. Nicht aus dem vollen Leben, sondern aus Büchern und aus dem Hörsaal scheint die Kenntnis des Menschen und der ganze Gedankengehalt geschöpft. Nicht scharf gezeichnete und farbenreiche Zeitbilder entwirft der Verfasser in jenem Geist sittlicher Entrüstung, sondern in einem Ton, der horazischen Gleichmut und Sarkasmus, aber ohne Glück, nachzuahmen sucht, handelt er gewisse Gemeinplätze ab, äußerlich allerdings zum Teil anknüpfend an einen einzelnen Fall. So führt die z e h n t e Satire das alte Schulthema aus, daß alle Wünsche eitel seien. Wie vergänglich und gefährlich irdische Macht sei, beweist der breit (wesentlich nach Tacitus) dargestellte Sturz Sejans, (56—113); Cicero und Demosthenes haben für ihre Beredsamkeit büßen müssen (—133); Hannibal Alexander Xerxes sind Beispiele für die Nichtigkeit des Kriegsruhms (—187); wer ein langes Leben wünscht, bedenke die Gebrechen des Alters, die schmerzlichen Erlebnisse eines Nestor Peleus Priamus, denke u. a. an Marius und Pompejus (—288). Schönheit ist der Lucretia verderblich geworden, ist verhängnisvoll auch für die Tugend von Jünglingen (—345). Nur eins thut not: mens sana in corpore sano, und darum allein soll man bitten. Gewiß ein schöner Spruch, aber längst von Weisen und Dichtern der Griechen und Römer verkündet, zuletzt noch von Seneca fast in dieselben Worte gefaßt (Br. 10, 4).

Weniger schulgerecht ist die Composition der z w ö l f t e n Satire: sie zerfällt in zwei locker aneinander gehängte Teile. Erst wird ein heimkehrender Freund begrüßt, welcher auf dem Meer heftigen Sturm, ja beinahe Schiffbruch erlitten, aber nur sein Gepäck verloren, das Leben jedoch gerettet hat. Nachdem die Anstalten zu seinem festlichen Empfange doppelt beschrieben sind (1 ff. 83 ff.), versichert der Verfasser, er meine es ehrlich und denke nicht an Erbschleicherei (zumal da der Freund drei Kinder habe), was dann den Uebergang bildet zu einer satirischen Auslassung über die heuchlerischen Opfer, welche Erbschleicher bei kleinstem Anlaß zu bringen sich beeilen. Einen inneren Zusammenhang zwischen beiden Stücken sucht man vergebens: zwei abgenützte Parabestoffe, Beschreibung eines Seesturmes und Spott über Erbschleicherei sind mit faustdicken Nähten aneinandergeflickt. Die weitläufige Beschreibung des Seesturmes (18—82) ist so ver-

worren und verzerrt, daß man, um ſie zu retten, auf den Einfall
geraten iſt, der Verfaſſer habe die Dichterlinge ſeiner Zeit damit ver=
ſpotten und ihre unglücklichen Stilübungen parodieren wollen. Aber
abgeſehen davon, daß eine ſolche Abſicht durch keine Spur verraten
wird, hätte ja der Verfaſſer den verunglückten Freund, an deſſen
Mißgeſchick und Rettung er doch warmen Anteil zu nehmen vorgibt,
ſehr zur Unzeit mit dem kalten Waſſerſtrahl des Hohnes überſchüttet.
Nur die Stil= und Geſchmackloſigkeit des Verfaſſers hat es zu ver=
antworten, wenn die Feuersbrunſt auf dem Schiff über der Waſſer=
not vergeſſen, wenn die Aufzählung der Koſtbarkeiten, welche über
Bord geworfen werden, ins Alberne fällt und der Freund dabei
lächerlich gemacht wird.

Ju der dreizehnten Satire wird ein Freund getröſtet, der von
einem andren um eine geringe Summe deponierten Geldes betrogen
iſt. An dieſen unbedeutenden Vorfall wird eine lange Erörterung
über die Sündhaftigkeit der Welt ſeit Saturns Zeit gehängt. Die
Götter ſeien nachſichtig und laſſen alles geſchehen; kleinlich ſei das
Verlangen nach perſönlicher Rache: der wahre Richter ſei das böſe
Gewiſſen des Uebelthäters, und einmal erreiche ihn die weltliche Strafe
doch. Aus dem temperamentvollen Feinde und Verfolger des Laſters
iſt ein kalter, grinſender Zuſchauer geworden. Darum kommt es ihm
auch auf einzelne Fälle und Beiſpiele nicht an: er betrachtet die Dinge
im Ganzen von oben herab und belächelt den Unerfahrenen, der ſich
die Schlechtigkeit eines einzelnen Mitmenſchen zu Herzen nimmt.

Zu einer gründlichen Sophiſtenrede (XIV) ausgearbeitet ſind die
ſchönen Bemerkungen Quintilians über die verhängnisvolle Wirkung
auf die Erziehung der Kinder, welche das Beiſpiel der Eltern und
des elterlichen Hauſes übt. Sie enthält beherzigenswerte Gedanken
— berühmt iſt der Kernſpruch *maxima debetur puero reverentia* —
verläuft aber bald in dem breiten Strom einer Predigt gegen die
Erwerbſucht als die Wurzel alles Uebels.

Nur die ſchauderhafte Kannibalenſatire (XV) läßt an Realismus
nichts zu wünſchen übrig, aber mit römiſchem Leben hat ſie nichts
zu thun. Ihr Kern iſt ein Bericht über die blutige Schlägerei, welche
bei Gelegenheit eines Feſtes zwiſchen den Bewohnern zweier ägyptiſcher
Städte (Ombi und Tentyra) entbrannt ſein und damit geendigt haben
ſoll, daß die Ombiten einen fliehenden Tentyriten ergriffen, ſeine
Glieder zerriſſen und roh aufgefreſſen haben. Der Verfaſſer gibt an

(V. 27), diese Greuelthat habe sich „neulich" unter dem Consul
Juncus (127 n. Chr.) ereignet, will auch selbst als Augenzeuge die
Ausschweifungen der Aegypter studiert haben (V. 44), irrt sich aber
gewaltig, wenn er jene beiden Städte, die über 30 Meilen in grader
Linie von einander entfernt lagen, als benachbart bezeichnet (V. 36.76),
und doch beruht auf dieser Voraussetzung die Glaubwürdigkeit der
ganzen Geschichte von der eifersüchtigen Erbitterung beider Städte
aufeinander und der Gelegenheit des Zusammenstoßes. Die erbaulichen Betrachtungen, welche an diesen Fall geknüpft werden, laufen
auf den interessanten Nachweis hinaus, daß er unerhört und des
Menschen unwürdig sei.

In der That könnte der größte Teil dieser langweiligen Deklamationen von einem geschrieben sein, der Rom nie gesehen und
Domitians Zeit nicht erlebt hätte. Ueberall erkennt man die mühsam verarbeiteten Excerpte und die unverdauten Lesefrüchte. Ohne
Wahl und Witz wird der Leser mit abschweifenden Bemerkungen, besonders geographischen und ethnographischen Inhaltes, belästigt. Je
weniger der Verfasser über individuelle Beobachtungen und realen
Stoff verfügt, desto mehr gefällt er sich in ausgetüftelter Kleinmalerei
und geschmacklosen Uebertreibungen. So werden in beinahe fünfzig
Versen die Schäden und Gebrechen des hohen Alters nach den einzelnen Körperteilen und Organen bis zum Ekel aufgezählt (X 190 ff.),
und die unerschöpfliche Menge der Krankheiten, welche den Greis
heimsuchen, wird mit sechsfacher Hyperbel (219 ff.) umschrieben. Mit
derselben kleinlichen, abgeschmackten Gründlichkeit werden die Knausereien
des Geizhalses durchgenommen (XIV 126 ff.). Für witzig gelten soll
die Versicherung (XIII 60 ff.), „wenn heutzutage ein Freund ein
anvertrautes Pfand nicht ableugnet, wenn er einen alten Blasebalg,
den er geliehen, mit allem Ruß zurückgibt, so ist das ein erschrecken-
des Wunder von Zuverlässigkeit, welches feierlich gesühnt werden muß.
Wenn ich einen trefflichen und rechtschaffenen Mann sehe, so vergleiche
ich diese Wundererscheinung einem doppelgliedrigen Knaben oder Fischen,
die auf dem Acker unter dem Pfluge gefunden sind, und einem träch-
tigen Maultier, und ich bin bekümmert, als ob es Steine geregnet
und ein Bienenschwarm in langem Zuge auf dem Tempelgiebel sich
niedergelassen hätte, als ob der Fluß in purpurnem Strudel oder
von einem Milchwirbel erbrausend ins Meer geflossen wäre." Mit
behaglichem Pathos, das man ja nicht für Ironie nehmen darf, ergeht

sich der Verfasser (211 ff.) in der Ausmalung der Gewissensqualen, welche der Schuft wegen der Unterschlagung der ihm anvertrauten Summe erdulden werde; mit wahrer Wollust aber werden die Ver= stümmelungen beschrieben, welche jene Aegypter bei der Schlägerei davontrugen, und endlich die Einzelheiten der gräßlichen Mahlzeit, wie der letzte, der zu kurz gekommen ist, mit den Fingern das Blut von der Erde auftunkt, um sich schadlos zu halten (XV 54 ff.).

Dieser breitspurige Sophist kommt nicht von der Stelle, sondern wiederholt in verschiedenen Wendungen immer wieder dasselbe. Den einfachen Satz „nachdem das Unwetter sich gelegt hatte", spinnt er in sechs hohlen Versen ab: „nachdem das Meer eben dalag, nachdem die Aussichten des Schiffers günstig und das Geschick mächtiger war als Wind und See, nachdem die Parcen mit gnädiger Hand bessere Fäden spinnen, heiter und weißen Gespinnstes Wolle bereitend, und ein Wind, nicht viel stärker als ein mäßiger Luftzug, zur Hand ist" (XII 62 ff.). Bei Aufzählung der Schwüre eines Meineidigen wird das ganze Arsenal des Olympus geplündert: Strahlen des Sonnen= gottes, tarpejische Blitze, der Spieß des Mars, die Geschosse Apollons, Pfeile und Köcher der Diana, der Dreizack Neptuns, der Bogen des Hercules, die Lanze der Minerva und der ganze Rest des himmlischen Zeughauses (XIII 77 ff.). Die Ermahnung zur Nächstenliebe wird unterstützt durch Hinweisung auf Schlangen Löwe Eber Tiger Bär (XV 159 ff.). Um zu beweisen, daß die Entwickelung des Charakters von der Erziehung und den Gewohnheiten der Jugend abhängt, wird der Storch, der Geier, der Adler bemüht, und lehrreich gezeigt, wo= mit sie ihre Jungen speisen und zu welcher Nahrung sie dieselben hiermit für ihr weiteres Leben anhalten (XIV 74 ff.).

Im Ganzen herrscht eine zähe, lederne Sprache, ein altkluger Lehrton, bald ins Sentimentale fallend, bald ins Scurrile: der Witz wird durch Albernheit ersetzt. Viel ist von Weisheit, d. h. Philosophie die Rede, sie wird als „Besiegerin der Fortuna gepriesen" (XIII 20). Zwar bekennt der Deklamator, sie nicht eigentlich studiert zu haben, aber gedenkt mit Andacht ihrer Lehrer und spricht mit Geringschätzung von den Ungebildeten (XIII 181. 189. XIV 321. XV 106). Durch= weg, auch im Kleinen, hat der Verfasser die Neigung den Ausdruck durch bedeutungslose Tautologien aufzuschwemmen, dem Verse durch Flickwörter, durch unmotivierte Archaismen, durch langgedehnte Wörter aufzuhelfen. Der Ausdruck ist bald überfließend, bald dürftig, bis=

weilen unklar, hart und stumpf. Es fehlt an sicherem Gefühl für die eigentliche Bedeutung der Wörter; verwegene Beiwörter vermischen Persönliches und Sachliches: ein „grauhaariger Gaumen" ist der Gaumen eines grauköpfigen Feinschmeckers (XIV 10), „das reiche Podagra" ist der Reiche, der an Podagra leidet (XIII 96). Erstaun= liches wird in Metonymien geleistet: „jenes Elfenbein", d. h. jener Elefant wird zum Altar geführt (XII 112), „alle Schleppgewänder wälzen", d. h. alle Tragödien durchblättern (XV 30) u. s. w. Kurz: die Manieren der Rhetorenschule, welche sich natürlich bei keinem Zögling derselben ganz verleugnen, überwuchern hier; daß sich daneben auch manche ansprechende Stelle und mancher gelungene Ausdruck findet, braucht nicht verkannt zu werden.

Auch am Versbau ist manches auszusetzen. Auf besondere Eleganz der Verse verzichtet zwar Juvenal ausdrücklich gleich in der Ankündi= gung seiner Satiren (I 79 f.): sie sind von ungleicher Sorgfalt. Aber größere und häufigere Nachlässigkeiten und Härten, unmotivierte Häufung der Spondeen mit häßlicher Betonung der Schlußsilben, unbedeutende einsilbige Wörter im Versausgang, Hiatus, Cäsurlosig= keit, Verstöße gegen Prosodie, Verschleifungen stören doch in den Deklamationen gar zu oft.

Man hat den verschiedenen Stil und Charakter dieser beiden in sich gleichartigen Massen durch die Verschiedenheit der Jahre, in welchen Juvenal sie verfaßt habe, zu erklären versucht. Im höheren Alter habe sich eben seine Richtung verändert, ähnlich etwa wie Horaz in den Briefen ein andrer sei als in den Satiren. Aber Entwicke= lung und vollständige Entartung ist zweierlei. Entscheidend ist die Thatsache, daß der vierten und elften Satire elende Einleitungen desselben Stils angeklebt sind. Sie können ohne jede Beeinträch= tigung des Folgenden glatt abgeschnitten werden, es bleiben dann vollkommen abgerundete Kunstwerke übrig. Jene angenähten Fetzen enthalten armselige, kümmerlich zusammengestoppelte, saft= und kraft= lose Betrachtungen allgemeiner Art ganz in der Manier jener späteren Stücke, und ihr Inhalt paßt zum Folgenden wie die Faust aufs Auge.

Wer das nötige Organ hat um dies zu empfinden, kommt zu dem unabweislichen Schluß, daß nach dem Tode Juvenals eine er= weiterte, d. h. gefälschte Ausgabe seiner Satiren veranstaltet sein muß, welche die ältere verdrängt und sich allein in der Ueberlieferung behauptet hat. In der That ist in einer der kurzen Biographien des

Dichters, welche, nach der teilweifen Uebereinstimmung im Wortlaut
zu schließen, alle auf eine gemeinfame, nur bald so bald so im Aus=
zug verstümmelte und verschobene Vorlage zurückzuführen sind, die
kurze Notiz zu lesen, in der Verbannung habe der Dichter seine
Satiren erweitert und vieles geändert (pleraque mutavit). Leider
sind grade die Nachrichten über diese Verbannung (über Veranlassung,
Zeit, Ort) so verworren und einander widersprechend, so unwahr=
scheinlich und anekdotenhaft, daß es unmöglich ist, mit Sicherheit den
historischen Kern herauszuschälen. Doch wird die Thatsache der Ver=
bannung Juvenals ebenso wie die Ovids von Apollinaris Sidonius
im fünften Jahrhundert n. Chr. als bekannt und unbezweifelt behandelt.
Gewiß ist Juvenal nicht unter Domitian verbannt worden. Hat er
doch erst nach dem Tode desselben angefangen Satiren zu schreiben:
sie schildern aber die Zustände Roms aus jener Zeit und setzen voraus,
daß er sie als Augenzeuge dauernd beobachtet hat. Hätte er so
schweren Zorn des Kaisers erfahren, so würde er sich nach seiner
Rückberufung unter dem Nachfolger einer Andeutung über seine Ver=
gangenheit schwerlich enthalten haben. Unter Vespasian und Trajan
ist natürlich an keine Verbannung zu denken.

So bleibt nur Hadrian übrig, dem die Bosheit, einen hochbetagten,
angesehenen Mann in die Fremde zu schicken, ganz wohl zuzutrauen ist.
In der That wird angegeben, daß Juvenal als Achtziger nach Aegypten
verbannt und als Verbannter im 82sten Jahre seines Lebens unter
Antoninus Pius (der seit 138 n. Chr. regierte) gestorben sei, was
zu dem Ansatze seines Geburtsjahres (55/6) vollkommen paßt. Die=
selbe Voraussetzung liegt der Anekdote zu Grunde, welche über die
näheren Umstände der Verbannung am ausführlichsten berichtet. Er=
mutigt durch den steigenden Beifall habe Juvenal bei einer neuen
Ausgabe seiner Satiren einige ältere Verse gegen einen Günstling
Domitians, einen Schauspieler, in die siebente eingeschoben. Dies
sei auf gegenwärtige Zustände bezogen worden. So habe der Kaiser
den Dichter unter dem Schein militärischer Auszeichnung aus der
Stadt entfernt. Damit die Strafe dem scherzhaften Vergehen ent=
spräche, sei der achtzigjährige Mann zur Anführung einer Cohorte, die
in Aegypten stand, commandiert worden. Dazu gehört dann offenbar
was eine andre Biographie erzählt, in dem kaiserlichen Cabinets=
schreiben an den neuernannten Offizier habe gestanden: „auch dich
hat Philomela befördert,“ mit Anspielung auf die Satirenstelle (VII

90 ff.): „was die Großen nicht geben, das wird dir ein Schauspieler geben .... Präfekten macht Pelopea, Philomela Tribunen." Gewiß unterliegt die Glaubhaftigkeit dieses Geschichtchens schweren Bedenken, wenn sie auch nicht grade unüberwindlich scheinen. Der Zorn eines Schauspielers wird auch von dem obengenannten Zeugen Apollinaris als Grund der Verbannung angegeben. Wer immer jenen kaiser= lichen Scherz berichtete oder erfand, dem hat sicherlich nicht das Bild des unschädlichen Moralisten der späteren Satiren vorgeschwebt. Viel= mehr wäre hiernach auch der hochbetagte Greis noch derselbe geblie= ben, jener hätte seinen Stachel selbst gegen Mächtige unter den Leben= den gekehrt. Sollen wir nun glauben, daß er in Aegypten ein andrer geworden sei und seine Muße daselbst auf die Abfassung jener langen Deklamationen verwendet, daß er etwa seine Jugendübungen aus der Rhetorschule wieder hervorgesucht habe, um sie mit seniler Geschwätzigkeit in Verse umzugießen? Dem widerspricht zunächst schon die angeführte chronologische Angabe der fünfzehnten Satire, und die dreizehnte gibt grade zu ebenfalls das Jahr 127 als das ihrer Ab= fassung an. Und warum hätte Juvenal selbst hier, wo Aegypten der Schauplatz der Geschichte ist, jede Andeutung seines Unglückes unter= lassen, da er vielmehr durchweg die Miene annimmt, als lebte er in Rom, oder doch wenigstens in Italien? Aber nicht nur jene Reihe neuer Satiren sollte er in der Fremde, in seinen letzten Lebensjahren geschrieben, sondern auch noch seine alten trefflichen Arbeiten, nament= lich die vierte und elfte, durch so zweck= und geschmacklose Zuthaten willkürlich verhunzt haben?

Nun aber ist noch das Bruchstück (XVI) zu betrachten, welches am Ende unsrer Sammlung steht. Es enthält ein Lob des Soldaten= lebens in derbem Ton und tadellosem Stil. Die präzise Darstellung läßt erkennen, daß der Verfasser von den militärischen Privilegien und Licenzen aus unmittelbarer Anschauung vollkommene Kenntnis hatte. Mit glücklicher Ironie preist er die Freiheit des übermütigen Kriegers, den Civilisten ungestraft zu mißhandeln, die Vorteile seiner eximirten Gerichtsbarkeit, die freie Verfügung über sein erworbenes Vermögen selbst bei Lebzeiten des Vaters, die militärischen Beloh= nungen. Hier bricht er plötzlich ab. Möglich, daß ein letztes, ver= lorenes Blatt unsrer ältesten Handschrift den Schluß noch enthalten hat. Grade dieser Satire ist in den freilich dürftigen Scholien die Bemerkung vorangestellt, sie werde von vielen dem Juvenal ab=

gesprochen, ein Zeugnis, daß die Echtheit der überlieferten Samm=
lung in allen ihren Teilen schon damals nicht unbestritten war. Ein
durchschlagender Grund, grade die sechzehnte Satire dem Juvenal
abzusprechen, liegt freilich nicht vor: zu den militärischen Antecedentien
desselben paßt sie an sich nicht übel, aber Gibbon fand die Dar=
stellung der Verhältnisse angemessener für die Zeit des Septimius
Severus. In Ermangelung zuverlässiger Zeugnisse wird man über
subjektive Ansichten in dieser Frage nicht leicht hinauskommen. Wer
sich aber vergegenwärtigt, wie wenig in litterarischen Dingen der
kritische Sinn des großen Publikums ausgebildet war in einer Zeit,
wo man z. B. ein so kindisches Gedicht wie den Culex unbedenklich
dem jungen Vergil zuschrieb, wo Martial über Fälschungen so viel
zu klagen hatte, der wird auf die sogenannte Ueberlieferung nicht
allzuviel Gewicht legen. Wie leicht mochte es, nachdem Juvenal in
der Fremde gestorben war, einem Poeten niedrigen Ranges gelingen,
im Bunde mit einem spekulativen Buchhändler aus dem angeblichen
Nachlaß des berühmten Satirikers eine vermehrte Ausgabe herzu=
stellen und in Umsatz zu bringen! Grade die leichter verständlichen
Deklamationen der zweiten Hälfte mit ihren allgemein gehaltenen
Betrachtungen und Ermahnungen mußten triviale Leser anziehen, wie
z. B. im vierten Jahrhundert die Zeitgenossen des Ammianus Mar=
cellinus, welche sonst Litteratur und Wissenschaft „wie Gift verab=
scheuten", den Juvenal dagegen allein unter allen Dichtern ihrer Be=
achtung würdigten. In welcher Gestalt man in den ersten dritt=
halbhundert Jahren nach dem Tode des Dichters seine Werke in und
außer Rom gelesen hat, ist uns völlig unbekannt. Die älteren Vor=
lagen unsres Textes haben wir in Konstantinopel zu suchen. Den
Mönchen des Mittelalters sagte der Moralist (ethicus) besonders zu:
dem Geschmack für seine erbaulichen Predigten haben wir in erster
Linie die Flut schlechter Abschriften zu verdanken.

Fünftes Kapitel.

Seit Hadrian.

———

Die Uebersättigung an dem überpfefferten und gespreizten Ton der Rhetorschule und der in ihr herangebildeten Kunstpoesie hatte einen Rückschlag zur Folge. Eine Sehnsucht nach Natur und volksmäßiger Einfachheit machte sich geltend. Man wendete sich von den feierlich erhabenen, auch von den bitter ernsten Gattungen ab und gefiel sich wieder in spielenden Kleinigkeiten. Geschicklichkeit im Versemachen gehörte noch immer zu den Erfordernissen höherer Bildung, und die Ausübung solcher Virtuosität stand noch immer in der Würde vornehmen Zeitvertreibes.

Hadrian, der in allen Wissenschaften und Künsten dilettirte, der sang und Cither spielte, hat sich selbstverständlich auch mit Poesie befaßt. Wie einst jene alexandrinischen Gelehrten zog er dem Homer Antimachos vor, dessen Thebaïs ja noch kürzlich Statius zu Ehren gebracht hatte. Eine wunderliche Baumart war damals, wie es scheint, in Mode gekommen, ein Gewächs, wie man meinte, aus allen möglichen miteinander vermischten Samenarten in vielen Zweigen breit ausgedehnt, Catachanna genannt, wenn der unerklärte Name richtig überliefert ist. Unter diesem Titel (Catachannae) hat Hadrian ein mehrere Bücher umfassendes poetisches Werk geschrieben, voll gesuchter Dunkelheit, nach dem Vorbilde des Antimachus. Vielleicht waren es vermischte Gedichte, und der Titel deutete nur die bunte Mannigfaltigkeit des

Inhaltes und der Form an. Von den römischen Schriftstellern liebte er die alten der vorklassischen Periode: Cato zog er dem Cicero, Ennius dem Vergil vor. Er gehörte also zu jenen seit der augusteischen Zeit nicht ausgestorbenen Altertümlern, über die Horaz Seneca Martial, Aper im Gespräch über die Redner spotten. Schon vor Trajan hatte sich eine rückläufige Bewegung Bahn gebrochen. Von Seneca war man auf Cicero zurückgegangen. Die Sehnsucht nach dem echten, unverfälschten Römertum einer kraftvollen Vorzeit rief ein eifriges Studium der archaischen Litteratur hervor, aus welchem das Bestreben entsprang, die lebende Schriftsprache aus dem Brunnen des altertümlichen Latein zu verjüngen.

Was von griechischen und lateinischen Versen unter Hadrians Namen überliefert ist, hat nur zum Teil sichere oder doch glaub= würdige Gewähr, bestätigt aber was von Motiven und Charakter seiner poetischen Tändeleien berichtet wird. Seine bekannten Neigungen und Eigenheiten treten scharf ausgeprägt hervor. Dem berühmten Eros von Thespiä wird in Elfsilblern (griechischen natürlich) das Fell eines selbsterlegten Bären gewidmet: wir wissen, daß der Kaiser zum Andenken an jene glückliche Jagd sogar eine Stadt (Hadrianno= therae) gegründet hat. Die lustige Jagdgeschichte vom Hasen, welche Germanicus ins Astronomische gewendet hatte, bekommt eine andre, ziemlich stumpfe Spitze: der von Hunden Gehetzte wird zuletzt doch die Beute eines Hundes, aber eines Seehundes. In lateinischer Sprache ist dem geliebten Leibroß Borysthenes eine Grabschrift in iambischen Dimetern, dem wackren Bataver, der über den Donau= strom in voller Rüstung zu schwimmen und einen Pfeil in der Luft mit einem zweiten zu treffen verstand, ein lobender Nachruf in Di= stichen gewidmet. Ein griechisches Epitaphion auf Archilochos versetzt dem ungeliebten Homer einen Hieb; ein bettelnder Grammatiker wird mit höhnischem Witz abgewiesen. Noch vor den Regierungs= antritt fällt das in Trajans Namen verfaßte Weihgedicht für Zeus Kasios in Antiochia (Pal. Anthol. VI 332), dem Trajan auf dem Zuge gegen die Parther (114/5) Beutestücke aus dem siegreichen Geten= kriege darbringt mit der Bitte um gleichen Erfolg für das neue Unternehmen. Das Andenken seiner im Jahre 121 verstorbenen und wie üblich nach dem Tode unter die Götter versetzten Gemahlin Plotina hat Hadrian in Hymnen gefeiert. Auch hat er nicht ver= schmäht, einem seiner poetischen Genossen, dem Voconius, einen

elegiſchen Nachruf für ſein Grab, wie manchem andren ſeiner guten
Freunde einen Vers zu widmen. Gleicher Ehre wurden aber auch
Lieblingshunde und Pferde teilhaftig. Die dem Südländer einge=
borene Luſt und Gabe, gelegentlich ein frivoles oder ernſthaftes Lieb=
chen zu brechſeln, verließ den 72jährigen Greis auch auf ſeinem
letzten Schmerzenslager nicht. Der ſoviel über Leben und Schickſal
gegrübelt hatte, gab nun dem geheimnisvollen „Gaſt und Geſellen"
ſeines Leibes, dem „unſtäten koſenden Seelchen", den Abſchied in
einigen kurzatmigen iambiſchen Dimetern. „Wohin willſt du jetzt
gehen?" fragt er: „bleich, ſtarr und nackt biſt du nun, und keinen
der gewohnten Scherze wirſt du mehr ſpenden."

Umgeben von Gelehrten, Schriftſtellern und Künſtlern aller Art,
die er freigebig mit Ehren und Gütern bedachte, ließ er ſie doch
in Sarkasmen, verfänglichen Fragen, ſpöttiſcher Kritik ſeine Ueber=
legenheit fühlen. Auf ein näheres Verhältnis zu Annius Florus
läßt eine harmloſe Neckerei ſchließen. Von ſeinem reiſeluſtigen
Herrn vermutlich zur Begleitung aufgefordert hatte dieſer in vier
Anakreonteen erklärt, er möge nicht Cäſar ſein, er finde keinen
Geſchmack am Durchbummeln von Britannien oder am ſkythiſchen
Froſt. Ihm diente der ruheloſe Imperator mit ebenſoviel paro=
dierenden Zeilen in gleichem Maße: „und ich mag nicht Florus
ſein, durch Läden bummeln, in Kneipen hocken und den Biß von
Flöhen leiden."

Für ſeine Abneigung gegen weite Reiſen hatte Florus die trif=
tigſte Entſchuldigung, wenn er jener P. Annius Florus war, welcher
in ſeiner Jugend eine Reihe von Jahren in Tarraco Schule gehalten
hat. Dieſer hat in einer der Hauptſache nach verlorenen Schrift die
grade für Lehrer der Rhetorik nicht gleichgültige Frage erörtert, ob
Vergil Redner oder Dichter geweſen ſei. Nur ein Teil der Ein=
leitung hiervon iſt vor grade 50 Jahren aus einer Brüſſeler Hand=
ſchrift zum Vorſchein gekommen. In anmutigem, friſchem Ton be=
richtet der Verfaſſer von einem Geſpräch, welches er in Tarraco mit
einem gebildeten Spanier aus Baetica gehabt habe. Hierbei erhielt
er Gelegenheit, Auskunft über ſeine Vergangenheit zu geben. Er
war aus Afrika gebürtig. Als Knabe hat er in Rom unter Domitian
an dem capitoliniſchen Agon teilgenommen, und nach einſtimmigem
Urteil wäre ihm der Ehrenkranz zugekommen. Aber der Kaiſer hat
ihn verweigert, nicht aus perſönlicher Ungunſt, ſondern weil er der

Prodinz Afrika die Ehre nicht gönnte. Der Fremde wundert sich, daß der berühmte Florus so lange in dem stillen Nest verweile, fern von Rom, wo seine Verse gesungen werden und die Stadt von Jubel über den dakischen Triumph (vom Jahre 102 oder 106) erfüllt sei. Da eröffnet ihm Florus, nach jener Kränkung habe er von Vaterland und Eltern nichts mehr wissen wollen und habe sich in der Welt umhergetrieben. So habe er Sicilien, Creta, die Cycladen, Rhodus, Aegypten gesehen. Von da nach Italien zurückgekehrt sei er aus Ueberdruß am Meer zu Lande über die Alpen nach Gallien gezogen, dann gen Norden und wieder gen Westen zum Pyre= näengebirge, bis er in dieser Gemeinde (Tarraco, wie sicher bewiesen ist) endlich zur Ruhe gekommen sei, wo ihm der Charakter der Ein= wohner, Klima und Boden vorzüglich zusagen. Hier hat er sich dem Beruf eines Lehrers der Jugend gewidmet. Zwar in den ersten fünf Jahren hat er sich sehr unglücklich gefühlt, aber dann hat er gelernt das Glück seines Lebens darin zu finden, so daß er kein andres Amt, und sei es noch so glänzend und vom Kaiser selbst ihm angetragen, damit vertauschen möchte. Mit schöner Begeisterung schildert er die Würde und die Freuden des Lehrers. „Betrachte dir doch näher, ob es herrlicher ist, Männern im Kriegskleide oder Knaben im purpurverbrämten Kinderrock zu befehlen, barbarischen und ver= wilderten Seelen oder sanften und unschuldigen. Lieber Gott, wie erhaben, wie königlich ist es, auf dem Katheder zu sitzen und von da herab gute Sitten und edle Geistesbildung zu lehren, bald schöne Verse vorzutragen, bald disputieren zu lassen" u. s. w.

Aus diesen Andeutungen läßt sich berechnen, daß Florus noch unter Vespasian geboren, frühstens im Jahre 90, vielleicht erst 94 im capitolinischen Agon aufgetreten, eine Reihe von Jahren gereist, wenigstens 6—7 Jahre, wenn nicht mehr, noch unter Trajan nach 102 oder 106 in Tarraco gelehrt haben wird. Vielleicht hat er damals jenen Auszug aus Livius verfaßt, der unter dem Namen des Florus auf uns gekommen ist. Ist er doch für die Schule be= stimmt und unter Hadrian mit einem Anflug von poetischem Geist geschrieben. Etwa in den vierziger Jahren seines Lebens ist er nach Rom zurückgekehrt und mit Hadrian in Beziehung getreten. Wenn nun der endlich in den Hafen eingelaufene nach überstandener Odyssee nicht sonderlich Lust verspürte, von neuem, wenn auch im kaiserlichen Gefolge auf Reisen zu gehn, so werden wir ihm das nicht verdenken.

Ein näheres persönliches Verhältnis des Dichters zu Hadrian
beweisen ferner auch Bruchstücke prosaischer Briefe an diesen. Für
das Selbstbewußtsein des ersteren aber sind zwei Zeilen aus einem
trochäischen Lieberbuch bezeichnend:

> Consuln gibt es und Proconsuln jährlich frischgebackene;
> Nur ein König oder Dichter kommt nicht jährlich auf die Welt.

Mit der Wiederaufnahme dieses Versmaßes griff Florus in die
Periode der Republik zurück, wo es, wenn auch stets in ziemlich engen
Grenzen, für Gedichte gnomischen, lehrhaften, beschreibenden Inhaltes
verwendet war: zuerst von Ennius, später von Lucilius, Porcius Li-
cinus, Sueius. Im Munde des Volkes, namentlich der Soldaten,
hatte es ununterbrochen für Spott und Neckerei gedient.

Unter Florus' Namen besitzen wir in regelmäßig gebauten
trochäischen Tetrametern eine kleine Sammlung ernster und scherz-
hafter, sentimentaler und kräftiger, lebenslustiger und mißlauniger
Sprüche, die in glattem Flusse und einfacher, aber zierlicher Sprache
dem witzelnden Ton hadrianischer Zeit völlig entsprechen. Da wird
ein Griechenfreund vor den geschminkten überseeischen Sitten gewarnt:
der römische Bürger sei der Normalmensch, ein einziger Cato sei
mehr wert als dreihundert Socratesse. Der Dichter liebt die Gabe
des Bacchus, betet um ein gutes Weinjahr, und daß der süße Nektar-
trank sich im Faß zu einem feinen Tropfen ausbilden möge. Apollo
und Liber, heißt es in einem andren Spruch, sind beide aus Flammen
geboren, bringen daher Wärme und Licht: der eine durchbricht das
Dunkel der Nacht, der andre des Herzens. Er hat junge Obstbäume
gepflanzt und den Namen seiner Flamme in die Rinde geschnitten;
seitdem hat sein Herz keine Ruhe mehr: mit dem Baum wächst seine
Leidenschaft. Er hat böse Erfahrungen in der Liebe gemacht. Wie
ein Jüngling der Komödie klagt er über die Falschheit der Weiber.
Ein Spruch des Theognis (305 f.) ist übersetzt, daß die schlechten
Menschen es nicht schon bei ihrer Geburt waren, sondern durch Um-
gang mit schlechten erst so geworden sind. Die Antinomien des täglichen Lebens kommen zur Sprache: es ist ebenso schlimm Geld zu
haben als keins, ebenso schlimm immer zu wagen als sich immer
zurückzuhalten, ebenso schlimm viel zu schweigen als viel zu reden,
ebenso schlimm ist eine Geliebte draußen als eine Frau im Hause.
„Niemand leugnet diese Sätze, niemand richtet sich danach."

In der Zeit des Florus kann ein gleichfalls trochäisches Gedicht

entstanden sein, welches namenlos in zwei Sammlungen vermischter
Gedichte erhalten ist und den nicht ganz zutreffenden Titel „Nacht=
feier der Venus" (Pervigilium Veneris) trägt. Es ist der lyrische
Herzenserguß eines unglücklich Liebenden. Am Tage vor dem Früh=
lingsfest, welches die Allmutter Venus alljährlich in Sicilien begeht,
angesichts der Zurüstungen zu dieser Feier geht ihm die tiefe Be=
deutung derselben durch die Seele: er singt von der schöpferischen
Macht der Göttin. Darüber wird es Abend. Das idyllische Bild
der lagernden Herden und ihres Familienglückes stimmt den Ein=
samen trübe, das Concert der Vögel, vor allen das Lied der Nachtigall
tönt ihm wie eine Symphonie der Liebe. Ach, daß er nicht ein=
stimmen kann! Wann wird sein Frühling kommen? wann wird ihm
der schweigende Mund gelöst werden? Er fürchtet, daß er seine Kunst
ganz verlernt, daß er die Muse und Apollo sich entfremdet hat durch
sein langes Schweigen. Ein sehnsüchtiger Stoßseufzer, eine verstohlene
Liebeswerbung oder vielmehr ein Versuch, verlorene Gunst wiederzu=
gewinnen, erklingt zwischen diesen Zeilen. Dieser Wunsch versteckt
sich in den Refrain, der das Gedicht beginnt und schließt und in un=
gleichen Abständen wiederkehrt wie der Grundton seiner Empfindung:
„wer nie liebte, liebe morgen: morgen liebe wer je geliebt." Im
Walde unter dem Schatten der frisch grünenden Bäume soll das
Fest vor sich gehen, da werden Lauben aus Myrtenzweigen geflochten
und aller Blumensegen, den Hybla und die Fluren am Fuß des
Aetna bieten, ausgestreut sein. Auf hohem Thron, erbaut auf Rosen,
wird die hohe Dione, umgeben von Grazien und Nymphen, denen
Amor beigesellt ist, Gerichtstag halten, und drei Nächte hindurch
werden bekränzte Chöre Lieder singend durch Wälder und Berge
schwärmen; auch Ceres und Bacchus und Apollo, der Gott der
Dichter, werden dabei sein. Diana aber, die strenge Jungfrau, ist
gebeten, für diese Zeit ihr Jagdrevier gefällig zu räumen.

Es ist die „Vereinigerin der Liebespaare", die Hochzeitsgöttin,
welche „Recht sprechen" wird; in der seligen Frühlingszeit, in der
einst die Welt geboren ist, finden sich Liebende noch immer zusammen,
das Mysterium des Zeugens und Gebärens durchdringt Wald und
Flur. Auch die Rose erschließt dem himmlischen Tautropfen ihren
jungfräulichen Kelch. Das Blut der Kypris und die Küsse Amors
haben ihre Blütenpracht hervorgezaubert. Damit stehen wir bei den
Vorbereitungen zu ihrem Fest, in welchen die Schilderung desselben

enthalten ift. Allmählich wird die Phantafie zu dem Bilde der recht=
fprechenden Göttin zurückgeführt, das nun viel reicher dem Sänger
vor Augen fteht. Und nun ift es Zeit, von ihr felbft zu reden.
Hymnusartig beginnt er mit ihrer wunderbaren Geburt, preift dann
ihre weltdurchdringende fchöpferifche Macht, insbefondere ferner was
die Römer ihr verdanken, und hebt zuletzt noch hervor, daß fie ihre
rechte Heimat und Wirkungsftätte auf dem Lande habe. Hiermit
ftellt fich der Sänger felbft ftillfchweigend unter ihren befonderen
Schutz. Er ift ja auf dem Lande, fieht den Segen der Herde, hört
die Liebesmufik der Vögel. Nur er ift ausgefchloffen, aber die Hoff=
nung auf morgen fteigt in dem Refrain wieder auf.

Der Text ift leider in verwahrloftem Zuftande überliefert. Im
ganzen find die Verfe nach griechifchem Gefetz korrekt und elegant
gebaut bis auf wenige Anftöße, die leicht zu vermeiden waren. Eine
Anzahl griechifcher Ausdrücke, auch die mehrfache Benennung der
Venus mit dem mütterlichen Namen Dione foll dem Gedicht vielleicht
einen gewiffen Lokalton geben. Uebrigens fchillert die Sprache je
nach dem Inhalt in naiver Einfachheit des idyllifchen Stils und
feierlichem Glanz. Wichtiger als ein paar Reminiscenzen aus Vergil
und einer aus den Eklogen des Calpurnius ift die Aehnlichkeit der
Stelle (13—26), wo die allmähliche Entfaltung der Rofe befprochen
wird, mit einigen unter Florus' Namen überlieferten Hexametern,
welche vier Rofen in verfchiedenen Stadien ihrer Entwickelung be=
fchreiben, ein Thema, welches fich in mehrfachen Variationen wieder=
findet. Nicht unmöglich, daß der Dichter, der ja in Sicilien ge=
wefen ift, dort durch lokale Anfchauung angeregt diefes Gedicht,
das feiner nicht unwürdig wäre, verfaßt hat.

Bedeutende Stoffe und aus der Tiefe gefchöpfte Empfindungen
oder Gedanken fehlten den Dichtern der hadrianifchen Zeit durchaus.
Defto mehr gefielen fie fich, ihre Virtuofität in allerhand metrifchen
Formen zur Schau zu tragen. Der Geift eines Lävius (I 303 f.)
fchien wiedererftanden zu fein. Nicht Poeten der „neuen Schule"
(neoterici. novelli) verdienten fie eigentlich genannt zu werden, fon=
dern Wiederherfteller der alten, da fie wefentlich nur wieder auf=
frifchten, was die Vorfahren längft aufgegeben hatten, und diefen
leeren Formen nicht einmal neuen Gehalt verliehen. Manches volks=

tümliche Versmaß der griechischen Lyrik kam wieder zu Ehren, z. B. jene kurze anapästische Reihe des Archilochus (das Paroemiacum), ferner der kurze daktylische Vers, der nach dem dritten Halbtakt mit einem scharf zusammengefaßten vierten Päon schließt. Einmal hat Sophokles diese Weise, die wie ein elektrischer Schlag wirkt, in wenigen Zeilen verwendet, wo sich Oedipus schaudernd den Bürgern von Kolonos zu erkennen gibt. Calabrische Bauern sollen Lieder in demselben Metrum gesungen haben, und für ländliche Anweisungen wird es in hadriani= scher Zeit wie auch später noch bei den Römern verwendet. Auch der hüpfende iambische Dimeter kam wieder in Mode. Es gibt ein elegisches Distichon, welches viele für einen Jugendscherz des Philo= sophen Plato hielten: „den Agathon küssend hatte ich meine Seele auf der Zunge; die Recke war nämlich gekommen, um zu ihm hinüber= zugehen." Dieses reizende Geständnis hat ein junger Freund des Gellius in 17 iambischen Dimetern breit getreten, wobei freilich der zarte Hauch der Stimmung verwischt ist: der Kuß wird mit lüsterner Anschaulichkeit beschrieben und ein überflüssiger Scherz angehängt.

Denselben iambischen Dimeter hat ein sonst unbekannter Ma= rianus für eine Geschichte oder Darstellung des Lupercalienfestes verwandt. Er ging auf die ältesten Zeiten zurück, denn die einzige erhaltene Probe leitet, ganz abweichend von sonst gültigen Angaben, den Namen der Stadt Rom von einer Tochter des Aesculapius her. Ob diese Verse mit dem prächtigen Tempel der Roma und Venus, welchen Hadrian erbaut hat, in Beziehung standen, läßt sich nicht sagen. Um dieselbe Zeit (vor Terentianus Maurus) erzählte Alphius Avitus in iambischen Dimetern Anekdoten aus dem Leben berühmter Römer. Das Werk, betitelt „hervorragende" Männer (excellentes), umfaßte mehrere Bücher. Mit Romulus mag er angefangen haben, denn im ersten trat eine der jungen Sabinerfrauen auf, welche zwischen Gatten und Vater Frieden stiftend ihr eigenes Blut zur Sühne anbot. Ein Teil des zweiten war Camillus und dem Verrat des Schul= meisters von Falerii gewidmet. Die Darstellung in diesen paar Proben schließt sich eng, fast wörtlich an Livius an, ist frisch und gemütlich, macht aber sonst keine höheren Ansprüche.

Einer der bedeutendsten Tonangeber in diesem Kreise war Annianus, in der reizenden Landschaft der Falisker begütert und heimisch, ein älterer Zeitgenosse des Gellius (geb. etwa 130). Er hatte noch Verständnis für den edlen Stil Vergils, war ein feiner

Kenner des Plautus, Terenz, Lucilius und ihrer Sprache. Die Gäste, die er in seiner Villa, zur Zeit der Weinlese oder sonst empfing, verlebten behagliche und anregende Tage bei dem gebildeten, splendiden Wirt. Seiner Lebenslust und guten Laune, auch seiner praktischen Erfahrung als Landwirt, Weinbauer und Feinschmecker gab er in spielenden Liedchen (ludicra carmina) Ausdruck. Auch jene alte Gattung bäurischer Schimpflieder, die derben Fescenninen (Bd. I 9), brachte Annianus wieder auf, etwa bei Gelegenheit einer Hochzeit (wie später Claudianus) oder der Weinlese oder aus anderem persönlichen Anlaß, wie einst auch der Triumvir Cäsar Octavianus sich erlaubt hat, solche Pasquille gegen Asinius Pollio zu richten.

Etwas jünger als Annianus und kurze Zeit, ehe Terentianus Maurus sein metrisches Lehrbuch schrieb (etwa 175), ungefähr um die Mitte des zweiten Jahrhunderts hat Septimius Serenus das tägliche Leben und Treiben des Landwirtes in kleineren Gedichten mannigfachster Form geschildert; die Sammlung umfaßte wenigstens zwei Bücher. So verschiedenartig seine Versmaße sind, zum Teil seltene Formen oder gewagte Neuerungen, so wechselnd war auch die Stimmung, so bunt der Inhalt dieser sorgfältig gebildeten, zierlichen Lieder. Sie waren im zweiten Jahrhundert beliebt und galten den Lehrern der Metrik als Muster formenreicher Lyrik: ihnen verdanken wir eine kleine Auswahl abgerissener Proben. Den Beginn des Tagewerkes macht ein Gebet an Vater Janus, von dem alles ausgeht, dem sich die goldenen Riegel des Himmels dröhnend öffnen: ihm wird auf altem Altar geopfert (Fr. 23). Zwischen dem Herrn und seinem Acker besteht ein persönliches Freundschaftsverhältnis, denn einer ist auf den andren angewiesen. Sie plaudern miteinander, und der Acker sagt: „thust du mir wohl, so gedenk' ich es dir" (Fr. 10). Gern hört der Bauer das Liedchen des Zephyr, wenn es in den Zweigen der Pinien rauscht (11). Die Reize der Landschaft wecken die Lust zum Malen in ihm: er ruft lebhaft nach Pinsel und Farben (21). Er freut sich der ländlichen Stille, denn nichts liebt er weniger als den Lärm der flaminischen Straße in Rom (18). Am glänzenden Wasserspiegel vergnügt man sich mit dem Werfen sogenannter Butterstullen (19). Es wird gejagt, und hin ist das Seelchen des „vogelfüßigen Hasen" (17). Einer geht zu Markte und fragt den Verwalter, was er ihm mitbringen soll (8). Auf der grünen Flur geht ein Mädchen spazieren (15). Kleine Geschenke,

ein hübscher Gürtel, ein Kopftuch, eine Nadel werben um ihre Gunst
(1). Das Mücklein, welches sich ihr vertraulich nähern darf, heißt
ihr Liebhaber (14). Endlich wird die Festung doch erobert (22).
Die Sage von den Gorgonen wird gedeutet: das waren wunder=
schöne Mädchen, bei deren Anblick die Jünglinge wie versteinert
stehen blieben (25). Auch der Lieblingsknabe fehlt natürlich nicht
(7), so wenig als der Widerpart, der nicht einmal verdient, daß man
ihm die Ehre eines Spottliedes, einer satura (vgl. Bd. I 9) anthue.
Die Sprache ist anschaulich, poetisch angehaucht, aber ohne Rhetorik
und Schwulst, volkstümlich, der ländlichen Weise, welche noch manche
Eigenheiten der Vorzeit bewahrt, entsprechend.

Diese Verstechniker hat durch ein in gewissem Sinne einzig=
artiges Kunststück der Mauretanier **Terentianus** übertroffen, der
nicht lange nach Erscheinen der Gedichte des Septimius, etwa im
letzten Viertel des zweiten Jahrhunderts ein Handbuch der Metrik
geschrieben hat, welches die ganze Fülle der den Römern geläufigen
Versmaße wie in einer musikalischen Riesentube lehrend durchspielt.
Früher hat der Verfasser auch wirkliche Gedichte gemacht. In seinen
alten Tagen, als er fühlte, daß ihm die poetische Ader versiegte, hat
er, um doch die formale Gelenkigkeit zu üben, sich diese Palästra
ausgedacht, für seinen Sohn Bassinus und seinen Schwiegersohn
Novatus eine polymetrische Metrik zusammenzustellen. Ein Vorwort
in Glykoneen ist vorausgeschickt (—84), dann beginnt er nach Gram=
matikerart mit den Lauten (Vokalen und Consonanten), die in So=
tadeen abgehandelt werden (—278). Eine neue Einleitung, An=
sprache an Sohn und Eidam, eröffnet den Abschnitt über die Silben,
der zur Hälfte in trochäische Tetrameter gefaßt ist (—326). Darauf
folgt in Hexametern (weil viel hexametrische Beispiele eingefügt wer=
den) ein zweiter Teil über Messung der Silben (—1281), schließend
mit einem Epilog (—1298), aus dem man erfährt, daß der Ver=
fasser unterdessen 10 Monate krank gewesen ist und zwischen Tod
und Leben geschwebt hat. Das Glanzstück ist die eigentliche Metrik,
wo jedes Metrum in seinem eigenen Maß beschrieben wird. Das
Werk liegt nicht vollständig vor, ist auch nicht zur Herausgabe ab=
schließend durchgearbeitet. Von der Billigung des Sohnes und des
Schwiegersohnes sollte die Veröffentlichung abhängen. Das mühsame
Werk verdankt zwar dem Vorgänger Cäsius Bassus viel, bietet aber
auch manches Eigentümliche, besonders über die oben besprochenen

Dichter der habrianischen Zeit. Uebrigens ist hier nicht der Ort auf den wissenschaftlichen Wert und die Quellen desselben näher einzugehen. Anerkennung verdient der sachgemäße Stil, der weder in gesuchten Wendungen und rhetorischem Aufputz glänzen will, noch mit dem ganz trockenen Präceptorton sich begnügt. An der tadellosen Eleganz der Verse erkennt man den erfahrenen Meister, der die Form unbedingt beherrscht.

Apuleius.

Die Gattungen der Dichtkunst in gebundener Rede waren erschöpft, alle Formen derselben versucht. Der langatmigen Epopöen, sei es aus dem heroischen Mythus, sei es aus der nationalen Vergangenheit, war man herzlich überdrüssig: die Schablone war abgenützt. Das recitierende Drama auf den Stelzen der Rhetorik langweilte die von dem Sinnenreiz des Pantomimus verwöhnten Zuschauer oder Hörer; die Satiren Juvenals, die Epigramme Martials konnten nicht überboten werden. Das Geschick, frivole und tändelnde Verse für den Augenblick zu drechseln, war immer mehr Gemeingut geworden. Das Interesse der Bildungsbeflissenen und der Masse, welche dem Geschmack der Tonangeber zu folgen pflegt, war überwiegend, mit der Zeit fast ausschließlich, dem Redevirtuosen zugeneigt, welcher es verstand sie in packender Weise zugleich zu belehren, zu erbauen, zu unterhalten. Die Wanderprediger der sogen. zweiten Sophistik, ausgerüstet mit dem gleißenden Zauber asianischer Beredsamkeit, setzten die prosaische Prunkrede in Rang und Rechte des poetischen Vortrags ein. Die nach neuen Offenbarungen, nach Lösung der Welträtsel begierigen, dem Mystischen und Wunderbaren zugeneigten Geister sogen mit Andacht den Qualm philosophisch-theologischer Phantasmen ein, ergötzten sich aber auch gern an leichten Spielen des Witzes und der Dialektik oder an bunt ausgemalten Geschichten. Immer boten diese Redekünstler einen Ohrenschmaus, dem man begieriger lauschte als Weisen der Musik oder den Rhythmen der Poesie. Klang doch diese Kunstrede selbst wie Musik, und selbst der Vortrag näherte sich dem Gesang. Schon Plinius (Br. II 14, 13) spottet über diese neue Art von cantica, welche selbst in den Centumviralgerichten unter frenetischem Beifallsgeheul der Claque vorgetragen werden.

Mit einem hervorragenden Vertreter dieser poetischen Prosa mag unser Gang durch die Geschichte der römischen Dichtung ab= schließen.

Apuleius ist um das Jahr 125 oder 124 n. Chr. in Madaura geboren, einer blühenden Militärcolonie Afrika's an der Grenze zwischen Numidien und Gätulien, wo sein Vater der obersten Be= hörde (der duumviri iuri dicundo) angehörte (Apol. 24). Als Sohn eines Decurio durfte er selbst schon als junger Mensch in die Curie eintreten, wenn auch einstweilen ohne Stimmberechtigung. In Karthago, dem glänzenden Mittelpunkt des provinzialen Lebens, hat er als Knabe seine grammatisch=rhetorische Bildung empfangen. Dort fand er seine geistige Heimat: in rednerischer Emphase nennt er Karthago die ehrwürdige Lehrerin der Provinz, Afrika's himmlische Muse, die Camene der Togaträger (Flor. XVIII. XX). Einer seiner Mitschüler war Aemilianus Strabo, der im Jahre 156 consul suffectus war, also vermutlich um das Jahr 123 geboren ist, in den sechziger Jahren des zweiten Jahrhunderts ein hochangesehener Mann in Kar= thago: die Statthalterschaft über Afrika war ihm gesichert.

Apuleius muß schon erwachsen gewesen sein, etwa ein 19= bis 20jähriger Jüngling, als er seine weiteren Studienausflüge an= trat. In Athen vollendete er seine Vorbildung: hier wurde er in Poesie Geometrie Musik Dialektik und Philosophie eingeführt (Flor. XX). Hier machte er durch Vermittelung gemeinsamer Freunde die Bekanntschaft des jungen Pontianus aus Oea, welche sich zu einem innigen Verkehr gestaltete (Apol. 62). Später ist sie verhängnisvoll für ihn geworden. Eine ausgedehnte Reihe von Jahren, vielleicht 7--8, hat er teils in Athen zugebracht, teils auf Studienreisen durch Griechenland, nach Alexandria u. s. w. verwendet. Er rühmt sich (Apol. 5), daß er mit heißem Eifer von Jugend auf Tag und Nacht mit Aufopferung seiner Gesundheit ausschließlich den Studien obge= legen habe. Sein Hang zum Mysticismus und sein heißes Verlangen nach Wissen trieb ihn sich in viele Geheimkulte einweihen zu lassen (Apol. 55). So hatte er sein vom Vater ererbtes Vermögen ziemlich geschmälert (Apol. 23), als er in den ersten fünfziger Jahren nach Rom kam (Flor. XVII. Metam. XI 27). Hier beherrschte damals den stilistischen Geschmack ein Landsmann, M. Cornelius Fronto aus Cirta in Numidien (Consul 143 n. Chr.), Lehrer der kaiserlichen Prinzen M. Aurel und L. Verus, hochangesehen schon unter Hadrian, in großer Gunst bei Antoninus Pius. Er war das Haupt jener afrikanischen Schriftstellersekte, welche der lateinischen Kunstsprache durch eine wunderliche Mischung exotischer Ueppigkeit und altertümlicher Würde neuen Reiz zu verleihen suchte. Mit dem an sich löblichen Bestreben, immer die bezeichnendsten Ausdrücke zu verwenden, verband er ein pedantisch eitles Gefallen an dem vergessenen Wortschatz der grauen Vorzeit. Seit Hadrian waren die philologischen Studien neu aufgeblüht, welche sich vorzugsweise der altrepublikanischen Litteratur zuwandten. Fronto und seine Schüler lasen und excerpierten emsig alle Werke aus den verschiedensten Gattungen und Spielarten der Poesie und der Prosa von Cato und Gracchus bis Sallust, von Nävius bis Laberius und Lucretius, um eine Auslese charakteristischer, pikanter Worte und Redensarten zu gewinnen und mit deren koketter Verwendung zu überraschen. Die Herrschaft über die Sprache mußte sich darin bewähren, daß man jedem Hauptwort sein besonders geeignetes Eigenschaftswort, jedem Satzgliede sein eigentümliches Zeitwort zuteilte, einen Begriff durch eine Reihe sinnverwandter Ausdrücke in seine Spielarten zerlegte. Dazu jene Wort- und Klangspielereien, an welchen die griechischen Schönredner seit Gorgias Gefallen fanden. In schwärmerischer Ueberschätzung stellt Fronto den Zauber und den Ruhm der Beredsamkeit über alle Heeresmacht und kriegerische Lorbeeren. Ein wohl stilisierter Brief sichert dem Schreiber mehr Unsterblichkeit als dem Feldherrn Triumphe. Seine Schüler müssen sich daher fleißig in der Ausführung von Gleichnissen, in der mannigfachen Gestaltung von Gnomen, in wohlgedrechselten Redefiguren, in der Ausführung von Suasorien und zierlicher Ausmeißelung rednerischer Zieraten aller Art üben. Er selbst verfaßt stilistische Musterstücke in verschiedenen Tonarten, eine Rechtfertigung der Ferien, einen Wettstreit zwischen Abend- und Morgenstern, componirt einen Mythus von Erschaffung des Schlafgottes durch Juppiter, erzählt in poetischer Färbung die Geschichte von Arion und dem Delphin.

Mit der wunderbaren Gewandtheit, die ihm eigen war, hat sich der junge Apuleius in Rom dieses Modestils bemächtigt, so daß er mit Erfolg als Rechtsanwalt wirkte und dadurch seinen Vermögensverhältnissen wieder aufhalf. In dieser Zeit fand er Muße seinen

berühmten Roman zu schreiben. In der Vorrede bittet er um Nach-
sicht, wenn man seinem Stil den Ausländer anmerken sollte; in der
echt römischen Ausdrucksweise habe er sich erst seit seiner Ankunft in der
Reichsstadt „mit mühevoller Arbeit" ausbilden können, und kein Lehrer
habe ihm den Weg gezeigt. Auch die Litteraturgattung, in der er
sich versuchen will, ist ihm eine neue. Es ist ein doppelter Wechsel,
den er wagt: des Stiles und des Stoffes. Dem Leser verheißt er,
daß er sich gut unterhalten werde, und noch jetzt hält er Wort.

Es gab einen weitläufigen griechischen Wunderroman, „Verwandlungen" betitelt, dessen Held sich Lukios von Paträ nannte
und seine, wohl auch andrer Leute zauberhafte Erlebnisse in eigener
Person treuherzig im Tone kindlichen Glaubens, wie man eben
Märchen erzählt, berichtete. Die beiden ersten Bücher dieses Werkes,
welche von der Verwandlung des Lukios in einen Esel und seiner
endlichen Rückverwandlung in die alte Gestalt handelten, sind zu
einem freien Auszuge verarbeitet von einem Geistesverwandten des
Spötters Lukianos, unter dessen Werke die stilistisch sehr verschieden
geartete Schrift („Lukios oder der Esel") seit alten Zeiten aufgenommen ist. Der belesene Patriarch Photius im neunten Jahrhundert, dem auch das umfangreiche Original noch vorgelegen hat,
nahm den Auszug unbedenklich als eine Arbeit jenes geistreichen
Sophisten. Etwa gleichzeitig mit diesem nun hat Apuleius dieselbe
Geschichte aus derselben Quelle entlehnt und seinem elf Bücher umfassenden, gleichfalls „Verwandlungen" (Metamorphoses) betitelten
Werke als Kern zu Grunde gelegt. Die Uebereinstimmung in den
meisten Einzelheiten der Eselgeschichte bei dem sogenannten Lukian
und bei Apuleius, selbst im Wortlaut, in gewissen Scherzen und
Wendungen, ist so groß, daß an einer gemeinsamen Vorlage gar
nicht gezweifelt werden kann, während manche Abweichungen, auch
Zuthaten an eine Abhängigkeit des griechischen Erzählers vom römischen oder umgekehrt nicht denken lassen.

Der Lucius des Apuleius brennt vor Begierde, die Wunder des
Zauberlandes Thessalien kennen zu lernen, wo berühmte und weise
Vorfahren seiner Mutter zu Hause gewesen sind. Auf einer Reise
kommt er nach Hypata in Thessalien. Die Frau seines dortigen
Gastfreundes ist eine Zauberin. Durch eine Salbe vermag sie sich
in einen Uhu zu verwandeln und davonzufliegen. Lucius wünscht es
nachzumachen und beredet die Magd, mit der er eine Liebschaft an-

geknüpft hat, ihn gleichfalls zu salben. Leider ergreift diese eine falsche Büchse, so daß der Unglückliche sich zu seinem Schrecken in einen Esel verwandelt sieht. Doch tröstet ihn die Magd, sobald er Rosen fresse, werde er zurückverwandelt werden, und verheißt ihm für den folgenden Morgen Erlösung. Aber eine lange Reihe von Aben= teuern stellt sich der Erfüllung dieser Hoffnung in den Weg. Räuber bringen während der Nacht in den Stall, bepacken ihn mit ihrer Beute und treiben ihn vor sich her in die Berge. Nach manchen Fährlichkeiten ist ihm beschieden, ein schönes junges Mädchen, welches geraubt war und von seinem Bräutigam wiedererobert wird, heim= zutragen. Aber statt der zugedachten Belohnung geht für den Armen eine Zeit des Leidens an: er muß auf dem Lande bei elendem Futter die Mühle drehen, wird auf der Weide von eifersüchtigen Hengsten bedroht, als Lasttier von einem grausamen Treiber in boshafter Weise gemißhandelt, läuft sogar Gefahr schändlich verstümmelt zu werden. Endlich kauft ihn ein Bettelpriester der Kybele: er muß mit der Bande umherziehen und ihr gemeines Treiben mit ansehen. Mit knapper Not entkommt er dem Schlachtmesser eines Kochs, dem er als Braten dienen soll, gerät auch in den Verdacht der Tollheit. Dann kauft ihn ein Bäcker, bei dem er die Mühle dreht, und nachdem dieser ein schlimmes Ende genommen, ein Gärtner. Von hier entführt ihn ein Soldat, der ihn schließlich an zwei Brüder verkauft, die ein Compagniegeschäft als Conditor und Garkoch betreiben. In deren wohlversehener Speisekammer mästet er sich mit grünblichem Behagen. Als es herauskommt und sich durch weitere Proben bewährt, daß er wie ein Mensch zu essen und zu trinken, ja auch zu lieben versteht, steigt er außerordentlich im Ansehen. Der Herr jener beiden Brüder, der Spiele im Amphitheater zu Korinth zu geben hat, bestimmt ihn für eine abscheulich unnatürliche Schaustellung. Aber noch im letzten Augen= blick weiß er das Freie zu gewinnen: er läuft bis Kenchreä, wo er sich am Meeresstrande hinstreckt und schläft. Im Traum erscheint ihm Isis, welche ihm Anweisung zu seiner Erlösung gibt. Ihr fol= gend nähert er sich am folgenden Morgen, während der Festzug der Göttin vorüberkommt, dem Priester und frißt ihm den Rosenkranz aus der Hand. Sofort erhält er seine Menschengestalt wieder, und zum Dank tritt er in den Dienst seiner göttlichen Erlöserin.

Dieser feierliche Schluß ist Erfindung des Apuleius. Der griechische Erzähler läßt einfacher die Rückverwandlung in der Arena vor sich gehen.

Ein Blumenverkäufer trägt Rosen vorüber: auf ihn stürzt sich Lukios, schlingt die Rosen hinunter und steht sofort als Mensch da. Er weist sich bei dem vorsitzenden Beamten über seine Personalien aus, wird von diesem erkannt und fährt mit dem nächsten Schiff am andern Tag nach Hause.

Während aber der Verfasser des griechischen Originals seine Rolle festhält und nur gegen den Schluß die Maske ein wenig lüftet, indem er sich als „Geschichtenschreiber", seinen Bruder Caius als Elegiendichter bezeichnet, vollzieht der Lucius des Apuleius in dem letzten Teil seiner Geschichte eine förmliche Metamorphose mit seiner Person. Was der Römer erzählt, führt er nicht als eigenes Erlebnis ein, sondern als Erfindung griechischen Ursprungs. Sein Lucius, obwohl er in erster Person spricht, scheint anfangs ein andrer als der Autor zu sein. Nur in seinem Beruf und seiner Geistesrichtung verrät er eine gewisse Aehnlichkeit mit diesem, denn er läßt sich als Gelehrter (scholastice II 10) anreden und erwähnt, daß er mehrfache geistliche Weihen empfangen habe (III 15). Plötzlich nach seiner Rückverwandlung entpuppt sich der Sohn des Theseus und der Salvia, der Abkomme des Plutarch und des Philosophen Sextus, als Madaurenser, und erzählt, wie er nach Rom gekommen und sich als Anwalt aus ärmlichen Verhältnissen herausgearbeitet habe (XI 27 f.). So gilt auch, was er von seinem Eintritt in den Dienst der Isis und der endlichen Aufnahme in das Collegium der Pastophoren und der Decurionen berichtet (30), von der Person des Apuleius. Es sieht so aus, als habe er durch diese überraschende Wendung die Irrungen und Wandlungen seiner eigenen Vergangenheit als Vorstufen seiner späteren Entwickelung mit denen des Esels Lucius vergleichen wollen.

Zum Humor der Fabel gehört es, daß aus der Eselshaut beständig der Mensch hervorguckt. Indem Lucius von Hand zu Hand geht und Ort um Ort wechselt, lernt er wie Odysseus vieler Menschen Geistesart kennen: er ist „seinem Esel", wie er sich ausdrückt, dankbar, daß er unter solcher Hülle, wenn auch nicht Klugheit, doch viel Wissen erwirbt (IX 13). Es ist ein Trost für ihn, daß seine langen Ohren ihn befähigen, auch aus weiter Entfernung Gesprochenes zu vernehmen (IX 15). Tragikomisch sind seine wiederholten mißglückten Versuche, der gemütlichen Erregung durch menschliche Stimme Ausdruck zu geben (III 29. VII 3. VIII 29). Aber in seinem Inneren

ist ein reges Leben: er reflektiert und philosophiert (X 33. VII 10.
11), ist sehr neugierig, erspäht und erlauscht alles, was um ihn her
vorgeht und gesprochen wird; und seine Herren behandeln das wunder=
liche Tier, das oft tolle Streiche macht, fast wie einen menschlichen
Knecht.

Nun klingt die Eselsposse in feierlichen Accorden religiöser Er=
hebung und Andacht aus. Das ganze letzte Buch ist in diesem er=
habenen Orgelton gehalten. Der Vollmond geht über den Fluten
des Meeres auf, Lucius erwacht aus seinem Schlaf an der Küste und
richtet sich voll Vertrauen zu einem inbrünstigen Gebet an die hehre,
alles beherrschende Allgöttin (mag sie Ceres oder Venus oder Diana
oder Proserpina heißen) empor, ihn zu erlösen. Nochmals verfällt
er in Schlaf: da erscheint ihm, von Kopf zu Fuß umständlich be=
schrieben, Isis in aller Herrlichkeit: die Phryger nennen sie die
Göttermutter, die Attiker Minerva, die Cyprier Venus, die Creter
Dictynna Diana, die Siculer Proserpina, die Eleusinier Ceres,
andre Juno Hecate Rhamnusierin, die Aethiopier, Arier und Ae=
gyptier feiern sie als Königin Isis. Sie verheißt ihm die ersehnte
Erlösung, weist ihn an, was er zu thun habe, nimmt ihn für die
Zukunft in Pflicht und stellt dem treuen Diener auch nach dem Tode
glückseliges Fortleben in Aussicht. Die aufgehende Sonne eröffnet
einen köstlichen Frühlingstag. Es ist das hohe Fest der Isis (5. März):
die reich ausgestattete Procession zieht über die Straßen, an der
Spitze karnevalartig allerhand Charaktermasken und burleske Gruppen;
dann die Frauenscharen, die Fackelträger, die Chöre der Musiker und
Sänger, die Eingeweihten, die Priester mit den heiligen Symbolen, die
Bilder der Götter, zuletzt der Oberpriester mit dem Sistrum und dem
Rosenkranz. Dieser beglückwünscht bald darauf den wieder Mensch
gewordenen, daß er nach vielen Nöten und Stürmen des Schicksals
in den Hafen der Ruhe und zum Altar des Erbarmens gelangt sei.
Nicht seine Abkunft oder seine Würde, auch nicht seine Gelehrsamkeit
habe ihm genützt: auf dem schlüpfrigen Pfade unreifer Jugend sei
er zu niedrigen Lüsten hinabgeglitten und habe den unseligen Preis
verderblicher Neugier davongetragen. Offenbar ein Sündenbekenntnis
des Apuleius, der nach Verirrungen seiner Jugend auf profane
Wißbegier verzichtet und im Glauben an Isis Beruhigung sucht.
Damit er desto sicherer sei vor allen Anfechtungen des Schicksals,
wird er vom Priester aufgefordert, sich dem Dienste der Göttin

ganz zu widmen: dann erst werde er die Frucht seiner Befreiung
schmecken.

Mit großer Salbung wird ferner (17) die feierliche Absendung
des heiligen Schiffes geschildert, der Lucius als junger Adept bei=
wohnt. Umständlich erzählt er von seiner Vorbereitungszeit im
Tempel, von den Weihen, die er endlich empfangen hat. Er kommt
nach Rom: da erfolgt nach Jahresfrist seine Berufung in den Dienst
des Osiris und Serapis, endlich die dritte und letzte Weihe. Der
göttliche Segen begünstigt seine Wirksamkeit auf dem Forum und
stählt ihn gegen die Verleumbungen seiner Widersacher, und er wird
in das Collegium der Pastophoren, ja sogar unter die decuriones
quinquennales aufgenommen.

So spitzt sich das übermütige Märchen zu einer weihevollen
Bekehrungsgeschichte zu: die Eselmetamorphose war nur ein Durch=
gangspunkt zur inneren Wiedergeburt, jene Demütigung dient der
späteren Erhöhung und Verklärung zur Folie.

Diese wunderliche Verwandlungs= und Bekehrungsgeschichte ist
nun aber durchwirkt mit einer reichen Auswahl von Novellen komi=
scher, tragischer, romantischer Art, die Lucius teils selbst erlebt, teils
andre vortragen hört. Apuleius hat sie aus jenem reichen Schatz
volkstümlicher Geschichten geschöpft, welcher von den Fabeldichtern,
von den Sammlern und Bearbeitern milesischer und ähnlicher Er=
zählungen, von Satirikern wie Lucilius und Horaz, zuletzt von
Petron ausgebeutet ist, und in zahlreichen Proben und Motiven auch
im Gedächtnis andrer Völker wie ein internationales Gut sich er=
halten findet. Auch Boccaccio z. B. hat in seinen Decamerone einige
Stücke aufgenommen. Gleich im Anfange (I 5—19), wie zur Ein=
führung in das thessalische Zauberland, den Schauplatz des folgenden
Romans, vernimmt der wundergierige Lucius aus dem Munde eines
Reisegefährten eine aus derbem Volksglauben geschöpfte, greuliche
Geschichte von zwei Hexen, welche dem untreuen Liebhaber der einen
im Schlaf ein Schwert durch den Hals stoßen, das Herz ausreißen
und die Wunde mit einem Schwamm verstopfen. Andern Tags zieht
er scheinbar lebendig seines Wegs, aber da er sich über einen Fluß
beugt, um daraus zu trinken, verliert er den Schwamm und stürzt
tot banieder. In lustiger Gesellschaft wird ein Jüngling veranlaßt,
zu erzählen (II 21—31), wie er durch nächtlichen Spuk bei einer
Totenwache um Nase und Ohren gekommen ist. Köstlich ist der

Fastnachtsspaß, welchen sich die mutwilligen Bürger von Hypata an ihrem Fest des „Lachens" mit dem arglosen Lucius erlauben: die Gerichtsverhandlung wegen dreifachen Mordes an Bocksschläuchen, die der spät Heimkehrende, vom Wein Benebelte für gefährliche Ein= brecher gehalten hat (II 32 bis III 17). So wird der gläubige Forschungsreisende im fremden Lande genect, bis die Katastrophe der Verwandlung über ihn hereinbricht (III 24).

Was er von jetzt an erlebt und hört, ist bis auf eine Aus= nahme aus dem realen Leben genommen: die Zauber Thessaliens treten in den Hintergrund. Sorgfältig ist der Esel bemüht in jedem einzelnen Fall zu erklären, wie er zu der Kunde gekommen sei: was er nicht selbst mitangesehen oder angehört hat, übergeht er ganz ge= wissenhaft (X 7). Zunächst Räubergeschichten. Zechend erzählen heim= gekehrte Kameraden, wie es zugegangen ist, daß sie bei dem letzten Auszuge nacheinander ihren Anführer und zwei Leute verloren haben (IV 9 ff.). Von diesen drei Abenteuern ist das letzte, das jämmerliche Ende des Thrasyleon, der in eine Bärenhaut eingenäht die Haus= bewohner zu verscheuchen und den Genossen freies Feld zum Plündern zu schaffen versucht, aber zu Tode gehetzt wird, das originellste.

Einen kleinen Roman für sich, eng in die Haupthandlung ver= flochten, bildet das tragische Schicksal der schönen Charite und ihres Tlepolemus. Unmittelbar vor der Hochzeit wird sie im Brautschmuck von Räubern aus den Armen der Mutter gerissen und in ihre Höhle geschleppt. Aber der Bräutigam weiß sie zu finden. Unter dem Namen eines berühmten Räubers begibt er sich zu den Banditen, ge= winnt ihr Vertrauen, so daß sie ihn zum Hauptmann wählen. Er macht sie trunken, und während sie in tiefem Schlafe liegen, erlöst er die Geliebte, der ein jämmerlicher Tod drohte, bringt sie glücklich wieder heim und feiert die Hochzeit mit ihr. Aber ein tückischer Nebenbuhler bringt ihn auf der Jagd um und wirbt dann zudringlich um die Hand der trostlosen Witwe. Dieser enthüllt der Gemordete im Traum die Schandthat des Thrasyllus. Sie scheint den lüsternen Bitten des Schurken nachzugeben, blendet den Schlafenden, den sie zu sich geladen, sich selbst aber durchbohrt sie am Grabmal des Gatten mit dessen Schwert. Der Verräter schließt sich bei der Toten ein und macht seinem Leben durch Enthaltung von Speise ein Ende.

Auf seinen mannigfachen Märschen erlebt und sieht der Esel auch nebenher mancherlei Schauerliches (VIII 18 ff. 22). Ein boshafter

Alter verlockt einen der Hirten in eine Höhle, wo dieser von einem ungeheuren Drachen aufgefressen wird. Eine Sklavin rächt sich an ihrem untreuen Gatten, indem sie dessen Rechnungen und sämtliche Habe in Brand steckt, sich selbst aber mit ihrem Kinde in einem Brunnen ertränkt. Der Herr bestraft den Sklaven in jener grausamen Weise, die auch aus Boccaccio bekannt ist: er läßt ihn mit Honig bestreichen und nackt an einen Feigenbaum binden, in dem Ameisen nisten, so daß er von diesen langsam zernagt wird.

Seit der rauhe Lebensweg des guten Esels ihn in Städte und bürgerliche Häuser führt, beginnen die Ehebruchsgeschichten (IX 5 ff.). Ebenso lustig als frivol ist die List der untreuen Gattin, welche den Galan vor dem unversehens heimkehrenden Mann in ein Faß versteckt, den Fremden für den Käufer desselben ausgibt, und während der gutmütige Gatte an seiner Statt hineinkriecht, um es zu säubern, der frechsten Buhlerei fröhnt. Der lasterhaften Frau des Bäckers, die ihren Mann hintergeht, empfiehlt eine gleichgesinnte Alte, die Zwischenträgerin ihrer Buhlschaften, einen besonders geriebenen Jüngling, indem sie eine glänzende Probe seiner Gewandtheit mitteilt, wie er seine bei heimlichem Besuch zurückgelassenen Schuhe, die der eifersüchtige Ehemann als handgreifliche Beweisstücke vor Gericht verwenden wollte, ganz unbefangen von dem Sklaven als aus dem Bade gestohlen reklamiert habe (IX 17 ff.). Der flotte junge Herr wird denn auch zu einer Schäferstunde eingeladen, aber kaum ist das Paar der Liebe froh geworden, so kommt der Bäcker unerwartet früh heim, weil er bei seinem Freunde, einem Walker, Zeuge einer peinlichen Ehestandsscene gewesen ist. Ein Liebhaber der Frau Walkerin, der in der Eile in einen Korb geschlüpft ist, hat sich durch wiederholtes Niesen verraten. Unterdessen liegt der Freund der Bäckerin unter einem Kübel wie eine Schildkröte. Seine Entdeckung bewirkt der Esel, der ihm beim Vorübergehen auf die vorgestreckten Finger tritt, so daß er schreien muß, hervorgezogen wird und schnöde Züchtigung empfängt (IX 22 ff.).

So werden Geschichten einer Gattung ineinander geschachtelt. Schon diese Episode endigt mit unheimlichem Zauber und Mord, ein Vorläufer für die folgenden Geschichten, welche teils tragischen, teils kriminellen Charakter haben. Zunächst (IX 33 ff.), durch schreckliche Vorzeichen angekündigt, der blutige Grenzstreit des Armen mit dem reichen, raubsüchtigen Nachbar, wobei drei tapfere Brüder fallen, deren

alter Vater sich aus Verzweiflung gleichfalls das Leben nimmt. Geradezu als Tragödie wird angekündigt die schöne Novelle von der
bösen Stiefmutter (X 2 ff.), die wie Phädra in ihren unschuldigen
Stiefsohn verliebt ist und ihn dann, weil er ihren Lockungen nicht
nachgibt, töblich haßt. Sie will ihn vergiften, aber unversehens
nimmt der eigene Sohn den für jenen bereiteten Trank. Bei dem
heimkehrenden Vater verleumdet sie den Jüngling als den Mörder
seines Stiefbruders. Aber in der Sitzung des Areopags, welcher das
Urteil sprechen soll, enthüllt der Arzt, welcher den Trank bereitet hat,
daß es nur ein Schlafmittel war. Wirklich erwacht der Totgeglaubte
und die Wahrheit kommt an den Tag: die buhlerische Stiefmutter
wird verbannt und der falsche Zeuge, ihr Sklave, kommt an das
Kreuz. So hat sich die göttliche Vorsehung bewährt: Eine haar-
sträubende Kriminalgeschichte, vielfacher Giftmord aus Eifersucht und
Habsucht, macht den Beschluß des Novellenkranzes (X 23 ff.).

Das edelste Kleinod aber unter allen Geschichten, welche dem
Eselsroman episodisch eingefügt sind, ist das berühmte Märchen von
Amor und Psyche, eine holde Blume, im gemeinsamen Garten der
indogermanischen Märchenpoesie gewachsen und in mannigfachen Versionen von den weitverstreuten Gliedern der großen alten Völker-
familie aufbewahrt. Ein König und eine Königin haben drei Töchter,
von denen die jüngste, Psyche, über alle Beschreibung schön, die Eifersucht der Venus erregt. Amor statt, wie ihm von der Mutter geboten, sie dem elendesten der Sterblichen zu vermählen, verliebt sich
selbst in sie. Da niemand um sie freit, befragt der besorgte Vater
das milesische Orakel und erhält die Weisung, die Tochter in düsterm
Totenschmuck auf den Gipfel eines Berges zu stellen: ein furchtbarer,
geflügelter Gott sei ihr als Gatte bestimmt. Ein sanfter Zephyr
führt sie hinab in einen herrlichen Palast, wo sie von unsichtbaren
Händen bedient, von ihrem unsichtbaren Gemahl bei Nacht besucht
wird. Trotz aller Warnungen läßt sie sich in Verkehr mit ihren
Schwestern ein. Durch die Einflüsterungen der Neidischen mißtrauisch
und neugierig gemacht verscherzt sie ihr Glück. Sie belauscht beim
Schein ihrer Lampe den schlafenden Amor, ein Tropfen heißen Oels
weckt ihn, er fliegt davon. Venus sucht sich der unerwünschten
Schwiegertochter nach grausamer Züchtigung durch scheinbar unüber-
windliche Aufgaben zu erledigen, aber hilfreiche Wesen und freundlich
ratende Stimmen führen sie zum Ziel. Selbst aus der Unterwelt

kehrt sie ungefährdet zurück. Aber die verhängnisvolle Neugier verführt sie, die Büchse, welche sie von Proserpina zu holen hatte, zu
öffnen. Da ergießt sich tiefer Schlaf über sie. Amor jedoch erweckt
sie und führt sie vor Juppiters Thron, der Venus versöhnt und das
Paar zu fröhlicher Hochzeit vereinigt.

Die von Apuleius gewählten Namen Amor und Psyche können
den Argwohn erregen, daß er auf die Prüfungen und Bußübungen
der irdischen Seele, ehe sie in die Herrlichkeit der himmlischen Liebe
eingehe, wenigstens hindeuten wollte. Durchgeführt oder auch nur
in zerstreuten Zügen einigermaßen zur Geltung gebracht hat er diese
Idee keineswegs, denn die Vergehungen des unschuldigen Mädchens
beschränken sich auf kindliche Neugier und beschränkte Einsicht. Und
wenn das Kind des vermählten Paares Voluptas hieß, so ist damit
jeder Gedanke an tiefere Weisheit ausgeschlossen. Der Redevirtuos
hat aber das naive Märchen seines volkstümlichen Reizes zum Teil
dadurch entkleidet, daß er es mit dem Pomp eines regelrechten Epyllions
und einigen ganz entbehrlichen Puppen römischer Abstraktion ausstaffiert hat. An der Thür der Venus hat Consuetudo (die Gewohnheit des Umgangs) den Dienst (VI 8); die arme Psyche wird von
der erzürnten Schwiegermutter den Mägden Sollicitudo und Tristities
zu grausamer Bestrafung übergeben (VI 9). Das sind wohlfeile,
fade Erfindungen. In der Tiefe des Meeres stellen sich der mächtigen
Göttin zur Verfügung der singende Chor der Nereiden, Portunus,
Salacia, Palämon mit dem Delphingespann, und die Schar der
Tritonen (IV 31).

Daß die Metamorphosen in Rom geschrieben, für römische Leser
und Hörer bestimmt waren, verraten u. a. auch gewisse Lokalscherze,
womit der Erzähler nach dem Muster menippeischer Satire absichtlich
aus der Rolle fällt. So wird z. B. in dem Steckbrief, welchen
Venus zur Verfolgung der Psyche ausstellt, der ehrliche Finder angewiesen, die entlaufene Magd hinter den metae Murciae abzuliefern,
nämlich in der alten Venuskapelle, die am Abhang des Aventin im
Circusthal gelegen war (VI 8). So hält Juppiter dem „Herrn
Sohn" Amor neckend vor, daß er ihn „gegen die lex Julia" durch
seine Pfeile wiederholt zu schändlichem Ehebruch gezwungen habe
(VI 22). Er läßt durch Mercur eine Götterversammlung berufen und
die ausbleibenden Mitglieder mit einer Geldstrafe von 10000 nummi
bedrohen, nach Analogie der Buße, welche säumige Senatoren be-

brohte (VI 2:3). Venus erklärt die Ehe ihres Sohnes für ungültig, weil sie auf dem Lande ohne Zeugen und ohne Zuſtimmung des Vaters geſchloſſen ſei. Juppiter verſpricht ihr die Ehe zu legitimieren und mit dem „Civilrecht" in Einklang zu bringen (VI 9. 2:3). Pſyche kommt in die manus Amors (VI 24). Auch Juno beruft ſich auf ein Geſeß, welches verbiete, fremde Sklaven, die ihrem Herrn davon=gelaufen ſind, wider deſſen Willen aufzunehmen (VI 4).

In Ausführung aller Einzelnheiten, bald phantaſtiſch, bald mimenartig, ibylliſch oder ſatiriſch hat Apuleius viel zu viel gethan, als ob eine rührende ſchlichte Volksweiſe, die für eine einfache Sing=ſtimme beſtimmt war, in ein rauſchendes Orcheſterſtück mit allem Raffinement bunteſter Inſtrumentation übertragen wäre. Keine Ge=legenheit zu üppiger Malerei wird verſäumt, ſeien es Landſchafts=bilder oder Amors Zauberpalaſt oder Venus' goldner Wagen mit dem Taubengeſpann oder Pſyche's Niederſtieg in die Unterwelt.

Beſchreibungen von Kunſtwerken gehörten nicht nur, wie wir ſahen, zu dem epiſodiſchen Apparat des Epos: auch die Rhetoren und Sophiſten dieſer Zeit rechneten ſolche ἐκφράσεις zu ihren Aufgaben und zum Schmuck ihrer Vorträge. So bewundert denn auch Lucius im Hauſe einer reichen Matrone ein Marmorrelief helleniſtiſchen Stiles, darſtellend Diana mit Hunden, die in üppiger Landſchaft am Quell von Aktäon belauſcht wird (II 4). Auch ein ſippiger Panto=mimus fehlt nicht. Das Urteil des Paris wird in der Arena auf=geführt (X 29 ff.), und die Beſtechlichkeit dieſes frivolen Richters er=regt die Entrüſtung des biederen Eſels, ſo daß er ſich in einem heftigen Ausbruch über ungerechte Urteile der Griechen Luft macht (X 33). Viele Reden werden gehalten, das Orakel ſpricht natürlich in Diſtichen. Ganz überflüſſig iſt eine eingeflochtene Deklamation über die Bedeutung des Haupthaares für weibliche Schönheit, eine echte Sophiſtenbiatribe (II 8 f.).

So mit buntem, glißerndem Zierat behangen wandelt das Märchen, von Hauſe aus ein anſpruchsloſes Kind des Volkes', wie eine orientaliſche Prinzeſſin einher. Entledigt der Schranken und Feſſeln des Verſes ſtrömt die ungebundene Rede in breitem Bett zwiſchen blumigen Ufern dahin. Ueberhaupt mutet der Stil des Romans den Leſer höchſt fremdartig an: eine wunderbare Miſchung von Vulgarismen mit poetiſch=rhetoriſchem Aufpuß. Annähernd mag dieſe Manier ſchon von Siſenna in ſeinen mileſiſchen Geſchichten aufgebracht worden sein. Da die gesättigte, handgreifliche Schilberung ein Hauptelement dieses Stils ist, so leistet die quellende Fülle brastischer und saftiger Wörter, über welche die Sprache des sechsten und siebenten Jahrhunderts der Stadt noch gebot, die willkommensten Dienste. Kein Hauptwort entbehrt seines malerischen Beiwortes, in langen Blumengewinden solcher symmetrisch georbneter Sträußchen ziehen sich bisweilen die Beschreibungen hin, beren spielender Schimmer unter Umständen durch Verkleinerungsformen erhöht wirb. Locken und Löckchen, wohl frisiert und gebrannt, bauen sich übereinander auf. Die Anschauung wird mit Bilbern und Zügen bis zur Ermübung über= reizt. Ein wollüstiges, barbarisches Farbenspiel, berauschend und er= schlaffend. Den korrekten Formen und Strukturen der klassischen und gebilbeten Sprache scheint der Erzähler absichtlich aus dem Wege zu gehen: er schließt sich auch hier den freieren Gewohnheiten des ge= meinen Mannes, d. h. der Vorfahren aus altrepublikanischer Zeit an.

Der Titel „Metamorphosen" ist dem griechischen Original ent= nommen, aber der Inhalt entspricht dieser Aufschrift und der Ver= heißung des Eingangs nur unvollkommen, denn es bleibt bei der einen Verwanblung und Rückverwanblung des Lucius. Ihr geht als notwendige Voraussetzung der Zauberakt voraus, durch welchen Pam= phile für ihren Liebesausflug Vogelgestalt annimmt (III 21 f.). Von anderweitigen Metamorphosen liest man nichts. Vermutlich also be= absichtigte der Verfasser, dieser einen Verwandlungsgeschichte in einer neuen Reihe von Büchern noch andre folgen zu lassen, und nur durch unvorhergesehene Umstände ist er an der Ausführung seines großen Planes gehindert worden.

Uebrigens ist dies nicht das einzige Werk erzählenden Inhaltes, welches Apuleius geschrieben hat. Wir wissen durch einige Bruch= stücke noch von einem zweiten Roman in mehr als zwei Büchern, **Hermagoras** betitelt.

Etwa um das Jahr 155 kehrte Apuleius nach Afrika zurück. Als Redevirtuos trat er in verschiedenen Städten mit außerordent= lichem Erfolge auf. Dem schönen, eleganten, geistreichen jungen Manne wurde von den Frauen der Hof gemacht (Apol. 4. 7. 14). So kam er im Winter des Jahres 156 auf der Reise nach Alexandria auch nach Oea (Tripolis). Schon in den ersten Tagen seines Aufent= haltes hielt er einen öffentlichen Vortrag „über die Majestät des

Aesculap", der großen Eindruck machte (Apol. 55). Abschriften da=
von befanden sich in aller Händen. Man verehrte den tiefen Kenner
der Religion und Philosophie, der in viele Geheimkulte eingeweiht
war. Wenn er erwähnt, daß er später in Karthago auf denselben
Gott einen „Hymnus" in griechischer und lateinischer Sprache gesungen
habe, so ist wiederum nur an eine gesprochene Lobrede, vielleicht die=
selbe zu denken. Hier verfaßte er auch einen Dialog in beiden Sprachen:
zwei angesehene Karthager waren die Hauptsprecher. Die Einkleidung
war nach platonischem Muster. Ein ehemaliger Studiengenosse des
Apuleius aus der athenischen Zeit frug Julius Persius auf griechisch
nach dem Inhalt eines Vortrages, den jener am Tage vorher im
Tempel des Aesculap gehalten hatte; Persius gab ihm auf griechisch Be=
scheid. Dann kam Sabidius Severus hinzu, welcher lateinisch sprach.

Unwohlsein infolge der Reiseanstrengungen hielt den Reisenden
zunächst in Oea fest. Die dringenden Vorstellungen seines athenischen
Studiengenossen Pontianus bewogen ihn, die Weiterreise zunächst bis
zum folgenden Winter zu verschieben und im Hause der wohlhabenden
Witwe Pudentilla, der Mutter seines Freundes, eine gesundere Wohnung
zu beziehen (Apol. 72). Ein öffentlicher Vortrag, den er nach seiner
Genesung in der Basilica hielt, begeisterte die zahlreichen Zuhörer so,
daß sie ihn baten, seinen bleibenden Wohnsitz in Oea zu nehmen.
Jene Hausgenossenschaft führte nach Jahresfrist zur Vermählung des
etwa 28jährigen Philosophen mit der bedeutend älteren, etwa 38jährigen
Aurelia Pudentilla (73). Noch vor ihrer Hochzeit heiratete Pontianus.
Dessen Schwiegervater, der zur Besserung seiner zerrütteten Verhält=
nisse alle Hoffnung auf das Geld der Pudentilla gesetzt hatte, bewirkte
eine völlige Sinnesänderung seines neuen Eidams. Nachdem er bis=
her die Ehe zwischen Apuleius und seiner Mutter auf das eifrigste
betrieben hatte, machte er jetzt auf einmal Einwendungen, ließ sich
auch weiterhin zu schändlichen Verleumdungen gegen seinen Stief=
vater verführen (74 ff.). Doch hat er mit der Zeit seinen Fehler
bereut und sich mit Apuleius, der sich sehr großmütig gegen ihn be=
wiesen hatte, versöhnt (93 f.). Sein unerwarteter Tod indessen, der
ihn in Karthago oder auf der Rückreise von dort ereilte (96), gab
den Widersachern des Philosophen das Zeichen zur Verfolgung. Man
unterbrach seine Rede vor Gericht mit beschimpfenden Zurufen, die
ihn als Magier und Mörder seines Stiefsohnes beschuldigten. Freilich
als Apuleius auf Einreichung einer förmlichen Anklage drang, zog

man die Beschuldigung des Mordes zurück. Dagegen beredete Pudentilla's Schwager, der alte Sicinius Aemilianus, ein ungebildeter Landwirt, ihren zweiten Sohn Pudens, einen unreifen Knaben, eine Klage-
schrift gegen Apuleius wegen Magie einzureichen, die er unterstützte:
durch Sprüche und Gifte sollte er Pudentilla verzaubert haben (38).
So kam es im dritten Jahre seit dem Eintreffen des berühmten
Gastes in Oea zu einer öffentlichen Verhandlung gegen ihn, und zwar
in dem benachbarten Gerichtsort Sabrata vor dem Proconsul Afrika's,
Claudius Maximus, der hier zur Abhaltung der regelmäßigen Session
längeren Aufenthalt genommen hatte (59).

Die noch erhaltene Verteidigungsrede (apologia) des An-
geklagten ist ein sorgfältig ausgearbeitetes Meisterwerk, welche zeigt,
daß der gewandte Sprachkünstler für die Verwendung seiner stilistischen Tonarten Ort, Gelegenheit und Gattung der Rede sehr wohl
zu unterscheiden wußte. Hier vernehmen wir einen vornehmen Gelehrten, der in natürlicher Wohlredenheit und dem sicheren Gefühl
seines geistigen Uebergewichtes spielend und launig die thörichten
Vorurteile böswilliger, beschränkter und ungebildeter Provinzialen
gegen seine Person und seine zoologischen Studien widerlegt. Auch
über seine poetischen Spielereien gibt er bei dieser Gelegenheit einige
Auskunft. So hatte ein gewisser Calpurnianus als belastendes
Aktenstück ein Billet des Apuleius in acht iambischen Senaren ein-
gereicht, welches die Uebersendung eines von jenem erbetenen Zahn-
pulvers begleitete (6). Der Verfasser liest dieses äußerst harmlose
und unbedeutende Machwerk, welches der Ankläger als schmachvoll
bezeichnet hatte, lächelnd vor. Es hat in dem Buch poetischer Tändeleien (liber ludicrorum) gestanden, aus dem wir nur noch einen trochäischen Tetrameter kennen.

In allen möglichen Gattungen von Dichtungsarten und Prosa hat
sich der geschmeidige Sprachkünstler und allseitig gebildete Encyclopädist
versucht. Wenigstens rühmt er sich epische und lyrische Gedichte, Komi-
sches und Tragisches, Satiren (nach dem Muster des Kynikers Krates)
und Rätsel neben Geschichten (wie den Metamorphosen), Reden, Gesprächen u. s. w. geliefert zu haben (Flor. XX). Aus einer jetzt verschollenen französischen Handschrift sind unter seinem Namen 24 iambische
Senare sehr lasciven Inhaltes, angeblich aus Menander übersetzt, bekannt geworden. In Hexametern scheint er Sprüchwörter behandelt
zu haben, und es wird ein zweites Buch unter diesem Titel citiert.

Auch zwei erotische Epigramme in Distichen, die man dem platonischen Philosophen zum Vorwurf gemacht hatte, gibt er nicht ohne ein gewisses Behagen zum besten (9). Das eine ist eine Liebeserklärung an zwei hübsche Sklaven, das andre ist zum Geburtstag des einen von ihnen gedichtet. Beide sind in dem süßlichen Stil solcher Kleinigkeiten abgefaßt; die Manier des tändelnden Wortspieles ist bis zum Uebermaß ausgebeutet.

Von jener Anklage wurde Apuleius natürlich freigesprochen, aber er verließ Oea und zog nach seinem geliebten Karthago. Hier hat er als philosophischer und theologischer Redner eine andächtige und begeisterte Gemeinde gefunden. Die vornehme Welt, der Proconsul Afrika's, Scipio Orfitus (163 4), an der Spitze, saß im Theater zu seinen Füßen. Wir besitzen eine Auswahl von Paradestellen aus Einleitungen zu diesen Vorträgen, sorgfältig aufgeputzte Virtuosenstücke in jener oben beschriebenen Manier asianischer Beredsamkeit. Die Grenzen zwischen poetischem und prosaischem Ausdruck sind verwischt, Spielerei mit Assonanzen und Reimen, gleichmäßig abgewogene Parallelglieder geben der Rede weichlichen Klang und gezierten Rhythmus. Auch der Inhalt dieser „Blumenstücke" (Florida) ist zum Teil mehr poetischer Natur: pompöse Schilderungen wie vom Fluge des Adlers (II), reich ausgemalte Geschichten aus Mythologie und Litteratur, wie der Wettstreit des Marsyas mit Apollo (III), Heimat und Person des Pythagoras (XV), Philemons letzte Vorlesung und Tod (XVI), Protagoras und Thales (XVIII), ein ausgeführter Vergleich der eigenen Persönlichkeit mit dem alten Sophisten Hippias (IX). Es sind zu gelegentlicher Verwendung ausgearbeitete Gemälde, die Stoffe wie die Art der Ausführung ganz den oben erwähnten Musterstücken Fronto's vergleichbar.

Die Karthager zeichneten ihren berühmten und dankbaren Zögling durch glänzende Ehren aus. Er wurde zum Priester der Provinz (sacerdos provinciae), d. h. zum Vorsteher des kaiserlichen Cultus gewählt. Als solcher nahm er den höchsten Rang in der Stadt ein. Auf Antrag des Consularen Aemilianus Strabo, der zum Proconsul Afrika's (für 170 1?) ausersehen war, wurde ihm eine Bildsäule errichtet (Flor. XVI). Ueber die weiteren Schicksale des interessanten Mannes und wie lange er noch gelebt hat, fehlen uns die Nachrichten.

Spätlinge.

Es liegt nicht im Plan dieser Darstellung, den ganzen Schwall römischer Poeterei, bis er sich im Sande verläuft, zu erschöpfen. Vollzählig registriert sind die späteren Versmacher lateinischer Zunge von andrer Seite. Nur anhangsweise mag noch einiger Spätlinge gedacht werden, welche sich an dem Bau antiker Dichtung durch Beiträge von eigentümlichem und dauerndem Werte beteiligt haben.

Ausonius.

Unter allen Provinzen des Reichs ist Gallien für die Saat römischer Bildung am empfänglichsten gewesen: hier ist sie zuerst fruchtbar aufgegangen, hier in sorgfältig gepflegten Schulen unterhalten, von hier ist der Segen klassischer Cultur in die Zeit des Mittelalters gerettet und der deutschen Nation gesichert worden. Noch im 4. Jahrhundert n. Chr. blühte in Burdigala (Bordeaux) eine Schule der Grammatik und Rhetorik, an welcher Decimus Magnus Ausonius (geb. c. 310) 30 Jahre lang als Professor gewirkt hat, bis ihn (um 364) Kaiser Valentinianus als Lehrer für den jungen Gratianus an sein Hoflager nach Trier berief.

In den Jahren 368 und 369 begleitete er Vater und Sohn in den Krieg gegen die Alemannen. Er brachte es zum Consulat (379). Als hoher Siebziger zog er sich von den Geschäften zurück und verlebte die letzten Lebensjahre (bis 393) in seiner Heimat, teils in der

Stadt, teils auf seinen Gütern, immer noch dichtend und auf Befehl des Kaisers Theodosius mit wiederholter Herausgabe seiner bunt= gemischten Kleinigkeiten beschäftigt.

Ein großer Teil derselben dient pädagogischen und didaktischen Zwecken: es sind Memorierverse für seine Schüler, den Sohn, den Enkel, den kaiserlichen Prinzen. Ein ganzes Buch, teils in Hexa= metern, teils in elegischen Distichen, ist dem Kalender gewidmet: die sieben Wochentage, die Monatsnamen, die Merktage (Kalenden, Nonen, Iden), die Zahl der Tage in jedem Monat, die Zeichen des Tierkreises, die griechischen Agone, die Totenfeste, die römischen Feste sind hier verzeichnet. Andre Schulverse, bald Monosticha, bald Tetra= sticha, handeln von den Arbeiten des Hercules (nach griechischer Vor= lage), von den bedeutendsten Städten des römischen Reichs, zuerst Rom, zuletzt Burdigala, den zwölf Cäsaren nach Sueton, Regie= rungsdauer und Todesart der einzelnen, Charakteristik aller Kaiser bis auf Heliogabalus u. s. w. Ein Wegweiser (liber protrepticus) für den Enkel in 100 Hexametern ermahnt den Knaben zu Fleiß und Gehorsam in der Schule, empfiehlt ihm die lesenswertesten griechi= schen und lateinischen Klassiker, stellt ihm den Vater, den Onkel, vor allen den Großvater als leuchtende Vorbilder dar. Ein Stück Ka= techismus ist die kleine Abhandlung über den „braven Mann" (in pythagoreischem Schulton). Die beiden Wörtchen „ja" und „nein" werden als das Leben beherrschend commentiert.

In einer Art von Drama treten die sieben Weisen auf. Orchestra, Bühne und Publikum wird vorausgesetzt. Ein Prolog in Senaren kündigt das Spiel an, hierauf trägt ein Schauspieler (ludius) die bekannten Sprüche in griechischer Originalfassung und lateinischer Paraphrase vor, dann betreten die Weisen nacheinander die Bühne, um jeder in längerer Rede ihre Weisheit auseinanderzusetzen. Dem Tageslauf ist eine Gruppe von sieben Gedichten verschiedener Form gewidmet. Eine sapphische Ode als Weckkied für den jungen Par= meno, einen Langschläfer, macht den Anfang. Jambische Dimeter behandeln die Morgentoilette. Hierauf ein langes hexametrisches Gebet an Christus. Wieder in iambischen Dimetern rüstet sich der Herr zum Ausgehen, in Trimetern trägt er seinem Sosias auf, Gäste zu Tisch zu bitten. Dann gibt er in elegischen Distichen dem Koch Anweisungen, diktiert (abermals in iambischen Di= metern) dem Tachygraphen, dessen Geschick er bewundert, beklagt

sich endlich in Hexametern über wüste Träume, welche seine Nacht-
ruhe stören.

An spielenden Uebungs- und Kunststücken, wie sie in der Schule
gepflegt wurden, fand Ausonius viel Geschmack. Bis in sein hohes
Alter hat er sich mit solchen Scherzen unterhalten. Ein ganzes Buch
(Technopaegnion) enthält lauter Gedichte, die mit einem einsilbigen
Worte schließen, zum Teil lauter Götternamen oder Bezeichnungen
von Speisen oder Teilen des menschlichen Organismus oder Buch-
staben des Alphabets oder schwer zu erklärende Wörter oder solche,
an denen eine Geschichte hängt, oder Antworten auf Fragen. Gleich
zu Anfang liest man ein Gedicht, in dem jeder Vers mit einem einsilbigen Worte schließt, welches den folgenden wiederum eröffnet; das
Ganze aber beginnt und endigt mit demselben Einsilbler. Zu solchen
müßigen Unterhaltungen des Witzes gehören auch künstliche Umschreibungen von Zahlen oder gelehrte Zusammenstellungen, z. B. über
die Dreizahl. Bei Uebersendung eines Honorars von 6 Philippi an
einen Grammatiker hetzt er die Sechszahl; einem Freund, der ihm
nur 30 Austern geschickt hat, hält er die Dreißigzahl in allen möglichen Variationen, Ausdrucksweisen und Beispielen vor. Ein Gebet
ist in sogenannten Keulenhexametern (versus rhopalici) abgefaßt:
jeder Vers enthält fünf Worte, die von einer bis zu fünf Silben
ansteigen.

Auch zu dem schnöden Mißbrauch eines sogenannten Cento hat
sich der hochbejahrte Mann noch in den letzten Jahren seines Lebens
leider hergegeben. Auf Wunsch des Valentinianus, der selbst in
früherer Zeit sich einmal diesen Spaß gemacht hatte, flickte er aus
lauter vergilischen Brocken eine Darstellung der Hochzeitsfeier in
ihren aufeinanderfolgenden Acten zusammen, eine frivole Travestie,
wobei es darauf ankam, daß diese zusammengelesenen Verse und
Halbverse sich auch dem Sinne nach so aneinanderfügten, daß man
die Fugen nicht merkte. Der Verfasser selbst vergleicht die Arbeit
mit jenem Spiel (ostomachia), in welchem eine Anzahl kleiner, geo-
metrisch geformter Knochenstückchen zu allerhand Figuren, Tieren,
Menschen zusammengesetzt werden.

Auch sonst aber macht er von fremdem Gut freien Gebrauch.
Je nach dem Versmaß und der Stilgattung macht er bei Plautus
und Terenz, oder bei Horaz, oder bei Vergil Ovid Statius u. a.
ausgiebige Anleihen. Im Kreise des Ausonius wurden noch die

Satiren des Lucilius gelesen. Der Grammatiker Tetradius in
Angoulème (Iculisma) dichtete Satiren im Stil des alten Sinues=
saners, und Nachahmung oder Parodie lucilianischen Stiles ist es,
wenn Ausonius in einer Epistel nicht nur griechische (meist home=
rische) und lateinische Verse und Versteile, sondern auch griechisch=
lateinische Wörter in mutwilliger Zusammensetzung und lateinische
mit griechischen Endungen bunt durcheinandermischt: die älteste Probe
macaronischer Dichtung.

Alle diese Possen und Schulexercitien, bei aller Beweglichkeit
und Buntheit in metrischer wie sprachlicher Form doch keineswegs
immer correct, geschweige elegant, haben als Proben und Zeugen
damaliger Bildung kein geringes Interesse, und machen anschaulich,
bis zu welchem Grade man an den Gesetzen und Formen kunstmäßiger
Technik, soweit man sie eben verstand, noch festhielt, oder neue pro=
bierte. Der Verfasser denkt bescheiden von dem Wert seiner Gedichte
und verhehlt sich nicht, daß sie geringen Anklang finden. Auch seine
Grab= und Erinnerungsgedichte an Verwandte und an verstorbene
Professoren der Schule von Burdigala, so gut sie gemeint und so
reich an bemerkenswerten Zügen sie sind, können auf künstlerischen
Wert keinen Anspruch erheben. Zu der ehrbaren Philisterhaftigkeit
des Inhalts stehen die anspruchsvollen oder gekünstelten lyrischen
Formen bisweilen in unfreiwillig komischem Gegensatz.

Um so überraschender wirkt das einzige Gedicht größeren Um=
fangs (gegen 500 Hexameter), welches schon deshalb einen Kranz
verdient, weil es für uns Deutsche den Wert eines nationalen Denk=
mals hat. Die oben erwähnte Berufung nach Trier gab dem em=
pfänglichen Manne Gelegenheit, die Reize der Mosellandschaft kennen
zu lernen. Ihr hat er als Sechziger in seiner Mosella eine be=
geisterte Schilderung gewidmet, welche das damalige Leben an jenen
gesegneten Ufern in treuem Bilde anmutig vergegenwärtigt.

Er erzählt im Eingange, wie er aus dem Nahethale über Bingen
und den unwirtlichen Hunsrück hinauffreisend endlich bei Neumagen
reinere Luft geatmet und sich am helleren Glanz der Sonne erquickt
habe. Kein düsterer Urwald mehr, sondern leuchtende Fluren, präch=
tige Villen und grünende Weinberge an den Ufern des lieblichen
Moselstromes erinnerten ihn an seine geliebte Heimat Burdigala. Er
begrüßt den gepriesenen Fluß, der Schiffe trägt wie das Meer,
krystallhell ist wie ein See, mit Bächen in hurtigem Gange wetteifert

und kühle Gebirgsquellen durch klaren Trank übertrifft. Sanft, un=
gestört weder durch Winde noch durch verborgene Klippen, gleitet er
dahin zwischen reinlichen, trockeneu Ufern. Abwärts geht die Fahrt
in schnellen Ruderschlägen, aufwärts werden die Schleppschiffe von
Schiffern gezogen. Der durchsichtige Spiegel des Wassers, der
Pflanzen und Steine auf dem Grunde blicken läßt, entzückt den
Dichter, dazu das lustige Treiben der Fische. Es folgt ein Katalog
dieser schmackhaften Flußbewohner. Forelle, Salm, Lachsforelle, Barsch,
Hecht und wie sie alle heißen, werden nicht nur aufgezählt, sondern
ihre Eigenart wird sachkundig in mannigfach abwechselnden Zügen
beschrieben; den Beschluß macht der Wels, der wegen seiner Größe
und majestätisch langsamen Bewegung als der zahme Walfisch der
Mosel bezeichnet wird.

Nun die grünen Rebhügel, die sich wie ein natürliches Theater
an den Ufern erheben, das geschäftige Völkchen der Winzer und ihr
neckischer Verkehr mit den unten vorüberziehenden Schiffern und
Wanderern. Auch Satyrn und Nymphen mögen da wohl ihr lustiges
Wesen treiben, ja in der heißen Mittagsstunde, wenn alles still und
menschenleer ist, sollen sie in den Wellen des Flusses einander necken
und jagen; die Nymphen entschlüpfen behende den Händen ihrer
täppischen Verfolger, die nicht schwimmen können und von den Mäd=
chen untergetaucht werden. Aber abends welch entzückendes Schauspiel,
wenn beim Sonnenuntergang sich die Ufer im klaren Wasser spiegeln
und das Boot über Rebengelände dahin zu gleiten scheint! Fröh=
liches Wettrudern erinnert an die Spiele von Cumä, wenn die See=
schlachten von Actium oder Mylä aufgeführt werden. Und wieder
ergötzt sich die heitere Jugend an den umgekehrten Bildern im Wasser,
wie die Jungfrau, die sich putzt und zum erstenmal ihrem Bilde im
Spiegel entgegenlacht, ihm wie einer Fremden Küsse bietet und mit
den Locken spielt. Wo die Ufer leichten Zugang bieten, wird Fisch=
fang getrieben, hier mit allerhand Netzen, dort mit der Angelrute,
die schwirrend emporschnellt, wenn das harmlose Tier nach dem Köder
geschnappt hat und am Haken hängt. Auf den trockenen Felsen ist
die zappelnde Schar ausgebreitet, die sich nach ihrem Element zurück=
sehnt; plötzlich im Todeskampf springt wohl einmal einer der Ge=
fangenen in die Höhe und rettet sich jählings in die Flut, wie einst
Glaucus, der Fischer von Anthedon, der durch den Genuß eines
lebenrettenden Krautes zum Meerdämon wurde.

Zu beiden Seiten des Flusses sind die Ufer gekrönt mit prächtigen Villen. Wie viel gemütlicher ist hier der Verkehr von Ufer zu Ufer als zwischen Sestos und Abydos! Keine Meereswogen, keine Stürme: man kann begrüßende Worte herüber und hinüber wechseln, sich fast die Hände reichen; Echo gibt von hier und da die Stimmen zurück. Die Architektur jener Paläste erregt Bewunderung. Man sollte glauben, daß die sieben berühmten Baumeister, deren Bilder Varro im zehnten Buch seiner Hebbomades zusammengestellt hat, hier gewirkt haben. Die eine dieser Villen steht hoch oben auf dem Felsen, die andre auf dem Vorsprung des Ufers, eine dritte liegt zurückgezogen in einer Bucht, eine vierte auf einem breiten Hügel hat eine weite Aussicht über Fluren und Gebirge. Die in der Tiefe ersetzen den Mangel durch einen hochragenden Turm mit freiem Ausblick, und gewähren bequeme Gelegenheit zum Fischfang. Atrien und marmorschimmernde Säulenhallen öffnen sich auf grünende Wiesen. Aus den warmen Bädern wälzt Vulkan Dampfwolken hervor; auch im offenen Fluß sieht man muntere Schwimmer. Man glaubt in Bajä zu sein, nur geht es hier anständiger zu.

Zahllose Flüsse und Bäche eilen der Mosel zu, um sich mit ihr zu vereinigen, in ihrem Namen und Ruhm aufzugehen. „Ja wäre dir ein Homer oder Vergil als Sänger geschenkt, so könntest du es mit Simois und Tiber aufnehmen. Auch dich schmücken berühmte Männer, kriegerische Jugend, litterarische Talente, deren Sprachgewandtheit mit latinischer Zunge wetteifert. Frohen Sinn und klare Stirn hat die Natur deinen Söhnen geschenkt, und an Männern wie Cato und Aristides fehlt es auch hier nicht."

Fast herablassend wird der Rhein als Bruder der Mosel behandelt. Letztere erscheint vornehmer: fließt sie doch an der kaiserlichen Residenz Trier vorüber und hat den Doppeltriumph der beiden Kaiser über die Alemannen (im Jahre 368) gesehen. Erst durch den Zufluß der Mosel wird der Rhein so verstärkt, daß er wirklich als Grenzwall gegen die Franken dienen kann.

Der Schluß (von V. 389 an) wird etwas seicht: er läuft in Verweisungen auf zukünftige Leistungen hinaus, ein Lobgedicht auf die Belgier, eine Schilderung des vereinten Stroms in seinem unteren Lauf. Aber gewiß sagt der dem Verfasser befreundete Symmachus nicht zuviel, wenn er ihm versichert, daß sein Werk in aller Hände sei und mit Begeisterung gelesen werde. Ueber das Ziel freilich

schießt seine gute Meinung weit hinaus, wenn er das mit Reminis=
cenzen aus klassischen Dichtern, vor allen Bergil, reichlich durchspickte,
von Wiederholungen nicht freie Gedicht denen des Mantuaners zur
Seite stellt.

* * *

Claudianus.

Größer angelegt, eine wahre, reiche Dichternatur und besserer
Zeiten würdig war Claudius Claudianus, der begeisterte Lob=
sänger Stilicho's. Ein Ausländer wie Apuleius, geboren in einer
Stadt Paphlagoniens, ist er erst im Jahre 395 als reifer Mann
von Alexandria nach Rom gekommen: damals zuerst ging er nach
seinem Bekenntnis von der griechischen Muse zur römischen über.
Neue Wege zwar hat er nicht betreten, doch erweitert und vervoll=
ständigt sein umfangreicher Nachlaß unsre Anschauung von der Be=
handlung mancher Gebiete und Stoffe, von deren Bearbeitung uns
genügende Beispiele aus älterer Zeit fehlen.

So fehlt uns ein klassisches Muster des Panegyricus hohen
Stiles in epischer Form, wie der des Varius auf Augustus (Bd. II
105) gewesen sein wird; denn jene Bettelgedichte auf Messalla und
Piso (oben S. 50 f.) waren doch nur mehr oder weniger armselige
Schüler= und Clientenarbeiten. Die eintönige Masse prosaischer
Staats= und Huldigungsreden, die vor dem Kaiser gehalten und
uns aufbewahrt sind, eröffnet des jüngeren Plinius Panegyricus
auf Trajan. Claudian ist der poetische Prunkredner und Herold für
den Hof des Honorius: sein Verhältnis zu Stilicho vergleicht er mit
dem des Ennius zu Scipio (XXIII). Ein bevorstehendes oder eben
angetretenes Consulat, Kriegserfolge gegen aufständische Vasallen
oder feindliche Barbaren lieferten Stoff zu epischen Heldengedichten,
bisweilen in größerem Aufbau von mehreren Büchern. Gewöhnlich
ist noch eine Einleitung oder Widmung in elegischen Distichen voraus=
geschickt. Das Gerippe des pomphaften Werkes ist gegeben: wenn
es angeht, wird die Heimat des Gefeierten gepriesen und die Vor=
fahren; dann wird die Kindheit und Entwickelung des hoffnungs=
vollen Knaben beleuchtet, die Persönlichkeit und der Charakter des

gereiften Mannes, bewährt durch rühmliche Thaten, deren Erzählung den eigentlichen Kern bildet. Wünsche und Hoffnungen für die Zu= kunft machen den Beschluß.

Die Göttermaschine wird noch immer unermüdlich in Bewegung gesetzt. Besonders Frau Roma erscheint vielfach klagend, bittend, ermunternd auf der Bühne. Da der Maure Gildo dem Honorius die schuldigen Getreidesendungen verweigert hat, begibt sie sich, ein Bild des Hungers, mit eingesunkenen Augen, hohlwangig und abge= magert, in müder Haltung zum Olymp, und stellt Juppiter in langer beweglicher Rede (XV 28—200) ihre Not vor, um Rettung flehend, deren Zusage sie sofort erfrischt und verjüngt. Ein andresmal fliegt sie nach Mailand, um Stilicho gegen den Eunuchen Eutropius, den unwürdigen Minister des Arcadius, aufzustacheln (XVIII 371 ff.). Zu ihr kommen.die Provinzen, um das Consulat für den allgeliebten Stilicho zu fordern; sie fliegt über Berge und Flüsse zu ihm, um ihn zur Annahme zu bewegen, und bringt ihm selbst das kostbare Amtsgewand, dessen Stickereien die Zukunft seines Hauses darstellen (XXII 224 ff.). Sie macht dem Honorius Vorwürfe, daß er in ihren Mauern zu wohnen verschmähe (XXVII 361 ff.), und putzt sich später zu seinem Empfange (523 ff.). Den Consul Stilicho für seine Spiele mit dem nötigen Vorrat an Wild zu versorgen be= müht sich Diana persönlich auf das liebenswürdigste. Das gibt Ge= legenheit, die Göttin inmitten ihrer Gefährtinnen zu zeigen und einen glänzenden Jagdzug vorzuführen. Ja sie fängt eigenhändig Löwen, was ihr freilich nicht schwer wird, denn auch sie (wie jener Fisch bei Juvenal) wünschen gefangen zu werden und freuen sich der Ehre (XXIV 237 ff.). Ebenso schickt Urania die Musen aus, um die Fest= spiele des neuen Consuls Manlius Theodorus zu ordnen (XVII 270 ff.): er ist ja ihr Liebling, da er philosophischen und astrono= mischen Studien fleißig obgelegen hat (61 ff.). Auch Justitia besucht ihn in seiner Zurückgezogenheit; sie überrascht ihn bei der gelehrten Arbeit und hält ihm die Pflicht vor, sich wieder den Staatsgeschäften zu widmen (XVII 113 ff.).

Der rhetorische Charakter dieser offiziellen Parabepoesie prägt sich vornehmlich in gehäuften und gedehnten Reden aus. Selbst die Toten greifen mit Ermahnungen ein. In einer Mondnacht erscheint dem schlafenden Arcadius in Konstantinopel sein Vater Theodosius, um ihn zu brüderlicher Eintracht zurückzuführen, vor dem untreuen

Gildo zu warnen und Stilicho seinem Vertrauen zu empfehlen (XV 223 ff.); und Honorius wiederum träumt, daß ihn der Großvater zum Kriege gegen Gildo aufrufe (325 ff.). Und nun folgen weiter Reden auf Reden, unter denen die Erzählung fast begraben wird.

Gibt man sich arglos dem Vertrauen hin, daß der Verfasser es meint, wie er spricht und sprechen läßt, so kann man sich der guten Gesinnung für die Wohlfahrt des Reiches und der biederen Grund=säße nur freuen. Er entwirft ein Idealbild des Stilicho und der glücklichen Gegenwart, welches mit den Farben des augusteischen Zeitalters gesättigt ist. Ueberhaupt versteht Claudian gut zu charak=terisieren: er zeichnet scharf und anschaulich, nur zu gründlich im einzelnen, bis zur Ermüdung (z. B. die Persönlichkeit des jungen Honorius VIII 513 ff.): der Lobredner darf ja keinen Zug aus=lassen. Am unangenehmsten berührt wiederum das Uebermaß an Hyperbeln: keine Gottheit und kein Heros der Vorzeit ist sicher vor demütigenden Vergleichen mit den Helden dieses Dichters. Die graziösen Huldigungen des Statius klingen bescheiden neben diesem überstiegenen Enthusiasmus. Stilicho ist ihm mehr als Aeneas und Achill, ein Hercules und Atlas, ein Argus an Wachsamkeit und Um=sicht. Sein Triumphzug gleicht dem des Mars, wenn er von den Scythen heimkehrt (XXII 367 ff.); der Argonautenzug und Jasons Verdienst ist nichts gegen die Leistungen Stilicho's (XXVI 9 ff.). Der Besieger Alarichs vereinigt in sich Fabius, Marcellus und Scipio (XXVI 141). Ebenso erblaßt vor der Schönheit und Tugend seiner Gemahlin Serena der Glanz aller edelsten Frauengestalten der Griechen wie der Römer (XXIX 1 ff.).

Unverkennbar hat ein Gedicht des Statius (Silv. I 2: vgl. oben S. 218 f.) dem Epithalamium für Honorius und Maria vom Jahre 398 (X) als Modell gedient: der ganze Wurf des an sich anmutigen Werkchens ist jenem nachgebildet, doch ist die Composition steifer, gedrechselter. Claudian beginnt mit ernster Miene des Berichterstatters, wie der junge Honorius, von unbewußten Gefühlen erwachender Liebessehn=sucht bewegt, sich um die Gunst der schönen Tochter Stilicho's be=müht. Mit spielender Rhetorik wird ein Selbstgespräch ausgeführt, in welchem der ungeduldige Freier sich über das wunderliche Zögern des künftigen Schwiegervaters beschwert, da er doch in aller Form um die längst angelobte Braut angehalten habe; ja er wendet sich in Gedanken mit beweglicher Bitte an die Mutter, von der er mehr

Entgegenkommen hofft. Amor, der ihn belauscht hat, lacht und fliegt nach Cypern zu Venus. Mit üppigen Farben wird Lage und Um= gebung des stillen Berges, auf dem die Göttin haust, beschrieben. Da ist ewiger Frühling, weder Frost noch Winde noch Wolken wagen sich heran; eine goldene Hecke umgibt ihn. Da ist ein Hain, in den kein Vogel eingelassen wird, ehe er vor Venus eine Prüfung im Singen bestanden hat; wer nicht gefällt, muß abziehen. Da sind zwei Quellen, die eine mit süßem, die andere mit bitterem Wasser: mit ihnen wird der Honig gemischt, in den die Liebespfeile getaucht sind. Da spielt eine zahlreiche Schar von Amoretten, lauter Nymphen= kindern, alle untereinander ähnlich, nur der eine Amor ist Venus' Sohn. Er hat es mit Göttern und Königen zu thun, die übrigen zielen auf die Menge. Ein ganzer Hofstaat allegorischer Wesen, welche die Liebe begleiten, wird vorgeführt, als da sind Ueppigkeit, Zorn, Thränen, Kummer, Verwegenheit, Furcht, Lust, leichtbeschwingte Meineide u. s. w. Endlich wird die Pracht des funkelnden und duftenden Palastes beschrieben. Venus läßt sich grade frisieren, sie bedarf keines Spiegels, denn überall, wohin sie blickt, strahlt ihr Bild ihr entgegen. Sie gewahrt den Schatten ihres Knaben und fragt den mutwilligen Schlingel, warum er so vergnügt sei, was er wieder für einen Streich gespielt habe. Dieser meldet seinen neuesten Triumph über Honorius und fordert die Mutter auf, das Paar zu vereinigen. Da macht sich Venus zurecht, geht an die Küste und ruft ihren Kleinen zu, sie sollen den Triton suchen, auf dem sie über das Meer fahren will: wer ihn findet und bringt, dem verspricht sie einen goldenen Köcher. Einer erwischt ihn, wie er unter den Wellen mit Cymothoe schäkert, und verspricht ihm den Besitz der spröden Nymphe, wenn er komme. Das triefende Seeungeheuer taucht auf und ist mit vier gewaltigen Stößen am Lande. Die Gottheit be= steigt seinen mit natürlichen Purpurpolstern ausgestatteten Rücken, und die lustige Fahrt geht an: der Chor der Amoretten begleitet sie, Neptuns Reich ist mit Kränzen überstreut, Leucothoe Palämon Nereus Glaucus ziehen geputzt mit, die Nereiden, auf mannigfachen Seetieren reitend, bringen kostbares Geschmeide aus der Meerestiefe für die Braut. An der ligurischen Küste steigt Venus ans Land und fliegt nach Mediolanum, wo der Hof ist. Alle Wolken verschwinden bei ihrer Ankunft, die Alpen strahlen in voller Klarheit, die Krieger sind vergnügt und wissen nicht warum. Sie ordnet durch ihre Knaben

ein üppiges Fest im Lager'an, damit sie freie Hand habe, und weist
sie an, das Brautgemach herrlich herzurichten. Dann begibt sie sich
zu Maria, welche ahnungslos den guten Lehren ihrer Mutter lauscht
und in das Studium griechischer und lateinischer Klassiker (u. a. der
Sappho) vertieft ist. Ihre und der Flaccilla Schönheit erregt die
Bewunderung des unsterblichen Gastes: die Tochter gleicht dem zu=
nehmenden, die Mutter dem vollen Monde, diese einer voll ent=
falteten, jene einer noch in der Knospe versteckten Rose. In schmeichel=
hafter Rede eröffnet die Göttin dem jungen Mädchen, daß sie zur
Gemahlin des Kaisers erkoren sei, wie sie es verdiene; sie rühmt
als Kennerin ihre Reize im einzelnen und legt ihr den Brautschmuck
an. Draußen aber ist der Hochzeitszug bereits versammelt, der
Bräutigam glüht und ersehnt den Untergang der Sonne. Inzwischen
singen die Krieger, mit Lorbeer und Myrten bekränzt, ihrem Feld=
herrn Stilicho, dem Brautvater, ein preisendes und glückwünschen=
des Lied.

Wäre das Gedicht des Vorgängers nicht erhalten, so würde die
Arbeit des Nachfolgers von seiten der poetischen Erfindung höher
geschätzt werden: mit jenem verglichen erscheint sie mühsam und breit,
besonders aber überladen mit Schilderungen, die zum Teil nicht zur
Sache gehören.

Recht hübsch, frei und zierlich ist die kleine Gruppe lyrischer
Gesänge, welche unter dem Titel „fescenninischer Lieder" (vgl. Bb. I
9. 327) jenem prunkvolleren Festgedicht vorangestellt ist: alcäische
(zum Teil gereimte) Verse zum Lobe des Bräutigams, seiner Ritter=
lichkeit und Schönheit; fünfzeilige Strophen (nach drei Anakreonteen
ein choriambischer Dimeter und ein erster Pherecrateus), eine Auf=
forderung an die ganze Erde, besonders aber Spanien (von wo der
Vater des Bräutigams und die Mutter der Braut stammt), an Bätis
Tagus und Ocean, sich zu schmücken und die Feststimmung zu teilen;
Occident und Orient, die beiden brüderlichen Reiche sollen sich ge=
meinsam freuen und alle Winde außer dem Zephyr schweigen. Dem
Stilicho ist noch besonders ein kurzer Marsch in anapästischen Di=
metern gewidmet. Zuletzt in Asklepiadeen die eigentlichen Fescenninen,
bei Hesperus' Aufgang mutwillige Weisungen und Wünsche für die
Hochzeitsnacht. Alles ziemlich leichte Ware, aber fließend und wohl=
gestimmt.

Pikanter als die Lob= und Prunkgedichte ist die grimmige Invektive (in zwei Büchern XVIII. XX) gegen den Eunuchen Eutropius († 399), den Minister des Arcabius. Die Kunst der Schmährede ist von Griechen wie Römern, vor Gericht wie in Flug=schriften und sophistischen Spielereien von jeher fleißig geübt worden. Die Jambographen wie die Komiker haben sie gepflegt, und in die Fußstapfen aristophanischer Freiheit tretend hat die römische Satire, am kühnsten Lucilius die Geißel persönlichen Spottes über Zeit=genossen geschwungen. Die Skizze der gegen Lupus — nach seinem Tode — gerichteten Satire (Bd. I 236 f.) hat gezeigt, daß die Laune des aufrechten Ritters sich gelegentlich auch in ein phantastisch=poetisches Gewand kleidete und die Maschinerie des heroischen Epos parodierte.

Claudian hat sein und seiner Freunde Entrüstung über die hohe Stellung des unwürdigen Günstlings und die Genugthuung über seinen Sturz in einer Form ausgesprochen, die ganz wie in seinen panegyrischen Gedichten zwischen Epos oder Epyllion und Rede in der Mitte steht. Wie er das Consulat eines Honorius, Stilicho, Theodorus zum Anlaß der Verherrlichung verehrter Männer nimmt, so gibt ihm die Erhebung des Eutropius zu derselben Würde Ge=legenheit zu vernichtender Darstellung dieser Persönlichkeit. In beiden Fällen ist es dieselbe Gattung, man könnte sagen des historischen Porträts, nur dort in geschmeichelter, hier in gehässiger Auffassung; es ist dasselbe Schema, nach dem das Denkmal des Ruhms oder der Schande errichtet wird. Da wir aber kein zweites Beispiel der letz=teren Gattung in solchem Umfange besitzen, so muß uns der litterar=historische Wert dieser einen Invektive höher stehen als der jener Panegyrici.

Ganz von selbst ergab sich für den Verfasser, daß er den Ton zum Ausdruck seiner Entrüstung, seines Ekels, die rhetorische Färbung vorzugsweise der juvenalischen Satire entlehnte. Wie es die Regeln der Kunst vorschreiben, folgt auf die Einleitung gleichsam ein Aus=hängeschild, welches den frischgebackenen Consul=Eunuchen öffentlich ausstellt, ein stark gepfefferter Bericht über seine schmachvolle Ver=gangenheit. Wie dann der hin und her gestoßene Wicht zur Macht kommt, ist es Zeit den Charakter des Emporkömmlings zu zeichnen, seine Verfolgungssucht, seine Habsucht. Nach einem Feldzug gegen

die hohnlachenden Goten erhebt die „alte Amazone", die ganz erschöpft vorgeblich als Sieger heimgekehrt ist, den Anspruch auf das
Consulat. Gegen so unerhörten Greuel erscheinen die schlimmsten
Frevler der Tragödie, Oedipus, Thyestes, die Geschicke von Theben
und Troja, auch die wunderbarsten Verwandlungen noch als Kleinigkeiten. In dem feierlichen Aufzuge nimmt sich der geputzte Consul
wie ein Affe aus, sein Lictor ist vornehmer als der Herr: eher
noch könnte man sich ein Weib mit den Fasces gefallen lassen.
Man hält es erst für ein falsches Gerücht. Ein ernster Mann will
lieber an alle möglichen Wunder glauben; ein Witzbold rühmt mit
zweideutiger Bosheit, wie passend der Erkorene nach seiner Sinnesart
und seinen Gewohnheiten für das hohe Amt sei. Roma aber fliegt
nach Mailand, wo sie im Gegensatze zu den Zuständen des Ostens
an dem hoffnungsvollen Jüngling Honorius und dessen Schwiegervater Stilicho ihre Freude hat, und bringt darauf, daß dieser dem
Skandal ein Ende mache und den Elenden stürze. Ihre lange Rede
wiederholt im wesentlichen nur, was der Dichter selbst schon vorher
geäußert hat, doch betont sie natürlich noch nachdrücklicher den
politischen und patriotischen Gesichtspunkt.

Auch im zweiten Buch, welches den Ausbruch der Katastrophe
erzählt, wiederholt er sich. Mars, von Thracien kommend, erblickt
vom Gipfel des Hämus aus den weibischen Schwarm im Gefolge
des Eutropius auf einer Frühlingsreise nach Ancyra, der Stadt der
Kybelefeste. Er lacht ingrimmig, schüttelt den Helm und trägt in
wohlgefügter Deklamation an die entarteten Oströmer und ihren
elenden Senat, die in die Luft gesprochen ist, der Bellona auf, die
Ostgoten gegen Byzanz aufzureizen, „damit Barbarenwaffen römischer
Scham zu Hilfe kommen." Die Schwester thut ihre Schuldigkeit,
erscheint dem Tarbigil, der grade unzufrieden, weil mit leeren Händen, vom Eutropius kommt, in Gestalt seiner Gattin und verführt
ihn zum Abfall. Zunächst wird Phrygien, dessen Geographie und
Vergangenheit nach den Gesetzen des großen Epos, übrigens ohne
ersichtlichen Zweck, ein langer gelehrter Excurs gewidmet ist, verwüstet, so daß der Kybele ihr Turm vom Haupte fällt und somit
klar wird, daß es mit ihrer Herrlichkeit vorüber sei.

Jetzt ist der Verfasser des trockenen Tones satt und überläßt sich
einer humoristischen Stimmung. Eutrop, der anfangs dem Unheil
zu entgehen glaubte, wenn er wie der Vogel Strauß den Kopf weg-

stecke und die Gefahr nicht zugäbe, entschließt sich endlich zur Be=
rufung eines Kriegsrates, und die Schilderung dieser edlen Gesellschaft
ist das beste in dem ganzen Gedicht. Mit Recht hat man an die
Staatsratssitzung bei Juvenal erinnert, obwohl die Farben im Vergleich
zu jener prägnanten Charakteristik ziemlich verwässert und doch über=
trieben sind. Es sind Schlemmer und Lebemänner, die nur für
Leckerbissen, Putz und frivolen Scherz Sinn haben, zum Teil ent=
lassene Sklaven, die noch das Brandmal an der Stirn tragen.
Dem ehemaligen Kuppler (Eutrop) sitzt würdig zur Seite der Koch
a. D. Hosius aus Spanien, dessen staatsmännische Talente mit Wort=
spielen aus der Küche gepriesen werden, denn er ist süßer als alle,
weiß die Sauce (ius) zu rühren, versteht sich auf das Dünsten (fumus)
und weiß den entzündeten Zorn gut abzukochen. Sehr bald verfallen
die hohlen Gesellen in ihre gewohnten Gespräche über Circus und
Theater, so daß selbst Eutrop ungeduldig wird: er fährt sie an wie
eine alte Muhme die faulen Mädchen in der Spinnstube, die nur
an ihr Festtagsvergnügen denken. Da spielt sich der ehemalige
Wollweber Leo, eine Art Falstaff, als Aiax auf. In einer renom=
mistischen Rede, deren Wendungen seinem ehemaligen Gewerbe ent=
lehnt sind, vermißt er sich den Tarbigil und seine Leute wie Woll=
flocken wegzublasen: die Herren Collegen klatschen Beifall wie im
Pantomimus. Noch grotesker wird dann Flucht und Ende dieses
Helden beschrieben. Scheu wie ein Hirsch wirft er sich auf ein Pferd,
das aber unter der Last im Sumpf einsinkt, so daß der feiste Reiter
im Schlamm stöhnt wie eine Sau, die für die Küche des Hosius
bestimmt ist. Einen leichten Luftzug im Rücken hält er für einen
Pfeil und stirbt vor Schrecken.

Zum Schluß, als die Not und Ratlosigkeit das höchste Maß erreicht
hat, wird Stilicho als Retter gerufen. Wie Knaben in Abwesenheit des
Vaters, der in Handelsgeschäften übers Meer gefahren ist, sich dem Leicht=
sinn ergeben, wenn sie aber vom bösen Nachbar von Haus und Hof
gejagt sind, in sich gehen, vergebens den Namen des Vaters anrufen
und seine Rückkehr erflehen, so erwarten die Byzantiner ihr einziges
Heil von Stilicho und bereuen ihren früheren Undank. Sie kommen
zur Erkenntnis ihrer Schmach, und die Beile des Liktors sinken zu
Boden, wie die Mänaden zur Besinnung kamen, als sie ihre Thyrsus=
stäbe, befleckt vom Blute des Pentheus, und sein Haupt erblickten,
welches die wahnsinnige Mutter schwang. Aurora selbst begibt sich

in Trauerkleidung nach Italien und fleht Stilicho in einer Klagerede
an, welche zu der Vorstellung Roma's am Ende des ersten Buches
ein Gegenstück bildet. Hiermit bricht die Darstellung ab. Eine Art
Abschluß bietet die Elegie, welche über den Sturz des verhaßten
Günstlings, dem ein Federstrich aus dem kaiserlichen Kabinet den
Garaus gemacht hat, höhnend frohlockt.

Von Claudians spöttischer Ader liefern auch die kleineren Ge=
dichte manches pikante Beispiel. Ein bigotter Christ, der Reiteroberst
Jacobus, der eine abfällige Kritik an den Versen des Dichters geübt
hatte, wird in einer Elegie bei allen seinen Heiligen, die er verehrt
(auch bei Susanna und Thekla), beschworen ihn zu verschonen. Er
muß ein größerer Held bei Tafel und beim Becher als auf dem
Schlachtfelde, mehr zum Wein= als zum Blutvergießen aufgelegt ge=
wesen sein, denn auf Abwehr aller Kriegsgefahren und Triumphe
jener lustigen Art laufen die frommen Wünsche des Verfolgten, der um
Gnade fleht, hinaus (kl. Ged. IX). Ein kecker Witz sollte dem Dichter
übel bekommen. Manlius Theodorus, dessen Consulat (vom Jahre 399)
er in einem anmutigen Panegyricus (XVII) begrüßt hatte, ein Ge=
lehrter, der in seine philosophischen und astronomischen Studien ver=
tieft war, bekümmerte sich wenig oder gar nicht um seine Amts=
geschäfte, während der Oberkämmerer (magister officiorum) Hadrianus,
ein betriebsamer Alexandriner, alles an sich riß. Claudian wünscht
in einem Doppeldistichon (kl. Ged. XV), daß vielmehr der erstere, statt
Tag und Nacht dem Schlummer obzuliegen, wachen, der andre, Ruhe=
lose, schlafen möge. Der mächtige Aegyptier ließ den Witzbold
seinen Zorn schwer fühlen, so daß dieser sich zu einer de= und weh=
mütigen Abbitte (V) bewogen fand.

Claudian war ein Freund und Kenner der orphischen Poesie
und Theologie, die seit dem zweiten Jahrhundert n. Chr. neu auf=
gelebt war und namentlich auch in Alexandria gepflegt wurde. Gern
zieht er orphische Weisen und Gesänge in Vergleichen heran. Die Bücher
des Orpheus gehören für ihn zu den ehrwürdigsten Offenbarungen des
Geistes. In einer Elegie an Serena, die Gemahlin Stilicho's, deren Für=
wort ihm zu einer reichen Frau verhelfen soll (kl. Ged. I), bildet der Ver=
gleich seiner eigenen Person mit dem thrakischen Sänger gradezu das
Thema; und noch ein zweitesmal, in der poetischen Widmung seines Ge=

dichtes vom Raub der Proserpina (XXXIV) führt er aus, wie Orpheus nach langem Verstummen durch Hercules zur Aufnahme der Leier bewogen sei, so habe Florentinus seine Muse aus langem Schlummer aufgerüttelt. Grade dieser Stoff gehörte ja auch zu den Kernmythen der orphischen Lehre: mystische Gedanken über Weltschöpfung waren in ihm niedergelegt. Es war also ein tieferer Grund, welcher dem Dichter in späteren Jahren den Plan zu seinem breit angelegten Epos vom Raub der Proserpina eingab.

Die schöne Fabel ist seit dem Gedichte der orphischen Sänger= schule und dem herrlichen Demeterhymnus der attischen Rhapsoden weiter in Sicilien ausgebildet worden. Ein alexandrinisches Vorbild mag Ovid (vgl. Bd. II 285. 295) vorgelegen haben; aber nicht aus der gleichen Quelle hat Claudian seine Darstellung geschöpft, die sich in einigen Zügen an die Version teils der alten orphischen Dichtung, teils der sicilischen Sage anschließt. Dieser entsprechend ist Enna der Schauplatz und zündet Ceres, um die entführte Tochter zu suchen, ihre Fackel am Feuer des Aetna an. Be= sonders hervorzuheben ist die Uebereinstimmung in einem scheinbaren Nebenumstand, der aber von tiefer Bedeutung ist. Nach jener Quelle arbeitete Kora (so hieß sie dort) in Abwesenheit der Mutter an einem sinnvollen Gewebe, welches den Kosmos darstellte, mußte es aber, da sie entführt wurde, unvollendet hinterlassen. An einem Tuch der= selben Art webt Proserpina auch bei Claudian (I 245 ff.): es ist als Geschenk für die Mutter, wenn sie heimkehrt, bestimmt, und aus= führlich wird das phantastische Kunstwerk geschildert, ein farbenreiches, umfassendes Gemälde von der Entstehung des Weltsystems. Auch der verhängnisvolle Besuch der drei Göttinnen Venus, Pallas und Diana, welche die Schwester verlocken mit ihnen hinauszugehn und Blumen zu pflücken, ist beiden Gedichten gemeinsam. So darf man annehmen, daß Claudian noch manchen altertümlichen Zug treu be= wahrte.

Kräftig hebt er an mit einem Zornausbruch des Unterwelt= gottes, der sich in seinem düstren Reich ungemütlich fühlt und durch= aus eine Frau haben will. Mit Mühe gelingt es der Lachesis den Tobenden soweit zur Vernunft zu bringen, daß er Mercur kommen läßt und als Vermittler mit seinem Begehren, freilich unter fürchter= lichen Drohungen zu Juppiter schickt. Dieser denkt sofort an Proser= pina, die einzige, eben erblühende Tochter der Ceres. Um das viel=

umworbene geliebte Kind nicht zu verlieren, hat sie mit ihr den
Himmel verlassen und ist nach Sicilien gezogen. Dort am Aetna
hat sie das teure Pfand in Sicherheit gebracht, dann ist sie auf
ihrem Schlangenwagen nach dem Ida in Phrygien zur Mutter Cybele
gereist.

Inzwischen eröffnet Juppiter der Venus seine Absicht und trägt
ihr auf, an den Gottheiten der Unterwelt ihre Macht zu bewähren,
doch liest man von der Ausführung dieser Mission nichts, vielmehr
begibt sich, wie gesagt, Venus mit Minerva und Diana zum Palast
der Ceres, um Proserpina zu verlocken. Ihr verhängnisvoller Morgen=
spaziergang mit den Schwestern und den Nymphen wird mit reichen
Farben ausgemalt: besonders ihre eigene reizende Erscheinung, das
gestickte Gewand, welches sie trägt, ihr munteres Gefolge, die herrlich
blühenden Wiesen, die auf Henna's besondere Bitte von Zephyrus,
dem Vater des Frühlings, mit allen erdenklichen Blumen geschmückt
sind (die Farbenpracht übertrifft den Pfauenschweif und den Regen=
bogen), die liebliche Landschaft mit den sanften Hügeln, mit Quellen,
gemischtem Wald, klarem See, und die kindliche Lust der Mädchen,
die sich grasend wie ein Bienenschwarm über die Fluren verbreiten.
Plötzlich erbebt die Erde: nur Venus weiß die Ursache. Pluto, dem
Allecto das Viergespann angeschirrt hat, sucht einen Weg zur Ober=
welt, wie Belagerer aus unterirdischer Mine. Die Räder seines
Wagens gehen unsanft über die Glieder des Giganten Enceladus,
der Sicilien trägt, so daß er zuckt. Ungeduldig schlägt Pluto mit
seinem Scepter an den Felsen: es gibt einen ungeheuren Krach, daß
selbst Vulcan und der Cyclop erschrickt, und als sich der Boden
öffnet, da kommen die Sterne am Himmel in Unordnung, die Rosse,
vom ungewohnten Licht geblendet, wollen erst zurück, dann von der
Geißel getrieben stürmen sie schneller als der Gedanke schäumend und
sprühend dahin. Die Nymphen entfliehen, Proserpina wird auf den
Wagen gehoben, Minerva und Diana versuchen sie zu verteidigen,
aber ein Blitz Juppiters schüchtert sie ein: Pluto steht wie ein Löwe
unter der Herde. Mit berückenden Versprechungen sucht er seine
wehklagende Beute auf der Heimfahrt zu trösten: auch bei ihm unten
gebe es Gestirne, reiner sei dort im Elysium das Licht, schöne Wiesen
gebe es da mit Blumen, die nicht einmal Henna hervorbringe, und
einen Baum mit goldenen Früchten. Alles was der Aether umfaßt,
was aus der Erde sprießt, was im Wasser lebt, komme zuletzt unter

ihre Herrschaft. „Alles macht der Tod gleich: du wirst die Schuldigen richten, den Guten Ruhe geben."

Aufs festlichste wird die neue Herrin von den Seelen unten empfangen. In zahllosen Scharen drängen sie sich heran, die holde Braut zu sehen. Pluto zeigt ausnahmsweise eine heitere Miene. Phlegethon mit triefendem Bart und feurig loberndem Antlitz erhebt sich, geschäftige Diener versorgen das Gespann, halten die Vorhänge, schmücken das Hochzeitsgemach. Elysische Mütter reden der jungen Königin zartsinnig zu, ordnen ihr Haar, legen ihr den Schleier an. Das ganze Schattenreich ist in festlicher Stimmung: man schmaust, ist bekränzt, ungewohnte Gesänge unterbrechen die Stille, die Klagen verstummen, die Urne mit den Todeslosen wird nicht geschüttelt, die Strafen der ewigen Büßer setzen aus, die Eumeniden rüsten den Mischkessel, trinken Wein, singen ein sanftes Lied, lassen ihre Schlangen aus dem vollen Becher schlürfen, und ihre Fackeln leuchten festlich. Lachesis reißt keine Fäden ab, und der Tod hat nichts auf Erden zu thun.

Nachdem aber der Abendstern des unteren Reiches aufgegangen ist, wird die Jungfrau zum Ehegemach geleitet. Die Nacht in ge- stirntem Gewande ist Brautmutter, und die Frommen singen vor der Thür das Epithalamium. In schön empfundenem Gegensatz steht am Schluß des zweiten Buches dieses Fest im Reiche der Toten zu dem leichtmütigen Ausgang am sonnigen Morgen, womit es beginnt.

Mit feiner Kunst hat sich der Dichter den ausführlicheren Bericht über die Entführung für das folgende aufgespart, wo er auf die jammernde Mutter ergreifend wirkt. Zunächst gibt es einen jener conventionellen Staatsakte im Himmel. Juppiter hat eine allgemeine Göttervolksversammlung, darunter namentlich auch die Wassergott- heiten, berufen. Streng nach der Rangordnung sind ihnen die Plätze angewiesen, die Plebs der tausend kleinen Nebenflüsse steht, und malerisch sind die Najaden über ihre alten Väter gelehnt. Die Faune geben die neugierigen Zuschauer ab. Juppiter hält eine Anrede, welche Sinn und Zweck der ganzen Fabel enthüllt. Nach Abschaffung des saturnischen Zeitalters, welches den Menschen alles mühelos spendete, hat Entbehrung sie arbeiten gelehrt und den Erfindungs- geist in ihnen erweckt. Nun hat Mutter Natur ihm vorgestellt, wie kümmerlich sie sich nähren, wie öde und unergiebig die Felder sind. Deshalb soll Ceres, ihre Tochter suchend, die Erde durchschweifen, bis sie aus Freude über das wiedergefundene Kind Früchte schenkt und ihr Schlangenwagen Aehren ausstreut. Niemand soll ihr bei schwerer Strafe den göttlichen Entführer verraten.

Ceres aber, durch Träume und Zeichen geängstigt, glaubt zuletzt gar Proserpina selbst zu sehen, im Kerker gefesselt, abgehärmt, ihre Klage und Bitte um Befreiung zu vernehmen. Da nimmt sie Abschied von Cybele und eilt heimwärts, hastig wie ein Vogelweibchen, das besorgt zum Nest zurückkehrt. Wie erschrickt sie, als sie das Haus unbewacht, das Innere leer findet; wie entsetzt durchirrt sie alle Räume! Das Arbeits- und Spielzeug des teuren Kindes drückt sie an die Lippen, ihr Lager und die Plätze, wo sie gesessen hat, durchstöbert sie, bis sie auf die alte treue Wärterin Elektra stößt, die von ihren ungestümen Fragen bestürmt zögernd berichtet, was sich begeben hat.

Sie erzählt nun, wie still und friedlich es anfangs im Hause zugegangen sei. Plötzlich sei Venus gekommen in Begleitung der beiden andren Göttinnen, habe mit ausgelassener Fröhlichkeit die Schwester umarmt und auf die harte Mutter gescholten, daß sie ein so reizendes Wesen aus dem Kreise der Himmlischen entfernt und in die Einsamkeit gebannt habe. Das unerfahrene Kind habe bald mit Köcher und Bogen der Diana, bald mit dem Helm der Minerva gespielt. Man habe getafelt und viel Nektar getrunken. Venus habe sich ungläubig gestellt, als Proserpina erzählte, daß draußen im Winter die Rosen blühen, und so sei es zu dem unseligen Ausgang gekommen. Um Mittag sei es auf einmal dunkle Nacht geworden, man habe Pferdegetrappel und Rädergerassel gehört, aber den Wagenlenker nicht gesehen. Ein Todeshauch habe sich über die ganze Natur gesenkt. Als es wieder licht wurde, war Persephone verschwunden und auch die Göttinnen. Cyane, die Nymphe, lag ohnmächtig auf dem Felde, und als sie nach der Herrin gefragt wurde, zerfloß sie in eine Quelle. Die Acheloustöchter (die Sirenen) werden auf ihren Flügeln zu den Klippen des Vorgebirges Pelorum getragen, wo ihr fesselndes Lied den Schiffen verderblich wird (254 ff.). Von beiden Verwandlungen erzählt auch Ovid (Metam. V 409 ff. 551 ff.), aber die Geschichte der Cyane ist bei ihm anders gewendet.

Wahr und tief empfunden ist der Schmerz der Mutter. Ihren bitteren Klagen im Olymp, ihren rührenden Bitten ihr wenigstens zu sagen, was aus der Tochter geworden sei, begegnet tiefes Schweigen,

alle wenden sich von ihr ab. Da eilt sie zum Hain am Aetna, wo
Juppiter seine Trophäen aus dem Gigantenkrieg aufgehängt hat,
fällt zwei gewaltige Cypressen, besteigt mit ihnen auf unwegsamen
Pfaden, wie die Megäre, wenn sie aus dem Tartarus heraufstürzt,
den Gipfel und bereitet dort die unauslöschlichen Fackeln, die ihr auf
der langen Reise über Erde und Meer leuchten sollen. So macht
sie sich auf den Weg. Mit der großartig rührenden Schilderung, wie
jede Straße, die sie betritt, von ihren Thränen genetzt wird, wie
Meer und Küsten von dem Schein ihrer Fackeln erglänzen, bricht
das wunderschöne Gedicht leider ab.

Nach der Ankündigung im Eingange (I 20 ff.) sollte es die
Irrgänge der Ceres bis zu ihrem Abschluß und der Verleihung der
Getreidefrucht verfolgen. Mag man einige rhetorische Längen
preisgeben, im übrigen entzückt die echt poetische Naturauffassung,
bald großartig, bald lieblich, die Wärme und Natürlichkeit der
Empfindung, die Wahrheit der Charakteristik, die packende Anschau=
lichkeit der Schilderungen und die edle Reinheit des Stils. Es
muß ein schönes griechisches Vorbild gewesen sein, welches der
spätgeborene Römer mit liebevoller Kunst wiedergab, aber leider
nicht vollendete.

In den Kreis orphisch=theogonischer Mythen gehört noch ein
zweites, groß angelegtes Epos Claudians, die Gigantomachie.
Der Stoff hat namentlich den Hofpoeten der augusteischen Zeit nahe
gelegen, denn es war nach dem Vorgange der alexandrinischen Col=
legen fast ein stehender Gemeinplatz geworden, die Kämpfe, welche
der Retter des Staates in den Bürgerkriegen gegen die Republikaner
ausgefochten hatte, unter dem Bilde jener gewaltigen Schlacht des
Zeus und der Olympischen gegen die trotzigen Söhne der Erde zu
verherrlichen. Mit dem Plan eines ausführlichen Gedichtes in diesem
Sinne hatte sich der junge Ovid eine Zeit lang getragen (Bd. II 238).
Auch Claudian fabelt in der Widmungselegie (XXVII) für seinen
Panegyricus auf das sechste Consulat des Kaisers Honorius vom
Jahre 404, er habe geträumt, daß er ein Gedicht von der Unter=
werfung der Giganten und dem Triumph Juppiters verfaßt, das=
selbe zu den Füßen des höchsten Gottes dargebracht und allgemeinen
Beifall geerntet habe; und diesen Traum sieht er erfüllt, da er jenen

Panegyricus bei Hofe vorträgt, in welchem der Flußgott Eridanus
den Angriff Alarichs auf Rom grabezu mit dem Aufruhr der Gi=
ganten vergleicht (184 f.). Er läßt den siegreichen Kaiser beim Ein=
zug in die gerettete Stadt seine Augen weiden an jener Darstellung
des Gigantensturzes (44 ff.), die vielleicht Domitian einst zum Andenken
seines Sieges über die Sarmaten (im Jahre 93) am tarpejischen
Felsen hatte anbringen lassen.

Von jenem großen heroischen Epos nun besitzen wir leider nur den
Anfang (127 Hexameter). Der orphischen Fassung des Mythus ent=
sprechend ist es die Titanenmutter Erde, welche auf die Herrschaft
der Himmlischen neidisch, über die Mißhandlung ihrer trotzigen Söhne
grollend, die Giganten gebiert, zur Empörung anfeuert, und ihre
eigenen Glieder (Berge, Felsen, Inseln) ihnen als Wurfgeschosse zur
Verfügung stellt. In ihrer Ueberhebung dünken sie sich schon als Er=
oberer des Himmels, ja sie erheben ihre lüsternen Gedanken zu Venus,
Diana und Minerva. Auch der Olymp macht mobil. Iris beruft
alle Götter, selbst der Flüsse und Teiche, auch Proserpina fährt mit
ihrem Gemahl zum Licht empor (eine Erinnerung an das oben be=
sprochene Gedicht), und Juppiter eröffnet mit kurzer Anrede den Krieg.
Und nun hebt ein wildes Toben an, so daß Natur den Untergang
der Welt fürchtet. Einer schleudert den Oeta, der andre das pan=
gäische Gebirge; der bewaffnet sich mit dem Athos, jener hebt den
Ossa in die Höhe. Mars zuerst stürmt mit seinen Rossen in die
Feindesschar, sein Schwert durchbohrt den Pelorus, dann auch den
Mimas, der eben Lemnos aus den Wellen gerissen hat und schleudern
will. Noch im Tode zischen seine Schlangenglieder trotzig gegen den
Sieger. Minerva begnügt sich, ihre Gorgo zu zeigen, deren Wirkung
drastisch geschildert wird. Einen eben versteinerten Kameraden sieht
ein Gigant für einen Felsen an und wirft ihn gegen die Feinde.
In höchster Gefahr ist Delos. Porphyrion ist mitten ins Meer mit
seinen Schlangenfüßen vorgedrungen und will die ganze Insel aus
ihren Wurzeln reißen, um sie gegen den Himmel zu schleudern. Der
alte Beherrscher des ägäischen Meeres und seine Tochter Thetis sind
in größter Angst. Die Nymphen auf dem Cynthusgebirge, die der
Latona einst ihr Wochenbett gerüstet und den kleinen Phöbus zuerst
auf der Jagd im Bogenschießen unterwiesen haben, schreien auf;
Delos selbst fleht ihren Päan, den Apollo um Hilfe an. So weit
reicht der erhaltene Text. Anderthalb Verse, die bei Hieronymus

stehen, beweisen, daß das Gedicht bis zum Schluß fortgeführt war. „Wohin fliehst du?" wird dem Enceladus nachgerufen: „an welches Ende der Welt du auch gehen magst, immer wird der Himmel über dir sein."

Unter Claudians Namen gibt es noch ein längeres Bruchstück einer Gigantomachie in griechischer Sprache. Stil und Verstechnik entspricht der Schule des Nonnos. Die Einleitung, welche das Unternehmen des Dichters mit der Schiffahrt auf dem Ocean vergleicht, hat einige Aehnlichkeit mit den einleitenden Distichen zum „Raub der Proserpina". Auch hier werfen die Giganten mit Berggipfeln und Inseln um sich, einer trinkt einen Fluß, ein andrer gar das Meer aus. Pallas kämpft mit Lanze und Gorgo, Kypris mit der Macht ihrer Schönheit. Enkelados, von der Mutter ermutigt, geht auf Zeus los, der aber erst einen Feuerregen über ihn ergießt, und dann noch einen Felsen über ihn stürzt.

Es wäre nicht unmöglich, daß der junge Alexandriner sich erst an einem griechischen Epos versucht hätte, auf dessen Umarbeitung in lateinischer Sprache er in jüngeren Jahren zurückgekommen wäre. So finden sich auch in der palatinischen Anthologie (IX 753 f.) zwei Epigramme eines Claudian über ein Motiv (ein Krystall, in dem ein Wassertropfen eingeschlossen ist), welches der lateinische Dichter in nicht weniger als sieben verschiedenen Wendungen behandelt hat. Von einem jüngeren Claudian, etwa einem Sohn des bekannten, liegt uns wenigstens keine Kunde vor.

Auch die altägyptische Sage vom Phönix hat Claudian in einem schönen hexametrischen Gedichte dargestellt. Der Ton ist edel, dem tiefsinnigen Märchen geziemend, besonders im Eingang knapp und gedrungen, ohne einen überflüssigen Zug. Er schwillt an, wo der Verfasser, nachdem er von der Heimat, der Lebensweise, dem Aeußeren des Wundervogels berichtet hat, auf die Hauptsache, die Wiedergeburt, kommt. Die zunehmende Altersschwäche des edlen Geschöpfes, wenn die tausendjährige Periode seines Lebens sich dem Ende nähert, wird wehmütig empfunden und sogar mit Gleichnissen veranschaulicht. Desto weniger Raum ist der Aufzählung der Ingredienzien gewidmet, aus welchen das Sterbenest erbaut wird. Tief ergreifend wirkt das Bild des zum Tode bereiten Vogels, wie

er auf seinem letzten Lager den leisen, sanften Bittgesang an den
Sonnengott richtet und dieser nach mildem Weihespruch ein Haar
aus seinem Scheitel spendet, womit der Scheiterhaufen entzündet und
der greise Leib verbrannt wird. Luna hemmt ihr staunendes Gespann
und die Natur hütet sich, das Wunder zu stören. Sofort springt
aus der Asche des Vaters der Sohn hervor, unmittelbar geht Tod
in Leben über. Andre, wie Plinius und der sogenannte Lactantius,
nehmen einen Entwickelungsprozeß wie den, des Schmetterlings an.
Ueberhaupt ist von einer Zeit allmählichen Wachstums des Neu-
geborenen bei Claudian nicht die Rede, weil er die großen Mo-
mente desto mächtiger hervorheben will. Ohne Verzug macht sich
der junge Phönix auf, um in behendem Fluge den sterblichen Ueber-
rest des Vaters, in Rasenhülle verschlossen, zum Nil zu tragen, wo
in der Sonnenstadt die indische Myrrhe auf dem Altar in göttlichen
Rauch aufgeht, dessen Duft, süßer als Nektarhauch, Aegypten bis zu
den sieben Nilmündungen erfüllt. Jenen hehren Flug wagt nicht
einmal der Adler des Donnerers durch Begegnung zu stören; ehr-
fürchtig geleitend und folgend bewölkt den Himmel ein mächtiger
Vogelschwarm: ein Partherkönig scheint in prunkendem Triumph
daherzuziehen.

Zum Schluß drängt der Dichter sein andächtiges Staunen über
das Mysterium in prägnanten Worten zusammen. „Glücklicher, Erbe
deiner selbst! was uns alle auflöst, gibt dir neue Kräfte. Durch die
Asche erstehst du zum Leben. Es stirbt dein Greisentum, ohne daß
du untergehst. Du hast gesehen, was immer dagewesen ist — — dir
spinnen die Parcen keine Fäden."

Von Anspielungen an christlichen Glauben keine Spur. Erst
ein jüngerer Nachahmer, der in einem Teil der Handschriften Lactantius heißt und freilich schon dem Gregor von Tours († 594) für
den Kirchenschriftsteller Lactantius Firmianus († 340) galt, hat einige
schielende Anspielungen auf Bibelstellen in seine Ueberarbeitung hinein-
gebracht und das Ganze zugespitzt auf das Mysterium von dem Ge-
schlechtlosen, der Venus nicht kenne, der sein eigener Vater und
Sohn, er selbst und auch nicht er selbst sei (vgl. Claud. 23 ff.).
Ueberhaupt hat er, wie wetteifernde Nachahmer thun, das Original
verwässert, indem er Unwesentliches breit ausführte. Auch den schönen
Aufbau des Ganzen hat er durch schiefe Anordnung verdorben, und die
Gesamtwirkung verflacht. Abhängigkeit des einen vom andern steht

bei der zum Teil wörtlichen Uebereinstimmung einiger Stellen außer
Frage. Wenn aber auch der Verfasser der Elegie Lactantius ge=
heißen haben mag, so ist damit noch keineswegs ausgemacht, daß es
der Kirchenschriftsteller sein muß, von dessen poetischen Leistungen
sonst nichts bekannt ist. Läge ein unwiderleglicher, zwingender Grund
vor, Claudians Fassung als die jüngere hinzunehmen, so müßte ihm
das Verdienst zuerkannt werden, seine Vorlage meisterlich umgestaltet
und der ehrwürdigen Sage ihren altertümlichen Charakter wieder
gegeben zu haben.

Freilich übertreibt das griechische Distichon am Sockel der Ehren=
statue, welche auf Antrag des Senats die Kaiser Arcadius und Ho=
norius dem „weitberühmtesten" Dichter, dem Tribun und Notarius
Claudius Claudianus auf dem Trajansforum in Rom errichten ließen,
wenn es behauptet, daß der Geist Vergils und die Muse Homers in
dem einen Mann vereinigt gewesen sei: aber ein Hauch des echten
Genius lebte in ihm; eine ungewöhnlich vielseitige Kraft lebendiger,
gemüt= und phantasievoller Gestaltung und eine seltene Herrschaft über
die Form, deren Reinheit für seine Zeit überrascht, ist dem begabten
Spätling nicht abzusprechen.

Namatianus.

Noch einmal tritt Roma's Majestät und Italiens reizvolles Bild
uns vor Augen in der anmutigen Reisebeschreibung, welche im Jahre
416 n. Chr. Rutilius Claudius Namatianus in sauberen elegi=
schen Distichen verfaßt hat. Ein hoher Würdenträger, aus Gallien
stammend, hat er zuletzt in Rom das Amt eines Stadtpräfekten ver=
waltet, dann aber, dem Ruf seiner von Kriegsnot schwer heimge=
suchten Landsleute folgend und um seines verfallenden Besitzes wahr=
zunehmen, hat er sich zur Rückkehr in die Heimat entschlossen,
schweren Herzens, denn er war ein schwärmerischer Bewunderer der
ewigen Stadt und Italiens. Noch einmal, zum Abschied gibt er
dieser Empfindung ergreifenden Ausdruck: seine wehmütige Rede wird
zum begeisterten Loblied.

Glücklich preist er die in Rom geboren sind, die Sprößlinge

alter vornehmer Familien, glücklich auch die, welche nächst ihnen in
Latium zu Hause sind. Er rühmt, daß die Curie auch fremdem
Verdienst offen stehe, daß auch Auswärtige Teil haben an dem Genius,
den sie verehren: er vergleicht den Senat mit dem olympischen
Götterrat. In der ehrwürdigen Reichsstadt sieht er die Mutter der
Menschen und Götter, die Beherrscherin der Welt vom Aufgang bis
zum Niedergang der Sonne. Sie hat den zerstreuten Völkern ein
gemeinsames Vaterland gegeben, aus der urbs den orbis gemacht.
Großmütig hat sie den Besiegten Teilnahme vergönnt an der Kind-
schaft zu den Stammeltern Venus und Mars, denn sie vereint in
ihrer Herrschaft Kraft und Milde. Roma liebt die sie überwunden
hat. Darum wird neben Minerva und Bacchus, Triptolemus, Apollo
und Hercules, den großen Heilsgöttern, auch sie in jedem Winkel des
Reichs verehrt: ihr friedliches Joch wird von freien Nacken getragen.
Es gibt kein schöneres Reich, denn nicht der Menge der Krieger,
sondern der Ueberlegenheit des Geistes verdankt Roma ihre Herrschaft:
daß sie verdient zu herrschen, ist ihr größter Ruhm. Und wie herrlich
ist die Stadt! Mit Bewunderung und Entzücken gedenkt der Scheidende der prachtvollen Tempel, der gigantischen Bögen, welche die
Quellen leiten, der zahlreichen Brunnen und Bassins, welche die Luft
kühlen und gesunden Trunk bieten, der schattigen Parks bei den
Palästen, des milden Klima's, das keinen Winter kennt. Er vertraut
auf die Unverwüstlichkeit der gesegneten Stadt, deren Schicksal sei,
aus scheinbarem Untergang immer wieder von neuem zu erstehen.
Brennus Pyrrhus Hannibal haben es erfahren. Wie die gesenkte
Fackel nur frischer aufleuchtet, so richtet sich Roma aus vorüber-
gehender Erniedrigung immer glänzender wieder empor. Schon
1169 Jahre ist sie alt: so lange die Erde steht, so lange der Himmel
Sterne trägt, so lange wird Rom dauern. Mögen denn endlich
die Goten ihren tückischen Nacken beugen, möge Rhein, Nil und
Afrika fortfahren ihre Ernten zu senden; auch in Latium aber
mögen sich Scheuern aus den Ackerfurchen erheben, und die Keltern
mögen von italischem Nektar triefen. Den Tiber auf und ab,
vom Meere und aus dem Lande mögen reichbeladene Handelsschiffe
ziehen.

Dieser letzte Wunsch gemahnt den Scheidenden an die eigene
Reise, die er nun antreten soll. Mit Befriedigung blickt er noch
einmal auf seine glatt verlaufene Amtsführung zurück. Wo ihm auch

beschieden sein mag, seine Tage zu beschließen, ob auf heimischem Boden, oder mag ihm noch einmal vergönnt werden Roma wieder= zusehen, wenn sie ihn nur ihres Gedächtnisses würdigt, will er sich überglücklich schätzen. Welcher Gegensatz zwischen dieser Anhänglichkeit des spätgeborenen Provinzialen und der bitteren Abneigung eines Juvenal gegen das ungemütliche Leben in der durch Fremde den Quirinussöhnen verleideten Reichsstadt!

Der rührende Abschied (165 f.) erinnert fast an Ovids Stim= mung in jener thränenreichen Nacht. Feuchten Auges trennt auch Namatianus sich von den Freunden, deren einer, der kaiserliche Kanzler Rufius Volusianus (der Zuname wollte sich leider dem Vers nicht fügen: 419 f.), ihm das Geleite gibt (167 ff.). Und noch von der Tibermündung aus, wo er 15 Tage lang auf günstigen Wind wartet, kehren seine Blicke und Gedanken immer wieder zu den sieben Hügeln zurück. Am aufsteigenden Rauch freilich kann er nicht wie der home= rische Odysseus die heimatliche Stadt erkennen, denn über ihr glänzt der Himmel in voller Klarheit: der Tag selbst, den Rom sich schafft, scheint ihm reiner als anderswo. Aber den Jubel vom Circus, den Beifall aus den gefüllten Theatern glauben seine Ohren zu ver= nehmen.

Da die Goten die Landstraßen unsicher machen, hat er den Seeweg gewählt. Der Leser begleitet ihn auf der langsamen Küsten= fahrt Tag um Tag, Station für Station. Lage und Merkwürdig= keiten der verschiedenen Häfen, Ortschaften, Inseln, Sagen und Bräuche lernt man kennen, an manchem kleinen Intermezzo, mancher Zu= sammenkunft mit liebenswürdigen Verwandten und Freunden nimmt man teil. In größerem Rahmen als jene launigen Reisebeschreibungen des Lucilius und Horaz enthüllt sich hier ein schönes Stück antiker Landschaft und antiken Lebens, und der Verfasser versteht ebenso an= schaulich zu zeichnen als unterhaltend zu erzählen. Hier und da gibt eine veröbete Stadt, die Ruine eines alten Kastells dem Gemälde einen Hauch von Romantik.

Geschichtliche Erinnerungen und Betrachtungen werden angeregt angesichts der Reste eines alten römischen Lagers an der Stelle (im „Hafen des Hercules"), wo vor beinahe 500 Jahren M. Aemi= lius Lepidus von Lutatius Catulus geschlagen wurde: da wird der drei Lepidi der folgenden Generationen gedacht, welche gleichfalls Verschwörer oder Verräter waren (293 ff.). Die Insel Igilium,

die Zuflucht römischer Flüchtlinge aus dem Gotenkriege, lenkt die
Gedanken auf die jüngste Vergangenheit (325 ff.). Wie interessant
ist die Excursion nach den Thermen von Centumcellä (237 ff.),
dessen Hafen so deutlich beschrieben wird, daß man ihn mit den
Augen zu sehen glaubt; der Besuch der Saline in der Gegend von
Volaterra (475 ff.)! Die ergiebigen Eisenbergwerke auf der Insel
Ilva regen die unvermeidliche Betrachtung an, wie nützlich und
notwendig das Eisen sei im Vergleich zu dem verderblichen Golde
(351 ff.). In Falerii machen die Reisenden ein bäurisches Herbstfest
mit, wobei es lustig zugeht. Ein Teich ladet zum Fischen ein, aber
der Pächter, ein Jude, erhebt großes Gezeter. Man bleibt ihm nichts
schuldig, und der Dichter macht in einem hitzigen Ausfall auf die
verhaßte Nation seinen Gefühlen Luft: er wünscht, daß Judäa nie in
den Kriegen des Pompejus und Titus unterworfen worden wäre,
denn die Ansteckung geht nur weiter, „die Besiegten bedrängen ihre
Sieger" (371—398). Nicht minder kräftig läßt sich der alte Heide
über die Mönche aus, die auf Capraria hausen (439 ff.), jene „licht=
scheuen Männer", die allein ohne Zeugen leben wollen, die freiwillig
elend sind, um dem Elend aus dem Wege zu gehen. Welche Toll=
heit, aus Furcht vor Schlimmem auf das Gute zu verzichten! Er
vergleicht ihre Menschenscheu mit dem Trübsinn des Bellerophon
(439—452). Abermals beim Auftauchen der Insel Gorgon gedenkt
er mit Entrüstung eines vornehmen Einsieblers, der sich dort lebendig
vergraben habe: von den Furien getrieben hat er, ein Gläubiger,
Menschen und Länder verlassen und sich in jenem häßlichen Winkel ver=
krochen. Der Unglückliche glaubt, daß der Himmel an Schmutz Wohl=
gefallen habe, und ist grausamer gegen sich als die Götter, wenn
sie beleidigt sind. Dieser Glaube ist schlimmer als das Gift der
Circe: damals wurden doch nur die Leiber verwandelt, jetzt auch die
Geister (515—526).

Auf dem Markt zu Pisa betrachtet der gute Sohn mit Rührung
das Standbild seines Vaters, des einstigen Statthalters von Etrurien,
dessen Andenken er auch in der Flaminia gesegnet gefunden hat
(575 ff.). Manches angesehenen und verdienten Freundes Charakter=
bild wird gelegentlich gezeichnet; auch manchen litterarhistorisch inter=
essanten Mann lernen wir kennen: z. B. einen Lucillus, dessen
Satiren Namatianus benen des Turnus und Juvenal an die Seite stellt
(603 ff.). Am Eingang und Ausgang der schon erwähnten Thermen

las man ein Gedicht über die sagenhafte Entstehung des Quells:
Verfasser war ein Messalla (267 ff.), Freund des Symmachus,
und namhafter Poet seiner Zeit, ein hochgestellter Mann, Commandeur
der Garde und später Stadtpräfekt.

In Triturrita werden die Reisenden durch den Umschlag des
Wetters festgehalten. Sie vertreiben sich die Zeit mit der Jagd:
die Beschreibung hiervon und ein imposanter Ausblick über die stür-
mende See, deren gelbe Fluten die Küste überschwemmen, beschließt
das Buch.

Vom zweiten ist leider nur ein kleiner, aber historisch interessanter Teil erhalten. Der Verfasser gehörte der Senatspartei an,
welche den Vertrag Stilicho's mit Alarich zum Schutz gegen den Einfall
des Germanen Radagaisus als Verrat an Italiens heiligem Boden
verdammten. Als nun dem Reisenden der Apennin in Sicht kommt,
diese zweite Mauer, welche die Natur zum Schutze Roms gegen den
Norden aufgerichtet hat, bricht sein ungerechter Ingrimm gegen den
seit acht Jahren bereits schmählich hingemordeten Staatsmann los,
der Italien an Goten Hunnen Alanen ausgeliefert und Rom preisgegeben habe, ehe es genommen war. Noch schlimmer sei es, daß
er gar die heiligen Sprüche der Sibylle verbrannt habe. Verdammens-
werter als Nero, der Muttermörder, sei der die Mutter der Erde
töblich getroffen habe (II 60).

Auch dieser zornige Ausfall zeigt, wie innig und altgläubig der
Mann aus der Provinz Rom und seine Geschicke im Herzen trug.
Der göttliche Beruf der Weltherrscherin steht ihm nicht minder leuch-
tend vor der Seele als einst dem rubinischen Sänger.

Diesem stolzen Glauben sind im Laufe der hier durchmessenen
neun Jahrhunderte alle treu geblieben, welche in lateinischer Zunge
gedichtet haben. Es ist der Geist männlicher Gesinnung und Kraft,
welcher der römischen Muse wie der Nation selber und ihren
Schöpfungen seinen Stempel aufgedrückt hat. In der Energie dieses
Charakterzugs liegt ihre Größe und ihr Mangel. Das auf der Höhe
ihrer Macht gesteigerte Bestreben nach eindrucksvoller Darstellung, ge-
wichtigem Ausdruck, metallenem Klang hat zu Unnatur und Schwulst
geführt. Töne des Herzens werden immer seltener. In der Schule

ift bie Manier groß gezogen. Aber ihrer Zucht ift es boch zu ver=
banken, baß bie Ibeale ber Kunft, wenn auch einer conventionellen,
nicht fo leicht verworfen wurben, unb bas Gepräge klaffischer Form
auch Arbeiten von untergeorbnetem Werte abelt.